사상경영론

김만인 저

형지사

사상경영론

2007년 11월 15일 초판인쇄
2007년 11월 20일 초판발행

저 자 김 만 인
발행인 유 성 렬
발행처 청 목 사
서울특별시 영등포구 신길동 233-96
전화 (02) 849-6157(代) · 2820
FAX (02) 849-0817
등록 제318-2005-000030호

파본은 바꾸어 드립니다. 값 15,000원

http : //www.chongmok.co.kr

ISBN 978-89-958239-9-6

차 례

머리 글

사상체질이론은 한국인들 스스로에 의해 20세기 들어 재조명된 몇 안 되는 순수 우리 학문 가운데 하나이다. 필자가 사상 체질이론과 인연을 맺게 된 것은 매우 우연한 일이었다. 고질적인 허리 병으로 고생하던 필자는 제도권 의학에서 별 차도가 없자 닥치는 대로 대체 요법을 찾게 되었다. 그 가운데 하나가 사상이었다. 물론 필자의 병을 고쳐준 것은 사상이 아니었지만 사상이란 순수 우리 지식은 당시 학교를 졸업하고 10여년이 지난 시점에 있는 필자를 유혹하기에 충분히 매력적인 학문이었다. 물론 사상에 대한 평가는 의학계를 비롯한 학계나 일반인들이 제각기 다른 무게로 인식하고 있다. 혹자는 폄하하여 한의학의 아류정도로 치부하거나 동서양의 유형론 가운데 하나 정도로 평가하기도 하고 혹자는 호기심에 이끌려 흥미를 가지다가도 높은 선행 지식이 요구되는 것을 알아차리고는 깊이 들어가 보지도 못한 채 포기하고 만다. 이 바쁜 세상에 대박의 행운이라도 약속될 수 있다면 몰라도 누가 엄청난 시간과 노력을 투자해 새로운 지식을 연마하겠다고 하겠는가.

우리 사회에서 고등학교를 졸업하면 지위상승을 위한 수단으로 대학의 입학을 강요한다. 이때 세대의 높은 벽과 사회의 경험이 전무(全無)한 학동들은 학교와 학과의 선택 시점에서 자신의 의도와 다르게 엉뚱한 길을 가게 되는 경우가 허다하다. 결국 획일화된 가치에 의한 선택 범위에서 대부분의 수험생들이 택할 수 있는 대학의 전공은 국가나 사회가 바람직하게 여기는 분배된 정원에 의해 결정된다. 필자도 크게 예외는 아니었다. 대학을 졸업하고 답답한 심정으로 유학을 떠나지만 또 한 번 국내와 세계간의 괴리를 실감했다. 82년 필자가 졸업할 당시 한국 정부는 수출 드라이브 정책에 혈안이 되어 있었고 국민의 대다수가 국가의 생계와 미래가 수출에 달려 있다고 믿게 했다. 무역을 공부하겠다고 어렵사리 나섰지만 미국 대학에는 어디에도 "무역학"이란 전공이 개설되어 있지 않았다. 지금 생각해 보면 정말 어처구니없는 일이었다. 아마도 그 세대의 많은 사람들은 그런 식으로 인생을 살 수 밖에 없었는지도 모른다. 어쨌든 사상체질 이론은 40대에 이르러서야 스스로의 선택에 의해 해보고 싶은 신선한 학문이었다. 그리고 우리 민족이 얼마나 오랜 기간을 서구에 물들기 위해 허겁지겁했는지를 실감했다.

우리 사회는 언젠가부터 대학교 입시의 영어 시험에 19세기에 세상을 사직한 링컨의 편지가 실리는 것은 매우 자연스럽게 여기는 반면에 100여 년 전에 세상을 하직한 조선사람 동무 이제마의 얇은 책 한권을 이해하지 못하는 것을 당연시 여기기 시작했다. 제법 허기를 채우게 되어 여유가 생기자 관심의 대상이 되어버린 건강 신드롬은 사상체질에 대한 서적과 동무의 저서 동의수세보원의 무수한 해설 판들이 시중에 나돌게 하였다. 찾아보면 강의나 강연도 많았지만 일반인들이 접하기란 문턱이 높았고 해석도 제각기였다. 100년 전만해도 글줄께나 읽는 선비들에게는 쉽게 통용되던 한문의 수준도 수준이려니와 당시에는 모든 학문의 기초를 이루었던 유교 경전의 개념이 도무지 쉽게 받아들여지지 않았다. 그러면 그럴수록 필자의 사상에 대한 흥미는 더해 갔고 돌아설 수 없는 열정의 길로 접어들게 되었다. 명색이 사회과학을 했다는 사람의 눈에 비친 우리 조상의 지식수준은 실로 놀랍기 짝이 없다는 생각이 들었기 때문이다. 적어도 이 시대에 소위 가방 끈이 긴 사람들이 지난 세기 동안 케케묵었다고 경시하던 엽전 학문을 이해하지도 못하고 나 자빠지는 것을 보면서 우리 것을 되찾아 현대적 해석을 통해 널리 알리고 활용해야겠다는 신념이 날이 갈수록 더해 갔다.

인간의 활동 수명을 보면 태어나서 학습활동이 정지하기까지의 기간은 기십년에 불과하다. 그나마 세태를 따라가면서 생계유지를 위한 권모술수를 익히다 보면 온고이지신(溫故而知新) 수준의 학습 기간은 얼마 되지 않는다. 결국 최근 수십 년 동안 빠른 속도로 발달된 문명의 일부분을 소화하고 활용하다가 가는 것이 우리 인생이다. 이런 상황에서 기본적인 체계가 다른 동양의 사상을 바탕으로 한 사상체질론을 받아들이기란 결코 쉽지 않다. 그리고 다분히 서양의 유형론 방식으로 해석하게 되기 마련이고 결론은 또 다른 특성 나누기로 전락하게 된다. 본래 경영을 공부했던 필자 역시 그런 부분에서 적지 않은 방황을 맛보았다. 게다가 경영학에 접목하는 과정에서의 과부하(寡負荷) 현상은 필연적으로 동반되었다. 가장 미국적인 학문인 경영학계에서 사상을 받아들이기는 고사하고 이해시키는 작업은 거의 불가능에 가까웠다. 사상을 연구하는 분야에 있는 학자들 역시 한의학자들을 제외하고는 한학자이거나 동양철학 계통을 연구한 사람들이었으므로 공히 철저히 실사구시적인 경영분야를 이해하기란 여간 어려운 일이 아니었다.

주변을 정리하고 다시 대학으로 돌아와 연구에 전념한 결과 불혹(不惑)의 나이에 학위를 취득할 수 있었다. 물론 많은 분들의 관대한 이해가 뒷받침될 수 있었기 때문이었다. 그 후 5년여 동안 기업체를 돌면서 특강을 하거나 직접 인사 도구로 활용할 수 있는 프로그램을 만들어 공급해 보기도 하였다. 설문형 판별도구를 수차례 수정을 거쳐 완성하여 온라인(on line)상에 띄워도 보았다. 그러나 아직도 이 땅에는 서양에 피자가 있으면 한국에는 빈대떡이 있다는 식의, 사상을 체질이나 구분하는 도구 정도로 여기거나 한의학의 한 분야로 이해하는 사람들이 적지 않다. 사상을 조금이나마 이해하는 사람의 하나로 안타깝기 짝이 없는 일이었다. 필자가 본서를 출간하게 된 이유는 바로 거기에 있다고 할 수 있다.

본서는 우리 한국인들 뿐 아니라 전 세계인이 사상체질 이론에 대한 이해를 돕고자 하는 데 주목적이 있다. 본서는 2부로 구성되어 있다. 제1부에서는 일반인들에게는 체질의학으로 인식되어있는 사상이론이 실제 경영학의 분야에서 어떻게 활용되고 있는지에 대한 소개로부터 나 자신의 경쟁력을 확보하고 적절한 처신을 위해 주변인들의 특성과 적성을 아는데 도움이 되도록 할애하였다. 그리고 사상에 대한 기본적 개념을 설명하고 개별 수준에서 나 자신의 평정을 통해 만족되고 풍요로운 삶을 얻기 위한 방법들을 제시해 보았다. 제2부에서는 21세기에 심층 대두되고 있는 경쟁력의 강화라든가 핵심역량의 확보 등의 필연적 연유가 되는 불확실성의 한계성에 대한 완화를 위해 사상의 근원이 되는 역학에 기초하여 사상과 명리에 대한 심층 분석이 시도되고 있다. 명리에 대한 기본적 설명과 간단한 사주 명식 읽기, 그리고 사상을 통해 가늠할 수 있는 미래의 경영법을 소개하고 있다. 마지막으로는 사상에 따른 자기 경영법을 제안하고 있다. 중간 중간에 필자가 경험한 사례들을 삽입하였으므로 다소 딱딱하고 건조한 분위기를 순화시키고자 하였다. 아무쪼록 미력하나마 본서를 통해 올바른 사상에 대한 이해로 독자여러분들이 행복한 삶을 꾸려 가는 데 도움이 되기를 간절히 소망해 본다.

제1부

사상으로 배우는 자기 경영

1. 사상을 활용하기
2. 나의 성격과 특성
3. 그들의 성격과 특성
4. 나와 그들의 관계
5. 사상의 탄생과 알려지기까지
6. 나의 사상체질은?
7. 욕심 다스리기
8. 절제된 욕망과 성공의 참모습
9. 중화의 길 - 만족과 수용으로 행복 찾기

1. 사상을 활용하기

요즘 가정에서 한번쯤 겪는 일일 것이다. 유능하고 자상한 가장이라면 적어도 한 달에 한두 번쯤은 주말 외식을 외칠 수 있어야 한다. "너희들 뭐 먹고 싶니?" "아빠가 뭐든 사 줄게. 우리 맛있는 것 먹으러 나가자" 큰 아이 현철이는 묻기가 무섭게 '삼겹살' 한다. 옆에 있던 작은 아이 현숙이는 "오빠는 맨 날 삼겹살이야. 난 피자 먹을래" 결국 가장인 아빠는 이번에는 오빠가 시험을 잘 봤으니 삼겹살을 먹자고 딸을 설득하든가 아니면 지난 번에는 삼겹살을 먹었으니 이번에는 동생 원하는 대로 피자를 먹자고 큰 아이를 설득해야 할 것이다. 여기에서 부모의 취향은 고려의 대상조차 되지 못한다. 식당가에서 식사 후 헤쳐모여를 하지 않으려면 누군가 희생을 하든가 양보해야 한다. 가족이라 해도 개개인의 취향이 같지 않기 때문이다. 어떤 이는 점심 식사를 무엇으로 할지가 제일 걱정이라고 한다. 이 경우 자신 내부에서도 갈등을 일으키기도 한다. 누구나 자신이 선호하는 것이 있지만 항상 동일한 결정을 내리는 것이 아니다. 경우에 따라서는 자주 주변상황에 의해 변화하고 꾸준하게 동일한 것을 유지하려고 하기도 한다. 이러한 현상은 결국 인간 개개인의 개별 차에 의해 발생하는 일들이다. 만약 미리 개인적 선호도나 주변 환경에 대한 반응 패턴을 안다면 자신이나 주변 사람들의 만족감을 늘릴 수 있을지도 모른다.

사상을 올바르게 활용하려면 사상의 유래나 사상의 현주소를 이해하는 것도 중요하겠지만 과연 사상과 나의 삶이 어떤 관계가 있을까 가늠해 볼 필요가 있다. 예컨대 귀하가 평소 건강하고 마음이 평온하며 매사에 불만이 없는 행복한 삶을 누리고 있다면 구태여 사상을 이해하고 활용하고자 할 필요성은 없다고 봐도 좋다. 혹자는 보다 나은 삶을 위해 지식을 얻는 것이 아니겠냐고 반문할 것이다. 그러나 그러한 시각은 사상이 지향하고 있으며 사상의 배경이 되는 동양적 사고로 보면 헛된 욕심에 불과하다. 현재에 만족하는 사람이 보다 나은 것을 찾는다는 것은 불만의 시작이요 사치의 징후가 될 것이기 때문이다. 반대로 귀하가 육체적이건 정신적이건 고통에 시달리고 있거나 조금이라도 불편함이 있다면 사상이론의 이해와 활용은 적지 않은 도움이 될 것이다.

사상의 의학적 접근은 새로운 지평을 열고 있다. 아직도 일부에서는 과학적 입증을 운운하며 의구심을 나타내고 있으나 크게 마음 쓸 것이 못된다. 인류의 역사를 보라. 특히 서양의 과학 분야에서 오늘의 진실이 내일 거짓으로 들통 나고 이듬해 다시 진리로 자리 잡았던 경우는 허다하다. 우리가 믿고 있는 오늘의 진리 가운데 어디까지가 참이고 어디까지가 거짓일까를 자신 있게 단언할 사람은 없다. 중요한 것은 그러한 사실이 나와 나의 고통을 공유하는 다수에게 도움이 될 수 있는가 아닌가의 문제일 뿐이다. 사상의학은 태생이 그러하듯 있는 자보다는 없는 자를, 편안한 자보다는 불편한 자를, 힘이 있는 자 보다는 힘이 없는 자를 위해 고안되었다. 경제적으로 볼 때 사상 처방은 고가의 약이 적고 매우 단순한 것이 특색이다. 혹자는 싸구려에 대한 불신을 가질 수 있을지도 모르나 약이란 적합성이 중요한 것이지 효과성과 가격이 항상 비례하지 않는다는 것쯤은 삼척동자도 알 것이다.

두 번째로 사상의 활용을 위해 고려해야 할 점이 있다면 어떤 분야에 활용할 것인가이다. 현대 산업사회의 특징 중 하나는 분업화이다. 언제부터인가 이 세상은 한 가지 재주만 있어도 살 수 있다고들 해왔다. 물론 그 한 가지가 문제이긴 하지만 말이다. 인류 역사를 보면 자급자족 시대에는 만능이 사는 것을 안락하게 했지만 국가라는 절대적 권위가 탄생하고부터는 재주보다는 혈통이 중요했다. 물론 산업혁명 이후부터는 그 한 가지 확실한 재주가 중요해졌다. 생산성 향상이라는 명제하에 분업화가 적극적으로 수용되었기 때문이다. 그러나 다시 지식 사회가 도래하자 남들 다하는 재주 한 가지만 가지고 조명 받기는 틀렸고 몇 가지 재주를 결합하여 독특한 무엇인가를 새로이 고안해야하는 창의성 시대가 되어 버렸다. 사상을 하나의 지식 분야로 본다면 현존하는 어떤 개념이나 분야와 결합하여 제법 근사한 신지식 하나쯤 창조할 수 있다는 희망이 보인다. 결국 사상을 이해하고 공부 좀 했다고 떠들어 봤자 아무 소용이 없다. 소위 그 분야의 최고라고 주위를 상기시킬 가망성이 없다는 것이다. 현존하는 분야에 대한 지식을 섭렵해야 하는 작업이 선행되어야 한다. 본서에서는 이미 한 분야에 대하여 고수급에 속하는 사람들이 사상을 활용하여 신지식을 창조하려고 애쓴 사례 몇 가지를 소개하고자 한다. 물론 이러한 활용이 제 몫을 하려면 처음 소개한 바와 같이 어떤 이유에서라도 현재에 힘들고 어려움에 있다거나 가슴 속의 욕망보다 더 나은 삶을 갖고자 하는 사람이 존재하고 그들에게 효과적으로 작용했을 때 가치가 배가될 것이다. 당연히 학문적으로나 일반 사람들에게나 널리 알려진 의학부분은 제외되었다.

사상과 자녀 교육

유태인들의 자녀 교육 지침서인 탈무드를 보면 핍박받으며 이 나라 저 나라를 부초(浮草)처럼 떠돌아다니면서도 민족의 정체성을 지켜낼 수 있었던 비결이 그들의 독특하고도 철저한 교육에 있었다는 것을 실감케 한다. 한국인들 역시 혼란한 시대를 헤쳐 나가며 미래에 대한 희망을 자녀 교육에 걸었다. 한국인들의 개개 인생에서 자녀 교육이 의미하는 바는 유태인 뺨친다는 점에 대해 누구나 공감할 것이다. 지금도 교육과 부동산 문제는 어느 정권도 자유롭지 못하게 하는 골치 덩어리로 자리 잡고 있다. 문제를 보다 면밀하게 따져보면 결국 부동산 문제도 교육에 기인한다. 특정 지역의 주택 가격이 비정상적으로 상승한 것은 상식적인 주거 환경이나 건축비보다는 교육환경이라는 변수가 작용하였다. 누구나 재화를 얻으면 아낌없이 교육환경이 좋은 곳으로 모여들기 시작했고 가치가 획일화된 만큼 시장을 왜곡시키는 투기까지 가세하게 되었다. 결국 한국인들의 상당수는 자녀들의 교육을 위해 스스로 벌어들인 재화로 누릴 수 있는 삶의 질을 희생시키고 별로 근거도 없는 명문대 입학률이 높다는 특정지역으로 입성하기 위해 인생의 황금기를 불편하게 살고 있다. 어쨌든 그들 스스로 이러한 가치관을 떨쳐 버리기 전까지 교육과 부동산이라는 난제(難題)는 한국인 모두의 숙제로 남아 지속될 것이다.

그러나 우리 아이들을 경쟁력을 키워 나가기 위해 좋은 교육 환경 속에서 성장시켜 일류 대학에 입학시키고 안정적 직장을 가지게 한다는 평범한 목표를 세우기 전에 선행되어야할 과제가 있다. 저출산으로 인해 1-2자녀 시대에서 대부분의 가정에서 자연스럽게 이루어져야 할 사회성 교육은 취약해져만 갔다. 과거 피임이 일반화되지 않은 데다 전통적 사고에서 다산이 미덕이었던 시절에는 경제적으로 잘 살든 못 살든 부모자식간의 수직적 관계나 수평적 형제간의 질서, 가족 집단에서 규율이나 공동생활에서 공존을 위해 필요했던 제반 사항들이 특별한 교육 없이도 몸에 밸 수밖에 없었다. 그러나 특별히 신경 쓸 필요도 없이 얻어질 수 있었던 이러한 인간 교육 효과는 일인당 소득을 높여야 하는 정부 정책에 의해 기회를 상실하게 된 것이다.

아이가 어른이 된다는 것은 무엇을 의미하는가. 물론 여기에는 여러 가지 복잡한 사항이 포함될 수 있다. 생물학적으로 볼 때 신체의 키와 몸무게가 늘고 생식 능력이 생기며 정신적으로는 사물을 분별할 수 있는 능력이 생겨 사고의 폭이 넓어지는 것을 의미한다. 사회 심리학적으로는 스스로 자신의 언행에 대한 책임이 부여되고 정치적 권리가 생겨야 한다고 할 것이다. 다른 한편으로는 인간의 이해관계가 복잡하게 얽매여 있는 사회를 부정적인 시각으로 본다면 인간의 유아기는 때묻지 않은 순수함을 간직하고 있는 때이기도 하다. 아마도 아이들은 자신의 타고난 본성을 유감없이 언행으로 표현할 것이다. 물론 취학 이전에는 부모가 그들의 교육을 담당한다. 울고 보채며 눈치없이 칭얼대는 그들을 아이의 부모는 인내력으로 통제하고 가르친다. 만약 혈연이라는 이해관계를 초월한 질긴 끈이 없다면 거의 불가능한 일일지도 모른다. 때로는 자기 자신이 어렸을 때 보였던 특성들을 망각한 채 짜증을 내거나 이성을 잃기도 한다. 그러나 분명한 것은 나이가 어릴수록, 교육된 양이 적을수록 인간은 가장 본능적으로 행동한다는 것이다.

몇 해 전 광주대학교 유아교육학과의 전경원 교수는 취학 이전의 만 4-6세 되는 유아들을 대상으로 창의력을 향상시키기 위한 목적으로 실험 연구를 한 적이 있다. 연구 내용을 요약하면 다음과 같다. 먼저 사상체질별로 유아들을 분류하고 동일 유형끼리 집단을 나누거나 상이 유형끼리 집단을 나누어 아이들에게 과제를 부여한다. 그리고 집단내의 브레인스토밍(자유로운 의견 개진)을 통해 활동사항, 유아들의 행동, 대화, 성과 등을 주도면밀하게 관찰하는 것이다. 이 연구에서 총 18명의 유아들이 관찰의 대상이 되었는데 사상유형별 분포는 태음인 4명(22.2%), 소양인 9명(50%)-2개 그룹, 소음인 5명(27.8%)으로 구성되어 있었으며 태양인은 제외되었다.

사상 유형은 전문 한의사와 표준화된 설문지로 구분했는데 실제 태양인은 없었다.

연구 결과는 흥미롭게도 동질 체질 유형끼리 모였을 때는 체질별로 정의된 특성이 집단 전체의 모습으로 나타났다. 그러나 다수의 동일 체질유형에 한명의 이질 유형이 집단에 가세할 때와 다양한 체질이 하나의 집단을 이루었을 때 전혀 다른 모습을 보이고 있었다. 예컨대 소양인 집단에 한 명의 소음인이 가세하면 전혀 섞이지 못하고 각자 따로따로 논다든지 소양인 집단에 태음인이 가세할 경우 서로가 적극적으로 경쟁심이 유발된다든지 하는 것이었다. 특히 여러 유형이 합세할 때는 조직화 되어 가장 높은 성과를 가져왔다. 물론 연구는 순전히 관찰에 의존하고 있고 다수가 참여할 수 없다는 한계점을 갖고 있었지만 1) 유아들은 거리낌이 없고 외생 변수의 영향 없이 행위를 보여준다는 점에서 신뢰성을 가질 수 있으며 2) 사상 유형 상호간의 관계를 입증하고 있다는 점 3) 사상 유형별 적성을 간접적으로 설명해 주고 있다는 점 등을 과학적으로 입증하고 있다는 점에서 의의를 갖는 논문이었다.

그러면 아동교육 관점에서 사상체질이론이 연구의 제목인 "사상체질 분류에 의한 브레인스토밍 집단 구성 연구"의 목적이 의도하듯이 유아들의 창의성 향상에 서만 국한될 수 있는 것이라 생각이 든다면 이는 협소한 가정에 불과하다. 상기의 실험 연구에 함축되어 있는 사항들은 막대한 것이다. 우선 사상은 순수하게 선천적 특성을 간직하고 있는 만 5세 내외의 아이들에게서 뚜렷하게 구분된 특성을 보여 주고 있다. 흔히 성인을 대상으로 조사할 경우 후천적 특성들과의 결합으로 인한 개별적 차이, 의도적 왜곡 등에 의한 연구 결과의 신뢰도 하락 현상을 막을 수 있었다는 점이다. 이러한 점은 연구자의 의도여부에 관계없이 사상체질이 인간에게 선천적으로 주어지는 고유의 특성이라는 점을 자연스럽게 입증하고 있다.

뿐만 아니라 실용 측면에서 보았을 때 사상체질이론은 대부분의 유형론과 달리 신체의 외적 특성이나 행동, 말투 등으로 구분이 가능하다는 점과 인간 상호간의 조화와 성과 측면을 동시에 설명한다는 장점을 가지고 있다. 이 가운데 후자의 성과 측면은 본래 수양에 의한 중화로 설명되고 있는데 현 시대에서 요구되는 성과와 무관하지 않음을 입증하고 있는 것이다. 결국 상기 연구의 이러한 점은 필자가 기업에서의 팀 빌딩에 사상유형을 활용하는 동기와 용기를 제공해 주었다.

실제로 있었던 일이다. 소음인인 산모는 원래 추위에 약한 데다 아이를 낳자 삼복더위에도 솜바지를 입고 산후조리를 하고 있었다. 산모의 젖이 모자라 초유 수유에 실패한 아이는 유난히 감기가 잘 걸렸다. 그럴 때마다 산모는 아이의 보온에 신경을 썼다. 한기로 인해 면역력이 취약한 아이가 감기가 걸린다고 생각했었기 때문이었다. 아이의 감기는 쉽게 치료가 되지 않았고 거의 사계절 감기를 달고 살았다. 그러나 안타깝게도 아이는 애 아빠의 유전인자를 받아 소양인이었다. 나중에 이 아이는 아토피성 피부에 천식까지 앓게 되었다. 소음인의 불안함과 자신의 기준에 맞추어 열이 바깥으로 발산되어야 하는 아이를 이불로 꽁꽁 덮어 싸고 있었으니 아이의 고통이 오죽했으랴.

우리는 너무나도 쉽게 자신의 잣대로 상대를 파악한다. 상대가 가까운 사람일수록 정도는 더욱 심해진다. 하물며 내 뱃속에서 나온 아이가 나와 같을 것이라는 생각은 어떻게 보면 당연할지도 모른다. 그러나 가깝던 멀던 인간은 자신의 특성을 타고 나며 그 것은 자신만의 개성으로 무시되어서는 안 될 소중한 자산이다. 적어도 그 산모가 사상 유형이론을 깊이 이해했다면 그러한 우를 범하지는 않았을 것이다. 전경원 교수의 연구는 이러한 초보적 문제를 과학적으로 설명해 준 것 뿐이다. 즉 아이들의 실체를 알아내는 데 필요한 사항을 역설적으로 입증한 것이다.

흔히 언어 사용이 미숙한 아이들과의 교감은 감성에 의해 이루어진다고 한다. 아이의 표정이나 느낌 따위로 예측하여 돌보는 데 사용된다는 것이다. 그러나 실제로 학교와 가정에서 피교육 입장에 있는 아이들과 어른들은 적지 않은 갈등을 갖게 된다. 거기에는 여러 가지 원인과 이유가 있겠지만 근자에 와서 두드러진 현상은 어른들의 가치 강요와 여기에 순종하지 않는 요즘 아이들간의 갈등이 시간이 갈수록 심각해지고 있다는 것이다. 그리고 이러한 강요의 배경에는 사회적 통념이나 규범(Social Norms)이 적지 않게 작용한다. 예컨대 아침에 일찍 일어난다든지 자신의 소지품을 잘 정리 정돈한다든지 집안 청소를 깨끗이 하는 것은 당연한 사회적 통념이다. 그 통념을 잘 따르면 정상적인 것이요(=normal), 그렇지 못하면 비정상적인 것이다(=abnormal).

그러나 이러한 사고는 창의성을 중시하는 사회에서는 다른 시각으로 해석될 수가 있다. 즉 사회에 순응하여 모범적인 삶을 살아 나가는 사람은 보통 사람이요

(=ordinary people), 무엇인가 정상적인 궤도를 벗어나 새로운 것을 시도하는 사람은 특출 난 사람(=extra ordinary people)이라고 볼 수도 있다는 것이다. 정리 정돈에 취약하며 책상머리에 앉아 열심히 집중하지 못하는 아이를 비정상적인 아이로 볼 것이냐 아니면 특출 난 아이로 볼 것인가는 사실 백지 한 장 차이다. 사상 이론적 관점에서 본다면 전자의 특성을 가진 아이는 음인들이요, 후자의 특성을 가진 아이는 양인들이라 한다. 물론 사상 이론적 관점에서 양인과 음인의 우열은 전혀 존재하지 않는다. 각자가 장단점을 함께 가진 특성들일 뿐이다.

철들고 10년 이상을 학교 교육을 받은 남녀가 만나 혼인을 할 때 상대가 어떤 선천적 특성을 가진 사람이었는가를 알기란 쉽지가 않다. 자신의 아이가 보이는 행위는 유전적 원인에 의해 유사하다고 인정되며 이런 점은 부모자식간의 혈연을 입증하기도 한다. 그러나 배우자의 어릴 적 모습에서 보여주는 특이성은 실망감을 안겨주기도 한다. 이 경우 이런 문제를 사상 이론적 차원에서 보면 설명은 간단해진다. 우선 사상의 조화적 측면은 상이한 사상유형 소유자끼리 결합했을 경우 높은 성과로 나타난다. 내가 가지지 않은 것을 나의 배우자나 2세가 가지고 있다는 것은 이질감을 느끼게 할 수는 있으나 오히려 바람직한 측면이 많다. 뿐만 아니라 배우자의 사상 유형과 무관하게 나의 이세가 가지는 사상유형 하나만 놓고 보더라도 그러한 특성을 이해하고 있다면 굳이 실망할 필요도 속상할 필요도 없다. 자신이 가지고 있던 수많은 문제점들을 생각해 보라. 어차피 인간은 불완전하게 태어났고 그러한 특성을 잘 살펴 올바른 길로 인도해 주면 되는 것이다. 그리고 자신의 가족 구성원이 동일한 성격을 가지고 있지 않다는 것은 동일한 경우보다 자신의 모습을 뒤돌아보고 사소한 갈등을 극복하는 학습을 유도함으로써 손쉽게 전체의 자기 통제 능력을 향상시키는데 도움이 될 것이다.

이 같이 전경원 교수의 연구는 아이들의 특성을 파악하는데 용이하게 했을 뿐 아니라 선천적 적성 문제에도 적지 않은 시사점을 주고 있다. 현재 사회의 가치관에 따라 일률적으로 요구되는 훈련 과정을 보다 선천적 특기에 초점을 두어 파악하는데 도움이 된다. 리더십의 문제나 자신이 선호하는 과제와 해결 방식, 의사소통을 통해 의견을 조율하는 방식 등 다양한 특성이 관찰되고 있다. 아마도 사상이론은 우리에게 추가적인 연구의 필요성을 무언으로 요구하고 있을지도 모른다.

사상과 적성

적성이란 어떤 사람의 특성이 어떤 특정한 직업이 요구하는 일과 잘 맞느냐하는 것을 의미한다. 물론 여기에서 잘 맞는다는 것은 성과의 차원을 말한다. 물론 성과가 잘나면서 개인적인 만족감까지 높다면 금상첨화겠지만 실제로는 그렇지 않다. 설령 자신이 하고 싶지 않더라도 상대적으로 다른 사람들보다 성과가 높으면 그런 직업을 택하게 된다. 게다가 이 경우 높은 보상을 얻게 되므로 일보다는 보상이나 사회적 위신 등으로 인해 자신이 만족하고 있다는 착각을 할 수도 있다. 반대로 자신이 만족할 수 있는 일들은 사회적으로 별로 존경받지도 못하고 보수도 높지 않다면 어쩔 수 없이 그런 직업은 택할 수 없는 것이 현실이다.

흔히 우리는 아이들의 적성에 대하여 생각할 때 어렵고 힘들다거나 높은 사회적 요구로 인해 가치가 높아서 많은 보수를 기대할 수 있는 직업들을 생각한다. 특히 지능지수가 높은 학생에게 추천되는 직업들은 대부분 고소득 직종에 사회적으로 존경받는 직업들로 구성되기 마련이다. 그러나 지능지수와 미래의 소득이 일치할리도 없고 그런 직업들이 요구하는 수와 타고난 인간의 적성 분포와 일치할리도 없다. 뿐만 아니라 직업 자체가 요구하는 노동의 특성들은 직장이나 문화, 시대의 흐름에 따라 천차만별이다. 하루 일과는 자신의 본업만 하면서 사는 것이 아니다. 의외로 자질구레한 일을 병행해야 하는 것이 현실이다. 예컨대 동일 직업을 가진 사람이라 할지라도 가정생활은 천차만별이다.

3대 고시에 합격하여 수재로 소문났던 J씨는 장관 시절 집에서 도배를 하다가 낙상하는 바람에 중요한 스케줄이 무산된 적이 있었다. 그는 아내와 장보는 것을 좋아했고 틈만 나면 가족들을 위해 요리하는 것을 즐기는 등 당시 가장으로는 보기 드물게 가정적이었다. 소문난 성형외과 의사였던 L씨는 틈만 나면 나비를 수집하는 것이 취미였다. 그는 나비 수집을 위해 승합차를 손수 몰면서 전국 방방곡곡을 다녔는데 항상 더럽혀지는 차를 손수 세차했다. 한때 전문직 종사자들의 직업 이탈이 화제가 된 적이 있었다. 본명을 밝히지 않아도 알만한 치과의사였던 K씨는 섹소폰 연주와 작곡으로 평생을 보냈고, 건축가였던 H씨는 한 때 이름난 대중 가수였다. 어떤 의사는 돼지 뼈를 우려낸 콩비지 찌게와 수제비를 파는 자그마한 식당을 경영해 화제가 된 적이 있다. 경제적 가치나 사회적 존경을 얻는 것과는 무관한 그들의 행동은 무엇 때문일까. 그들의 성과 적성과 만족 적성이 같지 않기 때문에 일어난 현상들인 것이 아닐까.

몇 해 전 영동대학교의 윤상원 교수와 을지대학교의 갈원모 교수는 "사상 체질과 작업특성간의 실증적 상관관계 연구"라는 타이틀로 사상 유형별 적격한 작업이 무엇인가를 조사한 적이 있다. 연구 내용은 작업자 58명을 대상으로 그들의 사상유형을 판별하였다. 판별 방법은 역시 표준화된 설문지와 전문 한의사의 도움을 받았다. 전체 표본 중 태음인은 29명(50%), 소양인(20.7%), 소음인(29.3%)이었다. 이 경우도 태양인은 조사 대상에 포함되지 않았다. 그들을 대상으로 자신이 선호하는 작업(재료의 설치 및 부착, 치장 및 장식 작업, 운반 및 감독, 마무리 및 검사, 보관 및 정리 등), 임의로 작업할 때 작업 동작(서서하는 작업, 앉아서 하는 작업 구분), 선호하는 작업장(통풍이 좋은 곳, 항상 따뜻한 곳, 적절한 습도, 뽀송뽀송한 곳, 서늘한 곳), 선호하는 작업 특성(두뇌와 창의력 요구, 끈기와 집념 요구, 활동적이며 사람과의 접촉을 요구, 정밀함과 계산, 판단력 등이 요구) 등 네 가지 항목에 대하여 조사하였다.

설문 조사 결과 선호하는 작업의 순은 태음인의 경우 재료의 설치 및 부착작업에, 소양인은 운반 및 감독, 소음인은 보관 및 정리 작업을 선호하는 경우가 많았다. 임의로 할 때의 작업 동작은 소양인과 태음인은 특별히 앉아서 하는 작업을 선호하지 않았으나 소음인은 서서하는 작업을 선호하는 경우(12명)가 그렇지 않은 경우(5명)보다 압도적으로 많았다. 선호하는 작업장의 경우 태음인은 서늘한 곳(14명)과 통풍이 좋은 곳(7명)의 선호도가 높았고 소양인은 통풍과 적절한 습도를(각 5명), 소음인은 통풍이 좋은 곳(11명)을 선호하였다. 선호하는 작업 특성은 태음인의 경우 끈기와 집념이 요구되는 작업을(14명), 소양인은 활동적이며 사람과의 접촉을 요구하는 작업을(6명), 소음인은 정밀함과 계산, 판단력 등이 요구되는 작업을(9명) 선호하는 것으로 나타났다.

상기의 조사는 작업자 스스로가 선호하는 작업과 환경, 특성 등을 말하는 것으로 그들이 그 작업을 할 때 실제로 만족하는가와 작업 성과와는 별개의 문제가 된다. 이 연구의 특성은 작업자 자신의 선호도 중심으로 조사되었으므로 성과 부분은 연구의 대상이 되지 않았으나 만족도는 추가적으로 조사 되었다는 점이 특이하다. 대체로 작업자의 선호도와 실제 작업시의 만족도는 별도로 조사되지 않았는데 그 이유는 1) 작업자가 작업 경험이 풍부한 경우 학습되어 있으므로 작업 전후의 선호도 차이가 없으며 2) 실제로 작업후의 설문조사는 가능하나 작업 도중 검사의 방법에 한계가 있기 때문이었다. 그러나 흥미롭게도 이 연구에서는 조사 대상자가 작업 경험이 없거나 풍부하지 못한 학생들이었고 뇌파 검사라는 독특한 방법을 통해 조사되었다는 점이다. 그러므로 연구의 결과는 경험이 없는 신입자의 작업에 따른 만족도를 사상 체질 유형만 가지고도 예측 가능하게 했다는 점과 작업 전후의 작업유형에 대한 가치 차이에 의해 왜곡되는 조사결과를 객관화할 수 있었다는 점에서 차별된 의의를 확보할 수 있었다.

비록 모든 유형을 추가적 실험으로 하지는 않았지만 태음인을 대상으로 가상세계에서 작업을 실시한 결과 성별에 관계없이 조립작업에 있어 현저하게 알파파의 출현 비율이 높게 나타남으로써 뇌파의 안정 상태를 보여준다고 조사되었다. 다른 작업은 운반, 장식, 검사작업이었다. 뇌파 검사는 통상 인간 뇌의 전두엽에서 베타파의 출현빈도가 높게 나타나는데 모든 뇌파는 골고루 안정되게 출현해야 심리적인 안정감을 갖는다는 것을 근거로 하고 있다. 즉 평소 출현빈도가 높은 베타파의 출현빈도가 낮아지면서 알파파의 출현빈도가 높아지면 작업자는 심리적으로 안정된다는 것을 의미한다. 이러한 결과는 앞서 조사된 설문 결과와 일치한다. 태음인은 선호하는 작업이 재료의 설치 및 부착작업이었고 작업의 특성상 끈기와 집념이 요구되는 작업을 선호했었다. 이러한 작업은 조립작업이 요구하는 특성과 작업내용이 된다. 이는 자신이 생각하는 작업을 직접 시켜본 결과 자신의 선호도와 일치한다는 것을 의미한다.

물론 이 연구는 다른 사상 유형과 모든 작업을 검사하면 사상 유형간의 현저한 차이성(유의도)을 조사할 수도 있을 것이 아니었겠는가 하는 아쉬움을 남긴다. 그러나 사상 체질 유형에 따라 생산 현장에서 요구되는 작업들간에 선호도가 뚜렷하게 다르다는 점과 선호되는 작업환경도 같지 않다는 점은 시사하는 바가 크다. 예컨대 선호되는 작업 환경을 보면 누구나 통풍이 잘되고 습도가 적당하며 뽀송뽀송한 곳을 좋아할 것이라고 생각한다. 그러나 약간 서늘한 곳에 대한 선호도를 보면 태음인은 29명 중에 14명이, 소음인은 17명 가운데 1명만이 선호도를 나타냈다. 이는 최적의 작업 환경이 모든 사람에게 같지 않음을 의미한다. 누구나 서서하기 보다는 앉아서 작업하기를 좋아한다고 여기겠지만 태음인과 소양인은 유사하게 서서하거나 앉아서 하는 것을 절반 정도씩 나타냈는데 반해 소음인은 무려 17명 가운데 12명(70.59%)이 서서 작업하는 것을 선호했다. "남들이 항상 나처럼 생각하지 않는다."는 말이 생각나게 하는 부분이다. 내가 추우니까 남들도 추울 것이라고 생각 하거나 내가 맛이 없으니 남들도 그럴 것이라는 생각은 지극히 위험한 발상이라는 얘기다.

사상과 리더십

사상체질이론을 처음으로 경영학 분야에 접목한 것은 리더십 분야였다. 우리말로 '지휘'나 '통제력'으로 해석되는 리더십의 필요성이 대두된 것은 아마도 경영 분야에서 사용되기 훨씬 이전에 인류가 집단을 이루고 살기 시작했을 때로 거슬러 올라갈 것이다. 태고적 사람들을 다스렸던 족장이나 전쟁을 수행했던 장군들, 왕국을 건설하고 왕권을 세습했었던 수많은 영웅들은 역사 속에서 탁월한 리더십의 소유자로 기억되고 있다. 막스 웨버(MaX Weber, 1864-1920)는 역사 속에 등장하는 리더들을 혼란기에 번개 같이 나타나 사람들에게 꿈과 희망, 그리고 용기를 불어 넣으며 난세를 극복했던 영웅들, 아무런 노력도 능력도 없이 황태자로 태어나 권력을 부여받은 제왕들, 그리고 국민들의 지지를 받아 권력을 얻은 민주적 지도자로 분류했다. 그러나 그러한 리더들은 어떤 경로에 의해 자신의 지위에 올랐던 상관없이 독특한 리더십 유형을 가지고 있었고 적어도 그 시대에는 그의 사고와 행동이 사람들로부터 존경받기도 하고 훗날 비난의 대상이 되기도 하였다.

경영 분야에서 리더십에 대한 연구는 리더십 유형의 선천성에 초점이 맞추어 졌다. 당시 리더의 의미는 역사 속에 등장하는 소수의 정치적 지도자 들이나 전쟁 영웅들에 국한되었던 것처럼 경영 분야에서도 산업혁명 이후 기업을 거대하게 성장시킨 창업주들에 국한되었다. 과거 평민들이 왕족이나 귀족들에게는 무언가 특별한 것이 있을 것 같은 착각을 한 것처럼 노동자들은 자신들이 기업주들과 다르며 제도권 하에서 재산가의 지위에 오르는 것은 불가능하다는 회의적인 생각이 가득했다. 이런 발상은 성공적인 지도자들의 특성이 후천적 노력보다는 선천적 재능에서 연유한다고 믿게 한 것이다. 결국 초기의 리더십 연구는 성공한 지도자들의 공통적 특성을 찾는 정도가 고작이었다. 선천적으로 타고난 요소들을 현상으로 보고 그들의 공통점을 찾는 것이야말로 객관화 작업이었다. 물론 이러한 시도의 결과는 참담했다. 겨우 찾아낸 것이 지능이었는데 위대한 지도자들의 지능이 높았는지는 몰라도 높은 지능이 위대한 지도자를 만든다는 보장이 없었다. 즉 위대한 지도자의 필요조건 가운데 하나가 지능일지는 몰라도 충분조건이 되지는 못했던 것이다.

6·70년대 리더십 연구의 초점은 후천적 요소로 이동했다. 그리고 리더십의 효과성을 높이기 위해 리더의 행동 유형이나 상황에 따르는 행동의 적합성을 찾는데 혈안이 되었다. 물론 이런 시도는 적어도 리더십 연구의 대상을 영웅적 창업주에서 관리자들 수준으로 확대시켰을 뿐만 아니라 훌륭한 리더는 만들어질 수 있다는 "노력은 만사를 가능하게 한다."는 서구 교육의 명제를 확인시켜 주었다. 그러나 80년대 미국의 경쟁력 상실은 다시 한 번 리더십 연구의 새 장을 마련하는 계기가 되었다. "선천적이냐. 후천적이냐." 식의 설전보다는 쓰러져 가는 기업들을 일으켜 세우기 위해서는 강력한 리더십이 절실해진 것이다. 80년대 리더십 연구의 주제는 카리스마의 등장이었다. 막스 웨버의 카리스마는 80년대 미국의 CEO들에게 필요한 리더십 유형으로 재탄생하게 되었다.

카리스마는 변혁적 리더십 유형(Transformational Leadership Style)으로 불리기도 하였다. 바스(B. M. Bass)는 리더십이 효과성을 극대화하기 위해서는 광의의 의미로써 변혁적 리더십 유형이 획득되어야 하는데 이는 다시 협의의 변혁적 리더십 유형과 거래적 리더십 유형(Transactional Leadership Style)으로 분리했다. 그리고 각 유형은 리더의 상황 판단에 따라 선택되는 행위인데 구체적으로 변혁적 리더십의 하위요소는 카리스마와 지적 자극, 개별적 배려를 들었고 거래적 리더십의 하위요소는 조건적 보상과 예외적 관리 요소를 들었다. 그의 주장은 실제 행위에 대한 구체적 설명이 포함되어 있을 뿐 아니라 실증 과정을 거침으로써 정설로 받아들여졌다. 그리고 기업조직의 성과를 극대화하기 위한 이러한 이상적 리더십 행위는 실제 많은 기업들에게 수용되어 관리자와 CEO들이 교육과 훈련에 활용 되었고 적지 않은 효과를 얻게 되었다. 변혁적 리더십 이론은 지금도 리더십 훈련의 주류를 이루고 있다.

90년대 정보 통신업체 산업의 활황과 온라인 기업(닷컴 기업)의 등장, 소규모 벤처기업들의 약진은 세계적 조류를 이루게 되었다. 여기에 적합한 리더십 유형에 대한 논의가 진행된 것은 당연하다. 그야말로 리더십 연구의 춘추전국시대를 맞이한 것이다. 슈퍼 리더십을 비롯한 팀 관리에 있어서 리더십에 대한 연구는 꼬리를 물었지만 앞서 변혁적 리더십만큼 절대적 반향을 일으키지는 못했다. 우리나라 기업들은 외환위기가 닥치자 미국 기업들이 80년대 겪었던 것처럼 너도나도 새롭게 리더십을 정착시키고자 고심했지만 실상 미국과 한국의 상황은 같지 않았다. 미국의 경우 전문 경영인 체제가 어느 정도 정착된 상태였고 최고 경영자 – 당시 사장이나 회장으로 불리던 최고 관리자 – 의 권한이 제한적이다 보니 위기관리에 적합하지 않았다. 그들의 임기는 짧았고 권한이 제한되어 있어 중요한 결정이 있을 때마다 이사회를 소집해야했다. 당연히 의사결정 시간이 길어졌고 그렇지 않아도 기업들의 덩치가 커져있는 상황에서 변화하는 환경에 즉각적 대응이 어려워진 것이다. 결국 최고 경영자의 막강한 권한이 필요했다. 흔히 CEO라 불리는 절대적 권력을 가진 최고 경영자들이 탄생했고 그들 중 상당수는 위기를 극복하는 데 성공적이었다. 그러나 현대적 의미의 기업 역사가 짧았던 한국은 사정이 정 반대였다. 대부분의 대기업들은 창업주가 생존해 있거나 세습에 의해 2세대 경영을 하는 경우가 대부분이었고 소유경영주인 그들은 아직도 막강한 의사 결정 권한을 가지고 있었다.

90년대 후반부터 2000년대 초반 한국은 정보 통신 산업과 자동차나 조선 등의 기존산업의 경쟁력을 키워 위기를 극복했다. 이 과정에서 절대적 권한을 가지고 있었던 최고 경영자의 영향력은 유감없이 발휘되었다. 그러나 모순되게도 대부분의 기업들은 미국의 80년대 경영환경 극복 과정을 답습하는 과정에서 90년대 이후 탄생한 소규모 고부가가치 기업들이나 기업의 분화 과정에서 채택하여 효과를 톡톡히 본 팀제를 아무 여과 없이 받아들였다. 물론 팀제 이외에도 여러 가지 서구식 경영 기법들을 마구잡이식으로 들여왔다. 흥미로운 것은 한국의 기업들은 당시 도입했었던 팀제를 비롯한 여러 가지 기법들이 복합적 성공 요인으로 인식하고 있다는 것이다. 냉철하게 접근해 보면 위기를 극복할 수 있었던 첫 번째 원인은 총체적 위기 분위기 속에서 강력한 리더십에 대한 저항이 별반 없었다는 점에 도달한다. 당연히 위기감이 사라지게 되면서 이러한 억눌렸던 저항감은 한꺼번에 수면위로 떠오르게 되는데 사실 이러한 사회 전반적인 현상들은 예정된 수순이었다. 생산성에 관계없이 근로자들은 자신들의 몫을 주장하게 되고 권한을 배분해 달라고 아우성치게 된다. 그런 것들은 기업들의 수익성을 악화시키는 데 그치지만 더욱 심각한 부분은 변화나 혁신보다는 안주하려는 분위기가 팽배해진다는 데 있다. 결국 전체적인 경쟁력은 또 다른 위기를 부르고 다시 강력한 리더십을 요구하게 되는 현상이 반복된다.

본래 변혁적 리더십 이론의 중심에는 리더십을 구성하는 요인들의 성격이 후천적 선택에 있다고 가정한다. 예컨대 능력 있는 지도자가 있다고 하자. 그는 위기가 닥치면 카리스마를 발휘하여 비전을 제시하고 솔선수범하여 스스로 자신이 변화함으로써 추종자들에게 희망을 준다. 그러다 어느 정도 안정기에 접어들면 자율적인 체제로 변환시킨다. 그는 과거의 공과를 구분하여 충분한 보상과 벌을 주고 다가오는 미래의 변화에 대비하여 스스로 학습하게 한다는 것이다. 물론 자신보다 탁월한 부하가 등장하면 자신의 건강상태나 나이에 관계없이 미련 없이 자신의 권력을 이양한다. 성공적인 기업의 창업자나 정치 지도자들 가운데에는 전부 다는 아닐지라도 이런 행동을 보이는 사람들이 있다. 따라서 변혁적 리더십 이론은 충분한 설득력을 갖는다. 갈수록 더해 가는 환경의 변화 속도나 복잡성에 비추어 볼 때 만약 수많은 기업의 관리자들이 변혁적 리더십 훈련을 통해 크던 작던 리더십 역량을 강화한다면 기업 전체의 성과 향상에 기여할 것은 분명하다. 그러나 그 것은 지극히 유토피아적 망상에 불과하다는 것을 쉽게 짐작할 수 있다. 마치 처녀 총각 시절에 자신의 이상형과 현재 배우자의 모습을 비교하는 것처럼 이상과 현실의 현격한 차이가 존재하기 때문이다.

이처럼 변혁적 리더십 개념이 가지는 매력은 화려하고 거의 완벽한 내용을 담고 있다. 게다가 누구나 노력에 의해 탁월한 리더십 역량을 가질 수 있다고 희망을 심어준다. 그러나 산업 혁명 후 기업이 탄생하고 시장이 팽창하면서 기업간의 경쟁에 의해 스타급 경영자들이 등장했을 때와 수백 년이 지난 지금의 상황에는 현격한 차이가 있다. 60년대 이후 기업이 급성장한 한국의 경우를 보면 이런 현상은 쉽게 발견된다. 그들은 결코 변혁적 리더가 무언지 몰랐지만 각자에게 주어진 급격한 환경의 변화를 인지하고 불굴의 투지로 극복한 사람들이었다. 그들은 공통적으로 경험을 바탕으로 타고난 능력을 발휘하여 성취했다. 그들에게 어떤 특별한 훈련이 주어진 것이 아니었다. 카네기 철강의 창업주 카네기가 리더십 교육을 받았을까, 아니면 현대 그룹의 창업주 정주영이 리더십 교육을 받았을까, 그것은 우문인 것이다. 척박한 환경에서 태어나 굶지 않기 위해 시작한 일들이 그들로 하여금 새로운 권력 가치인 재력을 얻게 하고 권력자의 반열에 올려놓았다. 그들 대부분은 타고난 개인적 특성을 간직하고 있었다. 그리고 그러한 개인적 특성은 그 기업의 문화 속으로 녹아들어 갔다.

과거에는 쉽지 않은 일이었지만 최근의 풍조는 조건이 나은 이 직장 저 직장을 돌아다니며 자신의 경력을 쌓는 사람들이 있다. 그들은 자신이 몸담았던 겉으로는 유사해 보이지만 내부 문화가 결코 같지 않다는 것을 발견한다. 흥미로운 것은 그 기업 창업주의 성격과 문화는 일맥상통하는 점이 있다는 것이다. 삼성과 현대는 한국의 재계에서 앞뒤를 다투며 성장해 왔고 지금도 굴지의 기업으로 글로벌 경쟁력을 갖춘 기업들이다. 기업은 자녀들과 형제들에게 상속되었고 창업주의 이세들이 소유 경영주로 활동하고 있다. 산업분야가 다양함에도 불구하고 지금도 창업주의 성격이 그대로 배어 있다. 예컨대, 현대 그룹은 초기 창업주인 정주영씨가 현대건설을 모태로 성장한 만큼 특유의 밀어 붙이기 식에 속전속결을 요구하는 기업 문화로 유명하다. 그러나 그러한 문화는 차남인 현대자동차에 그대로 이어졌으며 6남인 현대 중공업이나 다섯째 며느리가 최고 경영자로 있는 현대 아산조차 유사 문화가 배어 있다. 결국 창업주의 선천적 특성은 그가 조직의 관리자로써 리더십을 발휘할 때 리더십 유형을 결정할 수도 있고 세월이 지나도 고스란히 어떤 특정기업의 전체 문화에 지대한 영향을 미칠 수 있다는 결론에 도달케 한다. 물론 오랜 세월이 지나면 그런 특성이 퇴색할 수도 있겠지만 아직 길어야 3-4세대가 고작인 한국의 기업들을 보면 대부분 혼란기에 척박한 환경 속에서 자신의 강인한 특성을 발휘하여 성공한 기업의 반열에 올려놓은 창업주들이 대부분인 것이다.

사상 유형은 선천적 특성을 설명해 준다. 인간의 선천적 특성은 성장하면서 환경의 요구나 자신의 불만족으로 인해 변화한다. 누구나 자신이 어렸을 때 자신의 성격과 지금의 성격을 비교해 보면 결코 같지 않다는 것을 발견하고 실소를 자아낼 것이다. 우리는 이 경우 철이 들다보니 변했다고 하지만 실제로는 자신의 본성이 사라지는 것이 아니라 일시적으로 숨겨지거나 개발된 것이다. 예컨대 어렸을 때 끈질기고 집착이 강한 성품을 타고 난 어린아이가 있다고 하자. 그 아이는 누가 자신을 때리고 도망가면 끝까지 쫓아가서 자신이 맞은 만큼 패 주어야 직성이 풀렸다. 그 아이는 자라면서 자신의 끈질긴 성품이 학교생활이나 집단생활을 하는 데 비난의 대상이 되거나 궁극적으로 해로운 결과를 얻었다고 하자. 그 아이는 삶을 영위하기 위해 자신의 본성을 감추거나 자제할 것이다. 물론 자신이 원치 않아도 부모나 집단의 규칙이 그런 행동을 용납하지 않아 인내할 수도 있다. 어떤 경우라도 이 아이는 성인이 되어서는 그런 성격이 나타나지 않게 될 확률이 높다. 그러나 그 아이가 절박한 환경 속에서 끈기 있게 노력하여 사회적으로 성공을 거두게 되었고 지금은 집단의 장이거나 높은 지위에 있게 되었다고 하자. 자신의 타고난 성품은 자신이 현재의 위치를 얻게 하는데 중요한 요인으로 간주하게 될 것이고 구태여 그런 성품을 감추거나 고칠 필요성을 느끼지 않을 수도 있다. 흥미로운 것은 성공한 사람들의 공통점 가운데 하나는 개성이 강하다는 것이다. 개성이란 현재 가회에서 요구하는 일반적인 규범에 부합하지 않는다고도 볼 수 있다. 흔히 얘기하는 선각자들이라는 사람들은 일반적인 가치를 좇은 사람들이 아니다. 그러므로 성공한 리더들은 개성이 강하며 그러한 개성은 선천적으로 주어진 경우가 적지 않다는 것이다. 결국 사상 유형은 리더들의 리더십 유형과 연관이 될 수 있다고 유추할 수 있다.

대기업의 대리급 이상의 관리자들과 벤처 및 중소기업의 경영자들을 대상으로 사상 유형과 변혁적 리더십의 요소들과의 상관관계를 조사한 결과 상기의 유추는 설득력을 가진다. 조사는 매우 흥미로운 결과를 보여 주었다. 변혁적 리더십은 크게 협의의 의미에서 변혁적 리더십 요소들과 거래적 리더십 요소들로 나누게 된다. 협의의 의미에서 변혁적 리더십 요소들은 카리스마와 지적 자극, 개별적 배려 등이다. 익히 알려진 바와 같이 카리스마란 미래의 희망적 비전을 제시하고 희생정신을 발휘하며 솔선수범하여 부하를 강하게 리드하는 성향이다. 이라한 카리스마적 요소는 태인(태양인이나 태음인) 리더들에게 상대적으로 강하게 나타났다. 지적 자극이란 부하들이 끊임없이 학습하도록 하며 스스로 발전하도록 하는 성향이다. 물론 부하가 자신보다 능력이 우월하다고 인정되면 부하에게 자신의 자리를 넘겨주는 조직지향적 성향을 의미한다. 개별적 배려는 글자 그대로 부하 개개인에 대한 감성적 애정을 베푸는 성향을 말한다. 이 부분에서는 공히 소양인 리더들에게 상대적으로 강하게 나타났다.

거래적 리더십 요소는 예외 관리와 조건적 보상을 하위요소로 하고 있다. 예외관리란 부하에게 권한을 이양하여 스스로 자신의 능력을 발휘하도록 하되 일정 수준을 넘어서면 제재를 가하거나 포상을 하는 리더십 유형을 의미한다. 이런 유형은 소음인 리더들이 선호하는 것으로 조사되었다. 조건적 보상이란 반대급부를 설정하고 부하들로 하여금 결과에 대하여 적절하게 보상을 하는 리더십 유형을 의미한다. 이 경우 사상 유형에 따라 큰 차이가 없는 것으로 나타났다. 이는 현대의 기업 관리에서 조건적 보상 요소는 시간이 갈수록 성과급제나 연봉제 등의 탈연공 현상으로 강해지기 때문이다.

흥미로운 것은 사상 분포에 있어 대기업 관리자들은 전체 우리나라 국민들의 분포와 비슷한데 비해 벤처 및 중소기업의 경영자들은 소양인들이 많았다(국민 전체 가운데 소양인은 30% 내외 이지만 조사 대상자 가운데 42%가 소양인). 이는 양인이 변화를 선호하며 이직률이 높고 특히 소양인의 경우 부하에게 배려하고 원칙보다는 정에 약해 리더십 효과성이 높을 것이라는 예측이 크게 빗나가지 않는다는 것을 의미한다. 이외에도 예외적 관리 요소는 대기업보다는 중소 및 벤처 기업 경영자들이 선호한다든지 카리스마적 요소는 대기업 관리자들보다는 중소 및 벤처 기업 경영자들이 훨씬 더 선호한다는 것은 대기업과 중소기업 문화가 같지 않다는 것을 간접적으로 시사한다. 예컨대 대기업의 관리자가 회사의 규칙을 무시한 채 부하들을 방임하여 놓아두거나 카리스마적으로 부하들을 관리하기에는 무리가 따를 것이기 때문이다. 그러면 사상 유형에서 주장하는 각 유형별 성격은 어떤 것이기에 이러한 결과가 나왔을까? 여기에 대한 구체적 대답은 내용이 분량면에서 만만치 않은 만큼 차차 다루어 보기로 하고 여기에서는 사상유형이 선천적으로 주어진 특성이라는 점에 대해서만 주안점을 두고 논하기로 한다.

서양과학으로 무장된 현대인들의 시각은 동양적 시각에 대한 오해를 가질 수 있다. 그리고 그러한 오해는 자칫 '비과학적'이라는 결론으로 귀결되기 일쑤다. 예컨대 동양적 시각에서 보는 선천성이란 – 흔히 팔자라고도 한다. – 결정론적이어서 해봤자 '안 되는', '불가능'으로 보는 시각이라든지 이슬람교도들 모두를 코란의 원리주의자로 간주하여 도매금으로 넘기는 식의 이야기들이다. 우리가 교육과 훈련에 의해 인간은 스스로의 의지대로 변화할 수 있다고 굳게 믿고 있다면 동양적 시각은 노력이란 단어가 만병통치약이 아님을 경계하라고 한다. 예컨대 성적이 신통치 않은 자녀를 둔 부모들은 공통적으로 노력을 하지 않아 성적이 낮은 것이라고 다그칠 것이다. 그러나 가슴에 손을 얹고 냉철하게 생각해 보라. 그 부모들 역시 비슷한 경험을 했을 것이다. 노력을 하면 성적이 다소 향상될 수 있겠지만 어느 수준에 도달하면 더 이상 향상되지 않는 것을 경험했을 것이다. 누구나 현 시대가 요구하는 학습 능력의 최상치에 도달하지 못한다. 환경을 바꾸어 본다거나 보다 나은 가정교사를 두고 시켜도 한계치는 분명히 있다. 경우에 따라서는 역효과를 얻기도 한다. 물론 그러한 노력을 해야 하는 자녀들도 주위의 가족들도 여러모로 애를 써보지만 투입된 비용만큼 결과를 얻지 못해 심리적 고통을 받기도 한다. 그렇다고 노력을 하지 않는다는 것은 후회를 하게 될지도 모르기 때문에 각 가정에서는 거의 비슷한 일들이 일어나고 있는 것이다.

동양적 사고로 보면 인간이 수양이나 수련을 통해 시대의 변화에 적응하려는 것은 실용주의 정신에서처럼 자신의 능력을 시험해보기 위해 앞만 보고 달리기보다는 진솔하게 인간 중심적으로 자유를 얻기 위한 과정이 되어야 한다고 한다. 인간의 본성은 다듬어지지 않은 돌과도 같은 것이다. 그 돌의 성분이 금강석일 수도 황금일수도 화강암일 수도 있다. 잘 다듬으면 보석이 될 수도 있고 건물의 주춧돌로 사용될 수도 있다. 그러나 본래의 성분인 금강석이나 화강암이라는 성분은 변화할 수 없다. 잘 다듬어져 활용된다는 관점에서는 어떤 경우도 의미를 부여할 수 있다. 그러나 만약 화강암이 황금이 되려고 황금으로만 가능한 치아가 되었다면 금방 부스러지고 말 것이다. 인간의 타고난 사상유형은 비록 각기 다른 특성을 가지므로 훌륭한 리더가 되기 위해 동일한 방법으로 접근하려 한다면 자신만의 특 장점을 포기하는 꼴이 된다. 요는 자신이 가진 타고난 능력을 어떻게 개발하는가가 관건이 될 것이다. 비록 사상 유형별로 커다란 차이가 있지는 않는다 할지라도 태양인이나 태음인들이 카리스마적 리더십 경향을 갖는다는 것은 당연한 일이 된다. 외모만 보더라도 태양인의 날카로운 눈빛이나 태음인의 근엄한 인상은 자연스레 카리스마적 요소를 담고 있으며 자신의 주장을 굽힐 줄 모르며 밀어붙여야 직성에 풀리는 성격은 카리스마적 리더십을 구사하기에 적합할 수밖에 없다. 게다가 그러한 성격상 특성을 통제할 필요도 없이 발휘할 수만 있다면 각자의 만족도 또한 높아질 것이다.

사상과 경영/전략

경영 분야에서 전략이 정식으로 한 분야로 출범한 것은 그리 오래 된 일이 아니다. 초기에는 게임 이론에서 출발하였다고도 하고 수학자들의 노력이 결실을 이루었다고도 한다. 다른 한편으로는 정책과 같은 거시적 의사결정 과정을 전사적 차원에서 계층을 설정하고 거대한 기업이 경쟁에서 살아남기 위해 미래 계획을 치밀하게 세우는 과정이라고도 한다. 그러나 일찍이 전략이 전쟁에서 빈번하게 사용된 오랜 역사를 가지 용어이고 보면 동서고금을 막론하고 집단 생존을 위해 필수적으로 활용되었던 분야임에 틀림이 없는듯하다. 어쨌든 전략은 7・80년대 미국 기업들의 경쟁력 상실과 맞물리면서 각광 받기 시작했다. 지금도 일반 사람들이 '경쟁력 우위'나 '핵심 역량'이라는 용어를 거리낌 없이 일상 대화에서 사용하는 것을 보면 전략은 이미 우리 생활 속에 배어 가고 있다는 인상을 준다. 때늦게 전략의 고전 중에 고전이라고 할 수 있는 손자의 병법이 각광을 받고 TV 드라마에 전쟁 장면이 세인들의 관심을 끌고 있다. 미국의 전략 학자들이 손자의 병법을 비롯한 병서들을 탐독한다는 후문도 있다.

전략은 양차 대전후 냉전 체제가 붕괴되고 지구상에 전쟁과 살육이 한 단계 주춤하게 되자 전쟁터에서 시장으로 그 세력을 확장했다. 공산체제의 연이은 붕괴는 자본주의야말로 인류의 경제체제를 수호하는 만병통치약으로 등장했으며 시장은 가일층 한 치의 실수와 착오를 인정하지 않는 약육강식의 살벌한 장으로 변하기 시작했다. 그야말로 전쟁터를 방불케 하는 것이 요즘의 시장이다. 로마제국이 타국의 침략이 아닌 스스로의 방탕함으로 무너져 갔듯이 90년대 전통적 거대기업은 여지없이 지엄한 시장의 심판에 무너져 갔고 지리상의 발견시대에 나침판을 들고 대포를 앞세운 유럽의 소국가들이 자기 영토의 수십 수백 배 영역을 집어삼키듯이 작더라도 확실한 수익구조를 가진 기업들은 전통기업을 인수 합병하며 하루아침에 스타기업으로 떠오르는 시대가 되었다. 이제 시장은 인정이나 낭만적 감성에 휘말리거나 인륜이나 도덕을 허용하는 시골 장터의 모습을 완전히 탈피한 것이다.

한편으로는 시민 사회가 급속도로 발전하였다. 더 이상 지구상에 세습으로 권력을 잡는다든지 한 사람의 전제 군주나 독재자가 다수의 운명을 좌우할 수 있는 시대는 옛이야기로 여겨지게 되었다. 인도주의자들이 외쳐대는 인권이나 평등권, 가난이나 위협으로부터의 자유는 누구에게나 주어져야하는 당연한 것으로 간주되고 있다. 결국 전쟁터로 내몰린 것은 기업들이요. 시민사회의 구성원인 보통 사람들은 전쟁의 위협으로부터 안전해져 갔다. 이제는 기업들 뿐만이 아니라 정부나 사회단체, 종교단체나 교육단체 등 조직을 이루는 집단들은 서서히 시장 근처로 내몰리고 있다. 그러나 시민사회의 구성원이자 동시에 기업조직의 구성원, 다른 이권 단체에 소속된 시민들은 혼란에 빠지게 되었다. 기업조직의 행위에 인간적인 문제를 거론하면서 동시에 인간사회에는 시장논리를 적용하는 사태가 발생하게 된 것이다. 인생에 있어 가장 개인적이고 사적인 공간을 이루는 가정 구축의 관문인 혼인에도 시장논리를 적용하여 조건에 의한 배우자 고르기를 하는가 하면 기업조직의 행위에 지극히 인간적 용어인 '배신'이라든지 '자비' 따위의 용어를 거침없이 혼용하기 시작하였다. 이러한 현상은 전략 이론이 융성하기 시작했었던 초기에 마일즈와 스노우(Raymond E. Miles & Charles C. Snow)의 유형론에서 예견된 사항이었다.

마일즈와 스노우는 일찍이 기업 전략에 유형론을 도입하였다. 기업의 전략적 유형은 네 가지로 분류되었는데 이는 도전형(Prospector), 반응형(Reactor), 분석형(Analyzer), 방어형(Defender) 등이었다. 도전형의 정의는 현재에 만족하지 않고 새로운 것을 끊임없이 창출하고 조직 내부적으로도 혁신적 사고를 함양함으로써 경쟁우위를 지켜나가는 기업을 말한다. 항상 시장에서는 선도적이며 성공하면 고수익을 실현하지만 실패하게 되면 손실이 커 기복이 심하다. 반응형은 환경의 변화에 재빠르게 대응하여 실속을 얻으려는 기업이다. 치밀함과 꾸준함이 결여되어 있는 대신에 순발력이 강해 초기 진입으로 수익을 얻을 수 있는 장점이 있다. 분석 형은 글자 그대로 끊임없이 분석하고 탐구하는 유형으로 절대로 모험을 감행하지 않으며 일단 시장을 장악하면 수단방법을 가리지 않고 수성하기위해 매진한다. 흔히"돌다리도 두드리기"식이다. 그러나 한번 무너지면 다시 일어서기 어렵다. 특히 환경의 변화가 극심할 때는 불리하다. 마지막으로 방어형은 공격적이지 못하고 남들이 하면 따라하는 식이다. 설령 내가 시장을 지배하고 있더라도 도전이 있어야 대응하며 항상 안정을 추구하는 형이다. 큰 실수도 없지만 큰 이득도 없다. 항상 유지하려고 하므로 내실은 있지만 환경 변화에 취약하다.

마일즈와 스노우의 전략 유형은 사상 유형과 같은 유형론과 무엇인가의 연결고리가 있을 것 같은 느낌을 받을 것이다. 물론 아직 사상과 전략에 관한 연구는 본격적으로 이루어진바가 없다. 그러나 어떤 유형론이든 상호 연관성 관점에서 향후 연구나 활용방안이 있으리라는 기대감을 준다. 여기에서는 다음과 같은 사항을 가정해 본다.

1) 우리나라의 기업 역사는 서구에 비해 짧다고 할 수 있다. 경제의 고속 성장기에 등장한 대기업들의 창업주가 아직 생존해 있는 경우도 있다. 설령 이미 사망했다고 하더라도 그들의 2세나 3세들이 대주주로 절대적 영향력을 행사하는 경우가 많다. 사상유형이 인간의 개별적 특성을 설명한다고 가정하면 창업주의 개별적 성격특성은 그 기업의 문화에 절대적으로 작용할 수 있다. 아울러 이러한 개별적 특성은 기업의 전략 유형과 밀접한 관계가 있을 것이다. 전략이란 인위적이며 의도적으로 기업의 최고 경영자나 경영진이 선택할 수 있는 것이다. 기업의 생명주기를 보면서 창업주의 사상유형과 전략적 선택유형을 조사해 본다면 흥미로운 결과를 얻게 될 것이다.

2) 마일즈와 스노우의 전략 유형이론은 단순하게 전략의 유형이 존재한다는 데 그치는 것이 아니라 환경의 변화에 따라 선택되고 훈련되어야할 과정으로 간주되고 있다. 물론 사상이론은 어느 성공한 개인의 특성을 설명하므로 훈련되고 작위적으로 선택될 가능성을 배제하는 것처럼 보인다. 그러나 이런 시각은 사상 이론을 결정론적이거나 운명론적으로 폄하하는 인식에 불과하다. 오히려 자신의 치우친 특성이 개성으로 오인되고 자신감에 빠진 나머지 숲을 보지 못하는 것을 경계하고자 하는 것이 사상이론의 참된 가치이다. 환경에 따라 유연함을 잃지 않으며 시선을 공중으로 띄워 넓은 시야를 확보하는 것을 전제 조건으로 자신의 참 모습을 보고 성찰하는데 사상은 유용하게 활용될 수 있으리라 기대된다.

3) 전략의 중요한 목표는 경쟁력을 확보하는데 있다. 경쟁력의 확보란 지극히 상대적인 것이며 지피지기(知彼知己)야말로 필승의 조건이라는 것이 주지의 사실이다. 물론 사상이론은 인간관계의 조화에 의해 시너지를 얻어 성과를 높이는 데 중요한 역할을 할 수 있겠지만 경쟁자의 특성을 파악하는 데에도 적지 않은 도움을 줄 수 있다. 경쟁기업의 문화가 말해 주듯 경쟁기업의 전략 특성이 의사결정자의 사상 유형과 관계가 있다면 지피(知彼)에 적지 않은 영향력을 미칠 수도 있다. 과거의 자료

를 통해 조사해 본다면 경쟁전략의 수립에 도움을 줄 수도 있을 것으로 기대된다.

상기 나열된 이외에도 전략을 연구하는 분들이 사상에 관심을 갖는다면 기발한 발상으로 시장에서의 성과를 얻을 수 있을 것이다.

사상과 경영/마케팅

몇 해 전 국내 대표적 가전 제품업체 가운데 하나인 S전자의 연구실에서는 에어컨의 개발계획이 추진되고 있었다. 유난히 업체간 경쟁이 심한 터라 어떻게 하면 자사의 시장 점유율을 올릴까하는 것과 이미 구매력이 있는 가정에는 보급이 된 만큼 어떻게 하면 시장을 넓혀야하는가가 연구의 주된 목적이었다. 통상 가정용 에어컨은 가구당 한대가 상식화 되어 있었다. 그러나 회사의 입장에서 시장이 포화 상태가 되면 시장을 확대시키는 방법으로 신제품을 만들어 교체하게 하거나 한 가정에 여러 대를 사게 하는 것이었다. 처음에는 구매력이 취약하므로 값싼 보급형을 팔고 가게 소득이 늘면 복잡하고 기능이 많은 값비싼 고급형으로 교체하게 하고 소비자가 더욱 소득이 늘면 여러 대를 사게 하는 전략이었다. TV는 이러한 전철을 밟아 성공한 대표적인 상품이었다.

그러나 에어컨은 경우가 조금 달랐다. 초기 창틀 형에서 분리형으로 바뀌게 되기 전까지 시간이 짧아 모든 가정에 보급된 것이 아니었다. 게다가 에어컨은 연중 사용 기간이 짧고 비교적 고가이며 봄가을에 몰리는 혼수품 시장에서도 필수품이 되지 못했다. 결국 가전사들은 분리형에서 슬림형이라는 세우는 방식의 에어컨을 내놓게 되었다. 슬림형은 거실에 설치함으로써 여름 이외의 계절에도 장식 및 전시용 역할을 할 수 있다는 것과 한국인의 급한 성격에 걸맞게 강력 모터를 채용하여 틀면 바로 냉기가 강하게 뿜어 주도록 설계하였다. 이런 전략은 주효하여 국내 에어컨 시장은 확대일로를 걷게 되었다. 그러나 어느 정도 시장이 포화되자 가전사들은 TV처럼 각 방에 설치하게 하는 방법에 골몰하게 되었다. 그러나 각 가정의 에어컨들은 이미 거실에 전시용으로 설치되어 있고 이동이 거의 불가능한 대신 고가여서 각 방에 설치하게 하기란 결코 쉽지가 않았다. 학생용 저가 분리형 에어컨도 내놓아보고 '멀티형'이라 하여 냉각기 하나에 여러 개의 송풍기를 각 방에 설치하는 방안도 내 놓고 적극적으로 광고도 해보았으나 시장의 반응은 시큰둥했다. 전자의 경우 냉각기를 별도로 설치해야 하는데 아파트 구조상 설치 장소가 쉽지 않았고 후자의 경우 멀티 형을 사려면 고가인데다 기존의 에어컨을 교체해야 하므로 비용 부담이 이 크다는 것이었다. 각 방별로 에어컨디셔너를 설치해야 할 이유가 필요했다.

우연히 사상 체질에 대한 지식을 얻게 된 연구원 K씨는 흥미로운 시도를 하게 되었다. 그것은 체질별로 최적 온도와 습도를 조사해 보는 것이었다. 여름철 우리나라의 기후는 덥고 습한 것이 특징이다. 일반적으로 온도가 높으면 덥다고 생각하지만 덥고 습할 경우 불쾌지수가 올라가 참기 힘들어진다. 그러므로 외부의 덥고 습한 날씨로 인해 피부가 끈적끈적해진 상태에서 실내로 들어오면 에어컨을 가동하게 되는데 이 때 소비자는 에어컨이 한꺼번에 자신의 열기와 습기를 빼앗아 보송보송해지기를 기대한다. 물론 여기까지는 그런대로 해결이 되었다. 그런데 잠시 후가 문제이다. 강력하게 냉각과 동시에 제습이 이루어지고 나면 어떤 사람은 춥다고 하고 어떤 사람은 계속 그 상태를 고집하게 된다. 심한 경우 제습은 몰라도 냉각을 위해 에어컨을 키는 것을 싫어하는 사람도 있다. K씨는 이런 개인차의 중심에 체질별 특성이라는 원인이 있다는 것을 알게 되었다.

본래 태음인은 열 태음인과 한태음인이, 소양인의 경우도 한 소양인과 열 소양인이 있다. 태음인의 경우 열 태음인과 한 태음인의 비율은 유사한데 열 태음인은 열기에 약하고 땀이 많다. 물론 한 태음인은 열 태음인보다 열기에 강한 편이고 소음인보다는 덜하지만 한기에도 약한 편이다. 그러나 태음인은 공히 습기를 싫어한다. 특히 땀이 잘나서 높은 습도로 인해 피부가 끈적끈적해지는 것을 참지 못한다. 그러나 견딜 수 있는 온도의 폭은 다른 체질들에 비해 넓은 편이다. 쉽게 더워하지도 추워하지도 않지만 일단 자신이 참지 못하는 온도가 되면 다른 체질에 비해 인내력이 떨어지며 저항력도 취약해 감기에 잘 걸리기도 한다.

소양인과 소음인은 공히 습도보다는 온도에 민감하다. 소양인은 인구 분포상 대부분이 열소양인이라 할 수 있는데 조금만 더워도 참지 못하며 한소양인과 소음인은 추위를 참지 못한다. 특히 열 소양인은 본인이 쾌적하다고 생각하는 온도의 범위가 좁은 특성을 갖는다. 즉 열소양인은 쾌적 온도가 낮게 형성되어 남들보다 쉽게 더워하며 태음인보다 높은 온도에서 추위를 호소한다. 반대로 한소양인과 소음인은 쾌적 온도가 높게 형성되어 한기를 느끼기 시작하는 온도가 다른 유형들에 비해 높으며 더위에는 강한 편이어서 한태음인보다도 더위에 강한 특성이 있다. 물론 태양인은 소양인과 유사하게 열에 취약하나 인구 분포가 낮아 상품 개발에 의미를 부여할 수준은 아니다.

K씨는 이런 현상이 에어컨이 각방에 설치되고 개별적 사용기가 될 때 고객 만족을 위한 필수적 제고사항이 되어야 한다는 생각이 들었다. 물론 소비자 입장에서 이런 현상을 정확히 파악하고 실감하고 있어야 판매가 촉진 되겠지만 기업의 입장에서 소비자들이 원하는 쾌적한 온도유지가 에어컨의 기본적 용도라는 점을 고려해야 한다는 것이었다. 아직 국내시장에 사상 체질별 에어컨이 출시되지는 않았지만 체질별 쾌적 온도의 차이는 해외 시장 공략에도 필요한 사항이 될 수 있음을 시사한다. 예컨대 특정 국가의 사상 체질이 특정 유형이 지배적이라면 지배적인 체질에 맞는 에어컨을 출시하는 것이 초기 시장 공략에서 절대적 우위를 차지하게 할 수도 있다.

마케팅은 이같이 시장의 접근을 주제로 한 분야이다. 대량생산으로 인해 시장이 포화되고 이제는 경제적 논리인 인간의 욕구 충족 수준이 부를 창출할 수 있는 수단으로서의 한계가 노출되기 시작하면서 마케팅활동은 시작되었다. 단순하게 판매나 영업 활동의 차원을 넘어서서 생산자들이 나서서 인간의 욕구를 자극하기 시작한 것이다. 마케팅 관점에서 소비는 죄악이 아니고 명백한 미덕이다. 소비자가 원하는 제품이나 용역을 생산해야 하고 소비자가 원하는 곳에 그것들이 있게 해야 하며 소비자의 주머니 사정이 구매 동기에 방해가 되지 않도록 하면서 끊임없이 그들의 욕구가 생겨나도록 자극해야 한다. 기업 차원에서 이러한 마케팅 전략은 전사적으로 일관되게 목표를 운집시켜야 하는데 여기에는 한 치의 오차도 허용되지 않는다. 시장의 사정은 시시각각으로 변화하는 만큼 신속하게 대응하여 남들보다 앞서 그들을 우리의 영원한 고객으로 굳혀나가야 한다. 이것만이 이익을 창출할 수 있는 방법이요 경쟁 시장에서 살아남기 위한 또 하나의 수단인 것이다.

마케팅 활동역시 기업이 시스템적으로 실행되어야 하는 거시적 접근과 인간이 구매자가 되어 선택의 기로에서 고민하는 행동 부분을 연구해야 하는 미시적 관점으로 나눌 수 있다. 사실 사상이론이 마케팅이라는 분야에서 활약하자면 무궁무진하다. 인간이 외부로부터 자극을 받는다든지 필요성을 느끼게 되는 것은 인간이 불완전하기 때문에 일어나는 현상이다. 게다가 인간의 관계는 혈연이든 지연이든 궁(宮)에 의해서 넓혀 나가게 되는데 사상이론은 인간의 불완전성에 의한 특성이나 인간관계의 조화론 등을 동시에 설명해 준다. 물론 인간의 관계가 인간이 의도한 대로 인구 통계적 자료에 근거하여 구성이 된다든가 인간의 구매력 결정 과정에 소비자들의 인적 사항이 결정적 역할을 한다는데 이의를 제기할 생각은 없다. 그러나 인간의 특성은 인간의 병증(구매동기=문제의 발견)을 치료하는데 병(구매 필요성)보다는 체질(인간의 선천적 특성)이 우선시 되어야 한다는 것이 사상 이론적 시각인 것이다.

상기의 문제로 인해 일찍이 구매자의 욕구나 심성을 파악하여 자기 발로 걸어온 고객을 상대해야 하는 백화점의 영업 직원들이나 항공사의 승무원들에 대한 교육에는 유형론이 중요한 도구로 활용되어 왔다. 실제로 국내의 대형 백화점과 항공사들은 MBTI를 비롯한 DISC, LIFO 등을 교육해 왔고 현재도 거의 모든 유사 관련 기업들이 깊은 관심을 보이고 있다. 그러나 사상이론을 들고 간 필자에 대한 반응은 대부분 냉담 하였다. 왜 그럴까. 답은 간단하다. 믿을 수 없다는 것이다. 소위 신뢰도와 타당성이 결여된 것을 돈과 시간, 그리고 노력을 기울여 실시했다가 낭패를 보면 어쩌겠냐는 것이다. 그들이 믿지 못하는 이유는 대강 이러하다.

첫째는 실증되지 않았다는 점이다. 과거 대부분의 프로그램 도구들은 학계에서 발표되고 학술지에 실리는 과정을 거치는 것이 관례였다. 그리고 그러한 이론이 어느 정도 전문가 집단에서 인정을 받기 시작하면 각 기업체에 적합한 프로그램이 해당 기법이나 자문 회사들의 손을 거쳐 개발되어 활용되었다. 보통 연구 대상이 설정되고 학술지 게재가 결정되는데 2-4년 정도가 소요되며 그러한 도구가 현재 기업 환경에서 필요하다고 할 때 현장에 적합하게 만들어 지는데 1-2년이 소요되므로 대략 5년 내외의 시간이 필요하다. 예컨대 MBTI 같은 경우 100년의 역사를 가지고 있다. 사상이론의 역사와 비슷한 기간이다. 그 동안 MBTI는 수없는 시행착오를 거쳐 지금의 표준화된 설문지가 나왔다. 그러나 사상은 서구화 물결에 밀려 다시 빛을 본 지 20여년이 지났지만 그나마 의학적으로만 활용되었다. 결국 서양 과학적 시각에서의 실증이란 동일한 방법으로 표본에게 실험해 본 결과 효과성이 입증되어야 한다. 그러나 사상이론이 시장 환경에서 입증이 되려면 그 이상의 시간이 필요하거나 불가능할 수도 있다. 그 이유는 이론적 근거인 배경학문이 채택되기 어려우며 설령 채택되더라도 여러 사람의 집중적 노력과 비용이 필요할 것이다. 그러나 동양적 시각에서 입증이란 진리로 받아들여진 논리를 응용하여 확장시키고 실 상황에 적용시키면 된다. 결국 시간과 노력, 그리고 비용의 문제라기보다는 시각적 차이가 출발점에부터 내재해 있다.

둘째는 프로그램의 질이 낮다는 것이다. 그들은 전문성이나 정교성, 다양성 등 다양한 측면에서 부족함을 이야기한다. 엄청난 물량이 투입된 프로그램들과 비교하면 초라해 보이는 사상관련 프로그램이 눈에 들지 않는 것은 당연하다. 아마도 사상관련 프로그램들은 마치 할리우드에서 수천억을 투자해 만든 블록버스터 영화와 국내에서 여기저기서 간신히 끌어들인 수억을 들여 만든 춘향전과 비교할 때와 유사한 느낌을 줄 것이다. 결국 이런 저런 이유로 사상관련 프로그램은 효과성 측면에서 기업들로부터 외면당하게 된다.

셋째는 한국 것이라는 점이다. 본래 사상을 들고 경영학에 접목시키는데 가장 바람직하리라 사료된 분야는 마케팅이었다. 그러나 애석하게도 국내의 대부분 마케팅 학자들은 다른 어떤 분야보다도 미국적 사고로 무장되어 있다. 미국적 사고의 중심에는 미국의 우월성이 강하게 자리잡고 있으며 무분별할 정도로 미국식 방법과 정서가 절대적 가치의 기준이 된다. 한국이 월드컵 16강에 진출할 때까지 찬사를 보내던 중국이나 일본의 여론은 8강, 4강에 진출하자 갑자기 냉담해지기 시작했다. 승부 조작에서 주심의 편파판정 등 온갖 모함으로 한국의 공로는 짓밟혔다. 쉽게 이해할 수 없는 현상이지만 이러한 정서적인 문제는 우리 사회 곳곳에 내재해 있다. 누구나 혀 짧은 우리말과 영어식 억양으로 이야기하는 앙드레 김을 유학출신으로 생각했다. 그러나 그는 순수 토종이었고 우리 것을 세계에 알려 유명해진 한국의 디자이너였다. 아마도 그의 한계는 순수 토종이라는 점이 때에 따라서 걸림돌이 될지도 모른다. 어쨌든 사상이론이 서양의 노벨상 수상자가 개발하지는 못했을지언정 중국의 신비한 지역에서 태어난 저명한 학자가 만들었다면 좀더 나은 대접을 받을 수도 있지 않았을까 하는 생각이 든다면 지나칠지도 모르겠지만 예상보다 현실은 냉정했음은 주지의 사실이다.

하나의 이론이 개발되어 현업에 적용되는 데 걸리는 시간이 너무 길다는 점에 대한 회의론은 꾸준히 제기되어 왔다. 이러한 문제가 대학의 역할에 대한 회의적 시각으로 작용하여 하버드 비즈니스 리뷰(HBR; Harvard Business Review)에 실리는 논문들이 비학술적인 경우에도 환영받게 된 것은 이미 오래전의 일이다. 결국 이러한 추세는 프로그램을 개발하여 현업에 먼저 적용시키려는 용감한 시도들을 격려했다. 현업에 적용되는 시간을 대폭 축소시킨 것이다. 이러한 추세는 필자로 하여금 적지 않은 용기를 주었다. 결국 국내에도 용감한 기업체가 나타났는데 그 회사는 국내에서 가장 높은 시장 점유율을 보이는 S백화점이었다. S백화점이 요구한 것은 일차적으로 매장에서 세일즈를 담당하는 직원들을 교육하는 강사들에게 사상이론을 훈련시키고 이차적으로 간편하게 직원들이 습득할 수 있는 매핑을 작성하는 프로젝트였다. 일차적으로 교육은 이틀간 집중적으로 직원들에게 사상에 대한 이론과 시스템이론과 사상을 결합한 수준 높은 학습이었다. 물론 2차 프로젝트는 실시되지 않았다. 비용을 줄이기 위해 내부적으로 실시되었던 것으로 추측된다.

결과는 대성공이었던 것으로 밝혀졌다. S백화점은 실제로 사상뿐 아니라 DISC와 LIFO 등 모든 유형론을 결합하여 직원들에게 교육한 결과 매출의 상승을 얻었다고 보도했지만 누가 사상에 대한 자료를 주었는지는 언급이 없었다. 물론 보도 자료는 필자가 당시 담당자의 요청에 의해 제공해 주었던 것으로 기억한다. 개인적으로 섭섭한 마음이 없던 것은 아니었으나 결과적으로 유통업체를 대상으로 한 사상 활용의 첫 실험대에서 성공한 것은 고무적이었다. 이 후에도 다른 항공사들로부터 요청이 있었으나 제안서를 주는 노력에 대한 결과는 없었다. 상기 언급한 이런 저런 이유와 보수적인 기업문화까지 결부되어 직접적으로 채택한 기업은 아직 없다. 누 차례 언급했다시피 사상의 결정적 장점은 인간의 외모로 상대의 유형을 파악할 수 있고 상호간의 문제를 설명해 준다는 점에서 실제 유용한 도구임이 틀림없다. 다른 어떤 분야보다 마케팅 분야의 활용은 효과성면에서 기대해 볼 만하다고 확신한다.

2. 나의 성격과 특성

공상 과학 영화의 단골 소재로 등장하는 것이 있다. 과거나 미래를 자유롭게 여행할 수 있는 타임머신이라는 상상 속의 기계가 바로 그 것이다. 주인공은 과거로 돌아가 현재의 상황을 바꾸어 놓거나 미래에 가서 현재 추측할 수 없는 미래 상황을 엿 본다는 얘기다. 실현 가능성이나 개연성 따위는 차치하고 가까운 과거나 미래로의 여행에서는 동일 공간 안에서 자기 자신이 둘이 된다. 자신이 자신의 모습을 볼 수 있는 것이다. 만약 자신을 만난다면 또 다른 자신과 대화나 신체적 접촉이 가능할 것이다. 얼른 보면 별 것 아니라 생각할 수도 있다. 우리 모두는 자신과 함께 산다고 생각하기 때문이다. 그러나 어느 누구도 자신의 모습을 보거나 자신의 목소리를 들어본 사람이 없다. 만약 들었다면 녹음된 목소리나 목청의 울림을 귀청을 통해 들어보았을 것이고 보았다면 사진의 모습이나 거울 속에 비춰진 모습을 보았을 것이다. 만약 녹음된 자신의 목소리가 이상하게 들리는 것을 경험했다면 상대방이 들을 수 있는 자신의 목소리와 자신이 생각하는 목소리는 결코 같지 않다는 것을 의미한다. 내가 생각하는 자신의 모습은 거울에 비춰진 모습이다. 녹음된 목소리나 동영상에 실린 나의 모습들 모두가 허상인 것이다.

열 길 물 속은 알아도 한 길 사람 마음 속은 알 수 없다고 하였던가. "내 마음 나도 모르겠다."라고도 한다. 인간의 특성이나 성격을 설명하는 것처럼 어려운 일은 흔치 않다. 특히 인간의 감성이 지배할 수 있는 영역에서는 도무지 알 수 없는 일들이 수 없이 일어난다. 거기에는 원칙도 이치도 사리도 없다. 그저 마음이 이끌리는 대로 생각하고 그렇게 행동한다. 논리나 이치는 끊임없이 '왜'라는 질문을 던진다. 그리고 거기에 대한 합당한 답이 나올 수 있고 나와야 한다고 간주한다. 그러나 그 '왜'에 대한 답을 할 수 없는 경우가 그런 경우보다 훨씬 많은 것이 보통 사람들이다. 주관적 관찰에 한계를 느낀 인간은 자신이 아닌 남들에게서 자신의 모습을 관찰하라고 부탁한다. 자신이 모르는 모습, 아니 자신이 파악하지 못한 부분에 대하여 분석을 의뢰하는 것이다. 우리는 이런 작업을 객관화라고 한다. 그러면 내가 생각하는 나의 진정한 모습이나 남들에게 비추어진 나의 모습이 전부일까. 그리고 내가 생각하는 나의 모습이 남들이 생각하는 나의 모습이 일치할까. 물론 이 두 가지 질문에 대한 대답은 공히 "그렇지 않다"이다.

내가 생각하는 모습과 타인이 생각하는 나의 모습의 일치성은 대인관계에 결정적인 영향을 미친다. 당연히 일치정도가 높을수록 갈등의 소지가 적다. 일찍이 이런 문제에 대하여 간결하게 설명하고 있는 것이 요하리의 창(Johari's Window; Joe Luft & Hary Ingham에 의해 개발됨)이다. 요하리의 창은 두 개의 축에 의해서 네 개로 구분된다. 두 개의 축은 내가 알고 있는 정도와 남에게 노출된 정도를 나타낸다. 즉 남들에게 알려져 있으나 나는 모르는 영역을 맹목 영역, 나는 알지만 남들이 모르는 영역을 사적 영역, 남들도 나 자신도 모르는 영역을 미지영역, 남들도 나 자신도 아는 영역을 공공영역이라고 한다. 요하리의 창은 맹목영역과 사적 영역을 의사소통 등의 노력을 통해 공공영역으로 전환함으로써 갈등 정도를 감소시킬 수 있다고 시사한다. 그러나 요하리의 창이 보여주는 한계는 첫째, 맹목 영역과 사적 영역의 내용이 같지 않을 경우 어떤 것이 진실인가 하는 문제가 제기된다. 둘째는 미지의 영역 크기가 얼마나 되는가와 그 미지의 내용을 어떻게 찾아낼 수 있는가 등의 숙제를 안고 있다.

확대해서 보면 미지의 영역은 단순한 나의 모습이 될 수도 있지만 그것이 능력과 결부되면 잠재 능력으로 이해될 수 있다. 즉 프로이트(Sigmund Freud, 1856 -1039)가 제기하는 잠재의식이나 노나카(Nonaka Ikuchiro)가 제기하는 암묵지와 형식지에 대한 구분 등은 인간의 숨겨진 부분을 나름대로 설명한다. 프로이트는 인간의 잠재의식 속에는 성욕과 같이 본능과 관계되는 욕구가 내재해 있는데 이러한 욕구는 무의식적으로 인간의 행동에 영향을 미친다고 주장한다. 노나카는 인간이 개발할 수 있는 역량의 범위는 무한한 것이며 우리가 아는 형식지는 수면 위에 떠오른 빙산의 일각처럼 지극히 일부분이라는 것이다. 결국 인간이나 조직은 수면 안에 잠긴 암묵지를 형식지로 끌어내는 작업을 개발을 통해 끊임없이 추구함으로써 지식 학습 조직을 만들 수 있다는 주장이다. 이런 관점에서 본다면 요하리의 창에서 얘기하는 인간의 미지영역은 공공영역에 비할 수 없이 방대하다고 유추할 수 있다. 아울러 맹목영역과 사적영역의 공통집합이 공공영역이 되므로 맹목영역과 사적 영역은 독립된 내용으로 구성되게 된다. 결국 맹목영역과 사적 영역의 내용은 일치할 수 없는데 어느 것이 진실인가에 대한 문제는 미지영역의 모호함만큼이나 어려운 문제가 된다. 과연 인간 스스로가 미지의 영역이나 맹목영역의 진실성, 미지 영역의 정체를 찾아낼 수 있을까.

요하리의 창

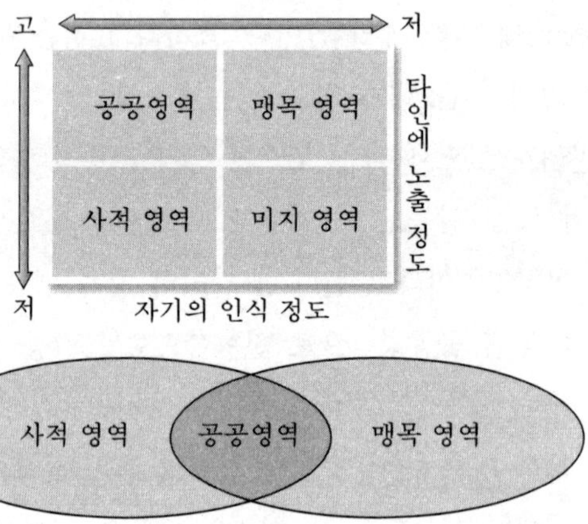

역의 원리 가운데 하나인 천인합일론(天人合一 論)은 유추의 가능성을 시사한다. 인류의 역사 시대는 문화의 가치 향상과 맥을 같이 했다. 문화의 가치 향상에 기여한 성경을 비롯한 경전들이나 신화, 문학 작품들은 수없는 은유(metaphor)나 직유(simile)로 구성되어 있다. 현상을 유추하는 것이다. 현상을 직설적으로 표현하지 않고 다른 현상을 들어 설명하면 이해의 폭이 넓어지고 궁극적으로는 수월하게 믿음을 가질 수 있다. 인간의 운명을 별을 보고 점을 친다든지 쥐를 해부하여 실험을 하는 행위는 유추에 근거해 진리를 찾으려는 행위들이다. 우주만물의 기본적 구조를 갖게 보는 천인합일 론은 이러한 유추를 밑바탕에 깔고 있다. 만물의 구조가 동일하니 어떤 현상이라도 다른 현상을 빗대어 표현할 수 있고 그것이 그럴싸하다면 훌륭한 비유가 된다. 예컨대 "미국은 온갖 민족의 지중해이다."라고 하면 은유가 되고 "미국은 지중해처럼 온갖 민족의 문화가 모여든 나라이다."라고 하면 직유가 된다. 사상의 원리는 이러한 천인합일 론에 근거한다.

역경에 보면 "음양(陰陽)은 사상(四象)을 낳고 사상은 팔괘(八卦)를 낳고 팔괘는 길흉(吉凶)을 정한다."라고 명시되어 있다. 여기에서 사상은 사상체질에서 얘기하는 사상이요 사상이론의 기준이 되는 사상이기도 하다. 동서고금을 막론하고 우주의 모든 만물은 음양으로 이루어졌다는데 이의를 달지 못한다. 뉴턴 물리학이나 역학의 중심에는 분명히 음양이 있다. 단 물리학적 견해로는 음과 양이 독립적으로 존재하지 못한다고 하며 역학에서는 '탄생'을 기준으로 음과 양이 독립되었는가와 결합되었는가를 구분한다. 음과 양의 개념을 인정한다는 점에서 역학과 물리학의 시각은 기본적으로 같으나 역학은 이 부분을 좀더 단정적으로 설명하고 있다. 결국 역학에서는 음과 양의 독립된 개체로써의 존재는 선천이요 결합을 하면 후천이다. 그러면 음과 양이 결합되어 사상을 낳으면 사상은 후천인가? 답은 "아니다."이다. 사상은 이미 음과 양이 결합되는 시점이전에 예정되어 있다. 그러므로 우리가 판별하는 사상은 선천적으로 결정되어 세상에 그 모습을 드러낸 상태이다. 그러면 팔괘란 무엇인가. 네 가지 유형인 사상의 모습으로 살아가는 인간을 비롯한 만물은 시간과 공간 속에 생명을 유지한다. 그런데 그 시간과 공간 속에 팔괘가 있다. 시간과 공간이 없으면 길흉이란 없다. 좋고 나쁜 일, 기쁘고 슬픈 일, 화나고 즐거운 일이 있을 수 없는 것이다. 이 부분을 논하자면 그리 간단한 것이 아니므로 1부 말미에서 좀더 상세히 다루도록 하겠다.

어쨌든 사상은 만물의 이치에서 유추한 인간의 모습을 반영할 수 있는 도구이다. 즉 인간의 오묘함이나 암묵지의 실체, 맹목영역과 사적 영역의 진실성 등은 인간의 개별적 능력의 한계를 넘는다고 가정할 때 사상이란 객관적 특성을 유추를 통해 밝혀 보고자 하는 것이 본서의 취지이다. 그러면 사상을 통해 유추할 수 있는 나의 모습은 무엇일까. 기본적으로 사상은 네 가지 특성을 의미한다. 이 네 가지 특성들은 신체특성, 행동 특성, 성격특성, 일반적 습관 등을 망라한다. 그런데 사상의 구분을 명확히 하자면 이러한 영역에 대하여 좀더 구체적으로 살펴볼 필요가 있다. 몇 가지 예를 들어 보자.

건강에 이상이 생겨 병의원, 혹은 한의원에 온 사람들의 증세의 경중(輕重)과 내용은 매우 다양할 것이다. 그러나 분명한 사실은 신체의 균형이 깨져서 통증이 생기거나 거동에 불편함을 느낀다는 점은 같다. 그러면 그들이 고통받는 원인과 이유는 무엇일까. 우선 신체의 어떤 부위가 손상되었는가를 구분하는 것이다. 이런 방식의 분류가 서양식 분류이다. 즉 내과, 외과, 이비인후과, 안과 식의 분류는 손상된 신체 부위별로 나누어 놓은 것이다. 그러나 다른 방법으로 분류를 해보자. 원인을 제공한 것이 인위적인가, 아니면 자연적인가로 분류하는 것이다. 예컨대 교통사고가 나서 골절된 경우나 과음을 하여 내장에 손상을 입은 것은 공히 부위에 관계 없이 인위적 원인이다.

그러나 남들과 똑 같은 양의 식사를 같이 했는데 나만이 위장장애가 생겼다거나 어느 날 뇌출혈로 반신불수가 되었다면 자연적 원인이 된다. 물론 복합적 원인이 있을 수도 있다. 과로와 과음, 정신적 스트레스로 시달리다 중풍에 걸릴 수도 있고 건강이 채 회복되지도 않았는데 찬바람을 쏘여 감기가 걸렸다면 복합적 이유가 될 것이다. 문제는 바로 자연적 원인에 의해 병증을 얻는 것이 문제가 된다. 인위적인 경우 대부분이 원인을 정확히 아는 만큼 치료 후에 경계만 하면 다시 그런 병에 걸리지 않을 수 있다.

그러나 자연적으로 걸리는 병들은 객관적으로 설명하기 어렵다. 마치 동일한 사건을 보고 우는 사람이 있고 웃는 사람이 있다거나 특별한 이유도 없이 특정 연예인을 좋아하는 사람이 있고 싫어하는 사람도 있는 것과 같은 이치이다. 여기에 대하여 답을 제공하는 것이 체질론이다. 인간은 선천적으로 각기 체질이 다르기 때문에 특별한 이유도 없이 각자에게 자연적으로 생기는 병이 다르다. 그리고 이 체질은 선천적으로 생기는 것으로써 개선이 될 수 있을는지는 몰라도 완전히 바꿀 수는 없다. 마치 선천적으로 키가 작은 사람이 키가 크기 위해 노력을 했다고 하자. 여기에서 노력이란 물리적인 구조 변화를 할 수 없다고 제한 한다면 신장을 크게 하는 것은 한계가 있다.

늘그막에 아들을 얻은 부부가 있었다. 너무 귀한 자식을 얻은 부부는 아이가 자라자 넉넉하지 않은 살림에도 불구하고 명문 사립 초등학교에 입학시켰고 학부모가 참가하는 자리에는 부부가 늘 함께 학교에 왔다. 40년 전 얘기니까 흔치 않은 일이었다. 부부는 아이가 성적이 좋지 않은 것보다 성품이 연약한 것이 마음에 걸렸다. 아이의 신장이 중하위권인 것이 원인이라 생각한 부부는 초등학교 4학년 때부터 농구를 시켰다. 결국 아이는 농구를 시작한 지 1년 동안 놀라보게 자라 20cm 가까이 자랐다. 게다가 운동을 하다 보니 성격도 활달해졌다. 매우 흡족한 결과였다. 그러나 운동으로 짧은 기간에 신장이 자랐을지는 몰라도 성년이 된 지금 그의 신장은 한국의 평균 수준에 못 미친다. 당시 성장 판의 활동이 자극을 받아 한꺼번에 자랐지만 실제로 그의 최종 신장은 정해진 것이었다.

이 같이 인간의 신체에 내재해 있는 체질은 선천적으로 기본적인 형태에는 변화가 없다. 신체를 구성하고 있는 세포가 10년 정도 지나면 완전히 새것으로 바뀌거나 새로운 세포들이 추가적으로 생성된다고 할지라도 기본적 체질은 바뀌지 않는 것이다. 다만 그 치우친 정도를 다양한 방법으로 개선하여 순화시킬 뿐이다. 물론 서양의학에서는 이러한 원인을 유전인자와 결합하여 설명하고 있다. 지놈 프로젝트(Genom Project)가 추구하는 유전자 지도의 완성은 선천적 체질의 원인을 규명하고자 하는 데 있다. 유전을 원인 변수로 보고 현재의 결과물을 확인함으로써 유전자를 조작한다든지 문제점을 발견하여 치유에 효과를 본다면 획기적인 발견이 될 것임에는 틀림없다. 그러나 왜 그러한 유전자가 생성되었는지의 문제까지 파고든다면 역시 동양적 관점에서는 역의 원리로 귀결되게 되는 것이다. 어쨌든 인간의 체질은 그 사람의 체형과 외모를 결정한다. 그러므로 기본적 신체 특성은 불변하는 것이며 육체적 특성은 불변한다고 보면 된다. 그러면 자신의 신체 특성을 알아보기 위해 다음의 설문에 답해 보자.

매우 그렇다: 5　그렇다:4　보통이다:3　그렇지 않다:2　전혀 그렇지 않다:1

1. 체격에 비해 얼굴이 크고 목덜미가 두껍다.
2. 인상이 거칠어 보여 상대방에게 위압감을 주는 경우가 있다.
3. 소변보기가 나빠지면 몸에 이상이 생긴 징후라 할 수 있다.
4. 특별히 과로하지 않았는 데도 다리에 힘이 빠지는 것을 경험했다.

5. 기름기 있는 음식보다는 일식과 같이 담백한 음식을 즐긴다.
6. 예술적 감각(특히 음악)이 있다.
7. 피부가 모공이 뚜렷하고 모공간의 선이 선명하다.
8. 음식이란 맛도 중요하지만 몸에 좋은 것이 더 중요한 것이다.
9. 보약이나 일상적인 약을 복용했을 때 남들에 비해 효과가 빠른 편이다.
10. 밤 새워 일해도 남들보다 피로감을 덜 느낀다.
11. 겨울철에 손발이 잘 튼다.
12. 여름에는 더워서라기보다 습해서 끈적거리는 것은 정말 싫다.
13. 몸에 열이 많아 더운 것을 참기 힘들다.
14. 걱정거리가 있어도 잠이 오지 않는 경우는 거의 없다.
15. 기분에 따라 식사량이 크게 좌우된다.
16. 어깨가 넓고 둔부가 작은 편이다.
17. 피로하면 입술이 트거나 입안이 헐었던 경험이 있다.
18. 몸이 아플 때 대변이 굳다가 변을 시원하게 보면서 회복된 경험이 있다.
19. 중요한 시험 따위의 걱정거리가 있으면 잠이 안 온다.
20. 어깨가 좁은 편이고 하체가 발달하였다.
21. 먹어보지 않은 음식은 계속 먹지 않게 된다.(입이 짧다는 소리를 듣는다.)
22. 상대방을 대할 때 내 감정상태에 관계없이 웃는 낯으로 상냥하게 대한다.
23. 먹기는 잘 하는 데 살이 찌지는 않는다.
24. 급하게 먹으면 체하길 잘 하고 신트림이 난 경험이 있다.

상기 설문지에 정직하게 대답을 해보고 각 6 문항별로 합산 해보길 바란다. 혹 과거에는 그랬는데 자신의 좋지 않은 점이라 생각해 고친경우라면 과거 본래 모습으로 생각해 답해야 한다. 1-6, 7-12, 13-18, 19-24에서 표시한 숫자들을 합산하여 다음과 같은 도표를 만든다. 일단 처음 4칸을 채울 수 있을 것이다.

사상 요인 문항	소계
1-6	
7-12	
13-18	
19-24	
1-6	
7-12	
13-18	
19-24	

각 문항의 합산 점수는 6-30점이 된다. 이 가운데 가장 높은 점수가 자신의 사상 체질 유형을 의미한다. 예컨대 1-6번 점수가 가장 높으면 태양인, 7-12는 태음인, 13-18은 소양인, 19-24는 소음인이 된다. 만약 동일한 점수가 나왔을 경우 각 항목에서 처음에 나온 문항부터 비교하여 점수가 높은 문항 쪽이 자신의 해당 유형으로 간주하면 된다. 예컨대 소양인과 소음인의 점수가 같으면 소양인의 첫 문항인 12번과 소음인의 첫 문항인 19번을 비교해 보아 19번이 12번 보다 높은 점수일 경우 소음인으로 간주한다. 그도 같을 경우에는 20번과 13번, 21번과 14번, ... 이런 식으로 비교해 보고 전부가 같은 경우에는 상기 설문으로는 판별이 불가능하다고 보면 된다. 그러나 그런 경우는 매우 드물 것이다. 특히 태양인의 경우 인구 분포가 낮아 가능성이 낮은 만큼 동점일 경우 비교 유형이 자신의 체질로 보아도 무관하다.

그러면 여기에서 조사된 체질 판정 결과는 무엇을 의미하는지 좀더 자세히 알아본다.

1) 체질 판정이란 자신의 신체적 특성을 의미한다. 신체적 특성은 성격 특성과 달리 결합 변수이다. 즉 네 가지의 요인 변수인 태, 소 ,음, 양을 별도로 해석할 수 없다. 인간의 육체는 이미 태와 음, 양이 소와 음, 양이 결합하여 완성된 상태로 이 세상에 태어났다. 그러므로 네 가지의 요인이 의미하는 것과는 무관하다.

2) 체질은 선천적인 것이다. 이미 앞에서 언급한 것처럼 인위적인 노력이나 치료를 통해 체질의 완전한 변화를 기대할 수는 없다. 다만 치우침의 정도가 심할 경우

개선할 뿐이다. 상기 설문에서는 한의원에서 환자를 대상으로 조사하는 병증보다는 일반적 특성을 중심으로 조사하였다. 그 이유는 보통 건강한 사람이 그렇지 않은 경우보다 많으며 일단 사상 체질은 비정상적이라기보다는 하나의 특성으로 간주해야하기 때문이다.

3) 조사 결과 판정이 가능한 사람들 가운데 동일 체질이라 할지라도 각 체질 유형별 합산이 대체적으로 높은 사람, 낮은 사람, 편차가 큰 사람과 그렇지 않은 사람 등 다양할 것이다. 우선 편차가 높은 사람은 신체의 균형 정도가 낮으므로 건강에 유의해야 하며 편차가 낮은 사람은 반대로 건강을 위한 신체의 균형정도가 높아 질병에 걸릴 가능성이 낮음을 의미한다. 전체적으로 점수가 낮은 경우도 이와 유사하다. 항목별 점수가 낮으면 대체적으로 편차도 낮을 수밖에 없기 때문이다. 그러나 주의할 점은 전체적으로 항목별 점수가 높은 경우인데 이 경우에는 각 항목에 반대되는 경우를 동시에 묻는 경우가 포함되어 있으므로 신뢰성이 떨어지는 검사가 되었다고 보아야 한다. 이 경우 다시 검사해 보길 권한다.

그러면 상기의 검사로 인간의 특성을 전부 안다고 할 수 있을까. 그렇지 않다. 인간의 성격 유형과 체질이 일치하기란 결코 쉽지 않다. 그 이유는 성장과정에서 환경의 영향과 자신의 인위적 선택 및 노력에 의해 변화하기 때문이다. 환경의 영향이란 사회적 규범이나 교육 환경, 경제적 형편, 직업 특성 등 매우 다양하다. 예컨대 소양인 여성이 활달한 자신의 성격이 사회 통념상 말괄량이로 비추어질 경우 불이익이 온다고 생각한다면 오랜 훈련으로 얌전한 요조숙녀인양 행세할 수 있다. 처음에는 그런 척 하지만 시간이 흐르면 그러한 행위에 익숙해져 자신의 특성으로 변화할 수 있다. 내성적이었던 소음인이 영업직에서 일하게 되었는데 남에게 지기 싫어하는 성격이 발동하여 매우 활달한 성격의 소유자가 될 수도 있다. 물론 사회적 통념과 무관한 본성은 잘 바뀌지 않는다. 자신이 인생에서 특별한 경험을 통해 계기가 마련되지 않는 한 대체적으로 유지된다. 예컨대 물욕이 강하고 남들을 의식하지 못하는 태음인이 어릴 적부터 아껴 쓰고 저축하는 습관이 몸에 밴 경우 사회적으로 바람직하게 여겨지다 보니 지나치게 인색해져도 자신의 습관을 변화시키기란 쉽지 않다.

물론 어린아이들의 경우 사상체질과 성격은 대체적으로 일치한다. 앞서 보았듯이 유치원생 정도의 아동인 경우 체질과 행동특성은 대체적으로 일치한다. 다만 이 경우 신체의 발육이 진행되고 있다 보니 신체의 외모로 체질을 판단하기란 쉽지 않다. 성인의 경우와 정 반대인 것이다. 그러면 독자들의 사상 성격 유형은 어떤지 조사해 보자. 대답하는 요령은 체질 조사 설문과 같다.

매우 그렇다: 5 그렇다:4 보통이다:3 그렇지 않다:2 전혀 그렇지 않다:1

1. 세세한 일은 마음 속에 오래 담아 두지 않는다.
2. 복잡한 일이 생기면 밤새 고민하기 보다는 일단 자고 본다.
3. 한군데에서 하는 일보다는 활동적인 일이 내 적성에 맞는다.
4. 목돈이 생기거나 좋은 일이 생기면 주위 사람들에게 한턱 쓰고 싶다.
5. 기억력이 부족하여 깜빡깜빡 잊어버리길 잘한다.
6. 나도 모르게 비밀을 털어 놓거나 그래야 속이 시원하다.
7. 기억력이 탁월하여 중요한 일은 오래 지나도 잊지 않는다.
8. 의사결정을 위해 잠을 설친 적이 많다.
9. 한번 산 물건을 오래 쓰다 보니 내 주위에는 오래된 물건이 많다.
10. 남을 사귈 때 먼저 나의 생각을 말하기 보다는 상대방을 먼저 알려고 한다.
11. 사업을 한다면 일정 금액을 남겨 놓고 나머지만 투자할 것이다.
12. 기회가 되어 큰일에 도전하기보다는 한 직장에서 안정되게 조금씩 발전하는 것이 좋다.
13. 틀렸다는 것을 알면서도 끝까지 밀어 붙일 때가 종종 있다.
14. 나의 생각에 대하여 남들이 어떻게 생각하는 것은 개의치 않는다.
15. 대화를 할 때 미리 정해놓고 나의 의도대로 결론을 도출하려는 경향이 있다.
16. 부정한 행위를 근절하려면 그 처벌이 가혹해야 된다.
17. 집단이나 조직에서 책임자 지위에 있다면 독선적 경향을 가지게 될 것이다.
18. 큰일을 성취하기 위해서 희생은 감수해야 한다.
19. 가전제품, 자동차, 옷 등과 같은 물건을 살 때는 가급적 가장 비싸거나 유명상

표 제품으로 선택한다.

20. (男)슬픈 영화를 보면 눈물을 흘린다.
20. (女)슬퍼서 울다가도 재미있는 일이 생기면 금방 웃는다.
21. 자존심이 상한다는 것은 정말 고통스러운 일이다.
22. 중요한 일을 결정할 때 남들이 나의 결정을 어떻게 받아들일까 염두에 둔다.
23. 대화를 나눌 때 사실보다 과장하거나 상대가 제시한 것보다 우월하게 바꾸어 이야기하는 경우가 있다.
24. 가까운 사람이 무엇을 샀다거나 제안하는 일에 쉽게 따라한다.

같은 요령으로 6문항 단위로 합산한다. 앞서 계산했던 방식과 같이 1-6, 7-12, 13-18, 19-24의 문항을 합산하면 각 항목의 합산은 최대 30점이 된다. 합산을 하여 앞서 제시한 합산표의 후반부 네 칸을 채우면 된다. 여기에서 주의할 점은 각 항목이 사상 유형을 의미하는 것이 아니라는 점이다. 일단 먼저 다음의 그림에 표시해 본다.

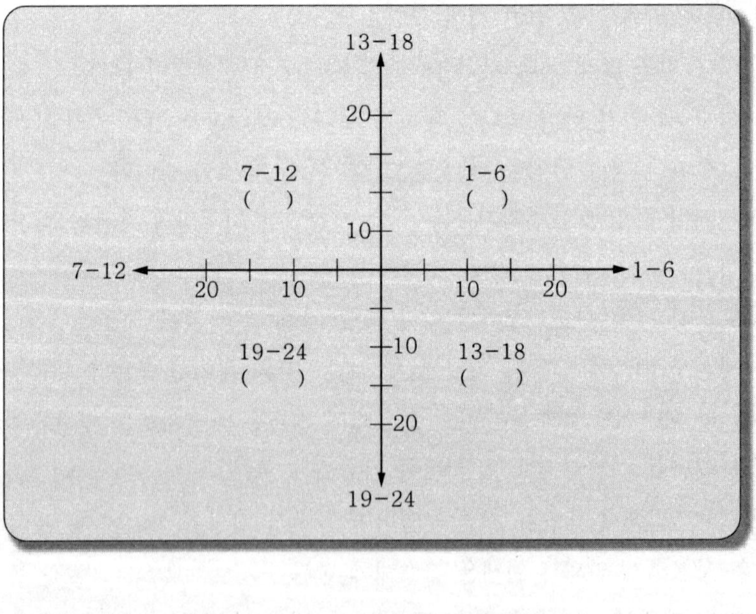

1번에서 6번까지의 총합은 수평(음양)축의 우측 편에, 7번에서 12번의 총합은 수

평(음양)축의 좌측 편에, 수직(태소)축에도 같은 요령으로 표시를 한다. 그리고 네 개의 점을 잇는다. 그러면 수직 수평선을 중심으로 네 개의 직각 삼각형을 얻게 될 것이다. 물론 그 가운데 가장 넓은 면적을 가진 분면이 자신의 사상유형이 된다. 예컨대 일사분면이 제일 넓으면 태양인이, 이사분면은 태음인이, 삼사분면은 소음인이, 사사분면은 소양인이 되는 것이다. 그리고 앞서 조사한 체질 사상 유형은 해당 분면에 적혀 있는 번호 밑의 괄호 안에 기입한다. 그러면 자신의 사상 체질 그래프가 작성된다. 다음의 그래프는 체일 유형이 소양인이고 성격 유형이 소음인인 사람의 예시이다. 이 경우 앞서 조사한 체질 유형 검사에서는 13-18번이 가장 높은 점수인 22점을 얻어 소양인으로 판정되었고 성격 유형 검사에서는 7-12번 음 축에서 20점, 19-24번 소 축에서 20점을 얻어 삼사분면이 가장 넓은 면적을 가지게 되어 소음인으로 판명되었다.

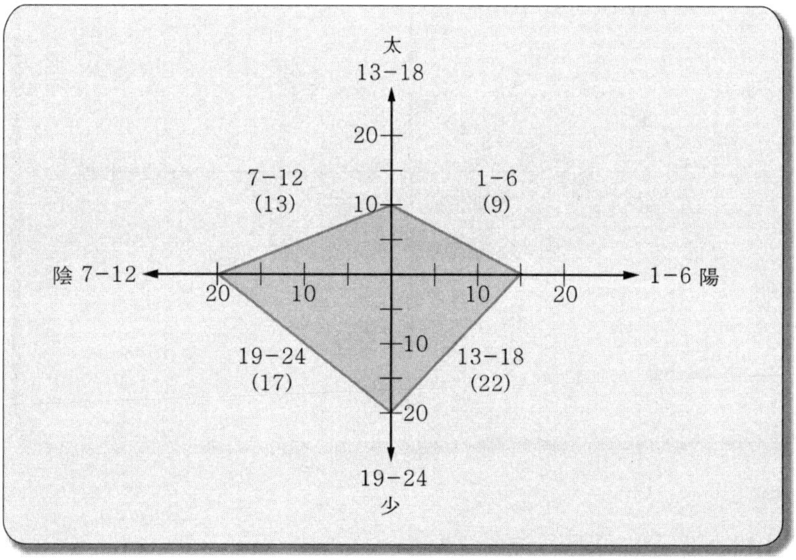

후반에서 조사된 사상의 결과는 앞서 조사한 결과와 다른 본인의 심리적 특성을 조사한 것이다. 그러므로 앞서 조사한 체질 유형과 같지 않을 수 있다. 눈치 빠른 독자라면 신체적 특성 대신 행동이나 습관, 사고방식이나 가치관 등을 중심으로 조사했다는 것을 알 것이다. 그러나 이 설문의 특성은 단순하게 내용만 다른 것이 아니라 각 변수가 의미하는 바가 같지 않다는 것이다. 체질 설문지에서는 내용이 신체적 특성을 물어 보았을 뿐 아니라 결합 변수로 물어 보았다. 즉 태양인이나 태음인의 신체적 특성을 측정했다는 것이다. 그러나 이번 설문지에서는 태, 소, 음, 양의 단일 변수에 대한 질문들로 구성되어 있다. 즉, 인간의 성정은 태, 소, 음, 양의 구분이 가능하므로 각기 나누어서 측정이 가능한 것으로 가정하고 있다. 상기에 예시된 그래프에서 보면 앞서 조사된 선천적 체질과 후천적 특성인 성격이 같지 않음을 알 수 있다. 즉 체질은 소음인인데 현재의 성격은 소양인으로 나타나고 있다. 즉 선천적 체질은 소양인인데 성격 변화로 현재는 소음인 성격을 가지게 된 것이다. 그것을 도해하면 다음과 같다.

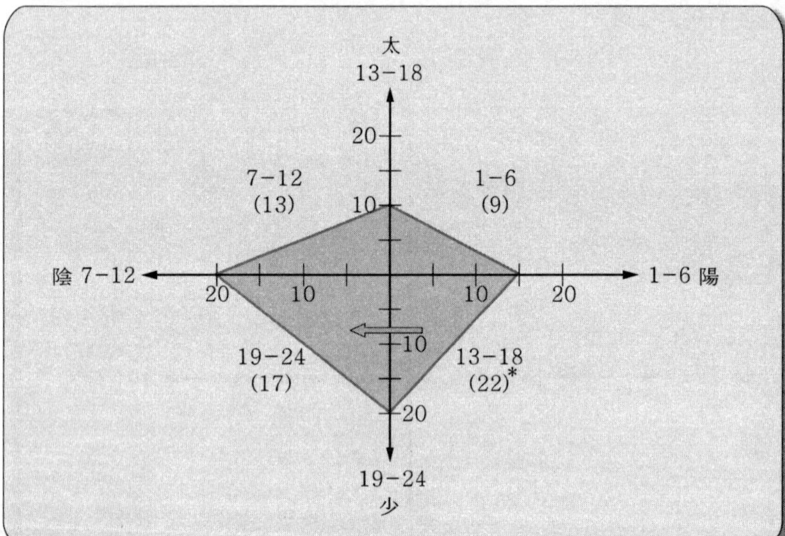

그러면 다음과 같은 의문이 생길 것이다.

첫째, 체질과 성격 특성이 같지 않다는 것은 무엇을 의미하는가이다.

앞서 언급한바와 같이 인간은 선천적으로 가진 자신의 성정은 시간이 흘러가면서 변화한다. 그러한 변화는 스스로 이루어지기도 하지만 외부 환경에 따라 타의적으로 변화하기도 한다. 거기에는 매우 다양한 원인 변수가 작용한다. 사회적 규범에서 시작하여 가족들의 사상 유형, 직업, 교육기관의 종류 등 수없이 많은 변수가 영향을 미치게 된다. 나이가 어리다거나 이성의 통제가 느슨해지는 고령이 되면 신체적 사상체질과 성격이 일치되는 경우가 많다. 필자의 조사에 의하면 나이가 들수록 사회적 지위가 높아질수록, 직업상 규칙과 절차를 중요하게 여기는 관료집단에 속한 사람들일수록 변화된 사람들이 많았다. 흥미로운 것은 전문 경영인보다 소유 경영자가, 조직 생활자보다는 자유업에 종사하는 사람들이 변화의 정도가 적었다. 자신의 특성을 변화시켜야 할 필요성을 느끼지 못하거나 강인한 선천적 특성이 자신의 성취에 기여할 수 있다는 믿음이 있기 때문이 아닐까 한다.

그러나 여기에서 반드시 집고 넘어 가야할 문제가 있다. 앞서 설문인 선천적인 사상체질 결과와 현재의 성격특성을 가늠하는 두 번째 설문 결과에 따라 네 가지의 경우가 발생한다. 1) 체질과 성격이 일치하는 경우 2) 체질에서 성격으로의 변화가 대각선인 경우 3) 체질에서 성격으로의 변화가 수평인 경우 4) 체질에서 성격으로의 변화가 수직인 경우 등이다. 이런 경우를 도해하면 다음과 같다.

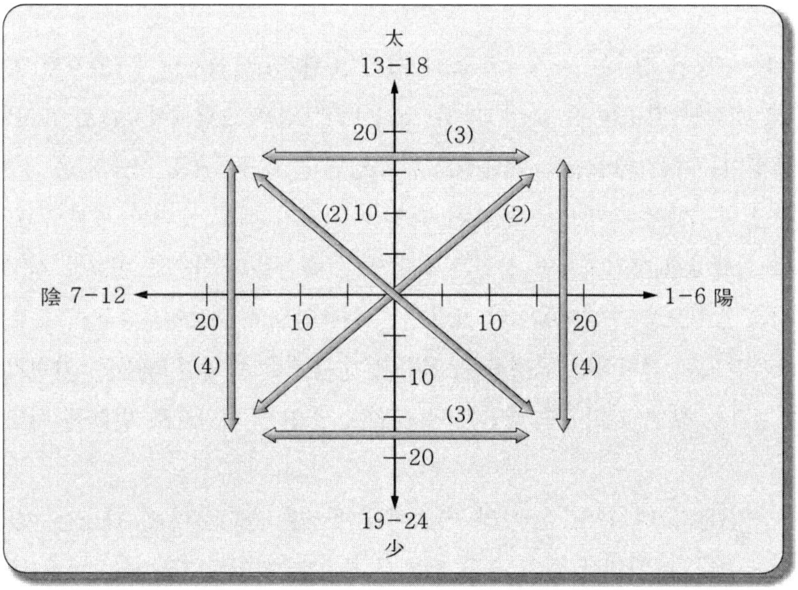

각각의 경우를 부연해 설명하면 다음과 같다.

(1) 선천적 체질과 현재의 성격이 같은 경우이다. 이 경우는 자신의 본래 성격이 자신이 처한 상황과 잘 맞아떨어지거나 자신이 노력을 했는 데도 변화하지 않은 경우를 의미한다. 통계적으로 집단에 따라 큰 차이가 있으나 개략적으로 10-30% 정도가 여기에 속하는 것으로 나타났다. 언급한 바와 같이 연령대가 높은 집단일수록, 공식화 정도가 높은 조직의 종사자일수록 이 수치는 적어진다.

(2) 대각선인 경우는 체질은 태음인이었는데 성격이 소양인이거나 그 반대의 경우, 혹은 체질은 태양인이었는데 성격이 소음인이거나 그 반대의 경우를 의미한다. 물론 인구통계상 체질이 태양인인데 소음인 성격을 가진 사람은 매우 적다. 대각선으로의 이동은 사상이론이 지향하는 가장 바람직한 방향이다. 수양지도(修養之道)라고도 한다. 물론 이렇게 한다고 태음인이 소양인으로 변하는 것은 아니다. 자신의 불균형을 수정하기 위한 방편으로 변화의 방향을 그렇게 설정할 뿐이다. 이 부분에 대해서는 제1부 후반 부분에서 보다 구체적으로 다룰 것이다. 통계적으로는 변화하지 않은 '(1)항'의 경우보다 집단에 따른 격차가 크며 심지어는 유사 집단에서도 소그룹별로 격차가 큰 편이다. 개략 5-20% 정도가 관찰되는데 평균 10% 이내라고 보면 된다.

(3)-(4) 수평인 경우는 도표 상, 음과 양이 바뀐 경우(그림에서 (3)으로 표시)를 의미하고 수직인 경우는 도표 상, 태와 소가 바뀐 경우(그림에서 (4)로 표시)를 말한다. 수평이동이란 태양인은 태음인으로 소양인은 소음인으로, 소음인은 소양인으로 선천적 특질에서 수평으로 반대편 특성을 가지기 위해 노력한 결과로 보면 된다. 보다 간결하게 애기하자면 양인은 음인으로, 음인은 양인으로 변화를 시도한 것이다. 같은 방식으로 수직이동이란 소음인은 태음인으로 소양인은 태양인으로, 태음인은 소음인으로 선천적인 특성을 부정하고 수평으로 반대편 특성을 가지기 위해 노력한 결과로 보면 된다. 즉 태인은 소인으로, 소인은 태인으로 변화를 시도한 것이다.

보통 음양(陰陽)과 태소(太少)의 비교에서 음양은 용(用)이요, 태소는 체(體)로 해석할 수 있다. 여기에서 체와 용은 역에서 중요한 원리로 간주되는 체용(體用)의 원리에 기반을 둔 개념이다. 역시 상세한 설명은 본서의 후반부 '사상과 오행'부분에서 설명하고자 한다. 간략하게 설명하자면 체는 중심축을 의미하고 용은 축을 중심으로 회전하듯이 변화하여 외부로 드러나는 것을 의미한다. 예컨대 사상체질이 태음인이라면 언어와 표정, 행위는 용인 음의 성격이 쉽게 드러나며 음양의 중심축에는 태가 있는 것이다. 그러므로 자신이 자신의 특정한 성격이 사회적으로 불리하다고 느껴지는 것은 음양이 우선이요 태소는 쉽게 스스로 인식되지 않는다. 통계가 말해 주듯이 음양의 변화를 시도한 사람들의 수(도표상 수평으로 이동한 사람)는 태소의 변화를 시도한 사람(도표상 수직으로 이동한 사람)의 수보다 훨씬 많다. 개략적으로 동일 집단에서 음양으로 변화한 사람의 수는 40-50%에 이른다. 반면에 태소의 변화를 시도한 사람의 수는 25-30% 정도로 보면 된다.

물론 수평이든 수직이든 사상적 관점에서 보면 완전한 수양의 방향이 아니라는 점에서 이론의 여지가 없다.

둘째, 체질과 성격 특성이 다르게 나올 수 있다면 신체나 행동의 특성만 가지고 유형 구분이 가능한 사상의 장점은 퇴색되는 것이 아닌가이다.

물론 측정 결과에 따라 선천적 사상의 특성인 체질과 신체가 그 사람의 후천적 변화에 따라 나타나는 성격 특성과 일치하지 않는다는 것은 단순하게 신체 특성만 가지고 그 사람의 성격특성을 단번에 유추할 수 없음을 시사한다. 그러나 여기에서 몇 가지 사항을 추가적으로 이해해 둘 필요가 있다.

1) 언급한 바와 같이 통계적으로 볼 때 10-30% 정도의 사람들은 변화하지 않고 있음을 알 수 있다. 그러나 본서에서 언급한 통계적 근거는 선발집단에 가까운 표본이었다는 점을 간과해서는 안 된다. 필자의 통계적 근거란 대부분 사기업이나 공사, 정부 기관, 은행 등과 같은 조직 집단에서 일정 기간 일한 사람들이었다. 뿐만 아니라 그들 중 대부분은 중간 간부급으로 연령으로도 40 전 후반인 경우가 가장 많았다는 점을 밝혀둔다. 그들 중 대다수는 나름대로의 수양을 위해 노력한 사람들일 것이다. 역시 '사상과 오행'에서 상세한 설명이 있겠지만 거리에서 대하는 수없이 많은 사람들의 군상을 분석해 보면 수양 수준 차원에서 볼 때 피라미드 모양을 이룬다고 한다. 결국 대다수의 사람들은 변화를 추구하는 수양노력이 취약하다는 것이다. 이러한 관점에서 보면 대다수의 사람들은 자신의 선천적 체질이 성격에 반영될 수 있다는 것을 의미하게 된다.

2) 수양의 대상이 되는 것과 만족점이 되는 부분은 대부분이 다른 차원에서 작용된다는 점을 간과할 수 없다. 이를테면 여름에 찬물을 마시지 않는 것은 수양의 대상이 될 수 없다. 즉 개인적인 선호도는 인간이 살아가는 데 자유의사에 의한 선택으로 보호받고 있기 때문이다. 우리 사회에서는 아직도 저축 상을 주고 있지만 소득의 증가로 인해 상당 부분 근검과 절약이 미덕이라는 것은 퇴색하고 있다. 결국 소비성향이라는 것은 그 사람의 개성으로 받아들여지기 시작한 것이다. 이 경우 보통 사람들은 자신의 소비 패턴에 대한 교정 필요성을 느끼지 못한다. 결국 사회 규범에 의한 '자신을 변화하기' 노력이 점차 약화되고 있다. 다만 자신의 선택에 제한을 두는 직업을 가지고 있다거나 이런저런 이유로 통제를 받지 않는 경우 등으로 축소되고 있다. 그 이유는 서구식 민주화가 부추기는 무제한적 자유에 대한 열망이 한몫하고 있다. 사실 자유란 초월적 가치기준으로 받아들여지고 있으며 자유선택과 개성은 불가분의 관계를 맺고 있는 것으로 인식되고 있다. 이러한 현상은 "자신의 치우침을 교정하기 위한 노력은 개성의 말살"이라는 등식으로 인식될 수 있다는 점이다. 그리고 그러한 개성의 말살은 현 시대가 요구하는 전문화 시대에 부응하여 능력을 향상시키는데 걸림돌이 될 수 있다고 여겨지기도 한다.

사상을 몰이해하는 가운데 가장 대표적 사례 가운데 하나가 중화에 이르면 개성을 상실한다고 믿는 것이다. 인간의 선천적 특징이 성정의 불완전성이라고 하면 불완전성이 개성이 아니냐는 논리다. 그러나 인간의 개성은 어떤 분야가 발달하여 개발된 능력이 현사회가 필요로 할 때 능력이란 이름으로 빛을 발한다. 그러나 사상이란 능력과는 무관한 신체의 불균형에서 유래한 성정의 문제로 인간이 가져야 하는 감성과 인간간의 갈등을 조절하는 자아개념이다.

이탈리아의 바이올리니스트이자 작곡가였던 파가니니(Niccolo Paganini, 1782 - 1840)는 유난히 손가락이 길었다. 신체의 끝이 길어지는 희귀병에 걸렸던 그는 얼굴도 손가락도, 심지어 발가락도 길어졌다. 당시 의학으로는 그의 희귀한 병을 고칠 수 없었다. 물론 그는 이 병으로 엄청난 고통을 받았으며 그러한 고통을 잊기 위해 음악에 전념했다고도 한다. 그러나 타인의 시선은 전혀 달랐다. 손가락이 길어 바이올린 연주에 유리하다고 하거나 자신의 비정상적 손가락 길이에 맞는 곡을 작곡해 남들은 연주가 불가능하게 한다고 비아냥댔다. 바이올린의 현 끝과 끝을 현란하게 빠른 속도로 움직여야 했던 그의 독특한 연주 기법은 그 시대에는 연주하기가 여간 까다롭지 않았다. 그의 독특한 연주기법과 음악적 개성이 그의 병과 연관성이 있는지 여부는 입증할 방법이 없다. 그러나 현재 파가니니는 '안타깝게도 제자를 양성하지 못하고 맥이 끊어진 불후의 작곡자이자 연주자'였다고 평가되고 있으며 그의 곡은 많은 유능한 연주가들에 의해 무리 없이 연주되고 있다. 차이코프스키(PYotr Il'ich Chaikovsky, 1840-1893)가 그의 불후의 명작 바이올린 협주곡 D장조를 완성했을 때 연주의 어려움으로 비난의 대상이 되었던 것과 맥을 같이 한다. 물론 그의 뜻에 따라 한 개의 음표도 수정되지 않았지만 차이코프스키의 바이올린 협주곡은 4대 바이올린 협주곡으로 평가될 뿐 아니라 입학시험의 지정곡이 될 정도로 일반화되어 있으며 지금은 무리 없이 연주되고 있다.

그러면 앞서 소개한 파가니니의 개성은 무엇일까. 과연 그의 신체적 결함에 의한 것이었다고 단언할 수 있을까. 신체적 결함은 인간에게 고통을 주는 불균형에 의한 질병이지 개성이라고 볼 수 없다. 더욱이 질병이 개성을 만든다고 보는 것은 상당한 궤변이다. 물론 파가니니가 그러한 질병이 없었을 경우를 가정할 수는 없어도 파가니니와 같은 질병을 가진 사람은 그와 같은 음악적 업적을 남겼다고 볼 수 없을 것이다. 마치 인류역사에서 위대하다고 여겨지는 지도자들의 공통점이 높은 지능이라고 할지라도 높은 지능의 소유자가 전부 훌륭한 지도력을 가진다고 단언할 수 없는 것과 같다. 부연하면 능력이나 업적이란 천부적 재질과 후천적 노력이 결부된 특정한 능력이 그 시대에서 요구하는 가치로 인정될 때 성공이란 이름으로 평가되어 보상 받고는 한다. 예컨대 파가니니나 차이코프스키의 재능이자 능력에 의해 성취되었다고 할 수 있는 예술적 업적과 그들의 개인적 성격, 신체적 조건, 대인관계에서의 유연성, 가족간의 화목 정도 등과 같은 인간의 개별적 행복추구 조건들은 전혀 별개의 것들이다. 즉 사상이론과 같이 체질적 특성과 감성적 문제를 다루는 개별적 인간 유형 개념은 개인의 능력이나 업적과는 무관하다는 것이다.

어쨌든 자신의 개성을 버리는 것과 중화되고자하는 노력인 수양은 별개의 것인데도 불과하고 현대로 올수록 수양에 대하여 거부하는 사람들이 늘어나고 있다. 그 결과 자신의 선천적 사상체질과 성격 유형이 일치하는 사람들의 수가 늘어나고 있다. 이는 결국 사상체질이 그 사람의 성격까지 말해 주는 경우가 많다는 것이며 결코 바람직하지는 않지만 외형상의 측정으로 성격을 추측하기가 용이하게 한다.

3) 조사 방법상의 오차를 염두에 둘 필요가 있다. 어떠한 연구에도 오차란 존재한다. 특히 사회과학 분야에서의 오차는 자연과학 분야에서의 오차보다 높을 수밖에 없다. 그러다보니 허용치도 높다. 예컨대 혈액형을 검사하는데 오차의 범위는 거의 무시할 수준이다. 그러나 미혼 여성의 미래 배우자 선호도 조사라든가 학생들의 교사에 대한 민족도 따위의 조사는 오차가 크다. 자신이 진정으로 원하는 유형이 무엇이라거나 자신이 실제로 특정 대상에게 만족하는가를 수치로 표시하는 데는 아무리 좋은 조사 도구가 사용되더라도 결과는 회의적일 수밖에 없다는 것이다. 뿐만 아니라 자기 자신이나 상대방을 평가할 때는 여러 가지의 편견이나 선입견이 복합적으로 작용한다. 예컨대 자신의 장점과 단점을 열 가지씩 나열해 보라고 하면 대부분의 사람들은 자신의 진정한 단점은 숨기려하고 자신이 가지고 싶은 장점을 장점의 항목에 올려놓기도 한다. 경우에 따라서는 객관적으로는 단점으로 간주되는 부분이 장점 항목에 기록될 수도 있다. 이러한 현상은 선천적 사상체질과 후천적 사상 특성의 조사에서는 더욱 뚜렷하게 나타난다. 태소와 음양 축 가운데 음양부분은 쉽게 자신이 지나치다고 생각할 수 있으므로 실제 노력에 의해 변화되거나 단지 희망 사항이라 할지라도 설문에는 그렇다고 응답할 수 있는 가능성을 배제할 수 없다. 게다가 완전한 변화가 이루어지지 않은 경우 실제로의 만족 점은 본래의 선천적 특성에 있을 수도 있다. 예컨대 남의 얘기를 쉽게 잘 믿어서 몇 번 사기를 당한 소양인은 남을 의심하는 습관을 기르려고 노력할 것이다. 시간이 지나면 학습이나 훈련에 의해 남을 의심하는 습관이 생겨 자신의 성격은 “남과 대화를 할 때 일단 듣고 본다.”에 높은 점수를 주겠지만 실제 그의 행동은 원래 그런 성향을 가진 태음인에 비해 상대적으로 볼 때 턱없이 약할 수도 있으며 마음 한구석으로는 그런 행동을 하는데 만족스럽지 못할 수도 있다. 결론적으로 설문조사에 의한 변화의 정도는 실제 개별적 변화보다 높은 수치로 조사될 가능성이 존재한다.

셋째, 태, 소, 음, 양이란 단일 변수는 이제마의 동의수세보원에서는 언급되지 않았던 변수들이다. 무엇을 근거로 그 특성들을 정의했는가에 관한 것이다.

물론 동의수세보원에서는 태양, 태음, 소양, 소음에 대한 설명만 나와 있다. 이제마는 동의수세보원의 권두에서 천인합일의 원리를 강조하고 체질별 신체적 특성과 병증, 그리고 간간이 성격에 대하여 언급하고 있다. 물론 이제마가 성격 특성을 언급한 것은 인간이 건강하게 살기 위해서 신체적 결함만을 치유한다고 해결되는 것이 아니라 성정을 다스려야 한다는 점을 강조하기 위한 것으로 보인다. 이제마의 동의수세보원이 궁극적으로 체질 중심으로 기술되어 의학서로 평가받고 있는 이유가 여기에 있기도 하다.

그러나 사상이론의 밑바탕에 담겨있는 기본적 원리는 역의 원리이다. 역의 원리에 의하면 사상이란 변화의 단계 가운데 하나임이 분명히 언급되어 있고 유형의 변수는 두 개의 축으로 이루어져 있는 결과물인 것이다. 물론 두 개의 축이 결합하여 하나의 성격을 만들 수도 있겠지만 신체의 경우와 달리 성격은 독립적으로 구분이 가능하다는 것이 임상 조사에 의해 발견되었다. 앞서 언급한바와 같이 음양은 용(用)이요 태소가 체(體)라면 인간의 행위는 용이므로 외부로 드러난다. 이런 이유로 용은 체에 비해 구분이 용이하다. 흔히 융(Karl Gustav Jung, 1875-1961)과 같은 서양의 정신 분석학자들이 인간의 유형을 내재론자와 외재론자의 구분부터 시작하는 것이 공통적인 것은 결코 우연이 아닌듯하다. 태와 소는 대산(大山 金碩鎭 1928～)과 같은 역학자들이 정의하고 있듯이 진화의 유형으로 보고 있다. 결국 태(太)가 음과 함께 결합하든 양과 결합하든 태는 진화의 불변이요 같은 이치로 소(少)는 변화임을 의미한다. 신체의 경우 태와 음이 결합하면 간대폐소(肝大肺小)라는 신체의 특성에 따라 여러 가지의 특성을 갖는다고 가정할 수 있다. 그러나 성격상의 경우는 다소 다른 양태를 보여준다.

예컨대 태음인은 강한 물욕과 치밀성, 의심, 주변을 의식하지 않고 밀어붙이길 좋아하는 특징이 있다. 이 가운데 물욕이 강한 것과 치밀성은 소음인과 공유하는 특성이고 주변을 의식하지 않고 밀어 붙이는 성향은 태양인과 공유하는 특성이다. 섬세하게 얘기하자면 태음인은 물욕이 좀더 강하고 소음인은 명예에 대한 욕심이 다소 강할 뿐이다. 결국 소음인과 공유하는 태음인의 성정은 음성(蔭性)이라 할 수 있고 태양인과 공유하는 성정은 태성(太性)이라할 수 있는 것이다. 다만 태음인이 의심이 많은 것은 겁이 많아서인데 소음인이 근심하는 마음이 강해 겁이 많은 것과 유사하게 나타난다. 의심과 근심은 다소 다른 의미를 갖지만 원인이 되는 겁심은 음인들의 공통점이 되는 것이다. 이런 임상적 결과는 보다 많은 경우 각 사상 유형의 공통점이 원인 변수인 태, 소, 음, 양에 연유한 것으로 판단되었다. 결국 후천적 성격을 구분하는 설문지는 원인 변수에 근거하여 마련되었고 공간적 개념에서 치우침의 정도를 나타내는 것이 가능하게 하였다. 다음은 태, 소, 음, 양 단일 변수들의 특성을 성정 중심으로 요약해 놓은 것이다.

태·소·음·양 단일 변수의 특성들

양(陽)	음(陰)
1.안에서 밖으로의 방향성 · 활동성 · 소비성 · 개방성 · 외열성 2.탁월한 환경 적응성(변화 선호) 3.예지력/모험심 4.임기 웅변력	1.밖에서 안으로의 방향성 · 거처성 · 저축성 · 당여성 · 내열성 2.안정 희구성(준법성 통제) 3.기억력 탁월 4.자료 신뢰성
태(太)	**소(少)**
* 진화의 불변성 · 자신감, 밀어 부치기 · 체면 무시 · 카리스마성 · 강한 인상 · 내적 감성 표현 · 가치의 강요	* 진화의 변화성 · 자존심, 고집 · 체면 중시 · 인정에 취약 · 부드러운 인상 · 감성 표현 풍부 · 남의 말 잘 들음(쉽게 믿음)

3. 그들의 성격과 특성

이 세상에 가장 가까이 있는 사람이야말로 가장 먼 사람이라고 한다. 학창 시절 그렇게도 가까이 지냈던 친구를 20여년 만에 만났다. 반가운 나머지 옛 친구와 밥도 먹고 술잔도 기울이며 기억 속에 희미한 이야기들을 나누며 시간 가는 줄 몰랐다. 과거의 기억들은 서로가 일치하지는 않았지만, 그리고 바쁜 생활 속에서 그 친구를 찾으려는 별도의 노력을 한 것은 아니었지만 그 날 만큼은 다른 일정을 미룬 채 그렇게 보냈다. 옛 이야기 보따리가 바닥을 보일 즈음 두 사람의 이야기는 현재로 온다. 이제 서로의 현재 공동 관심사를 찾게 되고 나름대로 두 사람이 만나서 보내는 시간이 현실의 이해관계와 맞아 떨어져 보상되지 않는 한 그 친구를 다시 보기란 어려워질 것이다. 그런데 이 과정에서 재미있는 것이 있다. 첫째는 나는 기억하는데 그 친구는 전혀 기억하지 못하거나 다르게 기억하고 있는 일이 있다는 것이다. 또 다른 하나는 그 친구를 만났을 때 나이보다 훨씬 더 긴 세월이 지났는데도 불구하고 친구는 어렸을 때 성격을 고스란히 간직하고 있다는 것이다. 이 경우 전자는 그 친구를 다시 찾지 않는 것을 정당화시키고 후자는 만났을 때의 즐거움을 배가시킨다. 그러나 간혹 어떤 친구는 외모만큼이나 성격이 변해서 낯설게 느껴지기도 한다. 보통 이런 경우 세월 속에서 환경의 요구에 의해 변했다고 하지만 과거에 내가 판단한 그의 성격과 특성이 전부가 아니었을 수도 있다.

인간의 사회성은 나 아닌 다른 사람과의 교류에 의해 형성된다. 그리고 인간은 본래 그 사회성을 유지하려는 욕구를 가지고 있다고 여겨졌다. 사람들과의 어울림은 외로움을 달래고 노동의 가치를 상승시키며 심리적 안정감을 향상시켰다. 현대로 오면서 어떤 개인이 사람들과의 교류가 활발할수록 인간의 여러 가지 욕구를 충족하는데 유리하다고 여겨지게 되었다. 인간의 사회성이 그 사람의 능력을 나타내는 척도가 되기에 이른 것이다. 결국 이러한 필요성은 인간이 가지는 또 하나의 의혹으로 떠올랐다. 그것은 어떻게 하면 남을 아느냐는 것이다. 인간은 본능적으로 자신을 방어하려고 하기 때문에 모르는 사람들에게 경계심을 갖는다. 동물들과 다를 바가 없다. 자신의 모습을 쉽게 보여 주지도 않으며 이해관계가 얽혀 있거나 인위적으로 동일 집단에 속해 있지 않는 한 상대를 알기란 여간 어려운 것이 아닌 것이다. 아마도 인류가 최초로 호기심을 갖기 시작한 것이 바로 미래에 일어날 일을 아는 것과 어떻게 하면 상대의 마음을 읽을 수 있는 것이 아닐까 한다.

인간이 최초로 상대의 마음을 읽기 위해 사용한 것은 언어일 것이다. 많은 대화를 통해 상대를 분석하는 것이다. 그리고 경험 학습에 의해 생긴 모양이나 출신, 종족 등에 대한 나름대로의 판단을 통해 분류하려고 했을 것이다. 결국 이러한 노력은 상대방의 마음을 읽을 수 있는 독심술과 같은 방법을 고안하기에까지 이르렀을 것이고 수없이 많이 개발된 유형론도 따지고 보면 그런 노력 중에 하나임에 틀림이 없다. 본서에서 다루고 있는 사상이론도 그런 방법 가운데 하나임을 부정할 필요가 없다. 그런데 인간으로 태어나서 소위 눈치가 빠르다거나 남달리 직관력이 발달하여 상대적으로 재빨리 상대방을 파악하는 것은 지극히 선천적인 문제가 된다. 감각이 둔하고 유난히 상대방 마음을 파악하는 데 관심이 없거나 그럴 필요가 없는 사람들은 그러한 능력을 재주로 여겨 악용하려는 사람들에게 희생양이 될 수도 있다. 결국 상대를 파악하는 것이 현대를 살아가는 데 필요한 능력이라면 습득을 해야 한다. 이제는 더 이상 상대방을 파악한다는 것이 단순한 호기심 충족의 문제가 아닌 까닭이다.

현 시대에도 빈부나 문화의 차이를 막론하고 점을 쳐서 생계를 얻는 사람들이 있다. 정확한 통계는 알 수 없지만 우리나라에서 여기에 종사하는 사람들의 수나 종사자들의 소득수준은 상위 그룹에 속할 것으로 추측된다. 그만큼 명리는 사람들에게 관심의 대상이 되고 있다. 변화가 무쌍한 생활, 문화적 문제, 점에 대한 신뢰 수준이 이런 경향을 만들었을 것이다. 그들은 고객들이 미래에 대한 궁금증을 가지고 찾아왔을 때 고도의 상대방 파악하기 능력으로 수입을 창출하는 사람들이다. 물론 찾아오는 사람은 미래에 대한 정확한 예측이 목적이겠지만 정확한 예측은 반드시 그들의 만족과 일치하지 않는다. 예컨대 사귀어 오던 사람과 혼인을 하려고 하는데 백년해로할 것인지의 여부를 알고자 온 처녀가 있다고 하자. 그 사람이 원하는 것은 억세게 운이 좋아서 좋은 사람 만났으니 반드시 혼인하여야 하며 훗날 아들 딸 쑥쑥 낳고 부자가 될 것이라는 예측일 것이다. 설사 점괘가 절대로 혼인하지 않는 것이 좋다고 해도 명리사(命理師: 점쟁이)의 능력은 그녀가 무엇을 원하는지를 읽는 것이 중요한 것이지 점괘의 정확성과는 전혀 다른 차원을 필요로 한다.

위장병이 걸려 대도시의 의사를 찾은 농부가 있었다. 정확히는 모르지만 유명한 병원을 찾아 치료를 받으면 낳으리라는 막연한 생각이 있었다. 이 사실을 안 농부의 아내는 소를 팔아 도시의 큰 병원을 찾았다. 물론 그 농부의 병은 불치의 암으로 현대의 의학 기술로는 어디에서도 고칠 수 없다 하더라도 큰 병원에서 진단을 받고 약을 먹었다는 사실만으로 병세가 호전될 수 있다. 그가 원하는 것은 이 세상에 있는 최선의 치료를 받고 싶은 것이었기 때문이다. 영어 회화를 배우러 꼭두새벽에 학원에 등록한 회사원이 있었다. 그에게 학원에 빠지지 않고 다닌다는 사실은 그의 마음속에 인력 구조조정의 소나기를 피할 수 있게 할 수 있으리라는 막연한 희망을 심어줄 수 있다. 사실 그런 경우 농부의 담당 의사가 엄청난 노력과 치료비가 드는 원칙적인 처방을 한다든지 회사원의 학원 강사가 진짜 영어 실력이 늘 수 있도록 호된 훈련을 시킨다면 서로를 위해 좋을 것이 없다. 결국 명리사도 의사도 강사도 상대방이 원하는 것을 정확히 파악하여 원하는 것을 던져 주어야 한다.

현대 산업 사회에서 시장이라는 곳은 고객의 필요(needs)를 충족 시켜야 가치를 창출한다고 한다. 여기에서 필요란 고객이 물어봐도 모르거나 알아도 그렇지 않다고 대답하는 것들이다. 휴대 전화가 처음 보급될 때 구매자들은 휴대전화가 가지고 있는 편리함 때문에 구매했다. 그러나 일정 시간이 경과하여 휴대전화를 가진 사람들이 포화 상태에 이르면 휴대전화를 바꾸는 사람들은 단순히 편리함을 얻기 위해 자신이 가지고 있는 멀쩡한 단말기를 내다 버리다시피 하면서 구매하지는 않는다. 그들의 필요는 이제 남들에게 처지지 않기 위해서라든가 과시하기 위한 것이 된다. 물론 그들에게 왜 샀느냐고 물어보면 보다 편리함을 찾기 위해서, 불편함을 해소하기 위해서라고 할 것이다. 생각해 보라. 여름 휴가철, 피서(避暑: 더위를 피함)를 위해 여행을 떠나는 사람이 얼마나 되겠는가. 학문을 연구하기 위해 대학에 진학을 하는 사람들, 진정으로 국가와 국민의 안위를 위해 국회의원이 되고자 하는 사람들, 자녀의 행복한 삶을 위해 장래가 걱정되어 과외를 시키는 학부모들, 고인의 명복을 빌기 위해 유명인사 부친의 장례식을 찾는 사람들..... 얼마나 많은 사람들이 여기에 속할지를 생각해보라. 시장이란 곳은 윤리나 양심을 요구하는 곳이 아니라는 것을 누구나 공감할 것이다.

어쨌든 다시 명리사 얘기로 돌아가서 명리사의 능력에 대하여 논해 본다. 일단 그의 능력은 두 가지로 압축할 수 있다. 고객이 원하는 것이 무엇인지를 번개 같이 파악하는 일, 그리고 실제로 그 사람의 미래 운명이 어떻게 될 것인지를 파악하는 일이다. 그리고 고객의 예측되는 미래를 고객이 만족하는 수준에 적절히 조제하여 전달해야 될 것이다. 물론 명리사 가운데 내공이 높아 미래에 대한 예측을 비교적 정확하게 집어낼 수 있는 사람은 많지 않을 것이다. 아울러 명리사를 찾은 고객들 모두 길한 미래가 펼쳐지길 바라겠지만 그런 경우 또한 매우 적을 것이 자명하다. 소위 용한 사람으로 불리는 유능한 명리사란 이러한 괴리를 적절하게 조절하면서 상대를 만족시켜 나가는 사람이 될 것이다. "중이 제 머리 못 깎는다."는 말이 있다. 그러나 만약 귀하가 귀하의 진정한 미래를 알고 싶다면 스스로 알아낼 수 있어야 한다. 그리고 그 내공의 수준이 깊어 냉철하게 자신의 문제임에도 불구하고 편견 없이 파악해야할 것이다. 물론 아무리 대단한 경지에 오른 사람이라 할지라도 자신이 아닌 남은 나의 문제에 대하여 진실 되게 전달하기란 쉽지 않다. 게다가 애석하게도 그런 수준에 오르기까지는 엄청난 시간과 노력, 그리고 타고난 자질을 요구한다. 결국 우리 모두는 그렇게도 알고 싶은 미래를 알 수 없는 것이고 소위 운명의 수레바퀴에 몸을 싣고 하루하루를 살아가는 것이다. 하지만 다행스럽게도 그대가 원하는 것이 무엇인지를 알 수 있는 방법은 있다. 사상이론에 대한 이해는 그러한 방법 중 하나이다.

사상을 논한다는 것은 행색이 남루한 스님이 집에 와 목탁을 두드려 쌀 한 대접 시주를 하였더니 "이 집에 좋지 않은 기운이 도니 피신하시오."라든가 "이 집에 영특한 아이가 태어나 천하를 다스릴 것이요." 식의 신비한 얘기가 아니다. 얼마 전 이런 심리를 이용해 폭리를 취했던 이름 모를 사이비 종교 집단도 있었지만 말이다. 혹자는 사상을 관상과 연관을 짓기도 한다. 인간의 얼굴 모습에서 그 사람의 운명을 점치는 것이다. 눈, 코, 귀, 입. 얼굴형 등 인간이 타고난 모습에서 그 사람의 과거와 미래, 성격 따위를 알아내는 신비한 학문이다. 여기에서 관상학의 개요와 해악에 대하여 언급하고 싶지는 않다. 단지 분명한 것은 관상학 역시 상대를 판단할 정도의 수준이 되기 위해 많은 시간과 노력이 필요할지는 자명한 일이다. 이 부분은 독자의 판단에 맡기고자 한다. 어쨌든 사상은 사람들에게 알려진 동양의 신비한 염력 따위와 관련지으려 하는 경향이 있다. 필자가 사상에 심취해 있다 보니 상대방의 외형만을 보고 그 사람의 마음을 아는 것이 아닐까하는 생각에 두렵다는 이야기를 한다. 그러나 그것은 기우이다. 사상을 이해하고 적용한다고 상대방이 생각하고 있는 바를 알아낸다는 것은 불가능하다. 단지 상대방의 선천적 특성을 이해하는 것뿐이다. 내가 상대방을 판단하듯이 상대방도 나를 판단할 수 있다. 만약 이것이 일방적이라면 한 쪽에게 유리하게 작용하고 급기야는 인간관계에서 이익을 구하는 일에 사용될 것이다. 그러나 사상은 특정한 사람들만이 습득하리만치 어려운 것도 아닌 누구나 활용할 수 있는 이기이다. 마치 한글이 세계 역사상 가장 우수한 문자로 손꼽히는 이유 중 하나가 익히기 쉽기 때문인 것처럼 사상은 쉽게 익힐 수 있다는 장점이 있다. 그러면 단계별로 상대방의 사상 유형을 파악하는 방법을 서술해 보기로 한다.

1 단계: 걸음 거리와 행색, 분위기

상대방과 대화를 하기 이전에 미리 구분하는 방법이다. 순발력 있게 상대에게 대응을 해야 하는 경우 유념해 둘 필요가 있다.

ex) 접객하기, 사업상 거래자 등

1-1. 걸음걸이

멀리서 걸어오는 모습을 보고 판단해 본다.

태양인: 걸음걸이가 꼿꼿하여 빈틈이 없다. 마치 자로 재어 걷는 것 같다.

태음인: 느리고 무게 있게 걷는다. 가장 평범한 걸음걸이다.

소양인: 몸이 흔들리고 심하면 양팔의 균형이 맞지 않는다. 급하다는 느낌 이

든다. 특히 여성의 경우 뒷모습을 보면 둔부가 작은데 양쪽 엉덩이가 균형이 맞지 않게 어긋나는 모습을 보인다.

소음인: 얌전하게 사뿐 사뿐 걷지만 빠르지 않다. 뒷모습을 보았을 때 허리가 날씬하고 골반이 크다 싶은 느낌이 든다.

* 개인적인 차이가 있어 섣부른 유형 결정은 금물이다. 이 경우 소양인의 구분이 가장 수월하다.

1-2. 행색

시야에 들어오고 상대가 정확히 보일 때 판단한다. 상대방이 나를 위아래로 훑어본다는 느낌이 들지 않게 주의한다. 이 방법은 남성보다는 여성의 경우 수월하다.

태양인: 검소하고 어수선하다. 인상에 비해 세련된다는 느낌이 들지 않는다. 이를테면 셔츠는 고급인데 재킷은 시장 패션이라든지 여성의 경우 화장이 어색하다든지 하는 경우다. 본인은 이런 부분에 대하여 별로 신경을 쓰지 않는다는 인상을 준다.

태음인: 검소하고 고풍스럽다. 수수하다. 유행과 다소 무관한 옷을 입는다. 옷걸이가 좋아 그런대로 어울린다. 오래된 좋은 옷을 깨끗하게 손질해서 입는 형이다. 엷은 화장을 즐긴다.

소양인: 화려하지만 어수선하다. 비싸고 요즘 유행하는 옷을 즐겨 입지만 그렇게 잘 어울린다는 느낌은 들지 않는다. 몸에 착 달라붙는다는 느낌이 들지 않는다. 다소 산만하고 어수선하다. 비싼 장신구가 밖에 보이게 한다. 색조 화장을 즐기지만 정교하지 않으며 할 때도 있고 안할 때도 있다.

소음인: 화려하면서도 깔끔하다. 신경 좀 쓴 것 같다. 반드시 요즘 유행하는 스타일이 아니더라도 유명 브랜드를 입는다는 느낌이 든다. 장신구가 화려한 느낌이 들지는 않아도 고급이라는 느낌을 준다. 항상 색조 화장을 즐기는 편이어서 화장을 지우면 누군지 모를 정도다. 자신의 스타일이 있다. 세련되었다는 것이 첫 인상이다.

* 현재 상황과 연관시킬 필요가 있다. 예컨대 소양인과 소음인은 장소에 구애를 받는 편이고 태양인과 태음인은 크게 신경 쓰지 않는다. 그러나 주위의 권고에 의해 의도적으로 연출하는 경우가 있으므로 분위기를 고려할 필요가 있다.

1-3. 분위기

분위기는 기본적으로 이성적이고 논리적인 판단에 의존해서는 아니 된다. 자기 느낌 그대로 솔직한 심정을 판단의 기준으로 삼아야 한다.

태양인: 두렵고 엄한 분위기를 연출한다. 함부로 대하기가 어렵다. 상대의 패턴대로 끌려가게 될 것만 같다. 강하다는 느낌이다.

태음인: 점잖은 분위기다. 기풍과 무게가 있다. 고집이나 욕심이 있을 것 같다. 행동이 다소 느긋하며 서두르지 않는다.

소양인: 친근감을 주며 대하기가 편하다는 느낌을 준다. 처음 만난 사람도 아는 사람처럼 대한다. 몸짓이 크고 급해 주위가 산만하다는 느낌을 준다. 생각하기에 따라서는 다소 무례하다는 느낌도 준다.

소음인: 부드러운 인상으로 친근감을 주며 가라앉았다. 상냥하고 점잖으며 얌전하다. 분위기를 조용하게 만들지만 무게는 없다. 다소 연출된 듯한 가식적 분위기를 연출한다.

2 단계: 얼굴과 체형, 피부 등의 외모

상대방의 기본적 외형을 파악할 수 있다면 1단계의 구분에 비해 훨씬 정확 하게 파악이 가능한 단계이다.

ex) 맞선보기, 면접하기, 평소 알던 지인 등

2-1. 얼굴

얼굴에 표준이란 없다. 잘생기고 못 생긴 것은 지극히 주관적인 것이므로 아무런 의미가 없다고 생각하고 판단하는 것이 좋다.

태양인: 얼굴과 목덜미가 체구에 비해 크다. 눈이 범상치 않다. 눈초리가 매섭다. 총명한 것과는 다소 차이가 있다. 코가 두툼하지 않고 날씬하다.

* 태양인 가운데 목덜미가 크지도 얼굴이 크지도 않은 사람이 있는 데 구분이 모호하다. 이 경우 분위기를 파악해야 한다. 다행스럽게도 그 수는 매우 적다.

태음인: 윤곽이 뚜렷하여 근엄해 보인다. 특히 코가 일자형이며 코끝이 두툼하여 복스러워 보인다. 눈매는 총명해 보이지 않는 경우가 많고 눈꺼풀이 두

툼하여 눈이 작아 보인다. 탐욕스러워 보일 수도 있다.

소양인: 눈가에 장난기가 서려 있다. 가벼워 보이는 인상이다. 날씬한 코에 턱이 뾰족한 편이다. 눈이 둥근 사람이 많다.

소음인: 눈가에 웃음이 서려 주름이 질 정도이다. 눈초리는 부드럽고 둥근 얼굴에 다소 큰 입을 가지고 있다.

* 얼굴만 보아서는 부드러운 인상으로 인해 소음인의 구분이 수월하다.

2-2. 체형

체형으로 판단할 때 신장과 체구의 크기, 비만과 날씬함 등과 사상 유형은 무관하다는 점을 잊지 말아야 한다. 쉬운 방법은 골격 중심으로 이해하되 상대적으로 어느 부위가 발달했는가를 눈여겨본다. 당연한 얘기지만 노출이 많은 하절기가 동절기에 비해 수월하고 욕탕이나 수영장 등에서 유심히 살피는 습관을 가지면 판단력 향상에 도움이 된다.(오해 사지 않도록 주의)

태양인: 상체와 목덜미가 발달되었다. 처음 봤을 때 얼굴만 보이는 사람이다. 하체는 빈약하고 신체치수에 비해 기골이 장대하다는 느낌을 준다.

* 가냘픈 형은 소음인으로 오해될 소지가 있다.

태음인: 글자 그대로 일자형이다. 상하체가 골고루 발달 되었고 단단하다는 느낌을 준다. 여성의 경우 골반은 크지 않으나 옆에서 보았을 때 둔부가 통통하며 정강이 쪽으로 처지는 것이 특징이다. 남성의 경우 가슴은 두껍지만 어깨가 넓지 않다. 나이가 들면 배가 나와 풍채가 있어 보인다. 정강이는 삼각형으로 근육질이 보인다.

소양인: 역삼각형 모양이다. 어깨가 넓고 탄탄하며 상체가 발달하였다. 둔부에 살이 없고 골반이 작다. 다리는 일자형으로 빈약하며 배가 나오면 전・후면에서도 허리와 골반 부분이 일자형이 된다.

소음인: 삼각형 체형으로 상체가 빈약하고 하체가 발달하였다. 골반이 크고 둔부가 폭넓게 발달하였고 단단하다. 날씬한 사람들이 많다. 다리가 길고 어깨는 좁다. 남성의 경우 근육질이 적고 운동을 해도 가슴이 나오기 어렵다. 여성의 경우 가슴은 좁지만 유방이 발달된 경우도 있다.

2-3. 피부와 기타 외형

태양인: 피부는 매끈한 편이고 붉지도 희지도 않다.

태음인: 피부가 검고 견실하여 모공이 뚜렷하고 모공사이의 선이 선명하다. 털이 많은 편이다. 혈관이 뚜렷하게 돌출한다.

소양인: 피부가 희고 붉은 기운이 돈다. 손이 두툼하고 손가락이 짧은 경우가 많다.

소음인: 피부가 희고 뽀얗다. 윤기가 돈다. 손가락이 길고 날렵하다. 대부분 겨울에도 손이 따뜻하다.

*외형상 식별이 가장 쉬운 유형은 태음인이다. 피부가 견실하기 때문이다.

3 단계: 대화상의 특징

상대방과 대화를 통해서 발견되는 사항들이다. 대화중에 순발력 있게 대처하면 쉽게 접근이 되고 상호간에 친근감이 더해질 수 있다.

3-1. 말투

우리나라 사람들은 상대방의 말투에 의해 감정이 좌우된다. 내용보다 말투의 선호도가 중요하다는 것이다. 냉철하게 접근해야 유형 구분에 성공할 수 있다.

태양인: 초기에는 과묵하다. 접근이 용이하지 않다. 예의를 중시 여기고 상대방의 말실수를 용납하지 않을 기세다. 시간이 가면서 자기 혼자 떠든다. 일단 차분하게 듣는 것이 중요하다.

태음인: 능청스럽게 농담을 하며 접근한다. 능글맞은 구석이 있다. 항상 설명을 하면서 주장을 관철하려 한다. 자신의 뜻에 동의 해줄 것을 강요하며 쉽게 포기하지 않는다. 끈적끈적한 느낌을 준다.

소양인: 다소 말이 많고 수다스럽다. 허심탄회하고 화끈하게 자신이 원하는 바를 얘기한다. 주장은 두괄식으로 한다. 따지기보다는 감성에 호소한다. 자극적 언어를 선호한다.

소음인: 차분하게 접근한다. 자신의 의견을 말하지 않고 들으려 한다. 미괄식을 좋아한다. 시간이 지나면 말이 많아지지만 톤은 유지 된다. 자꾸 따지고 확인하길 좋아한다. 자극적 언어는 싫어한다.

3-2. 주제

대화상의 주제는 일반적으로 대화가 일어날 때의 시사적 사건, 날씨, 직업과 같은 주변의 상황, 관계 등과 밀접한 관계가 있다.

태양인: 형이상학적인 주제 가운데에서도 무거운 주제를 좋아한다. 입는 옷이나 먹는 애기 같은 사소한 애기에는 관심이 없다. 정치 경제적 상황, 안보 문제, 변화로 인한 세태, 도덕적인 애기 등에 관심이 많다. 상대보다는 자신의 애기(자기 자랑)나 국가, 세계정세 등에 대한 주제를 흥미롭게 생각한다.

태음인: 형이하학적 주제 가운데 돈 애기, 부자되는 애기, 남들이 성공한 애기 등에 관심이 많다. 특히 숫자가 나오거나 수치로 애기하길 즐긴다. 예컨대 어느 연예인의 재산 정도, 한번 쇼핑할 때 쓰는 액수, 소득 정도 따위의 것이다. 가족들에 대한 애기도 좋아한다. 자신이나 상대방 아이의 성적, 배우자에 대한 애기도 싫어하지 않는다.

소양인: 숫자적 애기보다는 소문, 사사로운 생활 속의 주제로 애기하길 좋아한다. 주변 사람들 애기를 과장을 섞어하는 것이 특색이다. 지인들의 지위와 권력, 공명심이 있다. 돈보다는 명예로운 일, 스포츠와 같은 승부에 대하여 각별히 관심을 보이는데 스코어 보다는 지고 이기는데 관심이 많다.

소음인: 가족, 인테리어, 주거, 패션 등에 관심이 많다. 심각한 애기 보다는 가벼운 신변잡기, 유행하는 것, 연예계 등을 화제로 이야기하길 좋아한다. 다른 사람들의 성격을 애기하는 것은 무방하나 자신에 대한 이야기하는 것은 꺼린다.

3-3. 대화시의 분위기

태양인: 무겁고 진중하다. 시끄럽지 않고 일정 톤으로 애기하는 것을 좋아한다. 말수가 적다.

태음인: 점잖은듯하면서 과격하지 않게 애기한다.

소양인: 시끄럽고 몸놀림이 많다. 소리의 높낮이가 심하다.

소음인: 상냥하면서 조용하다. 말 수는 많다.

4 단계: 상품 선택, 협상 유형 등

특정한 목적을 가지고 만났을 경우를 위해 몇 가지 특성을 적어 보았다.

ex) 항의, 설득, 거래, 계약 및 협상, 타협 등

4-1. 상품의 선택과 거래유형

귀하가 판매자의 입장에서 고객의 유형을 구분하는 형식으로 기술하였다. 이 경우 귀하는 '을(乙)'의 입장에서 상대방을 만족시켜야 한다.

태양인: 소탈하고 화려하지 않은 것을 선호. 가격과 판매 조건 등에 무관심. 자신의 목표가 구매에 있다면 신속하게 처리하려고 함. 예의를 다하고 언어 사용에 주의할 것. 상대방의 호칭에 대하여 신경을 써야 하며 쓸데없는 장황한 설명은 피할 것. 간결하게 이야기하되 나의 존재만 알릴 것.

태음인: 경제성에 관심. 매우 치밀하므로 설명을 해도 이미 알고 있으면서 상대를 떠보려고 함. 할인 폭(숫자적인 면), 다른 곳과의 비교(기회비용), 제한된 기회일 경우 쉽게 결심. 속이거나 숨기는 것은 금물, 호기심이 많아서 진실을 밝히고자 함.

소양인: 동일한 물건이라도 고가인 경우 관심. 정확한 정보가 없더라도 논리적이기보다 감성적인 문제에 호소하면 쉽게 결정. 한 사람이 설득하고 있을 때 자기 편 사람이 맞장구치면 한꺼번에 무너짐. 자신의 계획대로 되기보다는 상황에 따라 변동되기 쉬움. 결정을 했다 가도 돌출되는 상황 요인이 발생하면 변심 가능. 충동구매 가능성이 가장 높다.

소음인: 유명 브랜드의 가치와 자신을 동일시 할 수 있을 때 관심이 증가한다. 계획에 의해 구매한다. 한 번 사면 오래 쓴다. 자존심에 호소하면 효과적이다. 예컨대 "이 정도는 되어야~~ " 식으로 자극한다. 같은 물건일 때 화려함과 고상함이 높은 가치로 평가된다. 전망 좋은 객실이나 테이블의 프리미엄이 높아도 선택할 가능성이 높으며 평생 한 번뿐이라는 데에 높은 가치를 둔다.(적금타서 남편 명품양복 사주기)

4-2. 협상유형

협상의 유형은 다양하다. 일상적인 가격 흥정에서 시작하여 계약을 할 때 조건 맞추기, 기업 간의 협상, 상거래상의 협상, 노사 간의 단체 협상, 국가간의 정치적 협상 등 무궁무진하다. 여기에서는 일상적인 가격 흥정이나 거래 등에서 나타나는 특성 중심으로 기술해 보았다.

태양인: 자신의 목표를 관철하려고 하기에 급급하다. 듣기보다는 자기중심 적이다. 우격다짐 경향이 있어 융통성이 없다. 상대로 하여금 불평등 하다는 느낌이 들게 한다. 숫자적인 면보다는 명분 쪽에 관심을 가지는 경향이 있다. 대체적으로 밀고 당기는 협상에 불리하다. 그러나 임기응변에는 강하다. 태양인의 순발력은 소양인이 방어적 상황에서 두드러진 반면 태양인은 공격적 상황에서 강하다고 할 수 있다.

태음인: 미리 결과를 정해 놓고 끼워 맞추려 한다. 계획적이고 치밀하기는 하나 결과는 협상에 의한다는 평범한 진리를 부정하려는 경향이 있다. 순발력이 약해 급작스런 변수가 등장하면 위기관리 능력이 부족하다. 감정에 휩쓸리지는 않으나 절차가 정해진 대로 진행되어야 유리하다. 숫자적 계산에 매우 민감하여 협상에 성공할 경우 득이 많으나 시간 낭비를 할 수도 있다. 끝까지 조그만 것이라도 챙긴다. 소탐대실(小貪大失)할 수도 있다.

소양인: 치밀하게 계획대로 하지는 못하나 순발력이 강하고 위기관리 능력이 탁월하다. 상대방을 배려하는 마음이 있다는 느낌을 주기 때문에 편안함을 준다. 감정적인 일이 발생하면 기본 입장을 망각할 수도 있다. 결정하는데 시간이 소요되지 않는 장점이 있으나 급한 마음에 큰 것을 잃기도 한다. 숫자적인 것보다는 명분을 중요시 한다. 상대방의 말에 귀 기울이다 보니 충동적으로 결정하기도 한다.

소음인: 협상 이전에서부터 자신의 목표에 대한 고민이 많다보니 목표치 없이 협상 테이블에 올 수도 있다. 협상 과정에서 변수가 생기면 협상 자체를 포기하려 든다. 협상 과정에 가장 많은 시간이 소요된다. 자신의 생각이 결정된 경우 상대방의 의견을 존중 하는 것처럼 보여도 조용한 가운데 매우 집요하게 달려든다. 의도를 파악하기가 용이하지 않다. 경우에 따라서 아무도 모르게 자신의 결정을 바꿀 수도 있다. 진행에는 소극적으로

보이나 결코 만만한 상대로 보면 곤란하다.

4-3. 기타

태양인: 협상이나 거래에서 대화보다 행동이 앞서는 경향이 있다.

태음인: 선택에 고민이 많고 비교하길 좋아해 시간이 많이 걸린다. 지나치게 경제적인 면에 집착할 수 있다.

소양인: 침착성이 결여되어 있다. 체면이 앞서다 보니 실익을 얻는데 취약하다. 예상치 않은 약속을 남발하기도 한다.

소음인: 생각이 너무 많다. 새로운 환경에 적응하기가 힘들다. 예컨대 장소를 옮기면 협상력이 감소한다.

4. 나와 그들의 관계

내가 몇 년을 살다 죽든 나의 시신을 앞에 두고 진정으로 슬퍼 할 사람이 열 명 이상만 되도 나는 성공적인 인생을 살았다 해도 좋다고 한다. 나의 인생 성적표는 내가 평생 모은 재산도 명예도 아닌 수많은 사람들과의 관계 속에서 형성된다는 얘기다. 인생이란 길기도 짧기도 한 항해 속에서 우리는 수 없이 많은 사람들과 관계를 맺는다. 당신의 휴대 전화에 저장된 전화번호들은 지금 당장 당신이 관계하는 사람들의 명단이다. 역사와 전통이 오래된 사회일수록 집단 내에서 타인에 대한 관심이 크다. 자신만의 방안에서 결정해야할 많은 개인적 의사결정을 아무 거리낌 없이 물어본다. 인생의 중대사인 결혼이나 진학, 심지어는 주택의 구입에 대해 사회 안에서 대다수의 사람들이 그렇게 하면 당연히 그렇게 할 것으로 기대하고 재촉한다. 30 내외의 미혼 여성들이 명절 때 친척들 만나는 것이 두려운 까닭은 결혼에 대한 재촉이나 질타 때문이다. 어느 문화에서도 다들 그래야 정상이라고 생각하는 방식이 사회 규범으로 존재하지만 그 적용에 있어서 전통을 중시할수록 강해지는 것이다. 싫으면 싫다고 자신 있게 얘기하면 그만일 것 같아도 그렇게 못하는 것은 그들과의 관계 때문이다. 일반적으로 받아들이는 타인들의 평가는 평판이 되고 이러한 평판은 삶을 살아가는 우리 모두에게 득도되고 실도 된다. 그리고 그러한 평판은 당신이 영면한 뒤에도 애석해하는 사람들의 모습으로 나타날 것이다.

인간관계는 사회가 복잡해지고 다양해질수록 그 중요성을 더해 가고 있다. 입학을 한다든지 취업을 하는 것, 심지어는 비 공식화된 동아리에 입회를 하려고할 때 가장 중요한 요소가 인성(人性)이라고 한다. 흔히 인성이 좋은 사람은 인간관계가 좋다고 인식된다. 성과를 창출해야하는 기업이나 기관에서는 능력이나 학력 따위를 선발 기준으로 앞세우지만 실제로는 인성이 중요함을 뼈저리게 느낀다고 한다. 그 이유는 경쟁사회에서 지원자들의 실력이란 별반 큰 차이가 없지만 조직 생활에서의 인간관계의 축을 이루는 구성원의 인성은 결정적인 역할을 하는 경우가 허다하기 때문이다. 최근에 와서 면접이라는 선발도구가 일반화된 것도 따지고 보면 인성을 시험하기 위한 수단이기 때문이다. 서류상 보여주는 기록 속에서 인성을 알 수 있는 데에는 한계가 있다 보니 면접 형식의 다면 평가를 통해 인성을 알아보는 것이다. 인성의 문제는 조직 생활뿐 아니라 프로의 세계에서도 예외가 아니다. 아무리 우수한 실력을 갖추고 있는 스타플레이어라 할지라도 인성이 좋지 못하면 생명이 오래 가지 못한다. 실력이 좋아서 높은 연봉 계약을 하고 뭇사람들의 시선을 한 몸에 받는 프로 선수들 가운데에서 구설수에 올랐던 선수들은 얼마든지 있다. 그들은 선수들 간의 갈등을 야기 시켜 팀워크를 떨어뜨리고 난잡한 사생활로 가정이 피폐해져 결국에는 쇠락의 길을 걷게 되는 것이다.

인성이란 각 사람이 가지는 사고와 태도, 그리고 행동 특성을 말한다. 사상이론에서는 이를 성정(性情)이라고 표현한다. 이 성정은 영어로 표현할 때도 'human instinct(인간 본능)'라고 하는걸 보면 인성이나 성정은 타고난 선천적 이유에 의해 결정된다고 믿어지는 것 같다. 흔히 이 인성은 그 사람의 인격을 형성한다고 한다. 물론 인격이란 육체적 특성을 제외한 온전히 정신적 특성을 말한다. 인격은 인간만이 가지는 고결한 가치로 인식되기도 한다. 현대의 인간 사회에서는 인간은 마땅히 인간이라는 이유하나만으로 존중되어야 한다고 믿어지고 있다. 각자는 이 인격을 가지고 있으며 상호 존중함으로써 유지된다. 결국 원만한 인간관계를 만드는 데 상대방에 대한 인격의 존중은 필수적인 요소가 된다. 인격의 존중은 상대방이 지위, 성별, 나이, 경제 능력, 인종, 장애 여부에 관계가 없음은 물론이다. 바람직하고 원만한 인간관계란 가장 기본적인 인격의 존중부터 시작되어야 한다.

한국에서 해외여행이 자유화된 것은 80년대 후반부터였다. 6·70년대 한국의 경제는 수출을 중심으로 고속 성장했고 외화의 유출을 막기 위해 해외여행은 통제의 대상이었다. 군사 정부는 정기적으로 경제 성장에 공이 큰 기업인들을 정부예산으로 연수시킨 적이 있었다. 78년 가난을 딛고 사업에 성공한 중소기업 인들이 미국을 방문했다. 일행 중 한 사람으로 선발된 L씨는 일제 때 소학교를 졸업한 사람이었다. 사환부터 시작하여 기계 공작소를 만들어 내수와 수출로 재산을 모은 사람이었다. 물론 영특한 머리와 눈치로 배운 일본어 실력은 당시 일본 부품을 수입해 조립해야 했던 국내 여건상 단단히 한몫했다. 물론 사업상 일본 여행을 수를 셀 수 없을 정도로 다녀보았지만 미국은 처음이었다. 정부에서 주관한 것이었으므로 안내원이 있었고 일정에 따라 움직이면 되었지만 L씨는 적극적인 사람이었다. 일정에는 몇 개 회사를 방문하여 견학을 하고 나머지는 관광이었다. 공장을 방문했을 때였다. 몇 마디 물어 보고 싶었지만 그때마다 안내원의 도움이 필요했다. 그나마 전문용어를 모르는 안내원은 엉뚱한 답을 하기가 일수였다. L씨는 답답했고 나중에는 무력감까지 느꼈다. 영어 한마디 못하는 것이 이렇게 큰 약점으로 느껴진 것은 처음이었다. 일정을 마치고 저녁때가 되면 한국에 전화를 해 자식 놈들을 깨워 영어 공부하라고 다그쳤다. 하루는 답답한 심정으로 몇몇 사람과 맥주 집을 찾았다. 일행 중 한 사람이 미국 여행 경험이 있었던 터라 안내원 없이 숙소가 아닌 시내의 맥주 집을 찾았다. 맥주 집은 붐볐다. 마땅히 대기 순서에 따라 안내되길 기다려야 했다. L씨는 다소 불쾌한 기분이 들었다. 분명히 빈 테이블이 있는데도 자리를 안내하지 않았다. 일행은 L씨의 제안으로 지배인의 안내도 없이 빈 테이블에 앉았다. 물론 테이블은 치워지지가 않았고 매사에 적극적인 L씨는 웨이터를 불렀다. “Hey, waiter. Come on here. Set the table.(어이, 급사. 식탁 좀 정리해.) ” L씨는 짧은 영어 실력에 한참을 생각한 끝에 외쳤다. 급사는 L씨를 빤히 쳐다보더니 사라졌다. 그리고 다시 나타나지 않았다. L씨는 화가 치밀었다. 지나가는 다른 급사를 붙잡고 다시 똑 같은 주문하였다. 잠시 후 지배인이 왔고 정중하게 나가 달라고 하였다. 물론 일행들이 이 말을 알아듣고 맥주 집을 나오기까지 적지 않은 시간이 걸린 것은 물론이다. L씨는 영어를 못하니 무시당했거나 인종 차별을 당했다고 생각했다. 결코 그런 이유가 아니었다는 것을 안 것은 한참이 지난 후였다. 미국의 대부분의 식당이나 맥주 집은 지배인이 테이블을 지정한다는 것, 지배인은 테이블이 정리 되어야 착석을 시킨다는 것, 그리고 급사의 호칭은 웨이터가 아니가 아니라 ‘sir(영국에서는 귀족의 호칭이나 미국에서는 이름을 모를 경우 남성을 호칭할 때 흔히 쓰임)’라는 것, 그리고 공공장소에서는 매우 정중한 영어를 사용하게 되어있다는 것 등이었다.

인격의 존중에 필요한 사덕 가운데 으뜸은 '예(禮)'에서 출발한다. 예의 기본은 인간은 기본적으로 다급한 성정을 가지므로 이를 다스려야 한다는 것이다. 마음보다 행동이 앞선다든가 생각과 말이 동시에 이루어질 경우 예는 무참히 무너지고 인격은 손상당하기 쉽다. 예컨대 상대의 말을 듣지 않고 자신의 추측대로 막말을 쏟아 붓는다든지 상대방의 지위나 차림새 등에 대한 편견으로 기본적인 예의를 벗어나는 행동을 했을 경우 등을 들 수 있다. 그리고 이러한 예에 대한 문제는 동서고금을 막론하고 약간의 방법에 대한 차이가 있을 뿐 다를 것이 없다는 것이다. 우리 사회에는 예를 차리는 것이 형식주의의 일부로 인식되어 서구화에 방해가 된다고 여겨진다든지 권위에 대한 존경심이 평등주의에 위배된다는 이유로 찬밥 신세가 된지 이미 오래 되었다. 심지어는 세계화에 걸림돌이 된다는 말도 서슴지 않는다. 그러나 애석하게도 맹목적인 예의 무시가 우리 사회의 주된 갈등 요인으로 고개를 들고 있는 것이다.

사상적 관점에서 예란 사상이 의미하는 사덕(四德) 가운데 하나이다. 동무는 동의수세보원 이전부터 맹자의 사단론(四端論)과 결부시켜 사상과 사덕의 연관성을 암시하였다. 원래 맹자는 사단지심(四端之心; 인간의 본성에서 나오는 네 가지 마음)으로 사상을 설명하였다. 권변지심(權變之心: 주위의 변화에 응하여 임기로 꾸며대려는 마음; 智), 기율지심(器率之心: 자신의 것을 지키려는 마음; 禮), 행검지심(行檢之心: 행동을 절제하려는 마음;義), 작처지심(作處之心: 억지로 안주하려는 마음; 仁)이 그 것이다. 맹자는 이러한 인간의 심성을 다스릴 덕목을 시비지심(是非之心; 옳고 그름을 가림: 智), 사양지심(辭讓之心; 양보할 줄 암: 禮), 수오지심(羞惡之心; 불의를 부끄러워함: 義), 측은지심(惻隱之心; 불쌍히 여겨 언짢음: 仁) 등으로 인간의 치우침을 개선할 수 있는 방법을 구체적으로 밝히고 있다.

동무는 사단(四端)이란 개념을 사상체질 분류에 의한 성격 및 성향을 밝히기 위한 방법으로 활용하였다. 그는 사단을 그의 저서 격치고(格致藁)에서 비박탐나론(鄙薄貪懦論)으로 설명하고 있다. 그의 주장에 따르면 인간은 태어나면서부터 각기 다른 네 가지의 욕심을 가지는데 욕심의 유형에 따라 비인(鄙人; 예의 없이 제멋대로 구는 사람), 박인(薄人; 지혜를 버리고 겉치레에 사로잡히는 사람; 실속보다 체면에 가치를 두는 사람), 탐인(貪人; 참된 사랑보다 물적 욕심이 앞서는 사람), 나인(懦人; 의리보다 편안한 일을 꾀하려는 사람)으로 분류가 가능하다고 본다. 이러한 인간의 성품은 네 가지의 각기 다른 장기를 가지며 네 가지의 구별되는 모습, 즉 사상(태양, 태음, 소양, 소음)으로 드러난다는 것이다. 평범한 사람(凡夫)은 사상이 지니는 결점을 인, 의, 예, 지로 다스려야 한다는 것이 비박탐나론의 골격인데 이는 맹자의 사단론(四端論)과 일맥상통하는 바가 크다. 결국 맹자의 사단론에 의하면 예의 부족은 자신을 지키려는 기율지심에서 연유하는데 양보할 줄 아는 마음, 즉 사양지심으로 이를 다스려야 한다는 것이다. 동무는 이런 유형의 사람을 예의 없이 제멋대로 구는 사람, 즉 비인이라 칭한 것이다. 물론 여기에 대한 방안은 그의 저서에 구체적으로 설명되어 있다.

그러면 앞서 다시 앞서 제시한 사례로 돌아가서 보자. 그러나 대체적인 사람들의 시각은 L씨가 미국에서 겪었던 낭패와 교훈, 그리고 앞으로 지속될 그의 학습은 지식의 부족함에서 연유한다고 볼 것이다. 아마도 L씨는 그의 부족한 영어 실력과 문화에 대한 몰이해에 대하여 깊이 통감했을 것이고 귀국 후 그런 느낌이 약화될 때까지 학습에 열을 올릴 것이다. 그러나 L씨의 행동은 예의 부족에서 시작된 것이지 지식의 부족에서 연유하지 않았다. 만약 그가 서두르지 않고 양보할 줄 알며 느긋한 심정으로 내가 아닌 상대방에 대한 존중심이 있었다면 언어의 문제를 떠나 그러한 낭패를 보지 않았을 것이다. L씨가 맥주 집에 들어가서 보인 행동은 마땅히 그 곳이 업소이든 남의 집이든 그 안의 규칙을 따라야 한다는 사실을 망각했으며 그가 사용한 언어는 상대방을 무시하는 구절로 구성되어 있었다. 그는 은연중에 자신은 성공한 사람이며 거래에 있어 절대적 우위를 갖는 구매자라는 오만함으로 가득 차 있었을지도 모른다. 이런 문제를 발견하지 못했다면 아마도 L씨는 영어와 문화적 지식을 좀더 갖게 되더라도 더 큰 오만함을 가지게 될 것이다.

생각해 보면 인류의 역사는 이런 과정을 되풀이했다. 진리란 인간의 지능이 발달하고 보다 깊고 넓은 지식을 가지는 만큼 겸양지덕(謙讓之德)을 지고한 가치라고 가르쳐 왔다. 성경에서도 논어에서도 이런 구절은 쉽게 발견된다. 그러나 인간은 언젠가부터 이러한 사실을 자신의 행동지침으로 삼지 않고 소유할 수 있는 또 하나의 지식으로 간주하기 시작하였다. 사대부가 주축을 이루었던 조선시대 양반들은 스스로 군자임을 지칭하면서도 군자란 평생을 배우고 행동에 옮기는 사람임을 망각하기 시작했다. 결국 선비도 군자도 사회의 계급을 표시하는 개념으로 전락하게 되었고 단지 그 계급에 걸 맞는 지식을 머릿속에 채우고 오만방자해지기 시작한 것이다. 자신의 오만이 한계를 보이기 시작하면 무시를 당한다고 생각하고 지식을 좀 더 채워서 보다 더 오만해지는 악순환을 거듭한 것이다. 그리고 결국에 가서는 이러한 악순환을 자연스럽게 받아들이기 시작하기에 이르렀다.

인간관계에 있어 오만함만큼 커다란 걸림돌은 없다. 역지사지(易地思之)의 이치로 입장을 바꾸어 놓고 생각해 보라. 상대방은 그대가 가지고 있는 지식과 재산에 의해 고개를 숙일지 모르지만 그 역시 오만해지기 위해 지식을 습득하여 복수의 칼날을 갈겠노라 다짐할 것이다. 결국 그대가 얻고 싶은 존경심은 상대방에 대한 존중에서부터 시작해야 한다. 상대방에 대한 존중은 별다른 지식 습득을 전제로 하지 않을 뿐만 아니라 어떤 금전적·물적 비용을 요구하지 않는다. 다만 노력이 필요할 뿐이다. 세상의 모든 일이 얻는 것이 있으면 반드시 잃는 것이 있다고 해도 자신을 낮추는 일에는 잃을 것이 없다. 다만 얻는 것이 있을 뿐이다. 그러면 어떻게 이러한 예의 근본인 겸양을 얻을 수 있을까.

앞서 언급한 요하리의 창을 보자. 부연하면 인간관계의 궁극적 목적은 공공 영역을 넓히는 데 있다. 방법은 미지의 영역을 공공영역으로 변환시키거나 사적영역과 맹목영역을 없애 공공 영역으로 전환하는 것이다. 그러나 인간관계에서 미지영역의 존재는 수양영역에서 자신의 능력 계발 영역이므로 크게 염두에 둘 필요는 없다. 사적 영역도 맹목 영역도 공공영역으로 만들어 나감으로써 서로 간에 오해의 갈등과 감추어진 비밀의 창을 열어 신뢰를 쌓을 수 있는 것이다. 사적 영역과 맹목영역이 일치할 수 있도록 해야 한다. 그러면 결국에는 사적 영역과 맹목영역, 그리고 공공영역이 일치하게 된다. 나머지는 미지 영역이 되는 것이다. 이러한 역학 관계를 사상과 연계하여 도해하면 다음과 같다. 즉 사상의 관점에서 방향성은 음양을 의미한다. 즉 양인인 태양인이나 소양인은 안에서 바깥으로 자신의 모습을 끊임없이 드러내려고 한다. 결국 자기가 아는 모습을 아낌없이 밖으로 드러내려 하므로 상대방에게 알려진 맹목 영역의 크기는 크며 비교적 왜곡되지 않는다. 그러나 자신이 알고 있는 자신의 모습은 심하게 왜곡된다. 그 이유는 자신의 모습을 말과 행동을 통해 개방적으로 생각 없이 전달하므로 상대방이 객관적인 눈으로 판단할 수 있는 사실은 자신이 알리고자 의도하는 자신의 모습에 비해 훨씬 더 정확하기 때문이다. 반면에 음인인 소음인이나 태음인은 자신의 모습을 드러내지 않으려 하며 드러낸 모습은 자신에게 유리하게 연출되므로 상대방이 아는 나의 모습은 심하게 왜곡 될 수 있다. 그러므로 자신이 알고 있는 자신의 모습은 남들에게 알려진 것보다 상대적으로 덜 왜곡되는 것이다. 물론 이 경우 양인이 음인에 비해 왜곡 정도가 적을 수밖에 없다. 자기 스스로의 판단은 객관적이 되지 못하고 주관적으로 판단될 가능성이 많기 때문이다.

사상과 요하리의 창

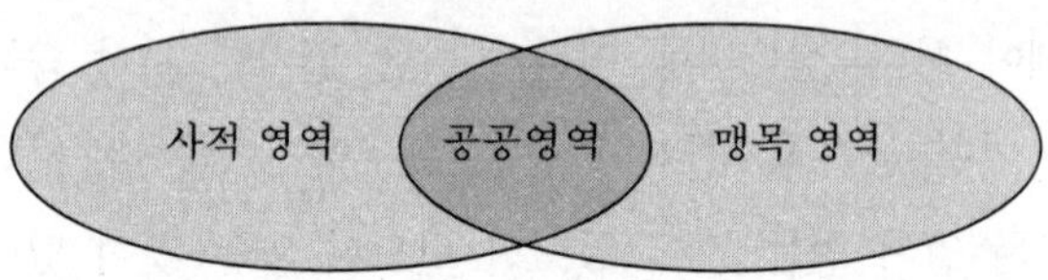

공공영역	양인>음인
음인	사적 영역의 진실성>맹목 영역의 진실성 사적 영역의 왜곡<맹목 영역의 왜곡
양인	사적 영역의 진실성<맹목 영역의 진실성 사적 영역의 왜곡>맹목 영역의 왜곡
목표	사적 영역=맹목 영역>공공영역

그러면 각각의 경우 어떻게 하면 진실을 왜곡되지 않으면서 상대방과 자신이 알고 있는 모습이 일치하여 전체가 공공영역이 될 수 있을까. 그림에서 보는 것처럼 이 경우 음인과 양인이 판이하게 다른 전략을 가져야된다는 것을 알 수 있다.

음인: 기본적으로 음인은 자신의 모습을 상대방에게 감추려는 경향이 있다. 물론 태음인의 경우와 소음인의 경우 정도의 차이는 있다. 예컨대 태음인은 이해 관계가 있는 경우 친구나 가족들에게 조차 숨기려는 경향이 있지만 소음인의 경우는 대체로 아주 가까운 사람이나 신뢰하는 가족에게는 세세하게 고하는 경향이 강하다. 그러나 어떤 경우도 일반적인 대인관계의 관점에서 보면 자신을 드러내는데 인색하

다고 볼 수 있다. 당연히 자신만이 알고 있는 사적 영역의 진실성은 남들이 판단하는 맹목영역에 비해 커진다. 그러나 이 경우 객관적 관점은 철저하게 배제되므로 음인들의 경우 양인들에 비해 개방성이 적고 전체적 왜곡이 심하게 된다. 결국 음인들이 타인들로부터 신뢰를 얻기 위해선 자신을 개방하고 남들을 포용하며 가급적이면 모두에게 자신을 개방하고 노출시켜야 한다. 아마도 자기 노출은 음인들로 하여금 엄청난 불안과 두려움을 가져다 줄 것이다. 그러나 어느 정도 학습이 이루어지면 잃는 것보다 얻는 것이 크다는 것을 알게 된다. 흔히 내성적인 사람일수록 남의 이야기를 들어야 한다고 하는데 이는 잘못된 생각이다. 가까운 사람에게는 온갖 것을 얘기하고 처음 보는 사람에게는 경계심이 가득하여 마음을 굳게 닫는다든지 특정 집단 내에서 나름대로의 잣대로 사람을 평가하여 일부에게만 개방하고 나머지 사람들에게는 폐쇄적인 경우가 있는데 이는 음인들에게 있어 가장 경계해야 할 부분이다. 패거리를 만들게 되기 때문이다.

양인: 기본적으로 양인들은 자신의 모습을 상대방에게 거침없이 드러내려는 경향이 강하다. 국내의 인구 분포상 태양인은 거의 없으므로 소양인을 기준으로 보면 부드러운 인상에 다혈질적인 소양인은 가까운 사람이나 가족, 동료, 심지어는 낯선 사람에게도 자기 얘기를 떠벌이며 비밀을 간직하지 못하고 얘기해 버린다. 때때로 자신이 그런 얘기를 했었다는 것조차 잊어버리기도 한다. 이러한 소양인의 성향은 자신이 알고 있는 사적 영역이 전부 노출되므로 남들이 아는 맹목 영역과 일치하고 그 크기가 클 것으로 인식되기 쉽다. 그러나 실상은 그렇지 않다. 실제로는 소양인의 왕성한 개방성으로 인해 맹목 영역의 진실성은 크지만 자존심으로 인해 자기 스스로가 판단하는 자신의 모습은 왜곡되기 쉽다. 일종의 자기 최면 현상이 일어나기 때문이다. 소양인은 늘상 나를 주어로 적당히 포장하여 남들에게 노출시킨다. 그러나 치밀성의 결여로 객관적 시각은 냉엄하게 판단되는 경우가 많다. 그러나 정작 자기 자신은 자기 최면에 빠져 자기가 부풀린 포장의 모습을 진실로 인식하게 되는 것이다. 결국 소양인의 경우 시간이 갈수록 맹목 영역의 진실성이 오히려 높아지고 사적 영역의 진실성이 왜곡되거나 훼손되기가 쉽다. 그러나 전체적으로는 객관적 시각인 맹목 영역의 진실성이 크므로 음인들에 비해서는 왜곡 정도가 적다. 결국

소양인이든 태양인이든 양인들이 타인들로부터 신뢰를 얻기 위해선 남들의 얘기를 경청하는 습관이 절대적으로 필요하다는 것을 알 수 있다. 그리고 타인들로부터 자신의 얘기가 나오게 하기 위해서는 철저하게 대화시간 중 자신의 말수를 줄일 필요가 있다. 실제로 양인들은 대화 도중 자기 주도적으로 말을 많이 하고 쓴 소리를 들으면 펄쩍뛰는데 이런 특징은 사상 유형 구분의 한 가지 방법이기도 하다. 아마도 남의 쓴 소리를 참된 충고로 받아들이는 것은 양인들로 하여금 일시적으로 자존심을 훼손시키고 자신감을 잃게 할 수도 있다. 그러나 어느 정도 익숙해지면 지금의 양적대인관계에서 질적 향상을 기대할 수 있을 것이다. 흔히 영양가 없는 백 사람을 아느니 진실한 친구 한 사람이 소중하다고 하는데 이는 양인들을 두고 하는 말이다. 궁극적으로는 진실한 여러 사람을 얻게 될지도 모른다. 항상 말을 아끼고 자신에 대한 비난에 경청할 줄 알며 진실한 모습만을 보여 줌으로써 주변에 아부꾼이 모이지 않게 하는 것이야말로 양인들에게 필요한 대인관계 전략이 될 것이다.

이상으로 인간관계의 개선을 위해 자신의 사상유형에 따른 방법론을 살펴보았다. 그러면 음인과 양인의 이러한 노력만으로 모든 것이 해결될 수 있을까. 결코 그렇지 않다. 인간의 오묘한 감성은 훨씬 복잡한 문제들을 동반한다. 그러나 분명한 사실은 인간관계에서는 어떠한 방법도 왕도가 될 수 없으며 설령 타고난 재능이나 영민함으로 그러한 방법을 터득했다 할지라도 궁극적으로는 진실만이 최선이라는 사실을 잊지 말아야 한다. 마치 어린 아이들이 자신을 진실로 좋아하는 사람을 따르며 동물들조차 애정을 분간할 수 있는 것처럼 올바른 인성을 갖추는 것만이 최선인 만큼 적절한 방법의 터득이 선행되어야 할 것이다.

5. 사상의 탄생과 알려지기까지

언젠가 학생들에게 강의 도중 창의성에 대하여 설명한 적이 있다. 아주 간단한 설명이었다. "가령 두 개의 단어가 있다고 하자. 하나는 '달리다'이고 하나는 '뛰다'이다. 누구나 이 두 단어는 동의어라고 생각한다. 만약 두 단어를 듣자마자 차이점이 무엇인가를 생각한다면 창의적 발상은 시작된다."라는 설명이었다. 단순하게 보자면 창의적 사고의 범주 가운데 하나인 역발상을 설명한 것이다. 그러나 기대 이상으로 학생들의 반응은 긍정적이었다. 주어진 지식들을 짧은 시간에 기억하고 이해하는 데 대부분의 학창 시절을 보낸 그들에게 있어 블렌더(믹서)를 거꾸로 만든 도깨비 방망이라든가 열효율을 획기적으로 향상시킨 '거꾸로 보일러', 모 회사 에어컨 내부의 구조에서 팬의 위치를 바꾸는 식의 역발상적 사고는 신선하게 다가온 것 같다. 실상 우리는 서구의 실용주의를 뒤늦게 쫓아야 했던 처지에 여유롭게 역발상적 사고는 사치였을 것이다. 그리고 대학 진학이라는 시급한 상황을 대처하기 위해 열 개 이상의 과목에 매달려야 했던 청소년기에 공상에 가까운 창의적 사고에 관심을 갖는다는 것은 무리였을 것이다. 그러나 이러한 생각은 최소한 의식주가 해결되고 배 깔고 누워서 한가롭게 밤하늘의 별이나 쳐다보면서 상념에 빠져야 가능한 것만은 아니라는 것이 역사 속에 등장한다. 왕조 말이자 세기말 끼니 걱정에 불확실한 미래를 걱정조차 할 겨를이 없던 시기에 사상은 태어났다.

널리 알려진 바와 같이 사상체질론은 조선말 동무 이제마(1837-1900)에 의해 창안되었다. 동무가 세상을 떠난 지 100 여년이 지난 지금 한민족의 인구는 갑의 갑절 이상 늘어났고 인터넷이란 매체를 통해 체질감별을 하는 세상이 되었다. 그리고 그의 예언대로 사후 100년을 전후하여 사상은 온 세상에 알려졌고 그의 예측은 적중했다. 어쨌든 사상은 이미 우리 모두들에게 친숙한 단어가 되어 버렸고 인터넷의 주소창에 이제마를 치면 적지 않은 사이트들을 발견할 수 있을 만큼 일반화되었다.

사상이 세상에 태어날 수밖에 없었던 필연적 배경은 100여 년 전 이 땅의 참담한 백성들의 모습에서 연유한다. 우리 역사를 의무적으로 공부해야했던 대부분의 독자들이라면 조선 말기에서 구한말까지 반세기 가량의 기간을 기억할 것이다. 그리고 그 짧은 기간에 급변하는 정세에 힘없이 무너져간 우리민족의 모습을 보면서 갑갑해 했을 것이다. 동무의 생존기간은 바로 그 시기였다. 그는 한일 합방을 10년 앞두고 세상을 떠났지만 성년 이후 그의 생애는 세기말 조선 왕조가 쇠락의 길을 걷던 바로 그 시기였다. 국가가 고초를 겪는 만큼이나 그의 생애 역시 파란만장했다. 백성들의 생활은 피폐해 갔고 외세의 침입은 끊이지 않았으며 왕국을 지탱했던 기본 가치는 뿌리 채 흔들리고 있었다. 사대부가 주축이 되어 지배 계층을 이루고 지식을 가진 선비들이 유교적 가치에 따라 백성을 위하며 청빈한 생활을 추구했던 조선의 가치관은 백성들 모두가 과거 급제를 통해 가문을 빛내고 조상에게 영광을 돌려야 한다는 생각을 하게하는 사회였다. 그러나 이런 가치기반은 서서히 붕괴되고 있었다.

관리들의 부정은 날로 심각해져 갔고 양반 사회는 족보와 관직의 매점매석으로 조선의 계급사회는 위기를 맞이한다. 상업을 통해 부를 축적하거나 부정을 통해 재물을 모은 사람들이 사회적 신분 상승 기회를 얻게 됨으로써 생산에 종사해야하는 농업 종사자들의 의욕은 날로 상실되고 노비의 수는 급격하게 줄어들었다. 양반이어도 돈이 없으면 몰락의 길을 걷게 되었고 양반이 아니어도 돈이 있으면 관직이나 족보를 사서 부와 명예를 얻는 세상이 되었다. 이 과정에서 소득의 양극화 현상은 더욱 가속화되었을 것이고 청빈한 양반들의 모습은 차츰 자취를 감추게 되었을 것이다. 서서히 금력(金力)이 지배하는 사회로 전환하고 있었던 것이다.

서양사에서 금력의 도래는 산업화와 깊은 연관성을 갖는다. 산업 혁명이라 명명되는 시기가 금력의 도래와 일치한다. 대량 생산과 대량소비, 도시화, 제조업의 활성화 등이 산업화의 현상들이었다. 그 이전에도 중상주의(重商主義) 시절 무역의 활성화로 대 자본가들이 등장했지만 당시의 부는 부와 권력의 소유자가 일치했으며 세습에 의해 소수에게 독점되었다는 점에서 산업혁명기와는 구별된다. 산업 혁명 이후 부와 권력의 소유주체는 반드시 일치하지 않았다. 조선 말기는 총생산량이 줄어들지 않았음에도 불구하고 권력의 공동화와 외세의 침투로 인한 혼란 속에서 부의 분배가 정당하게 이루어지지 않았다. 17세기부터 나타나기 시작한 실학파 학자들의 초기 주장이 토지의 분배에서 시작된 것은 당시 지식인들이 이러한 사실을 너무나도 잘 인식하고 있음을 반영한다. 실학파 학자들은 당시 계급상 양반의 반열에 들어 풍부한 지식을 소유하고 있었음에도 불구하고 중앙의 권력 쟁탈에 밀려 낙향 후 저술을 통해 사회 문제를 갈파하고 해법을 제시한 사람들이었다. 그들은 조선시대 학문의 기반이었던 유교적 지식을 변화해 가는 가치에 적응시키기 위해 애 쓴 사람들이기도 했다. 동무 역시 그러한 학자들의 부류였음은 자명한 일이다. 물론 실학자들의 노력은 조선의 멸망과 외세에 의한 서구화로 인해 역사적 사실로 기억 되고 있을 뿐 그들의 실질적 역할은 상실된 것이 사실이다. 그러나 유독 동무의 업적이 서구화의 완성단계에서 재조명 될 수 있었던 이유는 무엇일까.

동무가 동의수세보원을 남기지 않고 격치고(格致藁)를 비롯한 몇 권의 저술만을 남긴 채 세상을 떠났다면 아마도 그의 이름 석 자는 지금 어디에서도 찾아보기 힘들었을 것이다. 기록에 의하면 동무는 격치고를 저술하는데 무려 14년이 걸린 반면 동의수세보원을 저술하는데 단 9개월을 할애하였다. 그나마 저술 도중 기력이 쇠하여 당시 조선에서 인구분포가 가장 높은 태음인과 가장 낮은 태양인에 대한 언급이 부족했다. 또한 병증의 치료방법으로 약의 처방만을 제시했을 뿐 침술에 대한 언급은 남기지 못했다. 그런 의미에서 그의 역작인 동의수세보원은 미완성 교향곡이었다. 양적인 면에서도 동의수세보원의 분량은 140여 쪽으로 학위 논문 정도에 불과한 한문서(漢文書)였다. 그러나 동의수세보원의 가치는 현대적 시각에서 볼 때에도 획기적인 것이었다. 동무는 당시 어떤 책에서도 찾아볼 수 없었던 의학적 접근 방법에 파격을 제시했다. 그의 인생에 있어 의학에 종사하던 기간이 얼마나 되었고 그 공적이 얼마나 되었는가를 확인할 수 없는 지금 그의 책 한권은 그를 단숨에 위대한 의학자로 만들어 놓았고 의성(醫聖)의 반열에 올려놓았다.

동의수세보원은 총 네 권으로 구성되어 있다. 이 가운데 권 1의 성명론(性命論), 사단론(四端論), 확충론(擴充論)은 사상의 기본적 원리와 그러한 바탕 위에 인체와 성격, 특성, 외모 등과의 연관성을 설명한 부분이다. 여기에서 각 사상 유형별로 인간의 특성을 소상히 밝힌 것이 확충론이다. 1장 후반에서 기술한 장부론(臟腑論)은 신체 장기의 위치와 기능, 관련성 등을 설명하고 있고 2장에서 4장까지는 병증의 진단과 치료 증세, 구체적 처방 등을 소상히 밝히고 있어 동의수세보원은 의서로써의 면모를 갖추고 있다. 병원을 찾는 환자들 대부분이 그러하듯이 의서들은 환자의 병명이 무엇이고 어떻게 치료할 수 있으며 치유에 얼마간의 기간이 소요되어야 하는가에 초점이 맞추어져 있다. 사람들이 앓는 병의 수는 헤아릴 수 없기 마련이고 시간이 흐를수록 늘어날 것이기 때문에 의서의 두께는 두꺼워지고 그 종류 또한 다양해질 수밖에 없다. 그러나 동의수세보원은 사상이라는 매우 단순하고 간결한 진단도구로 인간의 체질을 분류함으로써 그럴 필요성을 불식시켰다.

사상의 가장 큰 장점은 기존의 진료 방식을 근본적으로 뒤집고 있다는 점이다. 사실 지금까지도 처방은 진단에 의존하고 있다. 진단과 검사에 의해 얻어낸 병명은 환자가 취해야할 치료방법의 가장 큰 원인변수가 되는 것이다. 그러나 사상은 이런 원칙을 거부한다. 병에 대한 정의를 간단하게 신체의 불균형으로 본다. 매우 간결하다. 예컨대 외상으로 출혈이 있거나 야근을 했더니 피로감으로 감기에 걸렸다는 것은 신체의 불균형 현상으로 이해하면 된다. 그러면 구체적인 이유도 모른 채 병이 걸렸다면 어떻게 해석해야 하는가. 예컨대 한 가족이나 동일한 단체생활을 하는 집단이 있다고 하자. 그들은 동일한 시간에 동일한 장소에서 수면을 취하고 동일한 음식을 먹고 동일한 일을 했다. 그런데 구성원 가운데 일부가 병에 걸렸다고 한다면 이를 어떻게 해석해야 하는가. 이 경우 우리는 흔히 그 구성원이 나이가 많다거나 선천적으로 몸이 허약하여 병에 걸렸다고 한다. 그러나 이런 식의 답은 인구통계변수(나이, 성별, 학력, 소득 수준, 거주지 등 개인을 통계적으로 구분하는 데 사용되는 수단)가 소비자의 행동을 완전하게 설명해주지 못하듯이 결코 명쾌한 답이 되지 못한다. 값비싼 명품은 부자들만이 구매하는 것이 아니다. 구매자가 재정적 능력이 있다는 것과 구매시 그 제품을 선택하는 것은 별개의 문제이다. 수중에 돈이 없어도 구매욕구가 강하면 신용구매를 할 수도 있고 돈이 있어도 절약이나 근검을 개인적 가치로 가진 사람은 자신의 경제력에 관계없이 사지 않을 것이기 때문이다. 평소에 건강하고 왕성한 식욕을 가진 사람도 유독 감기에는 취약할 수 있으며 별로 충분한 영양을 섭취하지 못한 임산부라 할지라도 순산하여 떡 두꺼비 같은 우량아로 키울 수 있다. 사상은 이런 문제에 대하여 인간의 선천적 체질로 간단명료하게 설명한다. 사상은 타고난 인간의 불균형을 설명하기 때문에 건강하기 위한 노력은 불균형의 해소에 있으며 이러한 노력이 부진하면 병에 걸리게 된다고 보는 것이다. 그러므로 치료란 불균형을 균형의 상태로 만들어 놓는 작업이 된다. 당연히 불균형한 모습이 사람마다 같지 않으므로 동일한 병증이라 할지라도 그 사람의 체질이 같지 않은 이상 동일한 약을 쓰는 것은 금물이다. 즉 인간의 체질은 사상 체질로 볼 때 상반되는 경우가 허다하므로 어떤 약은 치료약이 되고 어떤 약은 독이 되기도 한다.

사실 동무의 이러한 주장은 역의 원리로 볼 때 매우 당연한 것이고 의심의 여지가 없는 부분이다. 역의 원리에 의하면 우주와 자연, 그리고 인간의 구조는 동일하다. 서양과학에 의해 발전된 분자와 원자의 구조를 보더라도 음과 양의 조화에 의해 구성되어 있으며 크기의 차이일 뿐 음과 양의 결합에 의해 만물이 생성된다는 것쯤은 상식적인 얘기로 되어 있다. 동무가 권 초에서 만물이니 천지간의 조화니 하는 문제들을 언급하고 있는 것은 의학적인 측면에서 사상이 파격적인 제안을 하고 있으며 만물의 이치와 인간의 신체상의 구조를 떼놓을 수 없음을 설명할 필요가 있다고 여겼기 때문인 것으로 보인다. 어쨌든 병에 의한 처방에 앞서 체질이 우선이라는 그의 주장은 역의 원리라는 동양적 가치를 앞세움으로써 충분히 타당성을 갖는다. 만약 지금까지 동양적 가치와 접근 방법이 표준화되어 있다면 그의 주장은 갈릴레이의 주장을 바라보는 중세인의 눈으로 투영되거나 도깨비 방망이의 출현이 블렌더(blender; 믹서)의 혁신이요 고정관념의 파괴라고 찬사를 받는 지금 학계에서 의심어린 눈총을 받거나 평가절하 되지는 않았을 것이다.

동무의 사후 사상이 재조명되기 전까지는 동무의 생애만큼이나 길고 지루한 우여곡절을 겪었다. 우리 민족은 일본의 합방으로 지의든 타의든 개방과 서구화에 눈을 트게 된다. 20세기 대부분의 피식민 국가들이 그러했듯이 한 민족 역시 식민지 시대를 경험했지만 서구열강이 아닌 일본이라는 어설프게 서구화된 국가에 의해 지배받았다. 일본은 조선인들로 하여금 서구화를 강요했지만 실상 그 내용은 서구화라기보다 당시 아시아 문화의 변방이었던 일본을 군사 대국으로 만들기 위해 서구화

비법을 전수한 것에 불과했다. 그런 문화에 조선 말기의 문화가 결합되어 혼란스러운 가치관을 가지고 우리는 해방을 맞이하였다. 해방 후 우리는 다시 한 번 미국을 비롯한 열강국가들의 군인들이 이 땅을 밟는 것을 용인하게 되었다. 따지고 보면 미국 역시 유럽을 중심으로 보면 서구문화의 변방 국가였다. 이민족으로 구성된 미국은 대다수의 유럽 이민자들이 서구의 평민 문화를 들고 들어와 실용적 서구 문화를 규범화 해놓은 상태에서 대전(大戰)을 기회로 급속하게 부국이 된 나라였다. 실상 미국은 짧은 역사가 말해주듯이 문화의 뿌리가 취약하다. 우리는 이러한 미국의 문화를 경험하면서 다시 한 번 혼란을 겪어야 했다. 이러한 사실은 고등교육을 무기로 성장한 우리나라의 대학문화 속에 그대로 반영되고 있다.

해방 후 한국의 대학 문화는 기본적으로 학습 중심이 아니라 활동중심이었다. 축제나 체육대회, 심지어는 쌍쌍 파티(흔히 미팅)를 위해 휴강이 이루어질 정도였다. 학교생활의 중심이 되어야 하는 강의와 과제, 시험은 뒷전이었고 시험 중 부정행위는 애교 정도로 여겨졌다. 지금도 온갖 동아리나 그룹 활동을 위해 학기 중에 엠티(Membership Training)라는 근거도 찾아보기 힘든 학교 활동에 열을 올리고 있다. 학교생활은 상대적으로 많은 학점을 이수하게 되어있는데도 불구하고 – 현재 한국대학들의 졸업 학점은 미국에 비해 20학점정도가 많다. – 셀 수 없는 행사가 학기 중에 진행되고 있다. 최근에 와서 크게 개선되었지만 정해진 수업시간을 강의하는 경우도 드물었다. 이러한 파행은 소위 서구화의 상징적 기관이요, 한국민들이 살아가는 가장 중요한 이유가 되는 대학이 서구의 대학과 전혀 닮은꼴이 아니라는 것을 입증하는 것들이다. 심지어는 군국주의의 유물로 군대나 중·고등학교 교육에서조차 자취를 감추고 있는 기합이라는 원시적 문화가 일부 동아리 선후배 간에 자행되고 있으니 실로 어처구니없는 일이다. 일본은 군국주의 시대 서구화된 엘리트를 양성하기 위해 대학생들에게 특권을 부여하고 그들의 방종을 묵인했다. 이러한 일본의 대학문화는 일제의 잔재로 남아 전통이라는 미명하에 해방 후에도 집단의 전통으로 이어졌다. 이러한 전통은 적지 않은 졸업생들이 일본이 아닌 미국이나 유럽의 대학에서 유학을 마치고 돌아와서 강단에 서게 되고 그 수가 지배적이 되기 전까지 건재하게 이어졌다.

해방 후 일본이 대학에서 물러가자 대학은 일본이 없는 자리를 채워야하는 학과들에 공백이 나타나게 되었다. 예컨대 사학이나 국문학, 한의학 등은 크게 달라져야 하거나 새로 개설되어야 할 학과들이었다. 특히 한의학의 경우 설립에 난항을 겪었다. 소위 대학이란 서구화된 교육기관인 만큼 강단에 서기 위해서는 학위를 가져야 하는데 어떤 한의사도 학위가 있을 리 없었다. 당시 서구 어느 나라 대학에도 한의학과가 없었기 때문이다. 결국 한의학과를 개설한 대학은 생물학이나 약학을 전공한 학위 보유자들을 교수로 임용하게 되었다. 기존의 일부 한의사들이 뒤늦게 대학에 입학하여 학위를 취득하고 강단에 서게 되거나 대학 설립 초기에 입학한 사람들이 강단에 서게 되기까지 수십 년이 소요되었다. 산술적으로는 대학에 입학하여 박사학위를 따는데 걸리는 시간은 십년 내외였지만 대다수의 졸업자들은 학교에 남기보다 개업을 하였고 수업연한이 4년에서 6년으로 길어진 점 등은 한의과 대학이 안정되는데 걸리는 시간을 연장시켰다. 게다가 치료의 수단인 진료와 처방에 의한 약과 침술이 불균형을 이루었다. 근본적으로 한국의 대학 문화는 현학적이 아닌데다 대학의 전공 교육을 실무에 적용하기에는 상당한 괴리가 따랐다. 뿐만 아니라 한의학과의 대부분 강좌는 이론이 실습보다 많았고 침을 놓을 수 있는 교수는 전무하다시피 한만큼 약 처방과 약리 중심이 될 수밖에 없었다.

이러한 현실에서 당시 거의 알려져 있지 않았던 사상에 관련된 강좌 개설은 불가능에 가까운 일이었다. 결국 상당수의 졸업생들이 배출되고 뜻있는 사람들이 연구에 참여하여 강좌가 개설된 것은 80년대에 이르러서였다. 그나마 학계의 보수성은 곳곳에서 이들의 활동을 가로 막았다. 강좌 개설에서 사상을 주제로 한 논문이 학위 논문으로 선정되기까지 사상을 연구주제로 선택한 사람들이 겪어야 했던 정신적 고통은 이루 말할 수 없었다고 한다. 그러나 사상은 자체가 가지는 높은 실용성으로 인해 대중에 알려지기 시작하였다. 90년대 이르러서는 학회가 발족하였고 정기적으로 논문이 발표되기도 하였다. 사상은 전공한 한의사들이 개업을 하고도 활발하게 연구에 참여하면서 서서히 정체성을 가지고 정착해 나갈 수 있게 되었던 것이다.

그러나 사상의 연구와 활용은 아직까지도 많은 과제를 안고 있다. 무엇보다 우리 것에 대한 경시감정은 차치하고라도 기본적으로 서양의 과학관을 기반에 깔고 접근하다보니 사상 자체가 실사구시(實事求是)적 필요성에 의해 탄생했는데도 불구하고 동네 점집에서 얻을 수 있는 정보 정도로 인식되고 있다. 맞으면 신통하고 지식을 가진 사람도 "그럴 수도 있겠지." 혹은 "꼭 그렇다는 것은 아니지만"이라는 단서를 붙여야 한다. 이는 일반인들 뿐 아니라 학자들 간에도 공공연히 일어나는 현상으로 사상의 현주소는 기껏해야 단순한 또 하나의 유형론 가운데 하나로 인식되고 있다는 점이다. 유형론이란 단순하게 인간의 특성을 분류하여 각 유형별 특성을 이해하고 부족한 부분을 보완한다는 장점이 있는 반면에 결정론적으로 흐른다는 단점을 안고 있는 이론이다. 사상은 단순히 서민들의 병증 치료라는 절박한 필요성에서 출발했지만 그 배경에는 우리가 알고 있는 유형론들과 전혀 다른 체계가 바탕에 깔려 있다. 어떤 유형론도 체형과 체질, 성격과 적성을 한자리에 모아놓고 구분할 수 있는 경우는 없다. 그러나 사상은 "천인합일(天人合一 ; 우주와 자연, 인간과 모든 만물의 구조는 같음)"이라는 불변의 법칙을 배경으로 하므로 간단하게 한자리에서 구분한다. 사상의 활용은 단순한 유형론의 한계를 뛰어넘어야 하고 뛰어넘을 수 있는 잠재력을 가지고 있는 것이다.

사상이론은 인간의 체질에서 특성, 성격, 적성, 감성에 이르기까지 인간이 선천적으로 지니게 되는 거의 모든 부분을 설명해준다. 만약 사상을 단순한 유형론으로 인식하여 자신의 유형을 알기 위한 호기심 충족의 수단정도로 생각한다면 사상의 연구 영역은 제한받을 수밖에 없게 된다. 사상은 한의학뿐 아니라 기업경영을 비롯한 교육 분야, 건강 과학 분야 등 광범위한 영역에서 연구되어야 마땅한 것이다. 그러나 동일 분야에서조차 서로 주장이 다르면 갈등이 생기고 갈등의 골이 깊어지면 연구 본연의 자세를 망각한 채 담을 쌓고 세력다툼에 골몰하는 된다. 안타깝기 그지없다. 예컨대 한 나라 문화의 얼굴이라고 할 수 있는 문자의 표기 방법은 해방 후 수차례 국·한문 혼용이니 맞춤법 표기 안 변경 등의 과정을 되풀이했다. 언어학적으로 볼 때 세계에서 가장 우수한 한글을 쓰는 나라 국민의 현주소인 것이다. 해방된 지 60년이 지난 지금도 끊이지 않는 친일 논쟁 또한 정리하지 못한 과거의 미 청산이라는 점에서 결코 떳떳한 것이 못된다. 이 또한 사학자를 비롯한 사회 엘리트 계층의 직무유기였음을 간과할 수 없다. 발전을 위해 목표를 망각하는 소모적 논쟁은 더 이상 없어져야 한다. 자신이 인생을 바쳐 종사하고 있으며 그에 대한 대가로 부와 명예를 얻고 있는 소위 지식인이라는 사람들이 우리 것을 믿지 못해 어린 자녀를 먼 곳으로 보내는 실정이니 말해서 무엇하겠는가 만은 하루 빨리 좁은 상자 안을 뚫고나와 보다 큰 의미를 위해 집단적 사고의 벽을 허물고 우리가 가진 학문을 발전시키기 위해 매진해야할 것이다.

둘째로는 사상의 연구에 대한 접근 방법을 들 수 있다. 21세기의 화두 가운데 하나가 세계화라고 한다면 사상에 대한 연구는 마땅히 세계 속에서 인정받고 활용되어야 함을 목표로 하여야 한다. 그리고 그 첫걸음은 사상을 1세기이상을 세계의 표준으로 인정받고 서양 과학적인 방법론과 실증을 통해 화려하게 지구촌 무대에 데뷔하게 만들어야 한다. 무엇보다 동서양의 결합은 우열을 따지기 이전에 장단의 융합을 통해 모두에게 이로움을 가져다 준다는 순수함을 목적으로 출발해야 하기 때문이다. 대다수의 제도권 내 동양학자들은 서구적 학문에 대한 적지 않은 반감을 표출한다. 비제도권 학자들은 아예 서구적 접근 방법에 대해서는 문외한이기도 하다. 아마도 수십 년간 서구화의 그늘에서 인정받지 못하고 빈곤함을 맛보았기 때문일지도 모른다. 그나마 한의학계에서 적극적 연구가 이루어질 수 있었던 것은 그들에게는 제도권 내에서의 인정과 물질적 궁핍을 피할 수 있는 방편이 마련되었기 때문이었다.

언제부터인가 한의학과가 인기학과로 자리 잡게 되었고 우수한 인재들이 대거 입학하게 되었다. 뿐만 아니라 졸업 후 그들에게는 고소득이 보장되었다. 결국 시장에서 사업체인 한의원을 운영하면서 임상을 겸한 연구가 꾸준히 진행될 수 있었고 대학이라는 제도권 교육의 우산 아래서 나름대로의 체계적 발전을 도모할 수 있었다. 그러나 이러한 시도는 동양적 사고에 의해 발현된 실용적 방법론을 서양의 과학관 안에 접목하는 작업이라는 점을 간과해서는 안 된다. 즉 어떤 기반에 의해 창출되었는가의 문제보다 결과적 추출물을 전혀 다른 틀 안에서 입증하려는 노력이 사상의 과학화인 것이다. 물론 이러한 노력은 궁극적으로 얻어내야 하는 서양인들의 동양적 사고 안에서의 서양적 방법론의 입증 작업을 유도해 낼 수 있는 선행 작업에 불과하다. 그러나 일차적으로 사상과 같은 탁월한 도구를 서양의 방법론에 의해 과학화하는 작업은 궁극적인 목표의 달성을 위해 필연적 절차임에 틀림없다. 그리고 이의 실천을 위해서는 분야와 학파, 이해관계를 초월하여 순수한 마음으로 출발해야 한다.

그러나 현실은 이러한 과정에 소요되는 시간을 기약도 없는 지루한 길로 인도하고 있다. 필자가 처음으로 사상을 경영학 분야에 접목시킨 주제는 리더십이었다. 리더십 유형과 사상유형간의 상관관계를 찾으려는 시도였다. 이 사실을 접한 학계의 반응은 아직까지도 정확히 알 도리가 없다. 인구에 회자하다 필자에게 전달될 만큼 영향력을 끼친 사건이 아니었기 때문이다. 그러나 고맙게도 젊은 교수와 원로급 교수 한 분이 전해준 충고는 지금까지 기억에 생생하다. "과거 미국에서는 범죄자의 관상을 연구한 적이 있네. 그들의 공통점을 찾으려는 시도였네. 물론 결과는 참담했지. 결코 공통점이 없다는 거야. 관상이 과학적이 될 수 없다는 말 아니겠나. 그리고 기회가 있으면 미국 문헌을 찾아보게. 지금 자네 주장대로 사상이 그렇게 파워풀한 도구라면 틀림없이 이미 미국인들이 연구해 놓았을 걸세." 원로급 교수님의 코멘트였다. "학위를 받으려거든 일찌감치 주제를 바꾸는 것이 좋을 듯합니다. 괜히 나중에 논문이 통과되지 않으면 헛수고 일 테니까요. 8세기 세계의 중심이 장안(長安: 唐의 수도)이었다면 20세기 세계의 중심은 뉴욕입니다. 미국인들이 만들어 놓은 과학적 체계를 따르지 않는다면 아무도 인정하지 않을 겁니다." 그러나 필자가 실제 그 주제로 학위를 취득하자 어렴풋이 소문이 나돌았다. 남들 하지 않는 분야를 억지로라도 끌어다 붙이니 운 좋게도 쉽사리 학위를 받았다는 것이었다. 이유야 어떻든 그들이 악의로 이런 이야기를 면전에서나 뒷전에서 전했다고 생각되지는 않는다. 현 세태가 그러했다.

혼자 해야 한다는 적적함에 동양적 사고를 현재의 제도권에 접목하려는 사람들을 찾아보았다. 힘을 얻고 싶었기 때문이다. 그러나 애석하게도 필자를 맞이하는 그들의 태도는 냉담했다. 의외였다. 그 가운데 모 그룹에서 운영하는 백화점에서 인사를 담당하던 분이 기억에 떠오른다. 그 분은 관상으로 박사학위를 받았고 실제로 관상을 활용한다고 세간에 관심을 끌고 있었다. 사상을 소개하자 그분의 태도는 경쟁자를 대하는 사람으로 돌변했다. 졸지에 방문 판매원이 되어버린 필자는 차 한 잔을 비우기가 무섭게 그의 사무실을 나서야 했다. 나만이 가졌다고 생각하는 것을 과감하게 세상에 펼치고 상대가 가진 것의 가치를 인정하는 사람을 만나보기란 결코 쉽지 않았다. 자료를 파일로 요구하고 자신의 자료를 노트북에 집어놓고 끙끙대며 가슴에 품고 다니는 사람들은 많았지만 머리를 맞대고 동반자가 되고자 하는 사람을 발견하기란 사막의 오아시스였다.

지금도 도시의 하늘 아래에서 서푼도 되지 않는 역(易)에 대한 지식으로 생계를 유지하는 사람들은 무수하지만 진정으로 대가없이 학문을 체계화시키고 후배를 양성하고자 하는 순수한 마음을 찾아보기란 밤하늘에 별 따기다. 만약 역의 원리가 경영학이 추구하는 효용성이나 효과성, 성과 따위의 저돌적이고 지속적인 숫자 불림에 있다면 충분히 그럴 수도 있는 일이라 하겠지만 역의 궁극적 목표는 수양을 통한 중화에 있다고 볼 때 참으로 씁쓸한 현상인 것이다. 정작 황금을 멀리하고 욕망을 억제하여야 참된 것이라 배운 사람이 천기나 누설해서 자기 배 채우기에 연연한다면 세상은 더욱 혼탁해질 것이다. 혹자는 이러한 현실에 대한 고자질이 생각만 앞서고 능력이 따르지 못하는 무능함의 소치라고 비아냥댈지도 모르겠다. 그러나 적어도 사상이 불완전한 모습으로 이 세상에 탄생하였고 성장하는 과정 속에서 온갖 고초를 겪었는 데도 불구하고 속에서 서서히 뿌리를 내리고 있는 것은 사상이 가지는 우월성이 있었기 때문이 아닐까. 지금도 몇몇 학자들은 각기 다른 분야에서 사상의 학문적 입증과 실용화를 위해 고군분투하고 있으며 머지않아 크고 작은 결실이 나타날 것으로 기대한다.

6. 나의 사상체질은 ?

한 동안 유행했던 신드롬 가운데 B형 남자 친구에 대한 이야기가 있다. 물론 B형 혈액형을 가진 남성의 성격에 관한 얘기였다. 저돌적이고 다소 다혈질적이며 환경 적응력이 탁월한 성격의 소유자로 변화무쌍한 이 시대에 적합하다고 여겨져 여성들의 관심 대상이 되었던 것 같다. 이 신드롬이 얼마나 유효했던지 그 이후에도 OO형 인간이라는 명칭의 신드롬이 시리즈로 이어졌다. 누구나 자신의 혈액형을 알고 있으니 손쉽게 접근할 수 있는 범주임에는 틀림없지만 혈액형과 성격간의 상관관계가 없음은 주지의 사실이다. 당연히 특정 혈액형의 여자와 B형 혈액형 남자와 궁합이 맞는다는 것은 전혀 근거가 없다. 물론 신드롬이란 굳이 과학적 근거를 필요로 하지 않는다. 일단 바람이 불면 일정 시간이 지날 때 까지 어떤 말로도 말릴 수 없다. 2006년은 쌍춘년(雙春年)이란 '~ 해' 신드롬으로 노총각 노처녀들까지 가세하여 결혼하는 사람들이 늘어 부동산 폭등의 원인을 제공했고 2007년은 그 후속으로 '황금돼지해'란 신드롬이 불어 닥쳤다. 당연히 출산율이 높아질 것이다. 물론 공히 동서 어떤 학문에서도 정설이 될 만한 아무런 근거가 없다. 그럼에도 적어도 그 한 해 동안은 언론을 포함한 일반인 모두에 일년 내내 회자할 것이다. 그러나 여기에서의 문제점은 새로운 사실이 발견되거나 재조명되어 인구에 회자하며 하나의 신드롬을 만든다고 해서 모두가 근거 없는 것은 아니라는 것이다. 사상은 탄생 후 100여년이 지나서야 재조명되고 사람들의 관심을 끌게 되었지만 과학적 입증을 통해 한 시대를 풍미하는 신드롬이 아닌 유용한 학문으로 재탄생하였다.

널리 알려진 대로 사상은 네 가지 유형으로 구성되어 있다. 침술을 연구한 사람들은 팔상(八象)으로 나누기도 한다. 원론을 중시하는 입장에서 보면 팔상이란 사상의 하부적 구성요소에 불과하다는 입장이고 팔상론을 연구하는 사람들의 입장에서 보면 동의수세보원에서 침술에 대한 언급이 없었고 실제 임상적으로 볼 때 사상의 한계를 뛰어넘기 위해서는 그 이상의 분류가 필요하다고 주장한다. 양자 공히 일리가 있다. 그러나 필자의 생각은 그런 문제에 크게 연연할 필요는 없다고 본다. 그 이유는 첫째, 사상의 활용은 폭이 넓고 현재까지 알려진 바는 빙산의 일각이라고 할 수 있다. 예컨대 사상의 네 가지 체질 구분 가운데 하나인 태음인이 이차적 분류가 필요하다면 초기 네 가지 분류였던 MBTI가 256가지로 세분되는 경우와 크게 다른 것이기 때문이다. MBTI의 경우 세분된 것은 – 현재 가장 널리 쓰이는 분류는 16가지이다 – 동일 유형 안에서 새로운 척도를 추가함으로써 분류의 수가 늘어나는 것이므로 분류의 수가 늘어난다고 전혀 다른 차원의 설명을 해주지는 못하기 때문이다. 즉 심리적 구분이 좀더 상세해질 뿐이다. 그러나 사상의 경우 체질의 분류 가운에 약의 처방에 있어서는 사상의 네 가지 분류가 충분하나 침을 시술하는데 있어서는 보다 세분된 분류가 필요하다는 것이므로 필요하다면 얼마든지 상세한 구분으로 설명이 가능한 것이다. 예컨대 선천적 특성을 설명하는데 16가지 구분이 가능하다면 그렇게 하면 된다. 그러나 사상이라는 이름은 그대로 유지 되는 것이며 사상의 기본적 원리인 "인간의 선천적 체질과 특성, 체형 등은 동일한 방법으로 구분된다."라는 원칙을 벗어나지 못한다.

둘째, 필자의 경험에 의하면 교육 도중 사상 유형별 특징들을 설명했을 때 자신은 두세 가지 유형의 특성을 동시에 가지고 있다고 호소하는 경우를 흔히 본다. 이따금 그들 중 일부는 사상은 몇 가지 유형이 더 추가되어야하는 것이 아니냐고 따지기도 한다. 그러나 사상을 본질적으로 이해하기에 앞서 구분된 결과 유형 설명에 매달리다 보면 이런 의문이 들 수밖에 없다. 물론 여기에는 대중에 영합하는 교육내용도 한 몫하고 있음을 솔직히 시인한다. 흥미를 돋우기 위해 순서가 바뀌었기 때문이다. 초창기 사상을 강의할 때에는 이런 점을 우려하여 기본 원리에 대한 설명을 아끼지 않았지만 시장은 철저히 이를 거부했다. 게다가 제한된 시간은 원리에 대한 강론 부분을 생략하게 하는 원인이 되었다. 사상의 원리를 조금이라도 이해한다면 사상은 인간이 선천적으로 가지고 있었던 특성을 설명하고 있음을 쉽게 알 수 있다. 그리고 인간은 환경을 비롯한 외생변수에 경험을 통해 끊임없이 영향받는 것이다. 대부분의 교육 대상자들은 이미 태어났을 때의 특성을 상실한 사람들이다. 게다가 대부분의 사람들은 자신의 특성을 정확하게 파악하지 못한다. 경우에 따라서는 자신의 희망 사항이 자신의 현재 모습이라고 믿고 싶어 하기도 한다. 결국 자신의 본성을 보고도 고개를 갸우뚱하게 되는 것이다. 그러나 분명한 사실은 자신의 본래 모습은 네 가지의 유형에서 크게 벗어나지 않는다는 것이다. 설령 노력에 의해 자신을 다른 모습으로 바꾸어 놓았다 하더라고 선천적 모습이 아닐 뿐이지 네 가지 유형 가운데 하나로 귀결된다.

셋째는 사상의 네 가지 분류는 역의 원리에서 보면 과정상 나타나는 분류 개수에 불과하다는 것이다. 인간의 불완전성이 치우침에 의한 것이고 그 치우침의 모습이 사 계절처럼, 네 가지의 방향처럼 나타난다는 것을 설명하고 있는 것이 역의 원리이다. 계절에도 봄과 여름 사이에는 봄 같은 날도 여름 같은 날도 있다. 경우에 따라서는 계절이 봄에서 여름으로 가는데 오늘은 덥고 그 다음 날이 오히려 서늘할 수 도 있다. 그러나 전체적인 흐름은 봄에서 여름으로 간다. 방향에 있어서도 나를 중심으로 방향은 설정되지만 남쪽 방향과 서쪽 방향의 중간에는 간(間) 방향인 남서라는 방향이 있다. 정남과 정서가 아니라면 나머지는 완전하지 않다. 보다 남쪽으로 치우쳤는가 서쪽으로 치우쳤는가 하는 문제이지 정남과 정서, 그리고 남서라는 방향은 점들로 이루어진 선에 불과하며 평면 위에 나타날 수 있는 수많은 점들로 볼 때 지극히 이례적인 낮은 확률을 가질 뿐인 것이다. 결국 유형의 숫자에 대한 논란이나 자신이 어디에 분명하게 속하지 않는 것 같다는 이야기들은 원리에 입각하여 보면 부질없는 일들이 된다. 아무쪼록 사상유형을 판단하기 전에 이러한 불필요한 논쟁들로 인해 사상이 가지는 참된 가치가 손상되지 않기를 바랄 뿐이다.

사상의 유형별 특성을 가장 쉽게 이해하려면 사상은 두개의 축으로 구성되어 있으며 각 축이 가지는 기본적 개념을 소화해야 한다. 하나의 축은 양(陽)과 음(陰)이요, 또 다른 하나는 태(太)와 소(少)이다.

음양축(陰陽軸)

서로의 상반되는 방향성을 의미한다. 양은 안에서 바깥쪽으로의 방향을 의미하고 음은 그 반대를 의미한다. 서구식 유형론에서는 내재론자와 외재론자로 구분한다. 내재론자는 인식의 중심이 안에 있고 외재론자는 바깥에 있다는 뜻이다. 그러나 사상의 음양은 역의 원리에서 얘기하는 만물의 근원이 되는 기본 인자인 음과 양인 동시에 시공의 의미를 아우른다. 예컨대 시간적 관점에서는 과거와 미래, 공간적 의미로는 앞과 뒤, 안과 밖, 남과 북 등을 의미하는 것이다. 혹자는 음을 여성적 성향이요, 양을 남성적 성향으로 이해하려는 경향이 있는데 이제마는 수컷과 암컷으로 표현하고 있어 타당성을 더해 준다. 물론 엄격하게 얘기하면 반드시 그렇지만은 않다. 일반적인 여성과 남성의 성향은 여권론자(女權論者; Feminist)들의 주장처럼 여성이 여성다워야 한다든지 남성이 남성다워야 한다는 식의 사회적 통념을 담고 있다. 사회적 통념에 의해 조련된 남성이나 여성은 설사 자신이 그렇지 못하다 할지라도 그러려고 노력하거나 그런 척 할 것이다. 현대적 관점에서 보면 여성도 활달하고 남성도 소심할 수 있다는 점이 인정되고 있는 만큼 이해를 돕기 위한 발상이라고 여기는 것이 좋을 듯싶다.

사상의 음양 축과 태소 축

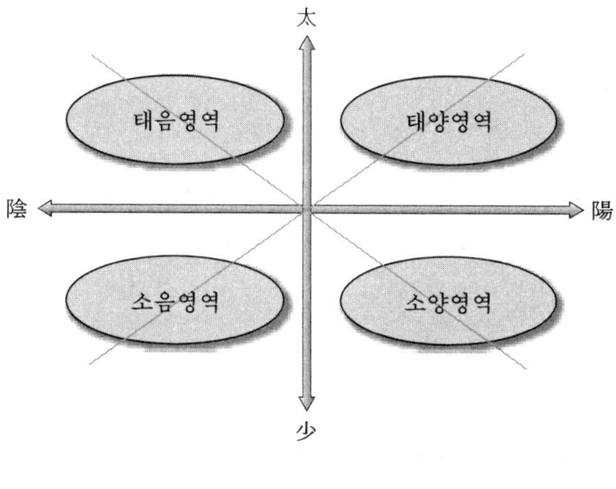

양의 기본적 성격은 안에서 밖으로 나가려 한다. 그러니 양인(陽人; 少陽人, 太陽人)은 한 자리에 머물기보다 돌아다니길 좋아하고 재산을 축적하기보다는 소비하길 좋아한다. 기억하기보다는 내 뱉기를 좋아하고 추억을 간직하기보다는 현재에 만족하려 하며 과거에 집착하기보다는 미래 지향적이다. 어두운 밤보다는 밝은 대낮에 활동하기를 선호하는 것이다. 물론 음인(陰人; 少陰人, 太陰人)은 이와 정 반대가 된다. 한자리에 앉으면 뜨길 싫어하고 주저앉으려고만 하고 재물을 탐하는 이유가 쌓아두려고 하는 심성 때문이다. 재산이 많아질수록 더 큰 욕심에 더욱 인색해진다. 900만원이 1,000만원이 되려면 100만원이 필요하지만 9,000만원이 1억원이 되려면 1,000만원이 필요하기 때문이다. 항상 목표 달성을 위해 희생하길 좋아하고 과거 지향적이어서 기억력이 좋다. 사실을 알리기보다는 간직하고 보여주지 않으려 한다. 양인들에게는 웅변이 금(金)이지만 음인에게는 침묵이 금이다. 촐싹거리며 떠드는 것은 음인 입장에서 무게 없어 보인다.

음과 양의 축은 체질에서도 나타난다. 음인들은 영양을 섭취하면 발산되기보다는 축적되므로 비만이 되기 쉽다. 활동하기를 성가셔하는 성향은 비만을 촉진한다. 소음인들이 비만이 적은 것은 근심으로 인해 에너지 소모가 많기 때문이며 소양인이 비만증이 많은 것은 근심이 없고 잠이 많아서이다. 흔히 소양인이나 태양인 들이 열이 많다고 하는데 이는 열이 밖으로 발산되기 때문이므로 실제로는 안이 차갑다. 소양인들은 몸이 더워도 추위를 많이 타는 것은 이 때문이다. 이 같이 사상은 체질과 성격상의 특성인 성정이 일치한다.

태소축(太少軸)

흔히 태(太)는 크다는 의미요, 소(少)는 적다는 의미이므로 큰 것을 유난히도 좋아하는 우리나라 사람들은 행여 자신이나 가족, 특히 하늘같은 남편이 소인(少人)이면 어떻게 하나하는 걱정을 하는 사람들이 있다. 글자 그대로 태자가 크다는 것은 맞는데 소자는 소인배(小人輩)라고 할 때 소자가 아니다. 적다는 의미이다. 무엇이 적은 것인가? 대산(大山: 김석진의 호)은 이를 간결하게 설명하고 있다. 역의 원리에 의하면 천지의 만물이 형성되기 이전에는 음과 양이 결합하지 않고 하나만의 인자로 되어 있다. 양인자는 양의 성향만을, 음의 인자는 음의 성향만을 온전하게 가진다. 그러나 자신의 인성이 양이거나 음이거나 항상 스스로 만족하는 것은 아니다. 예컨대 양이 스스로의 인성에 만족하면 양으로 이 세상에 태어나게 될 것이고 그렇지 않을 경우에는 음으로 탄생하게 된다. 이러한 변화를 진화라 하는데 각자는 스스로 진화의 선택권을 갖는다는 것이다. 자신의 인성이 변화하지 않은 경우 태(太)라하고 변화한 경우를 소(少)라 한다. 같은 이치로 음이 음이 되면 태음인이요, 음이 양이 되면 소양인이다. 같은 이치로 양이 그대로 양이 되면 태양인이요, 음이 되면 소음인이다. 네 가지의 사상 유형은 이렇게 태어난 것이다. 그러므로 태인이어야 큰 그릇의 사람이다거나 소인은 소인배가 된다는 것과는 거리가 멀다. 태인들은 진화하지 않아 음이나 양의 성향이 크고 소인들은 진화에 의해 변화하였으므로 그러한 성향이 적다고 보면 된다. 즉 하나의 구분법인 것이다.

그러면 태나 소가 가지는 성정은 어떻게 나타나는 것일까. 예컨대 혹자가 어떤 직장에 소속되어있는데 다른 직장에서 스카웃 제안이 들어왔다고 하자. 평소 현재의 직장에 불만이 많았거나 옮길 수 있는 직장의 근무 조건이 좋고 늘 상 가고 싶은 생각이 있었다면 옮길 것이고 그렇지 않다면 그대로 현재의 직장에 남게 될 것이다. 그리고 일단 옮기지 않으려고 마음을 굳힌 경우에는 자신의 선택에 대한 확신 때문에 현 직장에 대한 몰입도가 더욱 높아질 것이다. 그러나 옮긴 사람은 동일한 상황이 일어났을 때 이직을 위한 결심이 그렇지 않은 경우보다 어렵지 않을 것이다. 옮기지 않는 경우는 태인이요, 옮긴 경우가 소인이다. 그러므로 태인은 자신이 본래 가지고 있는 양적 성향(=태양인)이나 음적 성향(=태음인)에 매우 옳다는 신념이 있을 것이고 자신의 치우침이 상대방에게 알려지는데 거리낌이 없게 된다.
태양인은 양적 성향에서 흔히 나타나는 거침없는 발산을 주위에서 어떻게 생각하든 개의치 않을 것이며 태음인은 자신의 물적 욕구가 사방에 알려지더라도 떳떳할 것이다.

소인의 경우는 정반대의 현상이 일어난다. 이동이란 장소 이동, 이직, 이사 따위의 개념을 생각해 보면 그 이치가 비슷하다. 미련 없이 자신이 살던 곳이나 소속된 곳, 고향을 자신의 의지에 의해 손쉽게 버릴 수 있다는 것은 좋게 얘기하자면 적응이 빠른 것이요, 나쁘게 얘기하자면 지속성이 부족하다거나 심지가 굳지 못한 것이다. 뿌리가 불안정하면 남을 의식하고 체면을 중시하게 된다. 이러한 체면 의식은 자존심과 일맥상통한다. 자신이 불안정하니 남의 말을 쉽게 신뢰하고(특히 소양인) 후회가 많다. 감정이 불안정하니 쉽게 웃고 쉽게 울 수 있으니 분위기에 쉽게 휩쓸린다. 대부분의 소인들은 제아무리 현대적 가치의 근원이 돈에 있다 해도 그 가치를 좇는 것은 사회의 분위기가 그러해서 따르는 것이 한 가지 원인이 될 것이고 자존심을 세우는 수단으로 돈이 필요해서가 또 한 가지 이유가 될 것이다. 그러나 돈을 좇다보니 망신을 당하게 된다면 능히 돈을 포기할 사람들이다. 남에게 망신당한다는 것은 최악의 국면이 될 것이기 때문이다. 같은 상황에서 태음인은 돈을 택하고 자존심과 체면을 포기한다.

본래 사상체질 의학에서는 태와 소, 음과 양을 따로 설명하지는 않는다. 사상이론이 성정과 신체의 문제를 불가분의 관계로 설정하고 있으며 육체적 병의 근원이 성정에 연유할 수 있고 신체의 손상이 성정에 영향을 끼칠 수 있다고 보지만 신체가 우선이기 때문이다. 신체적으로 볼 때 각 사상의 유형은 결합체로써 나타난다. 즉 태, 소, 음, 양이라는 변수들은 하나의 요인으로써 두 개의 축이 교차하면서 태양, 태음, 소양, 소음이라는 결합체를 생성하는 것이다. 그러므로 태양인은 목덜미(= 肺大: 허파가 큼)를 중심으로, 소양인은 흉부(= 脾大: 지라가 큼)를 중심으로, 태음인은 복부(= 肝大: 간이 큼)를 중심으로 소음인은 골반(= 腎大: 신장이 큼)을 중심으로 발달한다. 이는 두 개의 변수가 결합되어 체형에 반영된 것이라 할 수 있다. 당연히 한 군데가 발달하면 취약한 곳이 있어 태양인은 간이, 태음인은 폐가, 소양인은 신장이, 소음인은 지라와 위가 취약하다. 이런 이치는 인간에게 한쪽으로 발달하면 한 곳이 취약해 진다는 평범한 진리를 암시하기도 한다.

사상유형별 특성

앞서 언급한바와 같이 이제마는 그의 저서 동의수세보원의 성명론과 사단론, 확충론 등에서 세세하게 사상의 유형별 특성을 밝히고 있다. 물론 특성들을 설명하는데 있어 장부(臟腑)와 인간의 성격 특성을 연결하고 있으며 역의 원리에 입각하여 방향을 제시하고 있다. 물론 직역할 경우 현대인들이 이해하기란 결코 용이하지 않다. 본서에서 소개하는 유형별 특성들은 현대적 감각에 맞게 필자의 수년간의 관찰에 의해 얻어진 것들이다. 항상 노파심에서 언급하지만 사상 유형은 다음의 사실이 전제 되어야 한다.

1) 사상유형에는 결코 우열이 있을 수 없다.

사상은 시험 점수나 지능지수와 같이 상하가 없다. 태음인 가운데 영리한 사람도 있고 소양인 가운데 달리기를 잘하는 사람도 있다. 정치가 가운데 소음인이 있을 수 있고 과학자 가운데 태양인이 있을 수 있다. 이는 직업에 귀천이 없음이나 인간의 능력이 현세에서 인정이 다를 뿐 다 같은 것임을 암시한다. 혹 독자 가운데 지능지수가 인간의 슬기로움도 수치화할 수 있다고 생각하시는 분들이 계시다면 하루 빨리 그런 생각을 말끔히 지워주시기 바란다.

2) 사상유형의 판별 결과는 결코 절대적일 수 없다.

동양적 사고에 의하면 절대적 수치화는 불가능하다. 예컨대 두 사람이 같은 시간에 출근하여 동일한 업무를 하루 종일 했다고 하자. 두 사람은 일정액의 보수를 대가로 받을 것이다. 그러나 엄격하게 말하면 두 사람의 작업량이 완벽하게 같다고 할 수 없으며 작업을 화폐로 환산할 때 그 수치가 정확하다는 보장은 어디에도 없다. 다만 적절한 보상이 두 사람의 만족을 위해 행해질 뿐이다. 사상이 일기(日氣)의 변화처럼 자연의 이치라면 인간은 이를 발견하고 이해한 것뿐이지 인간이 측정 도구를 만든다고 해서 완벽하게 실체를 보여주는 것은 불가능하다. 다만 다양한 도구를 개발해서 근사치를 보여주는 것뿐이다. 그러므로 사상을 이해했다고 해서 자신의 사상유형을 단정짓는 것은 적지 않은 위험을 안고 있다. 동무는 사상체질이 의학적 목적으로 활용되는 만큼 그릇된 판단에 의한 착오를 깊이 경계하였다. 비록 그 착오가 전체에 비해 매우적은 비율이라 할지라도 사람의 목숨을 좌우하기 때문이다. 자신이나 가까운 주변인에 대한 이해는 상당한 편견이 내재되어 있으므로 함부로 결정짓고 자신이 모르는 부분을 단정 짓는 일은 항상 경계되어야 할 것이다.

3) 사상의 궁극적 목표는 건강한 삶을 전제로 한 인간의 행복이다.

혹자는 지금까지의 수많은 과학적 발견들이 상품화되었고 그로 인해 소수의 관련자들에게 부를 가져다 준 것처럼 기대감에 설레어 학습하려하거나 이용하려 할지도 모른다. 그러나 동의수세보원의 서문(序文) – 이제마의 문하인 한교연(韓敎淵)에 의해 서술되었다 – 에서나 성명론에서 누누이 강조되었듯이 사상의 근본적 이념은 개인의 성찰과 수양을 통해 육신과 정신이 일체가 되어 건강하게 살고자 하는 데 있다. 인간이 선천적으로 완벽하고 후천적으로 단순한 노력에 의해 성자(聖者)의

수준에 도달할 수 있다면 좋겠지만 대부분은 범부(凡夫)의 인생을 살아간다. 인간은 선천적으로 이미 불균형에서 출발하여 크고 작은 질병으로 인해 어머니들의 잠을 설치게 하며 온갖 욕망으로 정신과 육체를 황폐화시키는 속성을 지니고 있다. 하나를 주면 둘을 가지려 하고 자신이 조금이라도 불편하면 당장에라도 단번에 치료가 되는 약을 내 놓으라고 성화인 것이다.

필자는 유년 시절 병을 달고 살았다고 해도 과언이 아니었다. 걸핏하면 목감기로 신열이나 1년에 열흘 이상을 결석해야 했다. 나중에 안 일이지만 선천적으로 체질이 목에 열이 많은데다 편식과 운동부족으로 인한 질병치레였다. 수술로 고치려 했지만 이런저런 이유로 번번이 기회를 놓쳤다. 이런 증상을 거의 완치한 것은 삼십대 중반이었는데 내자의 권유로 절제된 섭생과 길경(도라지)과 감초를 달여 먹기 시작한지 1년쯤 지난 후였다. 선천적으로 채식을 싫어하던 필자가 지금은 음식점 식탁에 도라지나물만 보면 마다하지 않고 깨끗이 비운다. 천성이라 할 수 있는 식성을 바꾸어 가면서 치료에 임했던 것이다. 주위에 비슷한 증상이 있는 사람들에게 수도 없이 이 방법을 권했지만 실제로 이를 실행한 사람은 한 사람도 없었다. 작심삼일(作心三日)인 것이다. 아마도 그들은 몇 번 먹고 완치되기를 바라고 있었던 것 같다. 지금도 학원 단과 반에서 단숨에 참고서 한권을 수개월에 마스터하겠다고 하는 수험생이나 시험을 몇 달 앞두고 돈다발을 싸들고 족집게 과외 선생들을 찾아다니는 사람들, 단숨에 살을 빼겠다고 약을 먹거나 굶는 사람들, 인기 있는 아파트에 당첨되어 단숨에 부자가 되려는 사람들, 모두가 심한 조급증 환자들이다.

사상이론에 의하면 한 입에 배부르고 싶어 하는 마음조차 만병의 근원으로 본다. 만약 사상이 이러한 조급증 환자들의 목을 축이는 역할을 해야 한다면 크나큰 모순이 아닐 수 없다. 흔히 사상은 의학적 관점에서 보면 치료의학이 아니라 예방의학이라고 한다. 사상을 아는 것은 육신과 마음의 병을 얻지 않게 하기 위해 균형(=中和)을 이루게 하려는 시도인 것이다. 본래 조금씩 치우친 몸과 마음을 내버려두면 균형이 깨어져 정상적인 활동을 할 수 없을 지경이 되는 만큼 미리 알고 선천적으로 치우친 균형을 바로 잡자는 취지인 것이다. 만약 이미 불균형의 정도가 심각해졌다면 그만큼 본래의 모습을 찾기란 쉽지 않다. 그리고 원상대로 복구되는 게 쉽지 않다고 조급함을 가진다면 중증으로 악화될 것은 자명하다. 사상은 자신의 불균형을 잡아주고 그렇게 되지 않는 방법을 제시하지만 사상을 안다고 당장 내가 건강한 삶을 추구할 수 있는 권리가 보장되는 것은 결코 아니다. 그리고 그 치우침의 정도는 개인 간 격차가 적지 않은 만큼 적절한 진단과 치유, 즉 수양은 스스로의 몫이 된다는 점을 잊어서는 안 된다.

다음은 자신의 상태를 진단하기 위한 유형별 특성을 요약한 것이다. 자신이 어느 유형에 가장 가까운지를 정리해 본다.

태음인

인구분포: 우리나라 사람 가운데 가장 많다. 동의수세보원에서는 절반가량이라고 추정하고 있다. 공식적 집계가 이루어진 것은 아니지만 최근의 통계들을 보면 그보다는 적다는 것이 공통적 결과이다. 필자의 생각으로는 40% 이내로 소양인이나 소음인보다는 많다고 보면 적절하리라 본다.

신체 특성: 상・하체가 골고루 발달되어 걸음걸이가 빠르지도 느리지도 않아 의젓해 보인다. 피부는 검은 편이 많고 견실하다(모공이 뚜렷하고 모공간의 선이 식별된다). 희고 뽀얗지는 않으나 윤기가 흐른다. 특히 코가 두툼하게 미간 아래로 일자 모양을 이루고 있으며 기름기가 흐른다. 눈매가 날카롭지는 않으나 평상시 표정은 근엄해 보인다. 영특한 태음인은 눈매에 덕성과 인자함이 보이고 그렇지 못한 경우 탐욕스러움이 서려 있다. 통상 몸 상태가 안 좋아도 수척해 보이지는 않는다. 식사를 할 때 보면 항상 맛있게 먹고 식욕이 좋다. 식탐이 있어 절제를 요한다. 대체로 소화력도 왕성하며 흡수력도 좋아 중년 이후 비만과 고혈압, 동맥경화 등의 질병에 주의가 요망된다. 겨울철 손발이 잘 트며 땀이 많고 귀 뒤에 땀이 잘 흐르는데 이는 건강한 징후이다. 간이 좋아 해독 능력이 탁월하여 지구력이 좋다. 알코올 분해효소가 있는 태음인은 술을 좋아하고 쉽게 취하지 않으며 다음 날에도 가뿐하다. 지구력과 끈기를 발휘하는 데 유리하다.

술을 양으로 먹는 문화가 팽배한 우리나라에서는 지나친 폭주(暴酒)로 간을 상하는 사람이 많은데 이 가운데 태음인이 으뜸이다. 자신의 몸이 상하는 것을 쉽게 느끼지 못하기 때문이다. 태음인은 대체 건강한 편이나 감기가 잘 걸린다. 그 이유는 심폐 기능이 취약해 기관지 계통의 감기가 잘 걸리는 것도 있지만 온도에 민감하지 못해 추위와 더위에 강하다보니 자신이 견디기 어려울 정도의 급격한 온도변화 일어날 경우 몸의 균형이 쉽게 깨지기 때문이다. 특히 태음인 가운데 열이 많은 사람은 목 부위에 열기가 집중해 염증이 생기는 경우가 많은 것도 주로 목감기의 원인이 된다. 흔히 흡연이 백해무익(百害無益)하다고 하는데 특히 태음인에게는 최악의 습관이 될 것이다. 태음인은 식성이 까다롭지는 않으나 맛있는 것을 구별하는 능력도 탁월하여 식도락가가 많다. 맛있는 것이나 몸에 좋다면 시간과 거리를 마다하지 않고 찾아다닌다. 특별히 좋아하는 음식을 꼽으라면 육류, 특히 찬 음식인 돼지고기보다 중간 음식인 쇠고기를 좋아하는 편이다. 대체로 비위가 강해 기름지거나 비린 음식도 크게 가리지 않는다.

태음인의 특성

태음인(仁)
1. 상체, 하체 균형
2. 외적 기쁨, 내적 즐거움
3. 형이하학적 사고, 치밀성, 겁심
   물욕, 안주형(거처)
4. 후각
5. 물욕, 도박

1. 일자형 코, 검은 피부, 견실, 털이 많다, 근엄한 인상
2. 온도 변화에 강함, 감기, 간(폭음)질환, 쇠고기 선호, 땀을 흘리면 개운하다.
3. 걸음이 꼿꼿, 행동이 게으름, 맛있게 먹음, 미루는 특성, 태연해 보임, 탐욕스러움 밀어 붙임.
4. 후회하기 좋아함, 치밀한 계획, 내적 겁심, 금전적 욕심, 모험의 회피, 꾸준함(예외 불허, 자기 최우선 주의
5. 숨기기(사실, 물건), 대박의 꿈, 말보다 물증, 의심
6. 높은 흡수력(음식, 약, 일반 사물), 높은 식욕, 규칙적 행위
7. 다변, 자기 중심적 숨김
8. 내외적 수용 어려움, 수용시 지속적
9. 가치 획일성

註: 표 상단: 원전(동의수세보원)개요
1. 신체특성 2. 성정 3. 일반특성 4. 발달된 감각 5. 건강을 위해 피할 일
표 하단: 임상적으로 발견된 특성들
1. 외형 특성 2. 체질 특성 3. 행위특성 4.- 9. 성격특성

이런 특성들을 고려해 볼 때 태음인이 건강을 위해 가장 주의해야 할 점은 적게 먹는 습관과 규칙적인 운동이 절대적으로 필요하다. 다른 체질보다 흡수력이 좋아 남들의 8할만 먹어도 섭취량이 같다고 보면 된다. 특히 식탐은 태음인의 중년 이후 삶을 황폐하게 할 것이다. 선천적으로 움직이는 것을 싫어해 나태해 지기 쉽기 때문에 운동만큼의 보약이 없다. 실제로 태음인들은 보약 먹기를 즐기는 사람이 많다. 먹으면 가장 효과가 좋은데다 타고난 물욕지심이 크기 때문이다. 그러나 모순되게도 태음인들이야말로 보약이 필요 없는 사람들이다. 먹는 보약보다는 규칙적으로 운동을 하고 땀을 빼 노폐물과 과다 섭취된 양분을 밖으로 내보내 신진대사를 원활하게 하는 것이야말로 최선의 보약이 될 것이다. 그리고 앞서 밝혔듯이 담배는 절대로 금하는 것이 좋다. 젊었을 때 열심히 벌고 늙어서는 열심히 모은 재물을 나누어주고 산 좋고 물 좋은 곳을 찾아다니며 맑은 공기로 폐를 정화한다면 태음인을 위한 최선의 보약이 될 것이요 행복한 말년이 보장될 것이다.

성격 특성

회사에서 조기 명예 퇴직한 S씨는 조그만 식당을 경영하고 있었다. 요즘 S씨는 시작한 지 얼마 되지 않았는데도 과연 세상에는 온갖 종류의 다양한 사람들이 있다는 것을 실감했다. 다른 식당과 달리 S씨의 식당은 커피를 제공하지 않았다. 종종 아이스크림을 무료로 제공하는 식당도 있었지만 S씨의 식당은 캔디 이외에는 별도로 제공하는 것이 없었다. 거기에는 나름대로의 이유가 있었다. S씨의 생각은 이러했다. 다른 식당들을 가 보았지만 다양하게 무료로 제공되는 제품들의 품질은 그리 높지 않았다. 손님들은 무료라는 이유 때문에 불만을 토로하지는 않았지만 그 업소의 음식수준과 동 떨어진 경우가 많았다. 그리고 제공되는 것들은 실제로 식대에 포함되는 것인 만큼 원가 절감을 위해 싸구려 커피나 아이스크림을 제공하는 경우가 많았다. 비록 S씨의 식당이 고급 요리 집은 아니었지만 이런 대접은 최고의 재료를 고집하는 S씨의 사업 모토에 위배되는 것이라는 생각이 들었다. S씨의 식당은 주택가에 위치해 있었고 가족 단위의 손님들이 많았다. 결국 S씨는 단가가 적게 먹히는 캔디 바를 제공하기로 했다. 대신에 다른 업소와 달리 캔디 바만큼은 최고급 제품을 택했다. 반응은 의외로 좋았다. 특히 아이들은 제공되는 캔디 바를 얻기 위해 부모를 졸라 S씨의 식당에 오고 싶어 할 정도였다.

주말이 되어 가족 손님이 많은 날이었다. 말끔하게 정장을 한 신사와 부인, 그리고 부부의 나이에 비해 어려보이는 두 남자 아이가 식사를 마치고 계산을 하려고 카운터로 왔다. 그 신사는 주위를 둘러보더니 대뜸 카운터에 서있는 S 씨를 한심하다는 듯 바라보며 한마디 했다. "이 식당은 차 대접도 안합니까?" S씨는 웃으며 대답했다. "저희 집은 무료 커피 자판기가 없습니다. 죄송합니다." 신사는 어이없다는 듯이 말했다. "요즘 경쟁이 얼마나 심한데 그래가지고 장사가 되겠소? 다른 집들이 어떻게 하는지 좀 다니면서 보시오." 잠시 후 카운터에 마련된 캔디 바 바구니를 발견한 그 신사는 한움큼 집더니 부인을 불렀다. "이리와. 이것 좀 당신 가방에 넣어." 부인은 "이걸 다 누가 다 먹는다고 그래요? 우리 애들 사탕 싫어하는 것 몰라요?" 신사는 막무가내였다. 그리고 한주먹씩 양복상의 양쪽 주머니에 채워 넣고 식당을 나섰다. 이 모습을 목격한 종업원이 한마디 했다. "저 분은 자동차도 상당히 고급이던데 어렸을 때 진짜 가난했었나 봐요."

실 사례를 정리한 것이다. 우리는 이런 겨우를 두고 흔히 부자들이 더 짜다고 한다. 1,000만원을 만들기 위해 없는 사람의 10만원을 빼앗는다고도 한다. 그러나 그 신사의 행동은 그 사람이 부자라서도 아니요, 그런 행동 덕택에 그 사람이 지금 넉넉한 살림을 얻게 되었으리라고 단정짓자는 것도 아니다. 물론 그 종업원의 말대로 그 사람이 어렸을 때 찢어지게 가난했었는지도 모른다. 심리적으로 볼 때 과거에 짓눌렸던 사람은 나중에 입장이 바뀌면 시어머니가 며느리를 괴롭히듯이 보상 심리로 인해 과시욕이 강해진다고도 한다. 그러나 이런 가정(假定)들은 후천적 성장 배경에서 얻어지는 환경적 요소들이다. 그러한 성장 배경을 살아온 사람이 누구나 동일한 행동을 보이지는 않는다. 우리는 여기에서 선천적 특성을 헤아려 볼 필요가 있다.

빌 클린턴(William Clinton, 1946~) 전 미국 대통령은 불우한 어린 시절을 보냈다. 물질적 가난도 가난이었지만 어머니의 복잡한 결혼 이력은 객관적으로 볼 때 훗날 명문 예일 대학교를 졸업한 율사 출신 대통령의 과거로 보기에는 상반되는 것이었다. 클린턴 대통령의 동생은 그와 같은 청소년기를 보내지 않았다. 동생의 방탕한 생활은 오히려 자연스러운 것이었다. 혹자는 이러한 결과를 클린턴 대통령이 명석한 두뇌를 가지고 있었다거나 자신의 노력의지에 의한 성과라고 추켜세우는 것으로 설명할 것이다. 그러나 분명한 사실은 동일한 환경이 동일한 사람을 만들지는 않는다는 것이며 선천적 요소의 존재는 한 사람의 인생을 정 반대로 만들 수도 있는 경우를 흔히 본다.

태음인의 성격은 끊임없이 밖에서 안으로 주워 담는 것이다.(=陰) 그리고 그러한 자신의 생각이나 행위에 대해 수치스러움이 없다.(=太) 내 것은 원래 내 것이요 네 것도 내 것이면 좋다는 것이 태음인의 생각이다. 이런 생각은 세상의 이치를 알기 시작하면서 탐욕스러운 마음으로 변한다. 수단 방법 가리지 않고 획득한 재물들을 자신의 금고 안에 차곡차곡 쌓으면서 희열을 느끼게 된다. 누가 어떤 충고를 해도 들리지 않는다. 물론 자신의 이런 행위에 대해 매우 떳떳하지만 남들이 자신의 재산 수준을 알게 되는 것을 두려워한다. 혹시 잃게 되지나 않을까 두려워서이다.(겁심) 만약 자신이 투자를 했다면 본전 의식이 유난히 강하다. 물건을 살 때 깎는다든지 공짜로 주는 사은품에 대해서 미련이 많다. 같은 돈 주고 더 큰 것을 얻어내기 위해서다. 상기 소개된 식당을 찾은 신사는 태음인의 성정 가운데 가장 바람직하지 않은 사례가 될 것이다. 뭐 한 번 살려면 온갖 정보를 수집하고 같은 제품을 조금이라도 싸게 살 수 있다면 천리 길도 마다하지 않는다. 태음인은 신제품에 비해 감가상각으로 인해 중고품과의 가격 차이가 큰 제품들이라면 반드시 중고품을 구매할 것이다. 태음인의 우둔함은 자신이 획득하기 위해 소모한 에너지와 시간에 대한 계산이 이루어지지 않을 때, 별로 승산도 없는 싸움에 과거를 복구하기 위해 소모하는 세월 등에서 나타난다. 예컨대 중고 시장에서 두 가지 제품이 있다고 하자. 하나는 그대로 쓸 수 있는 물건인 A고 다른 하나는 수리를 요하는 B라고 하자. 물론 A의 가격은 B보다 비쌀 것이다. 그 차액이 수리비를 조금만 상회해도 태음인은 A를 택할 것이다. 수리를 위해 소요되는 시간과 노력, 통신비 따위를 계산에 넣지 못하는 곳이 태음인의 우둔함이다. 물론 학습과 훈련을 통해 극복할 수 있는 문제들이다.

이 같이 태음인의 경제생활을 한마디로 정리하자면 실속 그 자체이다. 계획된 저축과 소비는 태음인의 특기이다. 프로그램화된 인생을 살고 싶어 한다. 예상외의 소비나 손해를 입게 될 경우 등 계획대로 되지 않으면 반드시 만회하려고 한다. 소양인들이 쓰기 위해 돈을 번다면 태음인은 저장하기 위해 돈을 버는 것이고 태음인이 선택하게 되는 부의 축적 방법은 소비를 줄이면 재화가 싸인다고 생각하는 것이다. 사소한 것에도 지출을 줄이고 싶어하며 주위 사람들에게 절약을 강요하기도 한다. 절약은 태음인의 좌우명이요 자부심이기 때문에 주위 사람들과 갈등이 빚어지기도 한다. 절약을 위해 안방과 거실에 쓰다 버린 물간을 쌓아 놓아도 수치심이 전혀 없다. 이 문제로 배우자가 소인(소양, 소음인)일 경우 갈등을 빚기도 한다.

자린고비야말로 태음인이 지향하는 이상형일지도 모른다. 자기 특성에 대한 충성도가 높아지면 사회적 과소비에 대해 울분을 토하기도 한다. 재미있는 것은 이런 자린고비가 자신을 위해 쓰는 일에는 비교적 관대하다는 것이다. 좋은 옷을 입거나 큰 집을 사는 일, 고급 승용차를 사는 일에는 인색하지만 자신의 건강과 직결되는 음식이나 보약을 사는 일에는 아끼지 않는 편이다. 당연히 주위에서 이기적이라는 말을 듣게 된다. 이런 말을 듣는다고 개의할 태음인이 아니다. 충분한 논리적 이유가 있다고 생각하고 정당화시킨다. 아마 태음인은 전쟁과 같은 극단적위기가 다가올 경우 가장 생존력이 강한 유형이 될 것이다.

태음인들은 겉으로 침착하고 점잖아 보이지만 속마음을 털어 놓고 얘기하는 것을 꺼린다. 항상 의심이 많다. 눈으로 확인을 해야 직성이 풀린다. 신뢰감을 갖기까지 상당한 시간이 걸린다. 끊임없이 의심하고 시험하면서 계산해 본다. 자신의 기준에 통과하면 그 다음부터 쉽게 믿고 한번 믿으면 오래 지속된다. 믿는 도끼에 발등 찍히는 사람은 태음인을 두고 하는 말이다. 일을 처리함에 있어서도 겁이 많아 치밀하게 대처하는 편이다. 계획을 짤 계획을 세우는 것이 바로 태음인이다. 치밀하게 이것저것 따지다 보니 큰 실수는 없으나 순발력은 제로다. 태음인이 주식 시장에서 데일리 트레이딩(Daily Trading: 그날 산 주식을 그날 팔아 이익을 남기는 전략)으로 이익을 내기란 기적에 가까운 일이 될 것이다. 그러다보니 대인관계에 있어서는 양보다 질이다. 제한된 사람들을 깊이 사귀는 경향이 있다. 그러나 아무리 가까운 사이라 할지라도 공짜를 기대하면 안 된다. 태음인의 세계에서는 받을 것은 받고 줄 것은 줘야 속이 후련하다. 대가 없이 준다든지 베푸는 일은 지극히 드문 경우이다. 결국 질적으로 선택된 인간관계에서도 계산이란 필수적인 것이다.

이제까지 밝혀진 바로는 태음인의 적성은 큰 사업을 일으켜 소유 경영자가 되기

보다는 치밀한 성품을 앞세워 참모 노릇하는데 적합하다고 한다. 실제로 전문 경영인들의 사상 분포를 보면 전체 분포에 비해 높다는 것을 알 수 있다. 소음인과 더불어 한 우물파기를 좋아하고 변화를 즐기는 편이 못된다. 대화에 능한 사람이 많지만 돌아다니는 것을 즐기지는 않는다. 외근보다는 내근을 즐기는 것이다. 물론 규칙이나 절차에 충실하려하며 목표의 달성을 위해서는 마다하지 않지만 돌아다닐 일이 생기면 스스로 하기보다는 지시하길 좋아한다.

태음인의 고집은 자신의 가치를 상대방에게 강요하는 것이다. 대화 도중에 듣기보다는 자신의 주장을 관철하려고 애쓴다. 이러한 특성은 사회생활을 통해 완화되지만 자신의 울타리 안에서는 지속되는 경향이 있다. 특히 가족에게는 그런 성향이 강하다. 자신의 지배력 안에 있는 집단의 구성원은 세세한 부분까지 자신의 방식을 따르길 바라며 모든 사항을 알고 싶어 한다. 치밀함과 완벽함을 좋아하기 때문이다. 그러나 궁극적으로 애정의 단계는 정해져 있어서 자신이 첫째요, 그 다음이 가족이다. 태음인이 인류애를 가지려면 엄청난 수련이 필요할 것이다. 특히 내 것과 네 것의 구분은 명료하다. 투자가 있으면 성과가 있어야하고 경제적 가치가 없으면 구태여 노력을 기울일 필요가 없다고 여긴다. 좋게 애기하자면 합리적이요, 나쁘게 애기 하자면 타산적인 것이다. 이런 특성은 태음인이 수양의 대상으로 여겨야 할 부분이다.

소양인

인구분포: 우리나라 사람 가운데 두 번째로 많다. 동의수세보원에서는 30%가량이라고 추정하고 있다. 최근의 통계들을 보면 그보다는 조금 많다고 한다. 이런 결과는 북쪽 지방으로 갈수록 태음인이 많고 남쪽 지방으로 올수록 소양인이나 소음인이 많다는 사실을 뒷받침한다. 필자의 생각으로는 우리 국민의 삼분의 일 가량 되지 않나 추정하는데 소음인 보다는 다소 많고 태음인보다는 적다고 보면 적절할듯하다.

신체 특성: 신체의 상체가 발달되어 있다. 폐 부분이 발달되어 있는 것이다. 전체적으로 역삼각형의 체구에 다리는 짧고 걸음걸이가 급해 걸을 때 팔이 좌우로 움직이며 아장아장 잰걸음으로 걷는 사람이 소양인의 전형이다. 그러나 경제 성장과 함

께 찾아 온 식생활의 변화, 운동량의 감소 등으로 한국인의 체형은 키가 커지고 뼈가 가늘어지면서 소양인의 전형을 가진 사람들이 많이 줄어들었다. 요즘 보면 소양인인데도 키가 크고 다리가 긴 사람들이 다수 발견된다. 피부 결이 부드럽지는 않지만 희고 볼 주위가 붉은 기운이 돌면 소양인일 가능성이 높다. 코는 태음인을 제외하면 나머지 유형들은 유사한데 미간 아래 삼각형을 이루고 코끝이 야위어 보인다. 콧구멍이 작고 주의가 날씬한 것이다. 표정에는 항상 장난기가 흐르고 부드러움이 숨겨져 있어 상대방을 편하게 한다. 눈이 날카롭지 않고 권위적이 아니어서 상대방은 쉽게 친근감을 느낀다. 금방이라도 웃으면서 농담을 걸거나 장난을 칠 것 같다.

소양인의 특성

소양인(禮)
1. 흉부, 어깨 등 상체 발달 2. 외적 슬픔, 내적 노성 3. 형이상학적 논리, 원만한 인간관계 비계산적, 치밀성결여, 낮은 기억력 4. 시각 5. 성욕
1. 높은 온도에 취약, 장 질환, 돼지고기, 자극성 음식 선호, 땀을 잘 흘리나 기 약화 2. 흰 피부에 홍조, 장난기 인상 3. 걸음이 흔들림(아장아장), 행동이 날램, 기분에 따라 식사량 좌우, 화끈함, 감정변화 심함, 행동의 후회.. 4. 회, 망각 용이, 순발력, 둘러댐, 과장함, 우김, 모험 선호, 변화의 선호(예외 불허, 베풀기 선호, 완장 선호, 낮은 기억력(암기 불호) 5. 알리기(경솔함, 수다스러움), 쉽게 신뢰(믿는 도끼에 발등 찍히기) 6. 발산형(신진 대사 양호), 높은 수면욕(多動 多眠) 7. 자기 감정의 직선적 표현, 말실수 8. 내외적 수용 용이, 지속성 낮음 9. 가치, 사실의 과장

註: 표 상단: 원전(동의수세보원)개요
1. 신체특성 2. 성정 3. 일반특성 4. 발달된 감각 5. 건강을 위해 피할 일
표 하단: 임상적으로 발견된 특성들
1. 외형 특성 2. 체질 특성 3. 행위특성 4.- 9. 성격특성

소양인의 가장 큰 특성은 열이 많은 것이다. 몸의 열은 소양인을 구분하기 위한

대표적 방법이다. 그러나 아주 적은 경우(통계상 다섯 사람 가운데 한명 정도) 열이 없어 소음인처럼 추위에 약한 사람도 있다. 몸에 열이 많은 것은 열이 외부로 발산되기 때문인데 소양인이 더위에 약하다고 하지만 실제 추위에도 약하다. 열의 발산은 자신과 외부 사람들까지 덥게 하지만 자신의 안에는 열기를 빼앗겨 부족하다. 결국 자신이 견딜 수 있는 온도의 범위가 좁아진다. 방 안이 덥다고 난리치다가도 온도를 낮추면 입술을 떠는 것이 소양인이다. 만약 소양인을 위해 에어컨을 제작한다면 처음 켰을 때 냉기가 급속하게 뿜어지다가 서서히 냉기가 약해지게 하면 될 것이다. 어쨌든 소양인은 열을 발산시키는 음식이나 약은 반드시 피해야 한다. 흔히 인삼이나 닭고기, 호박 등은 그리 좋은 음식이 되지 못한다. 반대로 돼지고기나 팥, 녹두, 오이 등의 찬 음식은 소양인들 스스로 선호할 뿐만 아니라 몸에도 좋다. 한국식 열 한증막은 소양인에게 더할 것 없이 좋은 보약이다. 한국식 불 한증막은 외부로부터 열을 데우는 것이 아니라 내부에서부터 데우기 때문에 태음인과 달리 땀을 흘리면 기운이 빠지는 소양인도 피로회복과 신진대사에 크게 도움이 된다.

소양인의 식성은 크게 가리지 않는 것 같지만 비위가 약한 면이 있다. 소음인에 비해서는 심하지 않지만 과거에 좋지 못한 선입견이 있는 음식은 절대로 먹지 않는다. 물론 빈혈기가 있을 경우에는 냄새도 참지 못한다. 그러나 양적인 면에서는 태음인에 뒤지지 않는다. 성격상 식사량은 기분에 크게 좌우된다. 태음인과 달리 기분이 좋지 않거나 마음에 걱정거리가 있으면 입에도 대지 않는다. 몇 날 몇 끼를 굶을 수도 있다. 반대로 기분이 풀리면 마구 먹어댄다. 기분이 나쁜 경우 폭식을 하는 사람들이 있는데 스트레스성 비만증을 얻게 되기 쉽다. 소화 면에서는 대부분 큰 문제가 없으나 열로 인해 변이 굳는 사람들이 있다. 태음인이 땀을 배설하여 신진대사가 이루어진다면 소양인은 대변을 잘 봐야 된다. 이는 병이 회복되는 기미를 전달하는 역할도 한다. 땀을 빼고 나니 개운하다는 것은 태음인이요, 묽은 변을 보고나니 개운하다는 것이 소양인인 셈이다. 매일 일정 시간에 변이 나오지 않거나 양 볼에 붉은 기운이 돌지 않으면서 얼굴에 허연 기가 돌면 건강의 적신호이다.

소양인이 건강한 삶을 누리기 위해서는 변덕스럽고 급한 자기의 마음을 다스리는 일이다. 화를 내서는 아니 되며 기분에 따라 식사량이 바뀌는 것은 결코 바람직하지 않다. 소양인은 활동력이 왕성해 충분한 수면이 필요하다. 잠을 청하는데 어려움이 없는 만큼 수면량이 많아진다고 게을러지는 것이 아닐까 경계할 일이 아니다. 잠은 소양인에게 보약이 될 것이다. 남자 소양인의 경우 자존심이 상한다고 실속 없는 과시욕에 사로잡혀 폭음을 한다거나 색을 밝히는 것은 절대로 금물이다. 물론 여자 소양인의 경우에는 과소비나 사치, 허영 등은 경계 대상의 으뜸이다. 항상 자기 통제가 필요하다. 이차 삼차 외치지 말고 남들이 말릴 때 적당한 수준에서 꼬리를 내리는 것이야말로 현명하게 사는 방법이 될 것이다.

성격 특성

평범한 회사원인 S씨는 35세에야 비로소 결혼을 하게 되었다. 부모님이 완고하다거나 까다로워서가 아니라 스스로 완벽을 기하는 성격 때문이었다. 대학 시절 연애도 해 봤지만 당시 자신의 계획에 없다는 이유로 결혼 얘기만 나오면 헤어지기를 수차례 반복하였다. 군 입대와 제대, 그리고 취업. 모든 것은 그가 계획한대로 착착 진행되었다. 주위의 혼인 권유도 있었지만 이에 아랑곳하지 않고 착실하게 저축을 해 두었다. S씨의 생각에는 결혼이란 모름지기 준비가 완전해야 한다고 생각했다. 주변의 친구들이나 친척들이 감정에 이끌려 아무런 준비도 없이 덜컥 결혼부터 하고 고생하는 경우를 여러 번 목격하였고 자신은 그런 식으로 살지 않겠노라고 몇 번이고 다짐하였다. 본가가 두메산골이다 보니 대학 시절부터 서울에서 하숙을 하거나 자취생활을 했는데 때로는 신세 처량하다는 생각도 들었지만 꾹 참았다.

천신만고 끝에 선택한 배우자는 초등학교 교사였다. 여러 번 중매로 선을 봤는데 S씨가 제시한 조건은 오로지 상대의 직업이 초중등 교사여야만 된다는 것이었다. 당연히 S씨의 파트너들은 전부 교사였고 나중에는 교육대 동문들 간에 소문이 날 정도였다. S씨가 구태여 교사라는 직업을 배우자로 고집한 것은 일단 아내의 직업이 장차 자신과 가족의 경제생활에 안정감을 가져다 줄 것이고 어렸을 때 자신이 본 여 선생님들은 순수하고 때 묻지 않았으며 이세의 교육도 염려할 필요가 없을 것이라는 계산에서였다. 대신에 다른 사람들처럼 인물이나 신장, 집안 따위는 전혀 염두에 두지 않았다. 이렇게 시작한 선보기는 시작한 지 5년이 되어서야 결실을 맺게 되었다. 예상보다 긴 시간이 소요된 것은 S씨의 깐깐한 성격과 별 볼 일없는 집안 배경 등의 이유로 계속 퇴자를 맞았기 때문이었다. 어쨌든 늦기는 했지만 S씨는 자신보다 8년 연하의 교사 신부를 아내로 맞이하게 되었다. 35세 노총각 회사원의 27세의 젊은 교사와의 결혼은 누가 봐도 성공적인 혼인이라는 평가를 받을만한 것이었다. 비록 신부 측의 혼수는 빈약했지만 S씨는 그 동안 아파트에서 패물에 이르기 까지 거의 완벽에 가까울 정도로 준비해 놓았던 터라 주변의 시선을 무마하기에 무리가 없었다.

그러나 S씨의 결혼생활은 1년도 되지 않아 당초 기대와 어긋나기 시작했다. 가난하게 자라서 검소할 줄 알았던 아내는 낭비벽이 심했다. 결혼 초 두 사람의 수입은 아내가 일괄 관리하기로 되어 있었는데 저축액수가 S씨 혼자 벌었을 때만도 못했다. 나중에 안 사실이지만 S씨 몰래 친정에 퍼 준 돈도 적지 않았다. 걸핏하면 월부로 책이나 주방용품 등을 사 오기도 하고 친구들과 만나면 쇼핑을 하다가 대책 없이 옷을 사 날랐다. 친정에 경조사가 있으면 분에 맞지 않는 액수를 생각 없이 내놓기도 하였다. 이 일로 누 차례 다투고 타이르기도 했지만 쉽게 개선되지 않았다. S씨가 얘기를 하면 침묵으로 일관하다가는 대꾸도 없이 조용히 혼자 자는 식이었다. 도대체 결론이 나지 않았다. 고함이라도 지르면 울기도 잘했다. 처음에는 어려서 그러려니 생각도 해 보았고 성장 배경이 달라서 그런가도 했지만 두 사람의 주장은 상당한 격차가 있었다. 아내의 주장에 의하면 돈이란 쓰기 위해 버는 것이지 온갖 신경 쓰며 모아두어 뭐하냐는 것이었다. 아내가 교사 생활한지 5년이 되었는데도 변변한 혼수 마련이 어려울 수밖에 없는 이유를 알게 되었다. "이건 아닌데, 이건 아닌데"가 연발되었지만 때는 너무 늦은 것이었다. 아내는 임신 중이었고 설사 이혼을 한다 해도 너무 많은 대가를 지불해야 한다는 생각이 들었다. S씨는 뾰족한 수가 생각나지 않았고 뜬 눈으로 밤을 새우는 날이 부지기수가 되었다. 그리고 총각시절이 그립다는 생각이 들었다.

상기 사례는 태음인 남편과 소양인 아내의 경우를 그린 것이다. 태음인과 소양인은 태소축과 음양축의 정 반대에 위치해 있다. 성격상 두 사람은 상반될 수밖에 없다. 물론 우리나라에서는 태양인이 많지 않아 또 하나의 정반대 유형인 태양인과 소음인 부부는 흔치 않다. 태음인이 바라본 소양인은 철없고 중심이 없는 사람으로 보일 수 있다. 소양인은 기본적으로 안에 있는 것을 발산하면서(=양) 감정이 불안정한 특성(=소)을 가지고 있다. 자신이 가진 것을 나누어 주어야 직성이 풀린다.

자신이 소유한 물질도 나누어 주지만 지식을 나누어 주는데도 인색함이 없다. 돈이란 쓰기 위해 버는 것이라 생각하니 소비하는 수단이므로 쓰는 행동을 통해 희열을 느낀다. 소양인이 나누어 주는 것은 어떤 대가를 바라는 마음이 아니니 천진난만하기만 하다. 속은 텅 빈 상태가 되므로 공허한 마음에 사람들을 끌어 모은다. 앉아서 끌어 모을 수 없으면 문을 박차고 나선다. 그러다보니 집안이나 자기 자신의 일에는 소홀한 편이다. 상기 사례에서 소양인인 아내는 직장인 이지만 직장이 없다면 답답함을 느끼고 남편이 출근하고 난 후 여기저기 싸돌아다닐 것이다. 태음인 남편인 S씨는 할 일없이 돌아다니는 것을 납득하기 쉽지 않을 것이다. 게다가 돌아다니며 돈을 쓴다면 참을 수 없어 폭발할 것이고 부부간의 갈등은 되풀이될 것이 당연하다.

소양인은 남의 일에 나서길 좋아한다. 남의 일을 자기 일처럼 해주기도 하며 자신의 주변인이 억울한 일을 당하면 더 흥분하고 야단법석이다. 그러나 이런 감정이 오래가지 못한다. 귀가 얇아서 누가 언질을 주면 이내 자신이 저지른 지난 일을 후회하거나 반성한다. 쉽게 흥분하고 잊어버리는 것도 빠른 것이다. 흔히 줏대가 없다고 한다. 자신의 속에 저장해 놓은 것이 없으니 어떤 사건이 일어나면 그 해결책을 자신의 경험이나 지식을 끌어내 적용시키는 일에 익숙하지 못하다. 당연히 순발력이 발달한다. 판단력이 빠르고 기민하다. 육감도 매우 발달되어 있다. 기억력의 취약으로 생각이 나지 않다보니 착각하는 일도 잦다. 이 경우 우기기도 잘한다. 심지어는 증거를 보여주어도 끝까지 고집하는 경우도 있다. 자신이 마신 술의 양과 같이 쓸데없는 없는 일에 자존심을 내세워 과장하며 떠들어 대기도 잘한다.

소양인의 자존심은 소인(少人)들이 가지는 자존심의 범주이다. 소음인은 자신의 자존심이 꺾였을 때 꽁하며 밖으로 드러내지 않는데 반해 소양인은 표정에 그대로 나타날 뿐만 아니라 자신의 불쾌함을 대놓고 나타낸다. 소양인이 가장 참지 못하는 것은 자신이 무시당했다는 것인데 그 대상이 재산이든 능력이든 겉치레든 가리지 않는다. 반대로 자신이 우월하다고 생각하면 생각 없이 퍼준다. 그 격차가 크다고 여기면 측은하다는 생각에 조건 없는 베풀기가 시작되기도 한다.

태음인이 부자가 되려는 이유가 물질적 가치 자체에 목적을 두고 있다고 한다면 소양인은 남에게 보이거나 자존심을 추켜세우려는 의도로 물질적 가치를 얻으려 노력한다고 보아도 무방하다. 그렇기 때문에 겉모양이 번지르르한 것도 소양인의 관심을 끌지만 내용에 관계없이 체면에 문제가 된다면 빚을 져서라도 구비한다. 길거리의 거지를 보면 몇 푼이라도 주고 싶어 한다. 축의금이나 부조금을 낼 때도 남보다 적게 내는 일은 참지 못한다. 만약 없어서 못 내면 고통스러워한다. 많이 내서 남들이 칭송하면 아부인지 알면서도 즐거워한다. 남의 말을 잘 듣는다. 그러다보니 사기도 잘 당한다. 사기를 당하는 데에는 크게 두 가지가 있는데 하나는 욕심이 앞서 과정에 대한 타당성을 이성적으로 판단하는 기능이 마비되는 경우이고 다른 한 가지는 쉽게 남을 신뢰하는 단순한 경우인데 소양인이 사기를 당한다면 후자가 될 것이고 전자의 경우는 태음인의 경우로 생각하면 될 것이다.

흔히 암기력이 취약해 소년기에 영특하지 못하다는 말을 듣기 쉽다. 소양인 부모는 행여 자기 자식이 책가방을 학교에 두고 온다든지 내일 숙제가 무엇인지 기억을 못한다면 꾸지람을 하겠지만 일단 이 아이가 양인이 아닐까 의심해볼 필요가 있다. 젊은 사람이 지갑이나 열쇠를 어디다 놓았는지 몰라 헤맨 기억이 많다면 건망증이나 치매라기보다는 그 사람의 체질이 양인일 가능성이 높다는 것뿐이다. 그간의 제도권 교육이 주입식이다 보니 혹 적응에 어려웠다 할지라도 소양인의 장점은 기민함과 민첩성을 바탕으로 한 예지력이나 분석력 등이 다른 유형보다 탁월하다는 것이다. 특히 최근 매우 중요한 능력 척도로 인정되는 창의성은 쌓아둔 지식을 활용하기보다 늘 새로운 아이디어를 창안하는 능력이므로 소양인에게는 절대적으로 유리한 범주가 된다.

익히 알려진 바와 같이 토마스 에디슨(Thomas Alva Edison, 1847-1931)은 평생 1,300건 이상의 특허를 획득한 발명왕이었지만 건망증에 시달렸다. 일설에 의하면 퇴근 후 자신의 집을 찾지 못했는가하면 신혼여행 열차에서 화장실에 갔다 아내 메리의 얼굴이 기억나지 않아 자리로 돌아오지 못했다. 제도권 교육을 부정하고 항상 신선한 아이디어로 새로운 고안품을 창안한 그의 사상유형은 아마도 소양인이었을 것이다. 마치 화장실에서 일을 보면서 새로운 아이디어가 떠올랐다는 브랜드 명칭 만드는 회사의 직원처럼 끊임없이 묵은 것을 밖으로 내보내야 새로운 것이 채워지기 때문이다.

소양인에게 꾸준함이나 지구력을 요구하는 것은 무리다. 늘 상 계획성이 없고 치밀하지 못하며 마무리가 흐지부지하다. 끈기가 부족한 것이다. 우리는 이런 사람을 흔히 우유부단하다고 한다. 맺고 끊는 것도 수월치가 않다. 일을 시작할 때에는 급작스레 에너지를 쏟아 붓다보니 정력이 한꺼번에 고갈되고 시간이 갈수록 처음 가졌던 의욕을 망각한다. 한 직장을 꾸준히 오래 다니는 것은 소양인의 인내력을 시험하는 것에 불과하다. 몇 년 만 지나도 흥미를 잃는다. 무언가 변화를 추구하고 싶어 하는 것이 소양인이다. 통계에 의하면 소양인의 이직률은 다른 체질 유형 보다 높다고 한다. 특히 단순한 작업을 요하거나 인내력을 요하는 봉사 직은 소양인에게 어울리지 않는다. 활동적이고 자신의 존재가 알려지는 일을 선호하며 가정보다는 일이 우선이라고 생각한다. 매일 귀가 시간이 늦었던 사람이 일찍 퇴근을 하자 아내가 걱정스러운 표정으로 "당신 또 직장에서 쫓겨났구려."라고 했다는 우스개 소리가 있다. 만약 그 사람이 소양인이라면 건강에 이상이 있거나 정말 직장에서 해고당했을 지도 모를 일이다.

소양인은 외로움과 고독함에 취약하다. 무슨 일이로든 뭉치기를 좋아한다. 늘 상 자신의 주변에는 사람들로 우글댄다. 그리고 그렇게 하기 위해 아낌없이 자신이 가진 것을 퍼주는 것이다. 그러다보니 교우관계는 무난한 편이며 역시 질보다는 양이다. 다양한 분야에 많은 사람을 안다. 그 집 행사에 가보면 문전성시를 이루지만 영양가 있는 사람은 별로 없다. 실속이 별로 없다는 말이다. 대인 관계에 있어 비교적 계산적인 관계보다는 의리나 정과 같은 인간적인 면을 소중히 여긴다. 감정이 순간적 상황에 의해 민감하게 변하지만 뒤끝은 없다. 끝장낼 듯 싸우다가도 다음날이면 깨끗이 잊어버린다. 쉽게 울고 웃기도 한다. 배신감을 느끼면 은근히 노하기도 잘한다. 흔히 애기하는 다혈질인 것이다.

소양인 가운데 두뇌가 발달된 사람들은 태양인처럼 논리성에 강하고 순발력이 뛰어나다. 소위 감이 발달 되어있다. 논리적이거나 통계적 분석보다는 느낌에 의존하여 판단하려고 한다. 그러나 결과는 의외로 적중한다. 사람들은 이런 경우 운이 좋았다든지 우연의 일치라 생각한다. 그러나 이런 결과가 반복되면 의아해 하면서도 억지로 논리적으로 해석하려고 한다. 그러나 감이란 인간이 가진 능력 가운데 하나임에 틀림없다. 앞 뒤 재볼 만큼 여유가 허락되지 않는 위기 상황이라면 감이란 매우 중요한 요구가 된다. 예컨대 정해진 일정에 의해 유럽여행을 간다든지, 고시를 보기 위해 계획을 세운다면 치밀함이 요구될 것이다. 그러나 9·11테러와 같은 절박한 상황에서 미국 대통령으로써의 의사결정이나 곧 폭발될 비행기 탑승객의 행위는 논리적으로 자신이 가진 지식들을 불러 모아 치밀한 계획에 의한 실행을 기대할 수 없을 것이다. 이 경우 소양인들은 다른 유형에 비해 기민한 판단으로 행동으로 옮기는 데 유리하다. 물론 이런 행위에 대한 결과 평가는 중요하지 않다. 중요한 것은 아무것도 하지 않는가, 아니면 무엇인가를 적극적으로 할 수 있는가의 문제이기 때문이다. 소양인들은 쉽게 지난 일들에 대한 과오를 잊어버리므로 후회하는 데 익숙하지 않다. 과거에 대한 반성은 미래에 동일한 실수에 대한 예방책이라는데 의미를 부여할 수 있지만 후회가 지나칠 경우 미래의 적극적 행동을 방해할 수가 있다. 흔히 태음인이나 소음인들은 후회가 지나친 반면 소양인은 쉽게 잊어버릴 수 있다는 특성으로 인해 학습보다는 적응에 유리하다.

소음인

인구분포: 태양인을 제외하면 우리나라 사람 가운데 가장 적은 유형이다. 동의수세보원에서는 20%가량이라고 추정하고 있다. 그러나 최근의 통계들을 보면 그보다는 많다고 보는 것이 무방할 듯하다. 일부 통계에서는 소양인과 거의 유사한 수준으로 조사가 되고 있는데 필자의 생각으로는 우리 국민의 약 30%에 근접한다고 보면 적절할 듯하다.

신체 특성: 신체의 하체가 발달되었다. 어깨는 좁으며 다리가 길고 쭉 뻗었다는 느낌을 준다. 소위 요즘 유행하는 '몸짱'이 되기에 유리한 체형이다. 신체의 신장부분이 발달했으니 당연히 둔부의 골격이 크고 단단하다. 흔히 자신의 몸이 비만하면 둔부가 크다고 생각하기 쉬우나 골반이 발달된 것은 전체적 유형을 두고 하는 말이지 각 사람의 절대적 치수를 비교하여 크고 작음을 의미하는 것이 아님에 주의해야 한다. 소음인들은 비만형이 거의 없다. 대체적으로 날씬하며 상체가 크지 않아 위압감을 주지 못한다. 특히 깡마른 소음인의 경우 몸 전체가 일자형처럼 보이지만 둔부가 크지 않아도 소음인인 경우가 많다.

대체적으로 소음인의 인상은 싹싹함과 친절함이다. 눈가에는 웃음이 배어있다. 금방이라도 상냥한 말투로 인사말을 건넬 것 같다. 상대방에게 싫은 소리를 못하는 성격과 무관하지 않다. 피부는 대체적으로 희고 고우며 손발은 따뜻하다. 혈색이 붉은 기가 돌지 않는 것이 정상이며 오히려 볼이 붉어지면 허혈의 조짐으로 좋지 않다. 소음인은 땀이 많지 않다. 혹 평생 땀을 흘려본 경험이 없다고 얘기하는 사람조차 있다. 사우나를 해도 땀이 흐리지 않는 사람도 있고 흘리더라도 소량이다.

소음인의 특성

소음인(智)
1. 둔부, 하체가 발달 2. 외적 즐거움, 내적 기쁨 3. 내성적, 세심함, 불안감, 당여 탁월한 기억력, 거래적, 질투심 4. 미각 5. 명예욕
1. 일자형 코, 희고 고운 피부, 상냥함, 2. 추위에 취약, 신경성 위장 질환, 식성 까다로움, 땀을 흘리면 위험 3. 걸음이 얌전, 행동이 느림, 태연해 보이려 노력, 내성적, 체면 중시, 취향 까다로움, 완벽함. 4. 내적 근심, 겉치레 중시, 모험의 회피, 내적 복수심, 결정의 어려움 5. 당여인에 대해 관대(자식, 가족)하고 희생적, 미래 지향적, 공개적 6. 높은 기억력(감성적 충격), 단 음식(군것질) 선호, 규칙성 선호 7. 처음에는 듣는 타입, 마음이 열리면 talkative 8. 외적으로는 수용, 내적으로는 장고(長考)형, 확인을 위한 다문(多問) 9. 가치 일체감 선호

註: 표 상단: 원전(동의수세보원)개요
1. 신체특성 2. 성정 3. 일반특성 4. 발달된 감각 5. 건강을 위해 피할 일
표 하단: 임상적으로 발견된 특성들
1. 외형 특성 2. 체질 특성 3. 행위특성 4.- 9. 성격특성

주위 온도가 높지 않은데 땀이 흐르면 건강의 적신호이다. 병을 앓는데 태음인이 땀을 흘리면 회복의 신호요, 소음인이 땀을 흘리면 악화 내지 사망의 조짐이라고 한다. 당연히 몸이 차갑고 열 소양인이나 열 태음인과 달리 추위에 약하고 더위에 강하다. 심한 경우 여름에도 솜이불을 덮고 자는 사람도 있고 환절기에 유난히 긴팔 옷을 입거나 두꺼운 옷을 입는 사람은 대부분이 소음인이다.

소음인의 식성은 까다롭다. 주위에서 입이 짧다고 한다. 자신이 먹어 본 음식이 아니면 쉽게 먹지 않고 자기 어머니나 아내가 해주는 음식을 제일 좋아한다. 자극적 음식을 꺼리는 사람들이 많고 아예 육식을 즐기지 않는 사람들도 여럿 발견된다. 한 번에 먹는 양도 많지 않아 조금씩 여러 번 먹는다. 소음인들이 군것질을 많이 하는 이유는 위가 작아 소식(少食)을 하기 때문이다. 유난히 소음인들 가운데 위병을 앓는 사람들이 많은데 위가 작은데도 많이 먹어서가 아니라 근심이 많아 신경성으로 앓게 되는 것이다. 소음인의 감정 숨기기는 신경성 장애를 유발시킨다. 소위 신경성 XXX 증세와 같은 병명은 소음인들에게 두드러지게 나타난다. 이 경우 신경성 위장병과 함께 불면증에 시달리기도 한다. 편한 잠은 소음인에게 더 없는 보약이다. 아주 드문 경우지만 소음인이 스트레스 살을 얻어 비만형이 되는 경우가 있는데 이는 매우 심각한 증상이라고 한다. 당연히 소음인들은 더운 음식이 좋다. 닭고기나 호박, 생강, 인삼, 도라지 등은 좋은 음식들이다.

소음인이 건강한 삶을 누리기 위해서는 불필요한 근심과 남의 것과 비교하려는 시샘이 많은 마음을 다스리는 일이다. 소음인의 성정은 멀리서 바라보기보다는 가까워지려하고 위에서 보기보다는 서서 보려고 하는데 있다. 근심을 멀리하고 항상 낙천적인 마음을 가져야 한다. 내가 염려한다고 세상이 바뀌지 않으며 옆을 두리번거리며 볼수록 목적지와의 거리는 멀어진다는 평범한 진리를 간직해야 한다. 쓸데없는 우려로 불면의 밤을 보내는 것은 결코 바람직하지 않다. 그리고 끊임없이 변화를 추구해야하며 한 곳에 머물려는 생각을 버리는 것이 좋다. 넓고 다양한 대인관계를 가지려고 노력하되 특정한 직업이나 학력, 성별, 종교에 대한 편견은 버릴수록 좋다. 소양인과 마찬가지로 편안한 수면은 내일의 컨디션을 보장할 것이다. 남들이 한다고 자신의 능력과 무관하게 행동하는 것은 자신의 건강한 삶을 해치는 지름길이 된다. 항상 자신의 모습을 성찰하고 분수에 맞는 삶을 추구하면 무병장수할 수 있는 지름길이 될 것이다.

성격 특성

명문 여자 대학을 졸업한 J씨는 열애 끝에 역시 명문대학을 졸업한 평범한 회사원과 결혼하게 되었다. 그러나 명문대 커플이라고 해서 윤택한 생활이 보장된 것은 아니었다. 원래 J씨의 부친은 자신이 졸업한 대학의 교수였지만 항상 청렴한 생활로 부유한 가정이라고 보기는 어려웠다. J씨의 시아버지는 농촌 출신으로 일찍이 상경하여 가게 운영으로 서울에서 터전을 잡은 평범한 영세 상인으로 중류층 가정을 일구었는데 J씨의 남편은 그 집의 장남이었다. J씨의 남편은 학교 시절 전형적인 모범생이었다. J씨의 시부모는 고액과외는 고사하고 학원출입조차 없었는 데도 우등생의 자리를 놓치지 않았던 장남에 대한 대견함이 어떠했을까는 설명이 필요없는 부분이었다. 이런 상황은 J씨의 시집살이를 결코 평탄하게해주지 못했다. 자식에 대한 무조건적인 복종을 요구하는 것은 물론 아들을 낳지 못한 며느리에 대한 책망 또한 컸다. 일찌감치 분가 했지만 시댁의 영향력은 항상 막강하게 작용하였다.

J씨의 남편은 소위 용한 장남이었고 J씨에 대한 애정도 각별한 사람이었다. 아내와 어머니 사이에서 항상 최선을 다해 조율했다. 항상 결과는 J씨의 양보로 귀결되었지만 남편을 미워할 수는 없었다. J씨 또한 천성이 여린 마음을 가지고 있었고 항상 속으로 삭힐 수밖에 없었다. 두 딸이 취학 연령에 이르자 자녀 교육에 대한 열정이 J씨의 심리적 스트레스 해소책으로 등장했다. 시댁과의 관계나 성에 찰만큼 넉넉하지 못한 살림에 대한 불만은 자녀의 귀족 교육으로 채워지기 시작한 것이다. 분명한 목표가 설정되고 목표 달성을 위한 실행 전략은 J씨로 하여금 심리적 안정을 찾게 해주었다. 물론 자신도 낮은 소득이긴 하지만 영업 계통의 직장을 얻었다. 두 딸은 소위 권력이 있거나 재벌 자녀들이 다니는 명문 유치원과 사립 초등학교로 결정되었다. 집과의 거리가 다소 멀었지만 그런 것은 문제가 되지 않았다. 자동차를 구입해 두 아이를 실어 날랐다. 차가 한 대였으므로 남편은 지하철로 통근했다. 이런 생활은 아이들이 초등학교 졸업할 때까지 지속되었다. 물론 단순히 실어 나른다고 학교생활에 대한 모든 문제가 해결되는 것이 아니었다. 아이들의 동급생 친구들과의 격차는 심각한 문제를 초래하기도 하였다. 그럴 때마다 J씨는 어떻게 해서라도 돈을 구해다 비슷하게 맞추려 노력했다. 두 부부의 생활이란 거의 바닥 수준이었다. 먹는 것, 입는 것, 여행을 가는 것, 다른 사람과 왕래를 하는 것 등 시간과 돈이 드는 일은 거의 모든 것이 절제와 통제의 대상이었다. 그래도 아이들 입장에서 부족하다는 생각은 J씨 입장에서 마음의 짐이 되었다.

아이들이 초등학교를 졸업하고 중학교에 입학할 때쯤 남편과 자신의 소득은 늘었지만 그만큼 바빠졌다. 자신은 하루 종일 영업에 매달려야하는 만큼 회사의 중역인 남편은 퇴근하자마자 총알 같이 아이들을 하교 시키고 여기저기 과외 하는 곳으로 데리고 다녔다. 아이들을 위해 부모의 희생이 이 정도쯤은 아무것도 아니라 생각했다. 조기 유학 붐이 일자 지금 J씨는 아이들을 유학시킬 계획을 세우고 있다. 얼마나 더 큰 희생이 필요할지는 몰라도 J씨의 마음속에는 힘 있고 돈 있는 사람들의 자녀들만큼 해주지 못하면 안 될 것 같은 불안감이 엄습해 오고 있었다.

소음인의 성정은 대개 내성적이고(陰) 가까운 사람들과 어울리길 좋아한다(=당여(黨與). 자신의 마음을 상대방이 알게 되는 것을 불안하게 여긴다. 물론 상대방이 내편이라고 여기면 주저하지 않고 얘기하지만 별 것도 아닌 사실을 비밀로 해달라고 부탁하곤 한다. 항상 내편과 내편이 아닌 사람, 아군과 적군의 구별이 분명하다. 같은 동네나 학교 출신, 친척, 알고 지내는 사람과의 관계를 소중하게 생각한다. 특히 가족은 철저하게 내편이므로 소중하게 여긴다. 일반적으로 당여성은 전통적 사회에서 중요한 인간관계를 형성하고 있고 태음인이나 소양인에게서도 적지 않은 선호성이 보이지만 소음인의 당여성은 매우 절대적이라는 점에서 구별된다.

예컨대 소양인의 당여성은 자신이 베푸는 수위에 대한 차이를 줄 정도로 여겨지거나 자존심을 세우는 수단정도가 보통이다. 이를테면 집안 식구니까 좀 더 나누어주기, 자식이 우둔하면 나도 무지하게 보이는 것, 나는 가난해도 사돈의 팔촌이 큰 부자, 등과 같이 동일시 문제 수준에서 그친다. 태음인 역시 당여성이 강한 것처럼 보이지만 자신을 보호하기 위한 수단으로 활용되며 결코 자신이 희생하는 대상으로 여기지는 않는다. 이를테면 어려울 때 내가 기대기 위한 수단으로 여긴다든지 가족간이라 할지라도 채권, 채무 관계 등이 분명한 것 등은 태음인 역시 소음인만큼 절대적 당여성을 나타내지는 않는다는 것이다.

사례에서 나타났듯이 소음인의 당여성은 자식에 대한 희생으로 나타나는 경우가 많다. 자신의 가슴 속에 한스러움으로 남은 것을 자식에게 베풀어서 나의 분신인 자식이 얻기를 바라는 것은 전형적인 소음인의 당여성을 나타낸다. 내가 창피를 당하더라도 내 자식이 창피를 당한다면 두고두고 가슴 속에 한으로 남는다. 내가 시장 옷을 입더라도 내 남편이 싸구려를 입고 다니는 것은 참지 못한다. 소음인의 당여성은 동일시하려는 노력으로 나타난다. 예컨대 유명 상표의 옷을 입는다든지 유명한 음식점에서 식사를 한다든지 함으로써 그 사람들과 동일하다고 여기고 싶어 한다. 그러한 행동이 나로 하여금 나의 격을 올릴 수 있다고 믿기 때문이다. 소음인들의 소비 형태는 유명한 상표를 싸게 사서 오래 쓰는 것이다. 만약 소음인 고객에게 구매 의욕을 자극하려면 알려진 연예인이 쓰는 물건이라고 하면 결정타가 될 것이다.

소음인은 인상이 부드럽고 어깨가 좁아 연약해 보이지만 속마음은 강하며 세심한 나머지 불안한 마음이 가득하다. 태음인의 성정이 자신이 마련한 계획에 따라 일이 진행되고 마무리되지 않을까 겁이 나서 매사 주저하게 된다면 소음인은 미래를 알 수 없다는 막연함으로 인한 불안한 마음에 주저하게 된다고 보면 된다. 소음인의 불안한 마음은 당여를 찾아다니며 상의하게 한다. 항상 확인하려고 하며 동일한 사항에 대하여 반복 질문하는 모습을 보인다. 누군가 나에게 해결책을 주어도 확신이 서지 않아 불안한 마음이 들면 또 물어보고 집으로 돌아온다. 그래도 불안한 마음에 잠이 오지 않으면 다른 대상을 찾아 나선다. 그러다 보면 그 사람 주위에 있는 모든 사람들이 그의 사정을 소상히 알게 된다. 제각기 나름대로의 해결책을 주었기 때문에 모두들 결과가 궁금해질 것이다. 그러나 그의 판단은 그 많은 사람이 제시했던 방법이 아닐 수도 있고 그 가운데 하나일 수도 있다. 그러나 그가 선택할 수 있는 방법은 단 한 가지가 되므로 진솔하게 해결책을 제시한 사람들은 배신감을 느끼게 된다. 소음인들에게 흔히 일어나는 일이다.

소음인들은 대체로 기억력이 탁월하고 따지길 좋아해 논리적인 것처럼 보인다. 기억 속에는 온갖 자질구레한 일들까지 기록되어 있다. 어렸을 때 옆집 살던 아이의 버릇부터 시작해 초등학교 시절 자신을 놀리던 아이의 이름, 심지어는 첫 미팅 때 만난 남학생의 코털이 길었던 것까지 기억해 낸다. 어찌 보면 섬뜩할 정도다. 특히 자신의 감정을 상하게 했던 말이나 사건들은 거의 평생을 간직한다. 만약 결혼기념일이나 소음인 아내의 생일을 깜빡 잊고 지나친 경험이 있는 남자라면 한번쯤 새겨둘 일이다. 현재와 같은 암기 위주의 교육제도에서는 상당히 유리한 점이 있다. 당연히 암기 과목에서는 발군의 실력을 발휘한다. 문제가 생겼을 때 자신의 기억 저장고에 있는 지식을 밖으로 끄집어 내 사용하려는 경향이 있다. 항상 대화도중 평소 기억해 놓은 작가이름이나 책 제목 인용하길 좋아한다. 자신의 논리보다는 강한 자의 논리를 빌어 주장을 관철시키려는 것이다. 자신의 불안함은 주변에 당여를 공고히 하고 세상 사람들이 인정하는 것으로 온 몸을 치장해야 속이 시원하다.

흔히 소음인들은 맡겨진 일을 잘한다고 한다. 밤을 새워서라도 끝장을 본다. 원칙을 선호하고 원칙의 적용에는 완벽을 추구하기 때문에 고지식하다는 소리를 듣는다. 일단 어떤 직위가 주어지면 강한 책임감으로 정확하게 끝까지 처리해야 직성이 풀린다. 어떤 집단이든 처음에는 나서지 않지만 모두가 맡기면 일을 잘하는 사람들이 있다. 그들 중 대부분은 소음인이라고 해도 좋다. 대체로 정확한 것을 좋아하고 계산적이긴 하지만 자신의 가치에 합치하면 기꺼이 손해도 감수한다. 예컨대 식사를 하고 터무니없는 가격이 계산서에 나왔더라도 그 음식점이 유명하다거나 현재 동반자 앞에서 자존심을 구길 상황이라면 기꺼이 결재할 수도 있다. 정확성과 완벽을 기하다보니 일을 처리하는 데 느린 경우도 있다. 항상 순서와 절차가 명확하며 그 순서가 흐트러지면 당황한다. 대부분 침착하고 차분하기 때문에 당황하는 경우가 드물기는 하지만 제 페이스를 한 번 잃었을 경우 다른 유형들에 비해 치명적인 결과를 초래할 수도 있다.

소음인들은 질투, 시기심이 강하다. 나의 주변과 키 재기를 해본 결과 조금이라도 작다고 느껴진다면 불안감이 들기 시작한다. 그 것이 능력이나 소유의 규모 따위가 아니더라도 어떤 비교가 될 사항이 등장 했을 때 자신이나 자신의 당여가 처지는 것을 용납하지 않는다. 그러나 이러한 성정을 밖으로 드러내는 소음인은 거의 없다. 체면을 중시 여기기 때문이다. 아무리 화가 치밀어 올라도 직언을 하는 데는 익숙하지 못하다. 이런 경험은 기억 속에 남게 되며 결국 스트레스가 되기도 한다. 소음인들의 체면은 자존심과도 연관된다. 그리고 소음인의 자존심은 자신을 지켜주는 역할을 하므로 절대적인 것이다. 당연히 자신의 외모나 의상 등에 신경을 많이 쓴다. 당장 남에게 보이는 것에 집착이 강하다고 할 수 있다. 보통 집이나 승용차 등의 선택에는 고가를 사되 한번 사고 오랫동안 쓰는 방법을 택하기도 한다. 특히 일반적인 가치에 민감하기 때문에 유명 브랜드, 명사들이 즐겨 찾는 장소, 물건 등은 여과 없이 자신이 추구하는 가치로 받아들여지게 한다. 유명 연예인이 날씬하다면 지금 날씬하더라도 살빼기를 해야 한다. 이러한 가치의 추구와 획득은 자존심을 지키기 위한 수단들이 된다.

당연한 얘기지만 기억력이 좋으면 망각은 취약하기 마련이다. 상대방이 자신의 자존심을 건드리거나 모욕적인 발언을 했을 경우 왕성한 기억력이 발동하여 오랫동안 가슴에 묻어두고 잊지 않는다. 조용조용하면서 말을 아끼고 듣고만 있다고 아무 말이나 해서는 안 될 일이다. 부드러움은 강직함보다 강하다는 말은 소음인에게 어울리는 말이다. 부드럽지만 쉽게 포기하지 않으며 포기하더라도 두고두고 기억하며 곱씹는다. 이러한 습관은 미래보다는 과거에, 변화보다는 유지에 무게를 두게 한다. 태음인의 경우에도 변화를 싫어하긴 마찬가지지만 태음인은 게으름으로 자신의 자리에 머무르고자 하는 거처성향이 원인이라면 소음인은 미래의 불투명성으로 인한 불안감에서 연유한다. 불안감이야말로 소음인들을 괴롭히는 일등요인이다.

소음인들에게 불안감을 떨쳐야 무병장수 할 수 있다고 하면 "그거야 나도 익히 알고 있지만 어떻게 불안과 걱정을 떨쳐버리고 편안한 마음을 갖느냐?"고 반문한다. 물론 자신이 노력을 하는 수밖에 없다. 그리고 한 가지 있다면 '망각 훈련'을 권해주고 싶다. 근심의 원인이 높은 기억력에서 비롯되기 때문이다. 흔히 사업하는 사람들에게 과거에 대한 미련은 미래의 성공 가능성을 반감시킨다고 한다. 한 번에 성공할 가능성이 희박한 것이 사업이고 보니 누구나 크고 작은 실패의 고배를 마실 수밖에 없다. 처음 실패가 값진 수업이 되기 위해서는 그 다음이나 그 다음 다음번 정도에는 성공을 거두어야 하는데 과거에 잃어버린 것을 복구하겠다고 욕심을 부리다 보면 일을 크게 그르치게 된다. 사업이란 자신감을 필요로 하는 만큼 실패의 기억은 불안감을 더해 도움이 안 되며 돈이 우선이다 보면 큰 성공은 기약할 수 없는 것이다. 지나간 일들은 잊어야 한다. 그리고 주변을 살피지 말고 앞으로 곧장 나가는 것이야말로 소음인의 건강하고 안정된 삶을 기약할 것이다.

태양인

인구분포: 우리나라 사람 가운데 가장 드문 유형이다. 동의수세보원에서는 일만 명 가운데 3,4명 내지 10명뿐이라고 기술하고 있다. 1% 이내라는 설명이다. 그만큼 임상적 결과에 대한 기술이 부족하여 태양인의 구분도 쉽지 않고 유형 특성에 대한

내용이 많지 않다. 다행히 지구촌 시대에서 미국에서 사상유형 분포를 조사한 결과 우리와 달리 상당수가 태양인으로 판명되어 향후에는 보다 풍부한 자료가 획득될 것으로 기대된다. 그러나 동무(東武)가 태양인이고 언어적 느낌이 우월한 유형일 것 같은 생각이 들어 자신이나 배우자의 유형특성을 억지로 태양인인양 껴 맞추려는 사람들이 있다. 거듭 언급컨대 사상은 우열이 없고 다만 다른 특성을 의미할 뿐이라는 점을 밝힌다. 본서에서는 동의수세보원에서 언급하고 있는 내용을 중심으로 기술한다.

신체 특성: 신체의 머리와 목덜미가 발달되어있다. 목이 굵고 얼굴이 크며 하체가 취약하고 둔부도 작다. 피부가 거칠지는 않으나 비범한 인상을 가지고 있다. 눈매가 매섭고 코는 삼각형으로 뾰족하며 신장이나 체중에 관계없이 차갑고 엄한 분위기를 연출한다. 어떻게 보면 소양인과 체형상 큰 차이가 없으나 소양인이 순한 인상이라면 태양인은 눈매가 매섭고 두려운 느낌을 준다는 점에서 다르다. 이제까지 발견되기로는 반드시 목덜미가 발달된 것이 뚜렷하지 않더라도 태양인으로 간주하는 경우가 있는데 흔히 '박정희 형'이라고 한다. 박정희 대통령은 성격상 태양인에 틀림이 없지만 피부가 야위고 날렵한 몸매를 가지고 있다. 이 경우 태양인의 체형은 소음인과의 분간을 애매하게 한다. 그러나 역시 소음인의 부드러운 인상은 큰 차이라고 하겠다.

태양인의 식성은 기름진 음식보다는 담백한 음식을, 자극적인 음식 보다는 순한 음식을 좋아한다. 태음인과 정반대로 육류를 즐기지 않으며 식탐을 하지 않아 식사량이 많지 않다. 기록에 의하면 동무가 6-7년 동안 고통을 받은 병은 열격・반위증세와 해역(解㑊)증 등이었다. 열격・반위란 혈액이 소모되고 위 안이 건조하여 물은 넘겨도 음식을 못 넘겨 토하게 되는 병이다. 해역은 상반신만 튼튼하여 다리가 마비되거나 붓고 힘이 빠져 보행에 어려움을 느끼는 병이다. 이러한 증상은 태양인의 몸 상태가 나빠지면 흔히 일어나는 현상이라고 한다. 동무는 수 십 년을 기름기를 멀리하는 섭생과 마음을 다스려 죽음을 면했다고 회고하고 있다. 그러나 워낙 태양인의 수가 적다보니 주위에서 발견하기란 쉽지 않은 현상들이다.

태양인의 건강한 모습은 얼굴이 희고 비만해서는 아니 되며 위가 편하고 대소변의 양이 많아야 한다. 그러기 위해서는 술을 멀리하고 담백한 음식이나 생식 등을 가까이 하며 항상 화를 다스려야 한다. 특히 노한 마음이 들어 분을 참지 못하면 바로 건강에 적신호가 켜진다. 혹자는 누구나 그래야 하는가 하겠지만 소양인이 화를 내기를 삼세번 하는 것과 태양인이 노한 마음이 한번 드는 것은 그 영향이 같다고 보면 된다. 항상 스스로를 다스리는 마음을 가지고 마음의 평화를 얻고자 한다면 무병장수할 것이다.

태양인의 특성

태양인(義)
1. 상체와 목덜미, 머리가 발달 2. 외적 노성, 내적 슬픔 3. 왕성한 사고력, 공격적, 독선적 대의명분 중시,의협심 4. 청각 5. 음주, 화냄
1. 더위에 취약, 구토증, 간(폭음)질환, 담백한 음식 선호, 땀이 많음 2. 행동이 민첩하고 급함, 직선적 성향, 자기 중심적, 예리함, 밀어 부치고 후회는 없음. 3. 이해 관계보다 의리의 중시, 명예욕, 모험적, 성실함(가치 지향적) 4. 즉각 반응, 베풀기, 말보다 행동 5. 발산형(화내고 잊어버림), 솔선수범형 6. 1인칭 주어 중심, 다변, 급함 7. 내외적 수용 일자형 코, 고운 피부, 비범한 인상, 눈이 일자형(북방계)/박정희 형, 신웅균 형 8. 불가(동일시에만 가능) 9. 가치의 강압성, 협상 어려움

註: 표 상단: 원전(동의수세보원)개요
1. 신체특성 2. 성정 3. 일반특성 4. 발달된 감각 5. 건강을 위해 피할 일
표 하단: 임상적으로 발견된 특성들
1. 외형 특성 2. 체질 특성 3. 행위특성 4.- 9. 성격특성

성격 특성

소위 '인류 최고'라는 수식어가 붙는 과학자들 대부분은 비엘리트적이고 비현실적이거나 평범한 가정을 꾸리는데 별반 능력을 발휘하지 못한 사람들이었다. 우리는 그들의 전기를 읽으면서 평범하지 않은, 무엇인가 큰일을 한 사람들은 대(大)를 위해 소(小)를 희생했다고 생각하곤 한다. 상당수가 좋은 아버지나 남편이 되지는 못

했던 것이다. 아인슈타인(Albert Einstein, 1879-1955)도 제도권 교육에서 크게 인정받지 못한 불량한 학생이었고 뉴턴(Isaac Newton, 1642-1727)은 집단생활에 영합하지 못했으며 항상 비관적 성격으로 우울증에 시달렸다. 예술 분야의 경우는 이런 경향이 더욱 두드러진다. 살리에리(Antonio Salieri, 1750-1825)는 요란스럽고 무례하며 인간적 매력을 찾아볼 수 없었던 모차르트(Wolfgang Amadeus Mozart, 1756-1791)를 보면서 천재란 결코 노력에 의해 얻어질 수 없으며 인간으로써의 행복을 포기해야만 가능하다고 느꼈을 것이다. 20세기를 대표하는 화가 피카소(Pablo Picasso, 1881-1973)의 여성 편력과 기행(奇行)들은 널리 알려진 사실이다. 앞서간 수많은 불우한 화가들과는 달리 역경 속에서도 낙천적 성격으로 자신만의 삶의 방식을 바꾸지 않았으며 92세까지 장수하면서 노년에 세상이 인정하는 것을 확인하고 자유롭게 살아갔다. 지금 그들의 사진이나 초상화를 보면서 사상유형을 정확히 판단한다는 것은 무리이겠지만 기존의 체계를 과감하게 무너뜨리거나 새로운 주장을 굽히지 않는 성격은 경험이나 기존의 지식에 의존하려고 하는 성향과는 분명한 차이가 있었다. 역사 속에 등장하는 위대한 인류의 기여자들이라 불리는 천재의 인생이란 '평범'과는 거리가 멀거나 그 시대에 이단아들이었던 것이다. 무엇이 그들을 그리도 비범하게 만들었을까. 여러 가지 원인이 있겠지만 사상유형과도 무관치 않을 듯싶다.

태양인은 예술 분야와 같은 창의적인 분야에서 일하는 경우가 적지 않다. 혹 베토벤의 초상화를 본적이 있는 독자라면 그의 고민에 가득 찬 얼굴에 날카로운 눈매, 비범한 분위기를 공감할 것이다. 전형적인 태양인의 모습이다. 외모는 알 수 없지만 많은 피를 흘리며 왕권을 강화시킨 고려의 광종이나 조선의 태종과는 공통점이 있다. 친인척들마저 형장의 이슬로 보내는 비정함과 술과 가무를 즐기는 상반된 특성을 공유했다. 태양인은 청각이 발달되어 있다고 한다. 그리고 창의력이 왕성하며 예술 분야를 즐기는 동시에 감각도 뛰어나다고 한다. 파바로티(Luciano Pavarotti, 1935~2007)의 건장한 모습을 보면 그의 외모 역시 태양인의 요소가 다분함을 느낄 수 있다.

동무는 태양인의 성정을 수컷에 비유했다. 항상 직선적이고 자신을 굽힐 줄 모르는 교만한 마음이 있다고 하였다. 옆과 뒤를 보지 않고 오로지 앞만 보려고 한다.

겉으로 비범하고 사고력이 왕성하고 과단성, 진취성이 강하다. 매우 공격적이다. 자신의 주장이 옳다고 생각하면 후회할 줄 모르고 즉시 행동으로 옮긴다. 태양인의 남성적 성향은 성별에 관계없다. 소위 여장부라고 불렸던 사람들 가운데 태양인들이 발견된다. 독선적이지만 일관성과 과단성, 의협심이 있다. 처음 보는 사람을 경계하여 쉽게 사귀지 못하며 노여워하는 마음이 있어 안으로 화를 삭이지 못해 병을 얻는다고 한다. 자신이 옳다고 생각하면 세상의 어떤 것이라도 희생으로 삼을 수 있으며 결코 자신의 잘못을 뉘우칠 줄 모른다. 모름지기 후회란 없다. 이러한 태양인의 성정은 쉽게 수평적 관계를 가지지 못하게 한다. 안하무인이 되기 십상이기 때문이다.

대체적으로 태양인들은 총명하다. 뛰어난 순발력에 소양인에 비해 무게도 있어 소양인과는 달리 장난기나 유치함은 찾아 볼 수 없다. 상황을 판단하는데 있어 신속한 동시에 예리한 판단을 내린다. 의사결정의 속도가 빠르면서도 정확하다고 할 수 있다. 이러한 성향은 변화의 속도가 빠른 차세대의 사회적 여건에 적합할 것으로 기대된다. 뿐만 아니라 편리한 도구를 만들어내는데 공로를 세워 인류에 공헌할 수도 있을 것이다. 언급한바와 같이 뛰어난 자연과학자들은 창의적이라거나 감(感)이 뛰어난 사람들이었다.

태양인은 군인이나 정치가처럼 강력한 리더십을 필요로 하는 경우에 적격이라고 한다. 태양인은 다른 사상 유형에 비해 물질적 욕구가 크지 않기 때문에 대범하다는 소리를 듣게 되고 부하로부터 신뢰를 얻는데 유리하다. 항상 물질적 가치보다는 명분이나 명예가 우선이기 때문이다. 가정을 꾸린다든가 사소한 문제에 연연하는 것은 자존심이 허락하지 않는다. 항상 검소한 차림이며 몸치장에 신경을 쓰길 싫어한다. 태음인이 검소한 것은 자신의 저장고를 채우기 위해 절약을 하다 보니 그렇게 되지만 태양인은 본래 그런 일에 무관심하다보니 남의 시선은 안중에 없다. 물론 남들이 얘기해도 소용이 없다. 남의 말에 쉽게 동요되지도 않는다.

태양인의 단점은 자신의 신념이 지나치게 강하다보니 유연성이 떨어진다는 점이다. 남의 말을 듣지 않을 뿐 아니라 협상에 능하지 못하다. 적당한 선에서 물러선다거나 주변의 여건에 따라 자신을 낮추기도 쉽지 않다. 흔히 난세(亂世) 영웅들의 공통점은 목에 칼이 들어와도 바른말을 하는 사람들이었고 그렇지 못하면 변절자로 낙인 찍혔다. 그러나 안정기에 성공한 사람들은 목에 칼이 들어오기 전에 알맞게 처신하여 칼이 들어오지 못하게 한 사람들이었다. 이런 관점에서 보면 태양인은 난세에 영웅이 될 수 있는 조건을 나름대로 갖추었다고 하겠지만 안정기에는 현실과 타협하지 못한다는 비난을 받을 수도 있다.

필자의 개인적 의견으로는 한국에 태양인의 분포가 좀 더 높았더라면 사회의 혼탁성이 좀 덜했지 않았을까하는 생각이 든다. 그 이유는 음양조화 관점에서 볼 때 한 집단의 음인과 양인의 비율은 균형을 이루는 것이 바람직하다. 앞서 언급한대로 우리나라의 음인과 양인의 비율은 약 7 대 3 정도로 음인이 우세하다. 태인과 소인의 비율은 4 대 6 정도로 소인의 수가 다소 많은데 그 이유는 태양인의 수가 절대적으로 적은데 연유하는 것이다. 만약 태음인들 가운데 일부가 태양인이었다면 사회적 분위기가 물적 욕망으로 가득하고 황금만능의 가치가 우세한 부작용이 다소 완화되지 않았었을까 하는 아쉬움이 있다.

7. 욕심 다스리기

삼 형제가 있었다. 막내가 고교 졸업 때 부친이 사망하자 둘째는 동생이 가엾은 생각이 들어 이를 악물고 장사를 해 대학 등록금을 댔다. 막내가 대학을 졸업하고 직장을 얻자 이때까지 무심했던 장남이 나섰다. 이제까지 아무 도움도 못주어서 미안하다며 막내가 결혼할 때 작으나마 아파트라도 한 칸 마련해 주겠다는 것이었다. 둘째와 막내는 반신반의 했지만 두고 보기로 하였다. 막내의 혼사가 예상보다 신속하게 진행되자 당황한 첫째는 사정이 여의치 않으니 아파트 전세를 마련해 주겠다고 말을 바꾸었다. 약혼식이 끝나고 날 잡을 일만 남았다. 장남은 회사 사정이 어렵다며 아파트 전세를 회사 이름으로 얻어 줄 것이니 나중에 돈을 모아 집을 살 때까지 쓰라고 다시 말을 바꾸었다. 결국 막내는 우여곡절 끝에 고리의 이자를 주는 조건으로 맏형에게 돈을 꾸어 집을 얻어서 결혼 생활을 시작하게 되었다. 방송의 코미디 프로에나 나올 법한 얘기 같지만 실 사례이며 지금도 우리 주변에서 일어나고 있는 흔한 얘기다. 아마도 장남의 심리적 변화는 자신이 한 말을 일시에 거두어드릴 수 없으니 계획적으로 지출의 규모를 줄여 나간 것 같지만 명분과 실리의 갈림길에서 갈등하며 마음속의 욕심이 승리함으로써 가능했을 것이다. 물론 그 과정에는 고뇌 속에서 떳떳하기 위한 논리적 정당화 작업이 동반 되었을 것이다. 인간의 욕심은 그런 것이다. 끊임없이 가지려 하고 일단 가지면 놓지 않으려 한다. 아무리 마음속의 이성이 욕심내기가 추하다고 꾸짖어도 애써 정당화 하거나 가리려 하고 끝내 숨긴다. 그리고 생을 마감하는 순간에는 진실을 기억하며 후회의 눈물을 흘린다.

구태여 인류의 역사를 들추지 않더라도 인간의 만족감이란 경제력, 문화의 수준,

객관적 풍요 따위의 척도와는 별반 관계가 없음을 누구라도 실감할 것이다. 한국인들은 가장 짧은 기간 동안 소득의 증가로 남들 앞에서 으스댈 만한 경제력과 문화적 풍요를 누리게 되었지만 정작 당사자는 불만투성이다. 지금 이 시간에도 인터넷 창이나 신문을 도배질 하다시피 하는 꼬리를 무는 사건들은 온갖 불만이 원인 속에 묻혀 있다. 못 살아서 불만, 남들 잘사는 것 꼴 보기 싫어 불만, 배운 것이 없어 불만, 배우자에 대한 불만, 아이들이 공부 못해 불만, 못 생겨서 불만, 집이 작아 불만, 길이 막혀 불만, 월급이 적어서 불만, 집값이 비싸 불만, 집값이 안 올라 불만, 취직이 안 되어 불만 ...... 온갖 종류의 불만스러운 마음들뿐이다. 무엇이 우리들의 마음속이 그렇게도 불만이 가득 차게 만들었을까. 혹자는 우리들의 이러한 불만은 과거 발전의 원동력이었다고 한다. 불편하니까 편리해지기 위해, 배고프니까 배불리 먹고 살기위해, 적게는 불편을 해소하기 위해 개선하다보니 크게는 인류가 문명의 발전을 이루었다는 것이다. 그러나 거기에는 불만과 위기라는 구분되어야할 개념이 존재한다.

현재 인류가 생각할 수 있는 역사란 인류의 탄생 이후와 비교할 때 순간 수준이다. 인류는 이 짧은 기간에 파괴와 살상으로 얼룩진 전쟁의 역사를 썼다. 흔히 얘기하는 기록이 가능했던 역사 시대란 전쟁의 역사와 일치한다. 문명의 발달은 인류로 하여금 국가를 만들고 전투력을 향상시켜 정복 욕구를 채우게 하였다. 국방비가 부족하거나 물질적 발전이 적은 나라의 백성들은 정복당했다. 비록 역사 시대 이전의 전쟁사에 대해서는 알 도리가 없으나 역사 시대 이후 전쟁의 크기는 날로 커져 만 갔다. 아마도 인류가 치룬 가장 큰 전쟁은 가장 최근의 전쟁이 될 것이다. 간략하게 얘기하자면 인류의 발전은 전쟁의 크기와 비례하는 만큼 역사 시대 이전에 대규모 전쟁이 있었을 것으로 생각하기란 결코 쉽지 않은 문제이다. 전쟁은 인간들 각자에게 위기의식을 불어 넣었다. 정복당하느냐, 정복하느냐; 죽느냐, 죽이느냐; 노예가 되느냐, 주인이 되느냐 식의 이분법적 사고는 인간들을 보다 단순하게 만들었다. 평범한 사람들은 오직 앞만 보고 달리면 되는 성장 중독자들이 되어야 존재를 유지할 수 있었다. 즉 절대 절명의 위기의식은 한 가지 목표만으로도 삶을 버겁게 만들었던 것이다.

한국의 최근 역사를 보면 왜 우리가 불만스러운 사람들로 변했는지 뚜렷하게 설명해 준다. 20세기 후반 최초의 잔인한 전쟁을 경험하였고 모든 것은 파괴 되었다. 좁은 나라에 외국 군인들이 와서 최신 장비를 실험할 수 있었던 대형 전쟁이었다. 게다가 이 전쟁은 승리도 패배도 없는 상황에서 미완으로 종결되었다. 전쟁 후 우리 모두에게 미래의 목표란 매우 뚜렷했다. 앞만 보고 달리면 되었던 것이다. 하루하루가 위기 상황이었다. 모두가 묵묵히 일만 해도 시간이 모자랄 지경이었다. 모두가 한 방향으로 달리는데 불만이 싹 틀 겨를이 없었다. 아니 어디에도 생각할 틈조차 보이지 않았다. 조금 나아졌다고 생각해 해이해진다 싶으면 위정자들은 위기의식만 조장하면 모든 것이 해결되었다. 이내 불만은 사라졌기 때문이다. 위기의식에 대한 면역체계가 생겨나고 북한에 대한 상대적 우위가 입증되자 거기에 비례하여 서서히 불만의식은 싹트기 시작했다.

경영학적 시각에서 보면 기업이 종업원들에게 급여를 제공하는 것은 사용자의 입장에서는 그 다음 달에도 작업에 몰두하게 하기위한 동기부여의 수단인 반면 근로자의 입장에서는 자신이 제공한 노동에 대한 대가로 인식하고 있다는 점에서 엄청난 입장차를 갖는다고 한다. 물론 보통 사람들의 생각은 사용자는 조금 주려고 하고 근로자는 많이 가지려고 하므로 투쟁이나 상극, 평행선 관계 따위로 이해되지만 이는 과거 땅을 가진 지주와 소작농의 관계로 이해하는 수준에 불과하다. 현대 경영학에서는 절대적 보상의 크기가 중요한 것이 아니다. 노동의 가치와 비용, 혹은 시장가의 비율에 대해 관심을 가질 뿐이다. 산업 혁명 이전의 노동이란 노동의 질에 대한 개별적 차이가 거의 없었다. 산업혁명 이후 노동의 질적 차이는 서서히 커지기 시작 했으며 20세기 후반의 디지털 혁명 이후에는 개별적 노동의 질 차이가 크게 확대되었다. 사실상 현 시대에 노동의 양이란 이미 그 의미를 상실했다. 결국 노동의 양이 보상의 크기를 결정짓는 것이 아니라 노동의 질이 보상의 크기를 결정짓게 된 것이다. 그러나 노동의 질은 근로자 스스로의 능력이나, 기업의 구조 등과 같이 이미 결정된 요소일 뿐만 아니라 노동 생산의 중심에 있는 근로자 스스로가 지속적으로 동기를 가져야만 극대화될 수 있다. 그러므로 경영자들은 능력과 자질을 겸비한 사람들을 선발하여 역량을 강화시키고 기업의 구조를 개선하여야 하며 근로자들이 자기 동기화하도록 최선을 다해야 시장 경제에서 우위를 확보할 수 있다고 생각하게 되었다. 그런데 문제는 근로자들의 동기화에 보상이 크게 작용하지 못한다는 것이 입증된 것이다. 그 내용은 다음과 같다.

1) 일반적으로 노동의 대가로 높은 보상을 주면 일시적으로는 동기화가 되지만 그 효과가 오래가지 못한다.
2) 보상의 크기가 커질 때의 효과는 보상이 작아질 때의 역효과에 비해 훨씬 작다. 즉 보상이 일단 커지면 크기의 원상복구나 후퇴는 불가능하다.
3) 보상의 크기가 상대적으로 너무 클 경우 보상은 동기화에 전혀 작용하지 않는다. 즉 보상의 크기 확대 효과와 동기의 관계는 선형곡선이 아니라 '역(亦)U자'형이 되어 정점에서 급격히 하강한다.

이상의 이유로 보상의 크기를 확대하는 것은 기업의 이익을 극대화하고 경쟁력을 강화해야하는 경영자에게 흥미의 대상이 되지 못한다는 결론에 도달하게 되었다. 안타깝게도 보상뿐만 아니라 직원 복지나 후생에 관한 효과도 유사한 결론을 얻고 있다. 그럼에도 불구하고 대부분의 국민들이 근로자들의 입장에 지지를 표명하는 이유는 경영자들보다 근로자들의 수가 많은 이유도 있겠지만 근로자의 입장이 자연인의 사고에 보다 가깝기 때문이다. 즉 대부분의 국민들은 상기의 사실을 모르거나 알 필요성을 느끼지 못하고 있다. 근로자들도 일반 국민들도 노사 문제는 파이 다툼, 혹은 밥 그릇 싸움 정도로 이해되고 있다. 누가 더 뱃속을 채우느냐 문제를 놓고 줄다리기를 하는 것이라고 인식되는 것이다. 물론 그 들은 그 들의 투쟁이 자신과는 별로 큰 관계가 없다고 여기기도 한다. 흔히 정부나 경영자 측에서 노조의 요구로 인한 사회적 혼란을 잠재우기 위해 활용하는 여론 만들기 전략에는 그들의 연봉을 공개하는 방법이 있다. 결과는 대체적으로 매우 효과적이다. 피라미드 모양으로 이루어진 전체의 소득 분포는 그들의 연봉 수준보다 적은 사람의 수가 압도적으로 많기 때문에 박탈감을 느끼는 대중들이 여론을 만들어주기 때문이다. 그러나 그 이면에는 상대적으로 낮은 소득에 대한 박탈감보다는 더 큰 요인이 숨겨져 있다.

통상적으로 볼 때 기업의 입장에서 보면 생산성과 무관하고 차기에 동기를 자극시킬만한 효과가 없는 급여의 인상이나 근로 조건의 개선은 비용은 늘지만 수익성은 악화된다고 본다. 결국 정부 조세 수입의 대부분을 차지하는 기업의 법인세와 부가세 수입은 크게 줄게 될 것이 자명하다. 정부는 생산 조직이 아니므로 조세가 줄어들면 예산 집행 능력이 제한된다. 정부의 예산 가운데 국방비나 공무원의 급여, 운영비 따위는 인력 문제와 직결되어 실업률이나 공무원 노조 반발 등의 문제를 야기시키므로 정부는 예산을 줄일 수 있는 가장 손쉬운 방법으로 복지나 사회 간접자본의 축소를 선택하게 된다. 결국 궁극적 피해자는 국민들이지 경영자들이 아니다. 어떤 조직에서도 경영자의 수익은 다른 조직 구성원들과 마찬 가지로 기업의 이윤에 비례하게 되기 때문이다. 물론 기업의 수익성 악화는 주가의 하락과 직결되므로 주식 보유세력의 절반 이상을 차지하는 국민들 역시 피해를 보게 된다.(간접 투자상품을 운용하는 기관 투자와 개인 투자를 합한 수치에 근거함.) 그러나 안타깝게도 이러한 기본적 시장 논리를 이해하는 국민들은 많지 않아 보인다.

흔히 대중의 인기에 영합하여 복지 예산을 줄이지 않아 국민의 지지를 등에 업은 권력에 연연하다 경제적 위기를 맞은 나라로 아르헨티나를 꼽는다. 아르헨티나는 기후와 인구 조건, 천연자원 등의 환경요소를 고려할 때 부강한 나라가 될 수 있는 요소를 갖춘 나라였고 실제로 그러했다. 그러나 그런 아르헨티나가 시련을 겪고 있는 이유는 대부분의 국민들은 실업 연금과 같은 복지 혜택을 줄이려는 지도자를 원치 않았기 때문이다. 기업이 어려워 고용이 불가능해지면 세수가 줄고 복지는 축소되어야 한다. 그러나 복지를 최우선 과제로 여길 수밖에 없었던 정부는 국가를 담보로 차관을 들여다 연금을 주었다. 결국 정부 예산의 고갈과 물가 상승, 높은 실업률은 만성적인 문제가 되었다. 그러나 심각성이 덜할 뿐 지구상에 유사한 문제를 겪었거나 현재 겪고 있는 나라들은 실제로 얼마든지 있다. 대처(Margaret Thatcher) 이전의 영국이나 90년대의 호주, 뉴질랜드, 스웨덴 등 정도의 차이가 있을 뿐 대부분의 복지국가들은 기초체력이 든든한데도 불구하고 비슷한 과정을 겪어야 했다.

그러면 경영자들은 노동의욕이나 동기를 자극하기 위해 어떤 선택을 하여야 하는가. 그 것은 바로 위기의 조장이다. 급여가 작다든지 복리후생이 형편없다는 불만은 기업의 발전을 위해 도움이 되지 못한다. 이제까지의 상황을 근거로 위기를 만들어야하는 것이다. 결국 대부분의 경영자들은 “지금이 어려운 때다.”, “경쟁이 치열해졌다.”, “경기가 나쁘다.”는 말을 입에 달고 산다. 물론 이런 말에 넘어갈 근로자들은 없다. 그들은 이미 위기에 대한 항체가 생겼고 웬만한 말에는 꿈쩍도 않는 사람들이 되어 버렸다. 결국 경영자의 능력이란 새롭고 그럴싸한 위기의식을 어떻게 기술적으로 만드느냐에 달리게 되어 버렸다. 그러나 위기를 만들 수 있는 방법에 선택이 많은 것이 아니다. 전통적인 기업 구조에서는 감봉이나 직위 해제, 해고 따위의 벌을 줄 수 있었다. 그러나 지금은 이런 것들이 결코 여의치 않다. 법적으로 제한되어 있고 걸핏하면 여론의 화살에 맞아 피투성이 되기가 일쑤 이기 때문이다. 그렇다고 회사가 문을 닫을지도 모른다고 하면 정작 능력 있는 직원은 경쟁사로 이직을 해버리기도 한다. 선택의 폭이 좁아진 것이 아니라 선택이 거의 없는 것이 그들의 현실이 되어 버렸다. 오죽하면 하인이 주인을 섬기듯이 리더가 부하들에게 봉사해야 동기를 불러일으킬 수 있다는 써반트 리더십(Servant Leadership)이라는 용어가 등장 했을까.

혹자는 필자의 이러한 기술이 지나치게 경영자 중심의 시각에서 균형을 잃은 논리라고 할지도 모른다. 그러나 필자가 언급하고자 하는 것은 개혁 논리가 옳은가, 보수 논리가 옳은가, 아니면 분배냐 성장이냐 식의 이분법적 논리에 매달리려는 의도가 전혀 없음을 밝혀둔다. 다만 우리 모두는 어떤 이유에서든지 스스로 불만을 가질 때 최대의 피해자는 자기 자신이라는 점을 지적하고 싶을 따름이다. 하루하루가 불만으로 가득 차 마침내 자기 자신을 통제하는 능력이 사라질 때 얻게 되는 인간적 피폐는 21세기에 서있는 우리 자신들을 초라하게 만들어 가고 있다. 물론 환경이 위기로부터 자유로워지고 의도적으로 조장된 위기의 실체가 진실을 드러내자 개인들은 허탈한 마음으로 새로운 목표에 매달리게 되었다. 그 것은 다름 아닌 부자가 되는 것이었다.

위기에 의해 전체가 공동의 목표를 가질 때는 단결이나 일체감으로 인해 개인이나 집단 간의 갈등은 희석이 된다. 특히 위기를 막지 못했을 때의 결과가 전체에게 동등하게 작용한다고 생각할 때 개별적 불만은 무시할 만한 수준이 된다. 그러나 전체가 가지는 하나의 목표가 제한된 몇 개의 가치로 획일화되고 집단 내에서의 비교우위에 의해서 획득이 가능할 때 갈등은 심화되고 개별적 불만족 수준은 극에 달하게 된다. 마치 한 개의 빵을 놓고 전체가 달려드는 것과 같다. 이 경우 집단 전체의 산출량이나 집단 밖과의 비교 우위 따위는 개인들의 만족 수준에 크게 작용하지 않는다. 비근한 예로 누구나 한국이 2002년 월드컵 축구에서 보여준 선전은 온 국민을 행복감에 젖게 했다고 회상하고 있다. 당시 월드컵 16강이라는 목표의 획득은 집단 내의 경쟁과 무관했기 때문에 모든 사람들의 공동 목표는 하나로 모아질 수 있었다. 그러나 대회 이전에 우승 후보국 맞히기 내기를 했었던 직장인 K씨는 한국의 선전을 전혀 예상치 못하고 그간의 기록을 바탕으로 포르투갈에 막대한 돈을 걸었다. 물론 포르투갈은 한국과의 경기에서 패했을 뿐 아니라 16강 진출조차 실패했다. 당시 직장인으로서 적지 않은 돈을 내기로 날려버리게 된 K씨는 한국과 포르투갈의 경기가 있었던 다음날 회사에서 동료들에게 심판의 편파 판정을 들어 경기의 부당성을 호소하여 주위 사람들 모두를 어리둥절하게 한 적이 있다. 집단 내에서 이해관계가 첨예하게 얽힐 때 K씨에게 국가 대항전에서 조국의 승리는 안중에 없었던 것이다. 한국이 고속성장의 끝에 선택한 획일화된 가치인 '부자되기' 목표는 집단 내에서의 갈등을 심화시키고 온 국민이 불만에 가득 차게 하기 시작했다. 이미 우리에게는 위기를 극복하려는 의지력 대신에 자신만의 창고에 재물을 채우는데 혈안이 된 지 오래 되었다.

현재 부자가 되려는 한국인 가운데 하나임을 부정할 수 있는 사람들은 많지 않을 것이다. 그러나 참된 부자가 되기 위해서는 진정한 나의 모습을 찾는 것이 선행되어야 한다는 것을 깨달아야 한다고 역설하는 것을 귀담아 들을 사람들은 많지 않은 것 같다. 언제부터인가 서점의 서가를 뒤덮기 시작한 '부자 되기' 서적들이나 주말이면 편의점에서 줄을 서서 사는 로또의 열풍, 사회의 지위고하를 막론하고 한 칼에 명예를 땅바닥에 떨어뜨리는 사건의 중심에는 돈이 있다. 모두가 주위를 보지 않고 돈을 얻기 위해 혈안이 되어 있지만 정작 돈이 많아서 행복하다는 얘기는 들어 본적이 없다. 돈이 없어 불행하고 짜증난다는 말은 하루에도 수없이 듣지만 돈이 있어 행복하다는 얘기는 들어 볼 수가 없다. 물론 복권이나 퀴즈에 당첨 된 사람이 환한 얼굴로 행복해하는 모습을 보기란 쉽지만 그런 행복은 지속적이지 않기 때문이다. 그러면 그처럼 사람들이 찾는 이야기 속에는 어떤 것들이 있는가를 정리해본다.

1) 수도 없이 많은 사람들의 비결관련 서적은 자신의 성공이나 짧은 기간 동안에 큰 돈을 모았다는 얘기가 소개되고 있지만 그들의 비결 속에는 그가 소개하고 있는 형식인 책을 읽었다거나 강연을 듣고 그 방법대로 했더니 부자가

되었다는 말은 없다. 요컨대 그 사람의 책을 읽는 당신은 부자가 될 가망성이 없다.

2) 세상을 떠들썩하게 한 부자들의 성공담이나 자서전 속에는 부자가 되려는 것이 지상의 목표가 되어 재산가가 된 사람들의 얘기가 없다. 부연하면 성공한 사람들은 당신처럼 부자가 되려는 사람들이 아니었다. 그러므로 당신은 성공하기 위해 그 책을 읽어야할지는 모르지만 부자가 되기 위해 그 책을 읽어서는 아니 된다. 부자가 되려고 했더니 마침내 부자가 되었다는 경우는 없기 때문이다.

3) 부자가 된 사람들이 가지는 또 하나의 공통점은 제한된 재화의 배분에서 가장 많은 부분을 분배 받은 사람들이 아니라 자신의 독특한 가치를 창출한 사람들이다. 부자가 된다는 것은 스포츠 경기의 경쟁에서 승리하는 것이 아니라 자신의 탁월함으로 새로운 가치를 창출해야 가능했다는 것이다. 결국 아무도 그들에게 빼앗겼다고 생각할 필요가 없으며 차라리"억울하면 출세하라."는 말을 되새겨야 한다. 혹자는 "누가 탁월해지면 성공한다는 것을 모르나? 그게 안 되니 그렇지."라고 빈정댈 것이다. 그러나 남의 떡을 쳐다보고 편법이나 궁리할 시간이 있으면 그 시간에 자신의 일에 몰두하는 것이 그나마 조금이라도 더 탁월해질 수 있는 것이 아닐까.

4) 돈을 많이 벌어 재산이 많거나 나름대로 성공을 했다는 이유로 공개된 그들의 인생은 자신의 주관적 시각이 아니라 객관적인 판단에 의존했다고 보아야 한다. 그러므로 그들 자신이 얼마나 자신의 삶에 만족하고 행복해하고 있는가를 가늠하기란 쉽지 않다. 계량적으로 표시된 그들의 성공 수준은 그들의 만족 척도와는 전혀 별개이기 때문이다.

지금도 할리우드 영화의 공통된 특징은 크게 변화하지 않는 것 같다. 미국 영화의 전성기를 풍미했던 서부영화 시대에 주인공으로 등장했던 스타들을 상상해 보라. 그들은 하나 같이 영화라는 가상의 현실 속에서 전지전능한 능력을 갖추고 있었다. 다른 사람들은 몰라도 주인공은 총알 몇 방 맞아 죽지 않는다. 그의 총 솜씨는 실제 망원 렌즈를 이용한 최첨단 소총의 성능으로도 얻기 힘든 명중률을 자랑한다. 그는 번개같이 위기에 나타나서 착한 마을 사람들을 구하고 여타 모든 문제까지 단숨에 해결하고는 이별을 못내 아쉬워하는 미녀와 키스를 나누고 황야로 떠난다. 이런 흐름은 20세기 말에 람보(Rambo)와 터미네이터(Terminator)로 새롭게 탄생했다. 관객들은 엄청난 물량을 쏟아 부은 이런 영화들을 보고 환호하였다. 아마도 미국인들은 자본주의하에서 억눌린 그들의 가슴을 대리만족을 통해 해결하려 했던 것이리라.

한때 신데렐라의 등장은 한국 드라마들의 성공을 보증해 준적이 있다. 초기 한국영화의 주된 특징이 삼각관계라면 안방극장의 단골 메뉴는 신데렐라로 변한 셈이다. 물론 초기 안방극장의 드라마는 삼각관계 수법을 전수받았었다. 그리고 잊어버릴만하면 조선시대 왕궁의 여자 이야기를 재작(再昨)하여 등장시키더니 페미니즘의 지배에 편승하여 소득의 양극화현상으로 인한 대박 풍조는 신데렐라라는 결론에 도달하게 된 것이다. 물론 신데렐라는 가난에 찌든 보통의 여자들이요, 백마 탄 왕자는 재벌 2세로 변모했다. 신데렐라는 시대를 초월하여 색다른 복장으로 여류 스타들을 양산했다. 이런 드라마들이 신데렐라와 같은 또 하나의 공통점은 동화의 수준을 넘지 못한다는 것이다. 물론 현실은 철저히 무시되어 있었고 혈연사회의 아킬레스건이라 할 수 있는 출생의 비밀을 삽입하면 드라마는 완성된다. 대개 이런 드라마들은 시청률이 높아지면 결말은 작가의 손에서 떠나고 여론에 의해 결정되며 처음 시작 때보다 훨씬 더 현실성에서 멀어지게 된다. 왜 우리는 신데렐라에 광분하는 것일까. 신데렐라의 의미는 무엇에서 연유한 것일까. 물론 신데렐라는 대리만족의 대상이다. 하루아침에 인생을 역전시킬 수 있는 로또와도 같은 것이다. 자신의 열정과 노력, 능력과는 무관하게 단 칼에 얻을 수 있는 일확천금을 얻고자하는 수많은 부자 희망자들에게 멋진 대리만족을 선사하기 때문이다. 그리고 선택받은 신데렐라는 대등한 위치에서 떳떳하게 백 왕자에게 말한다. "당신이 가난한 사람들의 고통을 알아? 그것도 모르는 주제에 세상을 다 가졌다고 할 수 있겠어."라고 얘기하면 관객은 글자 그대로 감동의 도가니에 빠지는 것이다. 시청률에 매달려 광고수입을 올려야하는 방송국들은 안방극장에서 신데렐라 이야기를 장기적 소재로 채택한 것은 자명한 일이다. 그러나 드라마의 종말 이후 이야기를 알 수 없듯 가난하다고 생각하는 보통 사람들이 부자가 되고 난 후의 이야기에 대해서는 아무도 모른다. 마치 지구상의 어느 누구도 가보지 못한 먼 우주의 이야기처럼 가보고 싶을 뿐 거기에 무엇이 있는지 아무도 모르는 것이다. 그럼에도 불구하고 왜 많은 사람들은 동일한 생각을 하고 그런 허무맹랑한 얘기에 도취하는 것일까.

사람들이 그들의 최대 목표를 재산을 많이 소유한 부자되기에 두고 몰두하게 된 것은 공유된 위기로부터 자유로워졌을 때 선택할 수 있는 최대의 가치가 화폐 자본주의의 도래와 일치하게 되었기 때문이다. 전쟁에서 이기기 위해서는 강력한 힘이 필요했지만 집단 내에서는 개별적 위기의 원천이 제한된 재화를 누가 더 소유할 수 있는가에 달렸다는 것을 깨달았기 때문이다. 초기에는 그러한 재화가 물려받거나 경쟁에서 승리하게 됨으로써 획득된다고 믿어졌다. 경쟁이란 인간관계를 삭막하게 하고 갈등을 야기시켰다. 그러나 재화는 외부로부터 획득되는 것이 아니라 스스로의 능력에 의해 창출되도록 변화하기 시작한 것이다. 사실 지구상에서 생산되는 물질들은 인류를 먹여 살릴 만큼 풍부해졌다. 단지 물류의 아날로그적 기술의 한계로 인해 제대로 분배가 이로어지지 못하기 때문이다. 산술적으로 보더라도 인류의 생산량이 지구상의 인구들을 먹여 살리고 남는 수준에 도달한 것은 이미 오래전의 일이다. 이제 의식주 문제를 극복한 상당수의 인구는 여가를 즐기고 보다 편리한 삶을 추구하려는 데 열을 올리고 있다. 바벨탑의 전설은 인간이 비행기를 발명하고 우주선을 만들어 지구를 벗어나게 하면서 여지없이 무너졌다. 과거 질병으로부터 해방되고 영생을 얻게 해 주겠다는 사이비 종교들은 그들의 목표를 부자가 되게 해 주겠다는 방향으로 선회하지 않고서는 교인들을 모집하기가 어려워졌다. 인간 욕망의 한계점이 크게 상향된 것이다. 이제 인간은 과학을 통해 영생을 얻으려는 욕심을 부리는 시점에 도달했다. 한 동안 세상을 시끄럽게 했던 복제 인간 이야기는 인간의 생명을 무한하게 늘리려는 인간의 욕망에 가능성을 보여주는 신호탄이었다.

처음 자동차가 발명된 이래 21세기 지금까지 자동차의 기본 개념은 바뀌지 않았다. 인간은 마침내 동력을 개발해 우주선을 쏘아 올리게 되었다. 전화의 발명은 한자리에서 의사소통을 가능하게 했고 지금도 전화는 인류의 유용한 도구이다. 그러나 통신의 발달은 인터넷 세상을 만들었고 각자의 책상에 앉아 어떤 종류의 정보라도 전 세계에 뿌릴 수 있는 세상이 되었다. 물론 초기에 이런 가능성을 점친 사람은 아무도 없었다. 20세기 전반의 전쟁들은 거의 불가능하다고 여겨졌던 문제들을 대단히 빠른 속도 안에 가능하도록 하였다. 그리고 20세기 후반에는 과학의 발전을 위해 전쟁이 가져다주는 두 가지의 이점인 위기의식으로 인한 긴장감과 파괴로 인한 생산으로 경제 호황이라는 필수조건 없이 디지털 혁명에 도달하게 되었다. 외부 환경요소와 무관하게 인간의 욕망을 충족시킨다기보다는 욕망을 창출함으로써 경제 호황을 얻어낼 수 있다는 새로운 패러다임의 지평이 열린 것이다.

흔히 인간의 욕망은 인간의 내면에 존재하는 것으로 하나의 욕망이 충족되면 또 다시 어떤 목표를 만들고 그것을 일구어내려고 하는 지속성에 대하여 언급한다. 그리고 그러한 욕망은 두 개의 얼굴을 가지고 있어서 보다나은 인간 세계를 창조하는 원동력이 되어 인간의 진화에 순기능을 했다는 것과 또 다른 하나는 밑 빠진 독처럼 끊임없이 채워도 채워지지 않아 인간의 영혼을 탐욕에 의해 혼탁하게 함으로써 인간 세계의 종말에 결정적 원인을 제공할 것이라고 하는 역기능에 관한 것이다. 그러나 이러한 욕망의 양면성은 단순하게 과하지도 부족하지도 않은 수준에서 인간 스스로 조절한다고 해서 해결될 문제가 아니다. 이 문제에 대해서는 종교적으로도 윤리적으로도 거의 인류의 역사 속에서 쉼 없이 논란이 되어 왔지만 아직 결론은 미궁이다.

시대에 따라 인간의 욕망 절제는 자유라는 미명하에 확대됨이 용인되었다. 디오게네스가 햇빛을 받는 것이 최대의 낙으로 생각했다든지 석가가 자신의 욕망을 잠재우고 설산 고행을 했다는 얘기는 상징적인 수준으로 전락한지 오래 되었다. 윤리적으로 남녀가 거리를 두고 노출을 꺼리며 사대부 가정에서는 재산 수준에 관계없이 반찬의 가지 수를 절제했다는 얘기가 현대인에게는 고려의 대상이 될 리가 없다. 모든 욕망은 극단의 수준으로 치닫고 있다. 게다가 진정한 자유의 획득을 위해 투쟁하였던 서구의 시민 혁명은 자신의 욕망을 무한대로 채우는 행위를 용인했을 뿐 아니라 정당화시키기까지 하였다. 마음대로 먹고 자며 마음대로 입는다. 목구멍에 찰 때까지 먹고 해가 중천에 뜰 때까지 잠을 자도 죄책감이 없다. 노출도 장소에 관계없이 거의 중요한 곳만 가리면 제한이 없어졌다. 고유의 머리색은 염색의 일반화로 본래 색상을 알아볼 수 없기가 부지기수이다. 어떤 이유에서든 자신의 의도를 행동으로 옮기는 규율은 완화되어 갔다. 설사 집단 내의 규율이 엄격했다고 하더라도 그 강도가 높아진 집단은 없으며 결국은 완화되었고 그 끝은 보이질 않는다. 하고 싶은 말이 있으면 게시판에 올리면 그만이고 남들에게 직접적 피해를 주지 않는 한 크게 문제될 것이 없는 세상이다. 한쪽에서는 너무 먹어대고 게으르게 뒹굴다보니 몸에 비계가 쌓여 운동을 한다거나 제거 수술을 받아야겠다고 아우성이고 한 쪽에서는 배가 고파 못살겠다고 아우성이다. 심지어는 자신의 성(性)이 마음에 안 들어 성전환수술을 하고 버젓이 활동하며 다녀도 자유의 완성이라고 여겨서 그러는지 다른 이유가 있어서 그러는지 모두가 묵묵하다. 글자 그대로 '내 맘대로' 세상이 온 것이다.

이제 내 맘대로 될 수 없는 것은 이러한 자유를 얻도록 이론적 바탕이 되어준 민주라는 정치적 정체성과 자본주의라는 경제적 실체를 부정하는 것 정도에 국한된다. 물론 20세게 후반은 민족과 이데올로기에 바탕을 둔 국가라는 법질서 유지의 주체에 의해 형성되었으므로 국가가 세운 법과 사회적 통념인 사회 규범이 크고 작은 자유를 속박하며 인간의 욕망은 여론재판이라는 태클에 걸리기도 한다. 그러나 인간은 이것조차도 자유라는 이름으로 통제의 범위에서 벗어나려고 하고 있다. 아직도 욕망에 굶주린 시민들은 국가에게 내 맘대로 할 수 있는 세상을 만들어 주어야 한다고 떼를 쓰기 시작했다. 그러다보니 복지와 법질서 유지라는 책임을 진 국가도, 고용과 조세, 생산을 담당하는 기업도 살아남기 위해서 욕망의 주체로 변모하기 시작했다. 개별적 욕망을 충족시키기 위해 집단 자체가 욕망을 주도하는 개체로 변화하게 된 것이다. 혹자는 이를 대중주의(popularism)라고 부른다. 그러나 대중주의는 소비자의 욕구를 충족시켜야 생존할 수 있는 기업의 생리에서 출발했다.

경제란 용어는 원래 백성을 다스리는 정치의 지침이었다. 경세제민(經世濟民)의 줄임말인 경제는 "세상을 다스리고 백성을 구제한다."는 정치적 개념의 용어였다. 즉 국가는 백성들이 배불리 먹고 살게 하기 위해 노력을 해야 할 의무가 있었으므로 강한 힘으로 무소불휘의 권력을 소유한 지배자들도 영구 집권을 위해서는 이를 실천해야 한다고 생각했다. 백성을 위하자면 백성들이 낸 세금을 자신과 가족 그리고 위정자들의 영달에만 쓰지 말고 백성들에게 고루 나누어 주어야만 덕이 있는 군주가 되었다. 그러나 인류 역사상 백성들을 생각하고 백성들이 근심 없이 살 수 있도록 노력한 군주는 그 수를 헤아릴 정도였다. 그 가운데에는 설령 그런 생각을 가지고 있다 하더라도 능력이 따라주지 못하거나 아예 처음부터 일신을 호강하려고 마음먹었던 도적들도 있었다. 허구한 날 한참 일할 나이의 청년들을 전쟁터로 끌고 나가 목숨을 요구했어도 역사는 그들을 위대한 군주라 불렀다. 결국 그 시대의 경제란 군주의 의지에 의해 선택되는 공허한 말이었던 것이다. 아마도 그 시대 백성들은 고작 사는 동안 크게 험한 꼴 안보고 무사히 인생을 마치기를 바라는 것이 소망이었을 것이다. 그러나 산업 혁명과 시민 혁명 이후 기업과 시민사회의 등장은 세상을 바꾸어 놓았다. 경제의 주체가 다원화된 것이다. 이제 국가 경영의 막강한 권력을 잡고 있던 세습 군주는 민주혁명으로 사라졌다. 선출에 의해 임명된 민주 지도자들은 시민들의 눈치를 보기에 바빠졌다. 세금을 내는 것 역시 시민들의 몫이었다. 게다가 기업의 대주주는 세습군주처럼 부를 세습하는 경우가 많았으므로 정치적 권력자들 보다 부를 걸머쥔 기업의 대주주나 대자본가들이 강력한 권력의 핵심 세력으로 떠올랐다. 그러나 경제의 중심에서 그렇게 막강한 권력을 가진 기업들도 그 수가 늘고 포화 상태에 이르게 되면서 소비자라 불리는 시민들의 비위를 거스를 수 없는 처지이긴 마찬가지였다.

정치권력을 가진 자들은 임기라는 보장된 기간이 있지만 원래 기업이란 생존의 한계치가 없다. 소비자 눈 밖에 나면 당장이라도 문을 닫아야하고 잘만 하면 영원히 존속할 수도 있는 생리를 가지고 있는 것이 사업체였다. 뿐만 아니라 임기를 다한 정치인들은 자신의 개인 재산을 보존할 수도 있으며 경우에 따라서는 임기동안의 공과(功過)에 관계없이 연금을 받기도 하지만 망한 기업의 주주는 글자그대로 무일푼 거지로 전락해 거리에 나앉게 되는 처지였다. 결국 자본주의하에서 기업은 정치 권력자들에 비해 보다 철저하고 섬세한 전략을 짜지 않고서는 살아남을 수 없게 되어 있었던 것이다. 그들은 자신의 생존을 위해 두 가지 방법을 택하게 되었다. 한 가지는 소비자들이 자연인으로써의 결정적 약점인 무한정 욕망을 추구하는 심리를 이용하여 자극하는 것이고 다른 한 가지는 그들에게 철저히 아부하는 것이었다. 흔히 얘기하는 마케팅 전략이나 소비자 만족 운동은 이러한 문제를 체계적으로 연구하는 분야이기도 하다. 정치인들은 뒤늦게 그들의 생존전략을 벤치마킹(benchmarking)하게 된 것이다.

그들은 어설픈 실력으로 시민들의 비위를 맞추기 시작했다. 본래 대통령이란 국가와 국민을 대표하는 사람이요, 의회란 대의 정치의 기본으로써 국민을 대표하는 사람을 선출하여 법을 만들고 정부가 하는 일을 감시하는 역할을 한다는 것쯤은 사회 교과서의 한 부분을 차지하는 기초에 속한다. 그들이 지역에서 선출되었건 비례대표나 정당 득표로 선출되었건 국민을 대표하는 사람들임에 틀림이 없다. 그러나 언제부터인가 기업이 소비자의 비위를 맞추듯이 자신을 선출한 사람들의 욕망을 자극하고 비위를 맞추는 사람들이 되기 시작하였다. 국민들의 욕망을 자극하는 공약이나 남발하고 국회의원들은 자신을 선출한 지역구에 예산을 몰아주는 일을 하거나 공공연히 이권에 개입하여 선심을 쓰는 사람들로 전락했다. 무엇보다 그들은 정치 엘리트로서 어리석은 대중을 선도할 자질이 없어서인지 자질이 있어도 장기간 권력의 유지를 위해서 의도적으로 그러는지 알 수 없으나 허구한 날 정쟁이나 일삼고 차기 선거를 위한 정치자금 모금이나 하러 다니는 분주한 사람들이었다.

언젠가부터 정치인들 역시 개방된 사회에서 누구에게나 도전의 기회가 주어지자 기업의 생리를 배우는데 열을 올리게 되었다. 그러나 분명한 것은 아직까지 그들의 학습수준이 어설픈 수준이라는 것이다. 기업은 경쟁 시장에서 살아남기 위해 이윤을 추구하거나 법이 허용하는 범위에서 비윤리적 행위를 하는 것이 정당화되어 있다. 흔히 얘기하는 양심이나 윤리의 주체는 자연인에게 국한되기 때문이다. 그러나 정치인들은 자신의 권력 기반을 위해 기업이 생존을 위해 이윤추구를 하듯이 의리를 버리지 못했다. 자신을 지지한 세력들에 대한 보답으로 코드를 만들고 자신의 임기 안에 약속을 지키는 일을 게을리하지 않았다. 영화감독이 문화부 장관이 된 적이 있다. 장관의 소임은 개인적인 의리가 중요한 것이 아니라 각료로서 국가의 이익을 앞세운 정부의 방침을 집행하여야 하는데 있다는 것쯤은 삼척동자도 알 일이었다.

그러나 그의 임기간 행보는 유치한 수준에서 전개되었다. 그는 모처럼 잡은 기회인만큼 임기 안에 영화인들의 뜻을 따르며 의리의 돌쇠를 자처했다. 아마도 다른 집단 출신이 장관자리에 앉게 되면 출신 집단의 이권이나 대변하는 일이 반복될 것이다. 그리고 다른 집단의 사람들 역시 자신이 자리만 차지한다면 자신의 임기 안에는 여론이 어떠하든 국익이 어떠하든 자신이 성장한 집단을 위해 방패가 될 것이라고 이를 갈 것이다. 그리고 이러한 문제점들은 그를 임명한 정권 역시 보은 차원에서 임명한 만큼 그의 행동은 국민적 정서 안에서 희석되었다. 노조가 만든 정당이 국회에 입성을 하였다. 기업이 특정인의 소유가 아닌 것처럼 정당이란 국가의 이익을 위해 존재하는 것이지 특정한 이익집단을 대표하지 않는다는 것은 정치에 있어 원론 수준이다. 그러나 그들은 여전히 자신을 지지해준 유권자나 과거 투쟁했던 동지들과의 약속을 저버리지 못하는 자연인의 순수함을 벗어나지 못하고 있다. 심청이 왕비가 되어 자신이 자란 청학동 마을을 위해 함부로 국고를 털어 쌀섬을 푸는 동화 수준의 권선징악(勸善懲惡)적 행위가 21세기에 자행되고 있는 것이다.

물론 대중들은 그럴 것이다. 자신이 지지한 사람들이 자신들을 위해 일하기보다는 전체를 위해 일하려고 할 때 배신당했다고 외쳐댈 것이다. 그리고 거리로 뛰쳐나갈 것이다. 이 대목에서 정치인들은 고뇌하게 된다. 그리고 바로 민주주의는 대중주의로 전락하게 된다. 민주주의란 찬성도 반대도 하나의 공동 목표를 갖는다는 데 있다. 찬성을 하건 반대를 하건 전체의 발전과 개선을 위한다는 것이다. 찬성자가 우세하건 반대자가 우세하건 하나로 결정되었으면 그것은 모두를 위한 선택이 되어야 한다. 다만 그 과정에서 토론을 통해 상대방을 설득하려고 노력할 뿐이다. 찬성한 사람의 대표자가 전체를 대표할 때 그는 당연히 모두를 위한 최선의 선택을 해야 할 것이다.

그러나 대중은 자신의 선택이 전체의 선택이 되었을 때 마치 시험문제에 정답을 쓴 것처럼 반대급부를 원한다. 그리고 자신의 선택이 패배했을 때 비탄해 마지않는다. 민주주의는 전쟁터가 아니다. 거기에는 승자도 패자도 없다. 다만 의견이 있을 뿐이다. 정치 엘리트의 실력은 여기에서 발휘되어야 한다. 어린 아이처럼 자신의 몫을 주장하는 대중을 두려워하지 말고 그들을 설득해야 한다. 그리고 자신의 영특함을 최대한 발휘하여 비전을 제시해야 한다. 그런 능력이 없거나 의지력 부족으로 끝내 포기하게 될 때 대중주의에 영합하게 되고 겨우 위기는 넘기겠지만 궁극적으로는 무능한 지도자로 낙인찍히게 된다. 안타깝게도 아직 대부분의 정치 권력자들은 보통사람들이 기업과 자연인을 구분하지 못하는 것처럼 민주사회에서 정치 엘리트의 역할과 평범한 시민의 속성을 구분하지 못하고 있다. 그들은 자신의 생각이 탄로날까봐 전전긍긍해 하며 여론이란 이름의 대중에 끌려 다니고 있다. 그리고 불리해지면 이 주머니 저주머니에서 부스럭거리며 협상안이나 중재안을 내 놓는다. 그리고 이도 저도 아닌 애매모호한 방향이 없는 방향을 제시한다. 그들에게는 신념이나 확신이 사라진지 이미 오래이다.

그러면 왜 그들은 그런 지경에 처하게 되었는가. 그리고 궁극적 대안은 무엇인가. 그들은 소비자를 만족시키는 것은 물론 소비자의 욕망을 자극하는 데도 실패했기 때문이다. 만족이란 나를 낮추고 상대방이 우월하고 느끼게 하는 것, 즉 하인이나 노예가 자신의 밥줄을 쥐고 있는 주인에게 아양을 떠는 것에 의해 획득된다고 생각하는 것은 크나큰 착각이다. 기업이 고객들을 만족시키기 위한 일 세대 작업은 친절에서 시작되었다. 기업들 역시 초창기에는 고객 앞에서 굽실거리며 아부하는 일에 연연했다. 그러나 얼마 가지 않아 이것이 기업의 운명을 좌우하는 결정적 역할이 되지 못한다는 것을 깨닫게 되었다.

한국의 다방 문화를 바꾼 것은 커피 전문점의 등장이었다. 80년대 초반까지만 해도 도시 어느 곳에나 한집 건너 다방이 있었고 일제 때부터 존재했었던 영업 방식은 바뀌지 않은 채로 고스란히 생존해 있었다. 한복을 입은 다방 마담, 가끔 나타나는 사장, 그리고 몇 명의 레지라는 여성 종업원들은 만남의 장소를 마련해 주었던 다방의 구성원들이었다. 다방의 메뉴는 실로 다양해서 커피와 온갖 국산차, 그리고 반숙(수란),탄산음료 등이 제공되었다. 그러나 신촌의 대학가, 명동과 종로에 점포를 낸 최초의 커피전문점인 '도투루'는 이러한 식상된 문화를 한꺼번에 바꾸어 놓았다. 셀프 서비스와 훈련된 젊은 아르바이트생, 양질의 원두커피와 저렴한 가격, 밝은 인테리어 등은 젊은 사람들의 취향에 들어맞았고 커피전문점은 한동안 창업 아이템으로 수위를 차지하게 되었다. 물론 나중에 시장이 포화되면서 시들해졌지만 아직도 커피전문점이 있으며 그 수는 줄었지만 다방도 존재하고 있다. 커피 전문점이 단숨에 관심을 끌게 된 첫 번째 이유는 친절과 청결이었다. 미국의 패스트푸드 체인들의 공통된 영업 전략이었다. 물론 지금은 이런 문화가 편의점에도, 할인점에도 광범위하게 퍼져 있다. 이제 더 이상 청결과 친절은 사업무기가 될 수 없게 되었음은 자명하다. 호텔이나 식당, 항공사 등과 같은 접객 사업의 생명은 철저한 친절 교육이라 해도 과언이 아니다. 시간이 지남에 따라 이러한 친절 전략은 벤치마킹에 의해 다른 업종으로 급속히 번져 나간다. 결국 고객들은 어디에서나 자신이 대가를 지불하고 접대를 받을 경우 친절함과 상냥함 정도는 당연하게 받아들이게 될 수밖에 없다. 부연하면 처음 커피전문점을 찾은 고객들은 자신도 꼭 집어 "이

것이다."라고 하기는 어려워도 무언가 손님으로써 대접 받는다는 느낌이 들었을 것이다. 그러나 시간이 지나가면서 자신이 느꼈던 만족감을 하루에도 여러 번 연속적으로 다른 장소에서도 경험하게 됨으로써 일상이 되고 나중에는 그렇지 않을 경우 불만이 쌓이게 될 것이다. 어쩌면 평범한 친절에 대해서조차 '친절하기만 한 집'정도로 평가절하하게 될지도 모른다.

기업은 새로운 도전에 직면하게 되었다. 고객을 만족시키기 위한 새로운 방안을 강구하게 된 것이다. 접객에 있어 고객들 앞에 서는 것은 종업원들인 만큼 그들 스스로가 만족해야 한다고 생각하게 되었다. 한동안 유행했었던 '신바람문화'는 고객만족 차원에서는 내부고객 만족이라는 이 세대 캠페인 가운데 하나였다. 그리고 고객만족의 삼 세대에서는 전사적 차원에서 어떻게 하면 시스템적으로 고객에게 만족감을 줄 수 있는가를 연구하기에 이르렀다. 아무리 내부 고객이 신바람이 나서 고객에게 접근하려고 해도 조직이 시스템적으로 지원하지 못하면 고객의 불만족은 절로 나온다는 데서 시작된 것이다. 그러나 이러한 고객만족 전략들의 한계는 고객들을 중심으로 어린아이 달래듯이 접근하는 방법을 벗어나지 못했다.

공정성이 얼마나 확보되었는지는 알 수 없으나 언론이나 한국능률협회 따위의 평가기관에서 연속적인 상을 받았던 대표적인 업체는 삼성 에버랜드였다. 각 대학의 경영학 수업에서 고객만족 사례를 조사하라고 하면 빠지지 않고 등장하는 것이 에버랜드이기도 하다. 그러나 에버랜드를 찾아 본적이 있는 사람들이라면 그리고 약간의 통찰력만 가지고 있는 사람들이라면 무엇이 고객을 만족 시키는지 발견할 수 없어 의아해 할 수도 있다. 입장료는 매우 비싸 미국의 디즈니랜드 수준인데 한국의 평균 소득 수준으로 볼 때 비싼 편인데도 불구하고 매년 큰 폭으로 인상되고 있다. 최근에는 다소 규칙이 바뀌었으나 안에서 취사는 물론 도시락을 소지할 수 없으므로 매식을 해야 하게 되어 있다. 누구나 식음료의 가격대는 시중가의 1.5-2배 수준으로 비싼 편이라는 것을 알 수 있을 것이다. 게다가 아이들을 동반한 부모들은 아이들이 제한된 시간에 보다 많은 기구를 타게 하기 위해 놀이기구의 긴 대기줄에 대신서서 이리저리 뛰어다녀야 한다. 유난히 아이들에게 희생적인 한국 부모들의 모습인 것이다. 그들의 표정은 어차피 아이들을 위해 온 만큼 그러한 희생은 이미 각오되었다는 모습이다. 이렇게 몇 시간을 뛰어다니다 보면 지칠 대로 지쳐

쉴 자리가 필요한데 그늘과 의자가 충분히 확보되지 않아 길가나 돌멩이 위에 앉아 있어야 한다. 그나마 내부 이동시 언덕이 많아 여간 힘들지 않다. 이런 참담한 상황을 알면서도 아이들의 손에 이끌려 에버랜드를 방문하는 방문객 수는 매년 늘었으며 에버랜드는 수익성 면에서도 탄탄한 기업으로 성장할 수 있었다.

그러나 고객들은 에버랜드의 문제점에 대해 불만을 토로하는 경우가 많지 않다. 그러면 에버랜드를 찾는 사람들이나 평가 기관은 무엇 때문에 에버랜드가 고객을 만족시키고 있다고 인정하며 무엇 때문에 연간 회원권까지 끊어 줄기차게 찾는 것일까. 청결과 친절 때문일까? 물론 에버랜드의 내부는 매우 청결하고 종업원들은 철저하게 친절 교육이 되어 있다. 다소 불편 하더라도 청결을 위해 필요하다니 비싼 매식을 마다하지 않는 것일까? 천만의 말씀이다. 만약 그렇다면 다른 놀이 공원이나 수목원 따위에서 불만을 토로하거나 큰 소리 치며 항의하거나 멋대로 규칙을 위반하는 사례들이 없어야 한다. 에버랜드를 방문하는 사람들도 비슷한 이유로 다른 곳을 방문하는 사람들과 유사한 정서를 갖는 한국인들이기 때문이다. 에버랜드는 고객들의 눈에 쉽게 띠지 않으며 모르거나 알더라도 모른 척하는 요소를 교묘하게 활용했기 때문이다. 그것은 앞서 지적한 인간의 본성인 욕망을 자극하는 일이었다. 그들은 압도적인 시설을 앞세워 거기 한번 와보지 못하면 사회에서 낙오될 것 같은 위기감을 불어 넣어 주었다. 게다가 출산율의 저하로 아이들에게 연연해하는 현대의 부모들에게 죄책감을 불어 넣기까지 하였다. 고객들은 아무도 자신의 불편함이나 가격의 부당함을 호소하지 않았다. 아니 할 수가 없었다. 만약 했다가는 자신의 체면이 손상될까 두려웠을 것이고 자신이 인정받고 싶은 사회의 중산층 계급에서 밀려 날 것 같은 두려움을 느꼈을 것이다. 부연하면 에버랜드는 고객들이 욕망의 허상을 좇아 묵묵히 이곳을 찾아오게끔 하는데 멋지게 성공한 것이다. 에버랜드는 일찌감치 고객들에게 아부를 하지 않아도 성공할 수 있는 방법을 터득한 기업이었다.

고객들은 유일한 최고이거나 모두가 원하는 가치일 때 결코 불만을 토로 하지 않는다. 붐비는 음식점에서는 서서 먹어도 군소리가 없으며 일류 학원을 들어온 학생은 신문지를 깔고 앉아 강사들의 말이 진실이라 믿는다. 유명한 사람의 저서는 감히 비난을 할 수 없다. 만약 했다가는 지불해야하는 대가가 너무 클 것이기 때문이다. 에버랜드는 거기에 들어온 것만으로도 감동하는 고객들에게 준엄하게 규칙을 요구했을 뿐이었다. 물론 이런 관점에서 볼 때 무엇을 근거로 에버랜드를 고객만족 우수 기업이라고 판단하여 선정했는지는 모를 일이다. 특정 기업을 꼬집어 예를 들고 있는 것 같지만 비슷한 예는 얼마든지 있다. 생각해 보라. 어떤 나라의 입국사증(비자)을 얻기 위해 새벽부터 줄을 서고 때로는 굴욕적인 질문에도 답을 할 수 있을지 말이다. 최근에는 지문 인식까지 시켜야 한다. 그러나 미국은 그 것을 할 수 있다. 미국을 방문하고자 하는 사람들의 욕망이 담보가 되어 있기 때문이다. 타워팰러스에 입주한 입주자들은 골프 동호회를 만들어 주말이나 약속한 날에 골프를 친다. 상당수가 가입이 되어 있으며 거의 다 참석한다. 어떤 아파트의 입주자 모임에 이렇게 열성적일 수 있을지 생각해 보라. 아마도 그들은 예전에 살던 아파트에서 지역 주민 모임 따위에는 관심이 없었을지도 모른다. 그러나 그들은 탁월함을 과시할 수 있는 욕망 앞에서 꼬리를 낮추고 묵묵히 규칙을 따를 것이다.

스타벅스가 한국에 상륙했을 때 성공을 예감한 전문가들은 많지 않다. 그러나 이대 앞에 스타벅스가 개장했을 때 거기를 방문하는 고객들 대부분은 여대생들이었다. 재미있는 것은 그들이 매장 안에서 대화를 나눌 때 영어를 쓰는 것이 불문율이었다는 것이다. 고객들 스스로 준엄한 규칙을 만든 것이다. 특별히 맛있는 커피도 아니며(필자는 커피 애호가의 한 사람으로 서구인들이 즐겨 마시는 커피 종류가 우리 취향에 맞는지에 대해서 늘 의구심이 간다.) 제공되는 케이크나 파이들은 맛이 별로이고 값은 타 커피 전문점보다 비쌌지만 고객들은 막연한 강대국의 탁월함에 자신은 선택되었다고 스스로 자부하며 차별화되려는 욕구를 실현한 것이다. 물론 스타벅스가 이런 의도를 가지고 있었는지는 의문이지만 멋들어지게 고객의 욕구를 자극하는데 성공하였다. 물론 그들이 언제 맥도날드의 길을 걷게 될지는 모르지만.

군사 정권의 몰락 이후 어느 관공서를 가거나 민원실의 변화한 모습은 친절함이었다. 정치인들이나 행정가들의 벤치마킹은 세금을 내는 시민들에게 아부함으로 시작된 것이다. 그러나 그들에게는 변화된 시스템의 모습도 내부 고객들의 만족을 위한 프로그램도 없었다. 국내의 대표적인 교육 컨설팅 업체의 시니어급 컨설턴트인 J씨는 모 공사의 부장급 교육을 맡아 보고자 방문한 적이 있었다. J씨는 요구한 프로그램이 '세계화'였고 현재의 공사 내부의 현실로 볼 때 세계화에 대한 개념 정리에서 시작하여 기업 수준에서 관리자가 가져야할 세계화 실천 방향에 대하여 고심해 보았다. 고심 끝에 작성한 세계화를 위한 시스템 개혁방안 프로그램을 들고 가 프레젠테이션을 했을 때 담당자들은 시큰둥했다. 조목조목 캐묻기만 하였다. J씨는 질문의 요지를 듣고서야 그들이 산업 교육에 대한 기본적인 개념이 서있지 않은 사람들이었다는 것을 알아차렸다. 그들에게 있어 교육이란 일종의 직원들의 교육을 빙자한 집합 시간을 나름대로 흠 잡히지 않고 무난하게 보내게 하는 게 목적인 사람들이었다. 물론 J씨의 안은 보기 좋게 퇴자 맞았다. 들리는 소문으로는 채택된 교육 프로그램의 핵심 내용은 사교춤과 포도주 예절 따위가 결합된, 기간은 길지만 별로 실천 효과가 불투명한 프로그램이 채택되었다는 이야기를 들었다. 그는 씁쓸한 생각이 들었지만 국내 굴지의 조선업체에서도 비슷한 일이 있었다는 것을 상기했다. 요청한 내용은 고객만족 교육이었는데 기업의 비전과 사명 등을 검토한 결과 일 세대 차원에서의 개념 교육과 인식 변환, 그리고 차기를 위한 실천 사항 등이 제안되었다. 역시 최종적으로 거절당했다. 이유는 회사 내부에 교육을 담당하는 부서가 둘이 있는데 이번 교육은 그쪽 부서가 주도하므로 적당히 원론수준으로 교육하면 되는데 지나치게 핵심부분을 파고들 필요가 없다는 것이었다. 아마도 이러한 현실들은 일반인들이 듣기에는 의외일지도 모른다. 더욱이 그 기업이나 공사의 이름을 들어 보면 규모와 시스템의 충실도가 비례한다고 생각하는 일반인들에게 설마하는 의문이 들 것이다. 그러나 현실에서는 덩치는 커도 굳어진 조직 문화에서 개혁이나 혁신이란 단어가 얼마나 형식적이고 공허한 말장난인지 모른다.

물론 J씨는 자신 역시 고객을 만족 시켜야하는 처지에서 실기를 했다고 볼 수 있다. 공사의 경우 고객인 인사 담당자들의 욕구를 찾아 감동시키지 못했다고 할 수도 있다. 적어도 관료적 색채가 강한 공기업에서 부장 급이라면 엘리트 의식이 팽배해 있을 것이고 인사 담당자가 유사 직급이거나 그보다 낮을 때 그들의 비위를 맞추어야 한다는 점 정도는 갈파했어야 했다. 아마도 담당자는 미리 구체적으로 요구하지는 못했지만 사교춤이나 포도주 예절 따위의 귀족 교육을 제안 받았을 때 한국적 엘리트 의식이 가지는 허영을 만족시킬 수 있으리라 생각했을 것이다. 그들에게서 교육이란 미래의 조직 발전을 위한 훈련이라기보다는 여행객들이 찾는 휴식과 자기도취에 의한 만족 수준이었던 것이다. 조선 업체의 경우 역시 J씨의 과오는 고객에게 아부하지 못하는 우를 범했다고 볼 수도 있다. 간단히 고객이 요구하는 수준에 맞추어 그들이 자신보다 훌륭하고 유능한 사람이라고 추켜세웠어야 했을 것이다. 쓸데없이 그들이 만든 비전이나 사명 등을 들추어 따지다 보면 혹 폐부나 들어날까 두려워했을 것이 자명한 일이었다. 결론적으로 J씨는 자신의 사명감에 불타는 순진한 사람으로 전락했고 일감을 얻는데 실패했다. 그러나 J씨가 겪은 두 조직의 공통점은 공룡처럼 거대하지만 탁월함의 가치를 인식하지 못하는 기업들이라는 것이다. 아마도 그런 조직 가운데 가장 무지하고 거대한 조직은 정부일 것이다.

정부 조직은 위기가 닥치자 개념이 없이 벤치마킹을 하여 시스템의 개혁도 없이 구호만을 외쳐 댔다. 눈에 보이는 것으로만 평가하다 보니 아부하는 수준만 높아졌다. 그들은 과거와 같이 수직체계의 꼭지 점을 이루는 소위 높은 사람들과 시민들에게 철저히 아부하는 길만이 자신의 미래를 보장할 수 있는 길이라 여겼다. 기업들이 고객들에게 굽실대는 길만이 살 길이 아님을 알아차리고 자신들이 가진 상품가치를 높여 고객의 욕망을 키워나가고 있을 때 정부 조직은 아무런 대안도 없이 고객인 국민들에게 허리를 굽힘으로써 눈높이만 높여 논 꼴이 되고 말았다. 국민들은 권력의 분배를 요구하기 시작하였고 권위를 부정하는 일도 서슴지 않았다. 그들의 욕망의 크기는 커져갔지만 만족의 크기는 거기에 반비례하여 축소되었다. 즉 욕망의 성장과 만족의 크기는 반비례했던 것이다.

지난 10년간 기업들은 소비자들에게 별로 필요하지 않는 물건이나 서비스를 무제한적으로 양산했다. 예컨대 휴대전화의 보급은 휴대전화가 가지는 고유 기능만 가지고도 탁월한 편리성을 가지고 있다. 그러나 단말기의 소유로 인해 지불해야 하는 비용은 그 편리성을 상회하는 수준이다. 휴대전화의 사용용도가 사업적 목적보다는 개인적 목적으로 사용되는 경우가 훨씬 많으며 경제적 가치를 창출하기 보다는 경제적 성과를 향상시키는 데 방해가 되는 요소로 작용하기에 이르렀다. 단말기의 사용 목적은 일에 몰두해야 하는 나머지 시간에 만나야 하는 개인적 만남과 담소를 하루 종일 가능하게 했다. 한참 학업에 열중해야하는 나이에 시도 때도 없이 친구들과 문자를 주고받고 잡다한 애기들을 나누는 청소년들이나 쓸데없이 수다 떨기에 여념이 없는 군상들을 어디에서든 만날 수 있다. 과거 기계식 유선 전화기가 공동사용이라는 이유로 예절이나 공중 도적 따위를 요구하던 경우와 판이하다.

휴대전화의 다목적성은 이러한 문제를 더욱 심각하게 만들고 있다. 기존에 있었던 카메라와 녹음기, 라디오 따위를 하나씩 부착해 가면서 단말기 가격은 기하급수적으로 상승했으며 제품의 수명주기는 갈수록 짧아졌다. 그러나 기업은 끊임없이 이 일을 계속하고 있으며 고객들의 욕망 자극은 지속되고 있다. 그들은 고객에게 아부할 필요가 없었으며 얼마든지 욕망이라는 약점에 노예가 된 소비자들 위에 군림할 수 있게 되었다. 아마도 가까운 미래에 기업이 만드는 짜릿한 자극에 소비자들은 노예 상태로 전락할 것이다. 만에 하나 통신 서비스가 없어진다면 소비자들은 마약에 중독된 사람들처럼 심리적 공황 상태에 이르게 될지도 모를 일이다. 당연히 이런 사회적 문제를 통제해야할 정부는 그 기능을 상실했다. 단말기가 가지는 해악을 이유로 청소년들의 휴대용 단말기 사용을 법적으로 금지한다든지 제한된 사람들에게만 판매하도록 한다면 기업의 도산과 네티즌의 반란으로 정권 유지가 어렵게 될 지경이 될지도 모른다.

이미 우리 사회는 장·단기적 불일치는 물론 인간 내부의 욕망 부조화, 개인 간의 욕망 불일치, 개인과 집단, 집단 간의 욕망이 일치하지 않는 이율배반적 문제로 분열되기 시작하고 있다. 목표가 지극히 상이하기 때문이다. 예컨대 다음 상황을 보고 공감이 간다면 얼마나 현대 사회의 불일치 현상이 심각한가를 인정하는 것이 될 것이다.

1) 할인매장에서 초등학교 다니는 딸아이를 데리고 온 아주머니가 소량계산대(품목 수가 다섯 가지 미만인 사람들을 위해 신속하게 계산이 가능하도록 마련한 계산대)에서 카트를 가득 채운 물건들을 가지고 줄을 섰다. 딸아이가 "여기는 소량 계산대잖아."라고 하자 아주머니는 아이를 가만히 있으라면서 꾸짖었다. 그 아주머니의 눈은 "네가 세상을 알아?"라고 말하고 있었다. 그러나 이 아주머니는 자기 딸이 좋은 성적을 받게 하기 위해 학원에 보내거나 과외를 시킬 것이고 도덕 시험에서 좋은 성적을 내지 못하면 사정없이 나무랄 것이다."대체 커서 뭐가 될래?"라고.

2) 장차 힘 안들이고 고소득을 올리고자 하는 사람들 가운데 대학생들은 대표적 집단 중 하나라고 할 수 있다. 그들은 웬만한 소프트웨어를 복사하거나 교과서를 복사하는 일에 별로 죄책감이 없다. 시험 때 커닝을 해보지 않은 학생이

거의 없다. 게다가 장학금을 받기 위해서라거나 취업을 위해 상대평가 제도 하에서 성적을 올려 달라고 떼를 쓰는 학생들까지 있다. 그러나 그들이 그렇게도 하고 싶은 것은 지식 노동자가 되는 일이다. 분명히 지식을 훔치는 것은 유형의 상품을 훔치는 것보다 훨씬 나쁘다. 가치가 크기 때문이다. 그들은 지식의 가치가 높다는 것을 알면서도 행동은 따로 이다. 그리고 자신의 능력을 인정해주지 않는 사회를 원망할 것이다.

3) 사회의 지식인들이나 위정자, 혹은 전문직에 종사하는 사람들과 그렇지 않는 보통사람 들과의 차이는 크게 줄어들었다. 관리직 종사자와 생산직 종사자의 급여차이는 없다고 봐도 된다. 대학 강사의 평균 소득은 생산직 근로자 수준에도 미치지 못한다. 그럼에도 불구하고 보통 사람들은 자신이 그들과 평등하다고 외쳐대면서도 여전히 자신의 자녀들은 지식인이 되기를 바라며 희생을 감수한다. 한국의 보통 가정에서 사교육비와 주택구입을 위해 얻은 융자금 이자를 지출할 필요가 없다면 그들의 삶의 질은 훨씬 더 좋아지고 소비가 늘어 국가 경제에 이바지할 것이 자명하다.

4) 핵가족 시대가 도래하면서 가족의 소중함은 자신과 가족을 동일시 할 만큼 커졌다. 가정이 붕괴되는 첫 번째 이유는 가족보다 자신의 인생이 중요하다거나 자신의 인생목표와 가정의 목표가 상이할 때이다. 사랑이란 본래 얼마간의 양보나 희생을 요구한다. 그러나 사회적으로 볼 때 보통의 가장들은 자신이 몸담고 있는 조직이 경쟁에서 이기기 위해 원가를 낮추거나 가치를 창출할만한 일에 매달려야 한다. 물론 그런 조직에서 뒤쳐지지 않고 퇴출당하지 않기 위해서는 다른 구성원들보다 탁월해야 한다. 그러나 이 보통 사람의 아내는 정보의 바다를 넘나들거나 여러 종류의 가격이 포함한 제품정보를 얻고자 할 것이다. 결국 그녀는 자신의 남편이 살아남기 위해 코에서 단내가 나게 일하며 스트레스를 받는 이유를 제공하고 있는 것이 된다. 결국 유능한 아내는 자신의 남편이 끝내 도태되게 하기 위해 애쓰는 사람인 것이다. 그러나 자신의 남편이 이런 이유로 도태당하고 난관에 봉착한다고 해도 자신이 원인제공자라는 사실을 까맣게 모를 것이다. 그리고 대부분의 보통사람들은 이런 일을 거의 매일 반복할 것이다.

5) 장기근속하고 있는 보통 아버지가 자식을 위해 할 수 있는 일은 자기보다 나은 직장을 얻어 높은 삶의 질을 얻고 행복하게 살기를 원하는 일일 것이다. 인류가 발전해 온 것은 이런 인간의 진화 본능이 작용했기 때문이다. 그리고 아버지가 자식의 뒷바라지를 하기 위해선 자신도 건강하게 퇴직 시까지 연공서열에 의해 급여가 늘고 고용이 보장되기를 바랄 것이다. 그러나 갈수록 기업에서 필요로 하는 인력의 수요는 매출이나 수익성 향상에 비례하여 늘어나지 않는다. 자동화되기 때문이다. 결국 아버지는 자녀들의 미래와 가정을 지키기 위해 고용보장을 외치며 파업을 하기도 하고 농성도 하지만 실제로 학교를 졸업한 자녀들의 일자리를 빼앗는 꼴이 된다. 현재 한국 기업에서 정서상 100% 능력급 평가 보상 제도를 실시한다는 것은 불가능한 일이다. 기업의 입장에서 연공서열에 의한 보상제건 연공과 능력을 혼합한 보상제건 장기 근속자는 신입 사원들에 비해 비용 부담이 큰 것이 확실하다. 누구나 나는 장기근속하고 내 자식도 원하는 직장을 얻는 최선의 결과를 바라지만 이는 다른 집들 가격은 떨어지고 우리 집값만 오르길 바라는 격이다.

몇 가지 사례를 들어 보았지만 이런 현상은 우리 주위에 얼마든지 있다. 지역 이기주의라든지 집단 간의 밥그릇 싸움은 다양한 사례를 제공한다. 분명히 전체를 위해서는 아니다. 설사 지금 당장 피할 수 있어도 궁극적으로는 감내해야 한다. 그러나 지금만은 안 된다고 여긴다. 그러나 거기에 대한 결과가 자기 자신뿐 아니라 내가 사랑하는 사람이나 조국, 자신의 고향이나 자손 대대로 문제가 될 수도 있다. 우리 사회에는 이런 문제를 지적할만한 엘리트도 정치인도 없다. 소위 제도권 안에서 누군가 그런 권한을 부여 받았다고 할지라도 감히 실천하지 못한다. 그러다 보니 공동의 방향이 없다. 만약 있다면 모두들 자신의 현재 욕망이나 잠재적 욕망을 키우는데 열을 올리고 있다. 그러나 그 욕망의 목표는 끝도 없고 공통된 언어도 없다. 파워 엘리트들은 자신의 자리를 어떻게 하면 연장을 하고 최고의 권력을 얻을까하는 욕심에 차 있다. 전문직에 종사하는 사람들은 자신이 경쟁 사회에서 획득한 부와 명예를 잃게 되지 않을까 노심초사하고 있다. 자신들의 특혜가 조금이라도 줄어들 기미가 보이면 가차 없이 현재의 권력을 이용해 보통 사람들을 위협한다. 여성들은 남녀평등을 외치며 동등한 대우를 요구하고 있지만 거기에는 평등보다 특혜를 요구하는 경우가 허다하다. 평등이란 동일한 기회를 부여하는 것이지 특정 비율을 고용한다든지 의무적으로 보장을 해줌으로써 실현되는 것이 아니기 때문이다.

농민들은 시장 개방을 거부하며 생존권을 외치고 있지만 실제로는 다른 사람들이 획득한 재화를 자신들에게 분배해 달라고 강요하고 있는 것이다. 이제까지 시장 논리에 역행하는 데 소요되는 비용은 고스란히 조세로 떠안아 왔으며 앞으로도 그럴 것이다. 영세 상인들은 경찰이 단속을 하거나 철거를 하려고 하면 생존권을 사수해야 한다면서 아우성치지만 그들은 세금이나 임대료 따위의 비용을 부담하지 않으면서도 고객들에게 제도권 영업장들과 동일한 가격을 요구한 사람들이다. 노조는 사용자와 노동자 간의 소득형평이 어긋나 근로자들이 상대적 박탈감을 느끼고 있으므로 더 높은 급여와 혜택이 주어져야 한다고 외쳐대지만 실제로는 그들의 요구가 관철될 경우 그 비용은 소비자 집단이 고스란히 부담해야할 것들이다. 소비자 집단은 생산자에게 그들의 권리를 요구하고 있지만 그들이 열광하는 광고모델들에게 엄청난 비용을 지불하는데 대하여 불만을 토로하지 않는다.

맥도날드는 인기 있는 여자 광고모델에게 지불하는 비용을 충당하기 위해 아이스크림 값을 두 배 가까이 올렸었다. 물론 결과는 실패로 끝났지만 – 맥도날드의 아이스크림은 가격이 저렴하게 책정되어 일종의 미끼 상품이었는데 이런 상품에 고액의 광고료를 들여 판촉활동을 하는 것은 납득하기 어려운 전략이었다. – 한 동안 소비자들은 이 비용을 부담해야만 했다. 청소년들에게 인기가 있는 상품 중에 대표적인 나이키에는 재산이 너무 많아 걱정이라는 마이클 조단(Michael Jordan)이나 타이거 우즈(Tiger Woods)에게 지불하는 광고료가 상당부분 포함되어 있다. 모순되게도 그 부담은 과외비와 주택 융자금 갚기에 허덕이는 학부모의 몫이다. 우리들 대부분은 사실 이런 유사한 사례가 얼마든지 있다는 것을 이미 알고 있다. 이런 것들은 광고를 봐주는 대가로 TV를 시청한다든지 인터넷의 무료 포털사이트를 보는 것과는 다른 것들이다.

한국에서 정수기 사업은 슈퍼마켓이라 불리던 동네 구멍가게가 꽉 들어찬 상황에서 가격 경쟁력이 전혀 없던 편의점이 성공한 것과 비견할만한 납득하기 어려운 성공이었다. 초기 정수기 사업은 해외에서 정수기 필터를 사다 조립하여 플라스틱으로 캐비넷을 만든 것이었다. 물론 대부분 삼투압 방식이었다. 이러한 기업 가운데 대표적인 회사는 웅진 코웨이였다. 학습지 판매로 방문영업에 강한 웅진 코웨이는 정수기의 가격을 사업 초기 높게 책정했다. 마치 학습용 테이프나 교재, 음반 등이 방문 판매일 경우 수익의 대부분이 영업사원에게 판매 인센티브로 가야하기 때문에 높게 책정되는 것과 같은 이치였다. 영업사원들은 연고 영업을 통해 막대한 수입을 올릴 수 있다는 매력이 있었다. 전체 가격의 40%가량이 영업 관련 비용으로 지출되며 나머지는 제품원가와 광고비, 본사의 마진이 된다. 결론적으로 정수기 사업은 제품 생산 원가의 5배 정도로 부풀려져야 성공할 수 있는 구조로 되어 있었다. 대부분의 가전제품이 생산원가가 가격의 70% 이상인 경우와 비교하면 크게 대비되는 부분이다. 그러나 이 사업은 성공의 길을 걸었고 최근에는 시장이 포화되자 임대형식으로 그 영역을 넓혔으며 유지보수를 이유로 필터 판매를 아주 잘하고 있다. 물론 아직까지도 이 사업은 번창 일로에 있다. 역시 능률협회나 언론사가 주관하는 각종 경영관련 상을 휩쓴 것은 물론이다. 그러나 이 사업이 기적적으로 여겨지는 이유가 단순하게 원가대비 부담해야하는 비용이 큰데도 불구하고 성공했다는 것만은 아니다.

한국의 수질은 오염되었다고는 하나 세계적으로 질이 우수하다는 평가를 받고 있다. 수도 사업은 물을 파는 것이 아니라 시설을 사용하는 비용을 부담하게 되어 있으므로 각 가정의 수돗물 사용료는 저렴한 편이다. 그러나 전통적으로 수도 사용료를 인상할 때 저항은 상당히 컸다. 지금도 공동 수도 사용료 때문에 주민 간에 갈등이 있는 공동 주택들이 있을 정도이다. 인상 때마다 서민들의 생활을 위협한다는 것이 이유로 반론이 만만치 않았다. 정부 역시 공과금은 물가지수에 직접 반영되므로 고민에 빠지곤 하였다. 그러나 재미있는 것은 수도가 제공되는 곳일수록 정수시설이나 생수를 배달해 먹지 않는 집이 거의 없다는 것이며 수돗물을 식수로 사용하는 집 역시 거의 없다는 점이다. 결국 시민들은 수도 사용료의 10배 이상을 정수기나 생수 사용 비용으로 지불하는 데 불만이 없다. 아무도 수돗물을 이원화하여 식수용과 세탁용으로 구분한 파이프를 각 가정에 공급하자는 획기적 제안을 내놓지 않고 있다. 그럴 경우 아마도 각 가정은 현재 물로 지불해야하는 비용의 4분의1 이상을 줄일 수도 있을 것이다. 그러나 보통 사람들은 자신의 선택에 대한 자유를 얻기 위해 엄청난 비용을 지불하고 있다. 우리가 외식을 할 때 먹는 음식들이 어떤 물로 요리되었는지 아무도 모른다. 그들이 수돗물을 그대로 썼다고 해도 법적인 문제는 전혀 없기 때문이다. 우리는 수목원의 약수터에서 준비한 생수를 마실 만큼 거의 병적으로 수돗물을 거부하고 있지만 자신도 모르게 수돗물을 계속 먹고 있는 셈이다. 그러나 모르는 게 약이다. 치즈케이크와 다이어트 코크(Diet Coke; 설탕대신 당원을 넣어 칼로리를 줄인 코카콜라)를 마시는 사람처럼 술과 담배를 즐기고 공해로 가득한 도시 생활 속에서 살면서 연수기와 정수기를 찾는 도시인들의 모습이다.

인간의 개별적 욕망은 인류라든가 국가, 민족 같은 집단의 목표 안에 녹아들지 못하면서 합리성을 상실했다. 욕망의 눈은 당장 자신의 눈앞에 닥친 나무만을 보면서 숲을 볼 수 있는 이성을 잃으면서 순간적 충동에 의해 좌우된다. 그리고 자신의 행동이 전체를 위해 별로 합당하지 못하며 경우에 따라서는 해가 될 수도 있다는 것을 알게 되더라도 자유라는 명제 하에 곧 잘 정당화시킨다. 내 것을 내 마음대로 하는데 무슨 상관이냐고 대꾸한다. 그리고 이런 행동들을 통제할 수 있는 규범이나 법, 심지어는 도덕성도 이 사회에서는 뿌리를 잃어가고 있다. 그들 역시 인간의 고유 권리에는 남의 자유를 속박할 수 있는 권리는 없다고 인정하기 때문이다. 개인들은 개인들대로, 기업은 기업대로, 정부는 정부대로 자신의 존망에만 관심이 있을 뿐이다. 물론 각자의 관심이 한 방향으로 향한다면 아무런 문제가 없다. 그러나 애석하게도 그 방향은 전혀 따로 향한다. 겉으로는 누구나 다 전체를 위하는 것처럼 포장하지만 실제로는 각자의 생각은 다르다. 그래서 차라리 자신의 본성을 떳떳하게 밝히는 것이 칭찬받을 만한 일로 간주되기도 한다. 그런 의미에서 기업들은 사회단체나 공기업, 정부 기관보다 훨씬 더 솔직하다.

경영 마인드가 거의 모든 조직 집단에서 벤치마킹의 대상이 되는 이유는 효율성이나 경쟁력을 가지려는데 있다고 하지만 실제로는 그렇지 못하다. 기업과 정부, 혹은 사회단체의 목적은 근본적으로 다르기 때문이다. 그러므로 그들이 아무런 조건 없이 받아들여야 하는 벤치마킹의 대상은 솔직해지는 것이 되어야 한다. 군사 독재 시절 자유나 민주를 찾겠다고 투쟁하던 투사들은 지금 국회나 노동단체, 혹은 시민단체들 속에 녹아들어갔다. 각 학교의 학생회는 할 일을 잃었거나 할 일이 크게 바뀌었다. 그럼에도 그들은 자신들이 몸담고 투쟁했던 시절의 습관을 버리는 데 주저했다. 무엇인가 정의를 위해 투쟁할 일을 찾았고 없으면 만들어서라도 투쟁하고 싶어 했다. 안에 들어와 차근차근 얘기해도 될 일을 밖에서 몽둥이를 들고 무장한 채 소리 지르는 격이었다. 그들 모두는 솔직해져야 했다. 그들이 순수한 한 시대의 투사들로 기억되고 싶다면 조용히 생업으로 돌아가서 이 사회가 필요로 하는 역할을 담당했어야 했다.

그들은 투쟁할 일을 찾아 나섰다. 노조나 시민 단체는 아직도 투쟁을 해야 하는 곳이라고 여겨졌다. 그들의 욕망은 어디선가 과거에 했던 일에 매달린 것이었다. 그리고 그래야만이 자신의 능력이 발휘되고 가치가 인정되리라고 믿었는지 모르지만 그들은 과거의 경력을 내세우길 주저하지 않았다. 그리고 그들의 공적으로 인해 지금의 세대가 민주와 자유를 얻었다는 사실을 믿고 있는 것 같았다. 주제가 바뀌었을 뿐 그들이 원하는 바는 회사가 인수·합병될 때 고용 승계를 요구하는 노조원들의 절규나 정년단축을 시도한 장관을 증오하는 교육 공무원들과 다를 바 없는 본성을 고스란히 간직하고 있었다.

그러나 그들은 자신의 욕망을 철저히 포장했다. 기성 정치인들의 비리나 타성을 비난하며 민주투사가 민주 정권에서 여론을 형성하는 일에 자신의 역량을 발휘될 수 있다고 역설하고 있었다. 그들은 좀더 솔직해져야 했다. 적어도 기업이 자신의 목표는 이익을 창출하는 것이고 그러한 목적을 위해 고객들의 욕망을 자극하거나 아부할 수 있노라고 외쳐댈 수 있듯이 나의 공이 이러하니 제발 좀 인정해 달라고 주장해야 했다. 그리고 국민들의 욕망을 하나의 목표 안에 녹아들어 갈 수 있도록 만들었어야 했다. 그러나 그들은 자신의 개인적 욕망을 감춘 채 서로 다른 망상 속에서 자신이 목숨을 걸고 쟁취했던 몰락한 독재자들의 권력을 얻으려고 하고 있었다. 이러한 야심은 이미 속세에 물들었는데도 불구하고 과거의 순수함이 그대로 보존되어 있는 것처럼 철저하게 포장되었다.

그러나 애석하게도 이 사회는 더 이상 그런 절대 권력자들을 필요로 하지 않는다. 차라리 엉뚱하나마 비전을 만들고 국민들을 한 방향으로 이끌던 과거의 유치한 카리스마조차 그들은 가지고 있지 못했다. 그들의 구성에는 하나의 목표 안에서 인간들의 욕망을 규합할 만한 능력이 있는 사람들이 포함되어 있지 않다. 다만 과거를 허우적거리며 자신의 공적을 내세워 한자리 얻으려는 속물들의 군상들이 대부분이었다.

고대 희랍의 산파는 아이를 낳지 못하는 사람이었다. 자신이 아기를 가져보지도 낳아 보지도 못한 사람들이 평생 남의 아이를 낳는 것을 돌보아주는 것이 산파였다. 평론가의 역할은 누구나 가지는 비평 능력을 논리적으로 조리 있게 글로 옮겨 놓는 것이다. 훌륭한 평론가가 훌륭한 작가가 될 수도 없고 그럴 필요도 없다. 정치인에게는 정치가로써의 능력이 요구될 뿐이며 이를 실천하기 위해선 유능한 행정가가 필요할 뿐이다. 실제로 전체를 위해 그들의 과거 공적이나 무공 따위는 별로 의미가 없다. 정치가란 지금 당장 얼마나 기술적으로 전체의 욕망을 하나의 언어로 만들어 공동된 목표를 만들고 행정가는 그의 손발이 되어 과제를 수행할 수 있으면 되는 것이다. 물론 정치가의 능력에는 유능한 각료들을 선별하여 선발하고 그들을 통제할 수 있는 것도 포함이 된다. 때로는 모두들 스스로 찾아내지 못하는 욕망을 찾아낼 수도 있고 경우에 따라서는 개별적 욕망을 적절한 선에서 통제할 수도 있어야 한다. 욕망이란 채워질수록 만족의 정도가 하강하기 때문이다.

8. 절제된 욕망과 성공의 참모습

월악산 국립공원의 중심에는 봉우리들이 있다. 그리고 그 봉우리들 주변에는 단양팔경을 비롯한 충주호와 신륵사 등 볼 만한 곳이 산재해 있다. 주봉인 영봉은 1,094미터로 그리 높지 않지만 이곳에 한번 올라가 본 사람이라면 그리 수월한 산이 아니라는 것을 실감하게 된다. 충주호 주변에서부터 오르려면 거의 1km의 고도를 거의 평지 없이 오르막길을 가야 한다. 특히 뒤를 돌아보면 아찔한 가파른 계단이 많다. 보통 걸음으로 정상 가까이 가면 바로 눈앞에 150여 미터 바위 절벽 위에 영봉이 보인다. 물론 그 절벽을 암벽타기 장비를 가지고 올라가면 금방이겠지만 보통의 사람들은 우회로를 따라 올라가야 한다. 우회로는 절벽 뒤쪽으로 1.7Km로 거의 한 시간을 걸어야 한다. 흥미로운 것은 계속 올라가는 것이 아니라 한참을 내려가다 다시 올라가기를 두 번 정도 반복한 후에 계단을 오르는 과정으로 되어 있다는 것이다. 대부분의 산들이 정상 쪽을 막연히 보면서 가든가 초행길에는 그저 거리만 어림잡아 가는 것과 다른 셈이다. 정상이 빤히 바로 앞에 보인다. 정상에서 난간에 모여 담소하는 사람들의 모습도 보인다. 그런데 우회로를 따라 가자면 적지 않은 인내를 요구하는 것이다. 이제 막 임원으로 승진하려는 데 젊은 나이에 승진하면 남들의 시기를 사니 지방에 내려가 몇 년 있다가 다시 절차를 밟으라고 한다면 눈물이 핑 돌 것이다. 그러나 조금만 기다리고 다시 한 번 심호흡을 하고 가다보면 정상이 나온다. 더욱이 정상까지의 거리는 이미 우회로를 포함하여 예정된 것이다. 그럼에도 보통사람들 가운데 상당수는 용기를 뽐내며 절벽을 기어오르려 할지도 모른다.

환경문제가 도마 위에 오른 것은 20세기 후반이었다. 1979년 제네바 조약이 성립

되면서 환경 문제는 인류가 저지른 전쟁만큼이나 심각한 재앙으로 인식되기 시작하였다. 그 이후에도 국가 간의 활동이나 유엔에 상설기구를 설치하는 등 인식도가 높아져 갔다. 환경의 문제는 국가 간의 개발 정도에 따라 영향력이 차별되는 문제를 안고 있다. 즉 선진공업국의 경우 세계 환경에 미치는 영향이 크며 미개발국의 경우 그 영향은 미미하다. 즉 국부와 환경에 미치는 영향력은 비례하는 속성을 지니고 있는 것이다. 최근에는 중국을 비롯한 개발도상국들이 자국의 경제 성장을 위해 무차별적으로 공업화를 추진하다보니 그 심각성은 가중되고 있다. 그러나 국가의 통제가 취약할 경우 국가 간의 조약은 백지장이 된다는 것 역시 커다란 문제이기도 하다. 물론 국가의 통제를 무력하게 하는 요소는 다양하겠지만 가장 커다란 집단 이기주의나 공직자들의 관료성과 기업의 비윤리 의식 등을 들 수 있다. 그러나 이보다 앞서 인류의 동물적 본능인 자손의 번식과 인구의 증가, 그리고 삶의 질이라고 포장된 욕망의 무제한적 추구 등이 단단히 한몫했던 것이다.

인류 이전에 가장 긴 세월 동안 지구상에서 존재하며 번성했던 생물체는 공룡이었다. 물론 미생물이나 박테리아 등은 훨씬 더 오랜 기간 생존했고 현재도 생존하고 있지만 어떤 동물도 지구의 환경을 손아귀에 넣고 주무르며 통제하지는 못했다. 아직도 공룡의 멸종은 그 원인이 불분명하지만 그들은 환경의 희생물이었을 뿐 환경을 조절할 수 있는 존재가 되지 못했음에는 틀림이 없다. 그들은 기본적으로 생산 능력이 없었으며 주어진 조건하에서 지극히 수동적 삶을 살아갔다. 인간이 번성할 수 있었던 이유는 놀라운 번식력이 아니라 생산 능력이었고 스스로 자신에게 유리한 환경을 만들어 나갈 수 있었기 때문이다. 만약 지금 이 지구상에 인류보다 수적으로 우월한 생물체가 있다면 인류의 필요에 의해 조작된 생물체들일 것이다. 인류를 제외한 생물체들은 환경의 선택에 의해 번성할 수 있는 것이 아니라 인류의 선택에 의해 멸종될 수도 있고 번성할 수도 있게 되었다. 예컨대 벼라든가 소, 닭, 고양이, 개 따위의 생물체들은 자기 스스로 생존능력이 강하지 않은데도 불구하고 지구를 온통 뒤덮을 수 있으리만치 번성했지만 인류에게 별반 도움이 되지 못하는 생물체들은 강한 생존 능력에도 불구하고 쇠퇴의 길을 걷거나 멸종당했다. 인간은 뒤늦게 생태계의 먹이사슬과 균형문제에 대해 우려하기 시작했지만 그 역시 인간의 환경에 해가 되지 않을까 하는 우려에서 시작된 것이다.

인류의 욕망은 여기에서 그치지 않았다. 산도 바다도 강도, 심지어는 땅속까지 욕망의 손길을 뻗치기 시작했다. 에너지나 수원(水源)을 얻기 위해 땅을 파헤치고 산을 깎아냈다. 연료를 태워 대기를 오염시키고 강과 바다를 더럽혔다. 지구는 서서히 인류의 힘에 의해 영향 받는 존재가 되기 시작한 것이다. 그럼에도 불구하고 인류는 더욱 오만해지기 시작했다. 스스로 환경의 오염을 막을 수 있다고 생각하기 시작했다. 스스로의 절제를 통해 환경을 다스릴 수 있다고 생각하고 힘 있는 자들이 만나 머리를 맞대고 통제를 하겠다고 나선 것이다. 그러나 모순되게도 인류가 자신의 영민함으로 생산을 하고 개발을 하며 별로 움직이지 않아도 생명을 유지할 수 있는 재화를 얻어내는데 성공을 했지만 인간 스스로 환경을 이겨낼 수 있는 육체적 생존 능력은 형편없이 약화되었다는 것이다. 사막이나 밀림 속과 같은 원시 상태에서 생명을 유지할 수 있는 능력이라든가 의료혜택 없이 생존할 수 있는 사람의 수는 줄어만 갔다. 올림픽 선수들의 기록은 해가 갈수록 향상되지만 보통 사람들의 체력은 형편없이 약화되어 가고 있다.

사실 아직도 실제 인류가 가진 능력은 가뭄이나 홍수, 심지어는 부는 바람을 통제하지 못해 사람들의 목숨을 앗아가도 속수무책이며 태초 이래 동일한 방법으로 먹고 배설하며 생식기를 이용해 이세를 출산한다는 점에서 별로 크게 나아진 것이 없다. 그럼에도 인간은 자신의 욕망을 키워나가며 끊임없이 도전하고 있다. 그리고 보다 낳은 삶을 통해 만족과 행복을 얻겠노라 다짐하는 것이다. 그러나 애석하게도 그런 생각은 완전히 틀렸다. 지구상에서 가장 만족하고 행복하다고 생각하는 인간집단은 부자들도 아니며 선진국에서 최고의 문명 혜택을 받는 사람들도 아니고 자기 나라의 힘이 강성하여 다른 나라들을 벌벌 떨게 하는 강대국의 국민들도 아니다. 그들은 객관적으로 형편없이 가난하고 문맹률도 높으며 빈부의 차이도 상대적으로 극심한 방글라데시나 인도, 부탄의 국민들이다. 조사할 수 없어서 그렇지 인간의 이기심이 만든 전쟁이 없다면 아프리카나 태평양 군도의 사람들 역시 만족과 행복감을 가지고 살고 있을지도 모른다. 문명은 보다 큰 욕망을 키웠으며 욕망의 크기가 커질수록 만족감은 채워지기 힘들어진 것이다.

행복이나 만족스러운 삶은 객관적 척도에 의해서 규정되지 않고 철저히 주관적 척도에 의해 결정된다. 적어도 유식한 사람이 무지한 사람들을 일깨워 준답시고 자신들이 추구하는 욕망이 전파되도록 자극하지 않는다면 얼마든지 인류도 만족하며 살아갈 수 있었다. 자연을 파괴하고 나서 자신에게 해가 오지 않을까 두려운 마음에 전전긍긍하는 수준에 도달하지 않을 수도 있다. 아마도 인간은 자신이 속한 집단의 이익을 지키기 위해 전체의 운명을 좌우할 환경 보호 따위의 운동에서 자유로워지기 위해 궤변을 늘어놓으며 정당화시킬 것이다. 필요는 하지만 우리 집 근처에는 안 된다 식의 님비(NIMBY: Not In My Back Yard)현상뿐 아니라 집단의 힘은 자유라는 명분 하에 철저히 지켜지지 못할 것이 자명하다.

예컨대 몇 해 전 공업용 접착제인 본드가 환각을 일으키는 성분이 있으며 청소년들이 흡입하여 심각한 사회 문제를 야기시켰는데도 불구하고 무슨 이유에서인지 판매 금지 조치는 내려지지 않았다. 분명히 본드의 대체품이 있으며 가격차 이외에는 별반 문제가 되지 않았다. 게다가 공업용으로만 판매할 수 있도록 제한하는 것은 그리 어려운 일도 아니었다. 일회용품 사용을 줄이기 위해 정부는 업소들의 사용을 통제 했다. 소비자들이 돈을 주고 사도록 하면 사용량이 줄 것이라는 이유에서였다. 그러나 생산을 중단시키거나 사용행위를 처벌할 방법을 찾지 않았다. 사실상 일회용품뿐 아니라 화장지나 일회용 기저귀, 생리대 등의 사용을 규제한다면 엄청난 효과를 얻었을 것이다. 공해물질이 발생하는 업체의 생산을 중단시키는 것만큼 공해를 없애는 최선의 방법은 없지만 경제적 문제로 인해 이를 중단 시키지는 못하고 있다. 이러한 단순한 문제뿐만 아니라 공해의 주범 가운데 하나인 석유도 그렇다. 석유 대체 연료를 이용하면 엄청난 양의 공해를 줄일 수 있다는 것을 누구나 알고 있다. 그리고 열심히 이 분야의 연구가 지속되는 것으로 인식하고 있다. 그러나 아무도 가격의 차이가 있을 뿐 현재도 가능하다는 것을 알지만 시작하고 있는 곳은 없다. 두려운 것이다. 아직도 석유의 가격이 싸므로 경제적 파장이 클 것이고 석유 시추 및 정유 업체, 자동차 생산업체들의 해당 국가들에서 규모면에서 수위를 달리며 막대한 세금을 내고 있는 한 결코 쉽지 않은 문제들이다. 아마도 선거에서 당선된 4년 내지 8년 임기의 국가 원수들은 현재의 주력 기업들 스스로 대체연료를 찾아 새로운 제품을 내놓길 바랄 수밖에 없을 것이다.

역사는 욕망을 절제한 사람에게 영광을 돌린다. 20세기의 냉전시대를 종식시킨 장본인은 고르바초프(Mikhail Sergeevich Gorbachyov, 1931~)였다. 그는 1985년

공산당 서기장이 되었고 공산 독재 체제 하에서 무소불휘의 절대 권력을 손아귀에 넣었다. 그러나 그는 스스로 공산 독재정치를 종식시켰을 뿐만 아니라 글라스노스트(개방)와 페레스트로이카(개혁)를 부르짖으며 전 세계의 소련 영향 하에 있는 국가들에게 희망을 안겨 주었다. 흑인 노예들이 스스로에 의해 자유를 찾은 것이 아니라 백인들에 의해 해방되었으며 2차세계대전 후 식민지하에 있었던 국가들이 열강의 합의하에 독립된 것처럼 소련의 독재 정권은 절대 권력을 획득한 사람에 의해 붕괴되었다. 반동 혁명이 일어나자 고르바초프는 동년배인 옐친(Boris Nicholaevich Yeltsin, 1931-2007)에게 정권을 이양하고 야인의 길을 걷게 되었다. 그는 인간이라면 누구나 갖는 장기집권에 대한 열망이나 변화에 대한 저항 따위를 두려워하지 않았던 시대의 풍운아였다. 자신에게 주어진 영구 집권이라는 유혹은 그 누구도 떨쳐버리기 힘든 것임을 역사는 증명한다. 역사적으로 혁명이라는 힘에 의하지 않고 순수한 자기 의지에 의해 공화정을 실시한 군주는 없었다. 대부분 이도 저도 아닌 입헌 군주제의 길을 걸었다. 혹자는 그의 명예가 노벨 평화상으로 보상되었다고 생각할지 몰라도 그의 역사적 공적은 평가 절하되어 있는 셈이다. 그러나 훗날 그의 공적은 지금 사람들이 생각하는 이상으로 평가될 것이 확실하다. 그는 적어도 욕망의 한계를 뛰어 넘은 사람이었기 때문이다. 그리고 그러한 욕망의 절제는 수많은 사람을 가난과 핍박 속에서 구원했으며 전쟁의 위기로부터 탈출시켰다.

절대왕조 시대 이후에도 절대적 권력을 차지한 정치적 지도자들은 20세기 후반까지 등장했다. 물론 대부분 몰락했지만 아직도 이 지구상에는 그런 자들이 살아 숨쉬고 있다. 그들의 공통점은 식민지 시대를 종식하고 독립과 함께 정권을 장악한 인물들이었으며 경제부흥을 미끼로 정치적 독재로 막강한 파워를 형성했다. 그들 대부분은 시민 혁명으로 망명길에 오르거나 처형, 암살당했다. 막스 웨버는 그들을 혼란기의 영웅이라고 불렀다. 혼란기에 잠깐 등장하여 국가나 민족 같은 동질성을 환기시키고 자신의 역할을 다한 후 비록 자신의 의지는 아니었지만 역사의 무대 뒷전으로 사라져 갔다. 체제의 붕괴와 새로운 시대의 개막에는 수 없이 많은 혼란을 겪게 되고 강력한 지도자를 원할지도 모른다.

이란의 팔레비 왕조(Pahlavi 王朝, 1925-1979), 인도네시아의 수하르토(Suharto, 1921-1988), 필리핀의 마르코스(Ferdinand Edralin Marcos, 1917-1989), 한국의 박

정희(1917-1979), 북한의 김일성 왕조(1946-1994) 등은 그들 중 대표적 인물이나 부자(父子) 들이다. 그들은 변화의 초엽에 번개 같이 나타나서 뒤쳐진 조국을 서구화함으로써 경제부흥에 힘썼다. 대부분 해당 국가들은 그들의 집권기에 인프라가 구축되었고 초강국을 배경으로 의지했다. 그들이 권좌에서 물러나게 되는 과정은 부를 축적함으로써 초창기의 순수함을 상실함과 동시에 자신의 역할이 다했을 때도 물러나지 않기 위해 인권 탄압을 마다하지 않았기 때문이다. 물론 인권이란 춥고 배고플 때는 누구도 인식하지 못한다. 대부분 등이 따뜻해지고 여유가 생기면서 자각하기 시작한다. 그러므로 엄격하게 이야기하자면 원래 그들에게 인권은 없었지만 인권을 자각하게 되기까지 시간이 소요되는 것이다. 지금도 아프리카 지역에는 인권이 탄압되는 국가들이 수없이 많지만 그들 자신도 다른 나라에서도 인권을 논하지는 않는다. 그들에게는 아직도 인권보다 심각한 기아와 질병이 존재하기 때문이다.

시민혁명이라 불리든 회교 혁명이라 불리든 그 나라들은 독재의 종지부를 찍고 민주화의 길을 걷게 되었다. 언론이 자유를 찾았고 국민들이 지도자를 선출했다. 인간이 가지고 있는 한 단계 상위 계급으로의 상승 욕망이 실현된 것이다. 또 하나의 공통점은 독재자의 축출 후 또 한 차례 혼란을 겪게 되었다는 점이다. 모순되게도 그 나라들의 경제는 갈수록 피폐해져 갔다. 심한 경우 위기를 맞기도 하였다. 물론 인도네시아의 경우 경제 위기가 독재 정권의 종식에 원인을 제공하기도 하였지만 인도네시아 역시 경제가 순탄치 않았다. 필리핀의 경우 순수한 시민혁명에 의해 민주화의 길을 걷게 되었지만 국가의 경제력은 형편없이 후퇴했다. 한국의 경우 문민정부가 들어서고 첫 임기도 채우기 전에 외환위기를 겪어야 했다. 이란의 경우는 조금 달랐다. 호메이니에 의해 회교 혁명이 일어난 것은 팔레비 왕조의 친미 정책을 기조로 한 경제 정책에 반감을 가진 종교지도자를 중심으로 한 혁명이었다. 국민들이 동조한 것은 독재가 아니라 종교였다. 그러나 결과는 유사했다. 이란은 이유야 어떻든 국제적으로 고립되었고 이라크와 7년 동안 전쟁을 치르며 쓸데없이 국력을 낭비했다. 결국 국가의 경제는 피폐해져 갔다.

독재 정권이 몰락할 때 혁명 주도세력이 과거사 청산에서 내놓는 카드는 독재자들의 탐욕으로 축적된 재산의 공개였다. 필리핀 같은 경우 발표된 마르코스 일가의 축재 규모는 필리핀의 총 국가 부채와 버금갔다. 도둑을 잡고 열심히 일하면 당연히 부자가 되어야 하겠지만 민주 정권이 들어서고 부정이 사라졌다는 데도 국가 살림은 갈수록 어려워졌다. 처음에는 독재 정권의 부패에 의한 후유증정도로 생각하지만 갈수록 어려워지는 사정은 납득할 수 없는 노릇이었다. 이유는 간단했다. 민주화를 얻기 위해서는 엄청난 비용을 치러야했기 때문이다.

이 경우 민주화를 염원하던 국민들 대부분은 민주주의가 만병통치약이라는 착각에 빠지게 된다. 언론의 탄압이나 일부 계층의 부정축재를 보지 않는 것만으로도 행복해지리라고 믿었던 사람들은 모든 사람들이 억압되었던 스스로의 욕망이 분출되면서 극도의 혼란에 빠진 것이다.

원래 자본주의와 민주주의의 결합은 회의적이었다. 그 이유는 정치적으로 평등을 지향하는 민주주의와 경제적 불평등을 용인하는 자본주의는 이율배반적 잣대가 필요하기 때문이다. 기업의 생리를 자연인이 납득하기 힘든 것은 윤리의 문제가 아니라 주주총회에 모인 사람들의 영향력이 동등하지 않다는데서 시작한다. 민주화를 획득한 대중은 경제적 평등도 실현될 수 있으리라는 착각에 빠지게 된다. 부연하면 개인적 욕망을 실현할 수 있는 기회가 누구에게나 주어져야 한다고 떼를 쓰게 되는 것이다. 경제와 정치의 구분이 모호해지고 급기야는 경제적 평등을 제도화하자고 아우성친다. 혁명에 의해 무너진 법질서는 언제라도 새로운 법을 만들 수 있다는 가능성을 준다. 집회나 시위는 연일 이해 집단별로 열리게 된다. 그러면서 그들은 공동 관심사나 방향을 완전하게 상실하게 되는 것이다. 그리고 분배를 요구한다. 과거의 권력 집단이 향유했던 힘과 돈이 누구에게나 공유될 수 있다고 믿게 되면서 대자본가들의 재산 역시 분배의 대상이라고 여기게 된다. 결국 자본주의는 능력이나 노력이 소득과 비례해야 한다는 본질을 상실하기 시작하게 되는 것이다. 결국 성장의 동력이었던 자본주의나 정권 유지의 수단이었던 성장 정책은 일시에 위기를 맞게 된다. 그러나 재미있는 것은 그들이 나누어 가지고 싶어 하는 과거 독재자에 집권 시절에 형성된 것이고 대자본가들이 포함된 대부분의 사람들이 가지고 있는 재화라는 것이다.

97년 외환위기에 몰린 한국은 달러를 만들어야 한다고 금 모으기를 하는 등 법석을 떨었다. 97년 말 정권을 인수한 김대중 행정부는 경기를 부양하고 국민들을 심리적 공황 상태로부터 벗어나게 하기 위해 안간 힘을 썼다. 당시 세계 경제는 미국을 비롯해 호황이었고 상품생산 능력이 충분했던 한국은 환율에 의한 가격 하락만 가지고도 충분한 경쟁력이 있었다. 결국 환율은 시장이 요구하는 적정 환율로 조정되었고 떨어진 환율만큼 가격을 하락 시키지 않고서도 수출은 호조를 보였다. 당연히 판매마진이 증가한데다 판매량까지 늘어가자 수출 기업들은 엄청난 수익을 올릴 수 있었다. 반면에 위기 당시 가장 타격이 큰 내수업체들은 의류업체와 건설업체들이었다. 건설업체의 경우 자금회전에 민감해 현금 동원 능력이 취약한 구조를 가지고 있었다. 그나마 건설 용도로 보유한 부동산 가격은 폭락했고 금리는 살인적으로 올랐다. 의류업체들도 속수무책이었다. 쌓이는 재고와 자금난으로 한꺼번에 도산의 길을 걸었다. 개인의 재산 1호인 주택들은 시장에 내놓아도 팔리질 않았다. 당연히 주택 가격은 폭락했고 신규 아파트의 분양은 생각조차 할 수 없었다. 정부는 건설 경기를 부양한다고 고질적인 투기를 근절하기 위해 내놓았던 양도세나 전매금지, 다주택 소유에 대한 중과와 같은 관계법령을 없애거나 완화했다.

수출에 의해 외환위기는 2001년 소멸되었고 경기는 활성화되었다. 수출로 벌어들인 돈은 당연히 부동산으로 몰리게 되었다. 외환위기 당시 몰락한 금융권은 소매금융만이 살 길이라 여기고 주된 융자를 주택 구입비용에 대주기 시작했다. 개인들 역시 부동산의 투자가치를 맹신했다. 게다가 위기 당시 공급이 불가능했으므로 건설 기간이 2-3년인 점을 감안하면 2001년 이후 입주할 아파트가 없었다는 공급부족 현상도 한몫했다. 순식간에 돈이 아파트로 집합하기 시작했다. 기업들 역시 투자할 곳이 없었다. 분배의 요구로 위기를 겪어낸 직원들의 소득은 높아져만 갔고 벤처의 성공으로 새로운 자본가들이 등장했다.

그러나 위기 이전의 투기 근절 대책은 김대중 정부가 물러날 때까지 원위치하지 않았다. 정권을 인수한 노무현 행정부도 마찬가지였다. 순진하게도 그들은 정의 실현에 아까운 시간만 낭비하고 있었다. 그들은 자본주의와 민주주의가 이율배반적인 것처럼 분배 구조의 개선과 자본경제의 양립성을 전혀 이해하지 못했다. 결국 2002년 한 해 동안 부동산 가격은 살인적으로 상승했고 2003년 말 정부가 부동산 안정대책을 내놓았을 때는 아파트 가격의 37%가 부채였는데 이 금액은 그 기간 동안 오른 가격이었다. 결국 온 국민들은 하루아침에 동일한 집에서 살면서 빚만 늘어난 셈이 되었다. 소비는 위축되고 심리적으로 여유가 없어진 것은 당연한 일이었다. 기업은 현금이 쌓여도 신사업에 투자하지 않았다. 노동비의 증가로 수익성 확보에 자신이 없는데다 정보통신과 같은 뚜렷한 신사업이 없는 이상 투자할 의지가 생겨날 리 없었다.

그러나 국민들은 부동산 가격이 올라가자 내 집을 마련하게 해달라고 외쳐댔고 아파트 가격이 떨어지자 재산이 줄었다고 울상이었다. 아파트란 주거가 목적인 일반 생산재와 별반 다르지 않은 도구에 불과하다. 인간이 살아있는 동안 사용되는 소모품인 것이다. 더욱이 한국의 주택 보급률은 높은 편이다. 국민들이 반드시 자신이 소유한 집에서 살아야만 한다는 주장은 설득력이 없다. 너무 많은 사람들이 동일한 목표를 가지기 때문에 임대주택이 크게 활성화되지 않아서 그렇지 만약 활성화 된다면 집을 사는 사람처럼 우매한 사람은 없다. 토지의 가격이 정지, 혹은 물가 상승률 정도로 상승한다고 가정한다면 건물은 감가상각에 의해 시간이 갈수록 하락하므로 집값은 떨어지거나 정지해야 정상이다. 현재처럼 주택의 가격이 주택 자체가 가지고 있는 효용에 비해 고평가되었을 때 구매 할 필요는 전혀 없다. 집을 단순한 사용 대상이라고 보았을 때 임대를 했을 때와의 가격차가 크기 때문이다. 특히 한국만이 가지고 있는 전세와 같은 제도는 저금리 하에서는 글자그대로 최선의 선택이 될 수 있다. 원금 보장이 되는 데다 사용권까지 보장되기 때문이다.

그러나 주택이 재산 증식의 수단이 될 때 상황은 크게 달라진다. 그들은 하나같이 행복추구를 위해 내집 마련을 해야 한다고 포장하지만 실상은 매매로 차액을 기대하면서 현재의 삶의 질을 비용으로 지불하면서 고군분투하는 것이다. 결국 모두가 같은 생각을 하다보면 수급의 원리에 의해 토지를 포함한 주택 본연의 가치는 그대로인데도 불구하고 가격은 가파르게 상승한다. 국가 전체로 볼 때 소득이 소비로 이어지지 않으므로 생산력이 크게 약화될 수밖에 없다. 가계는 구매 능력의 저하로 쪼들리게 되므로 여전히 분배의 요구로 이어진다. 흔히 생각하는 것처럼 자본주의하에서 분배의 원천은 자본가의 재산을 빼앗아 나누어 주는 활빈당 식 논리에 의해서 작동되지 않는다. 다만 생산에 의해서 만들어질 뿐이다. 그러나 국가는 생산주체가 아니기 때문에 기업에게서 거두어들인 세금으로 분배가 가능한데 분배가 소비로 이어지지 않는 이상 생산은 가속도를 잃게 되고 부가 가치를 창출할 수 없는 엉뚱한 대상에 아까운 재화를 쏟아 붓게 되는 결과가 되는 것이다.

일반적으로 자금의 흐름을 예측하는데 부동산 가와 금리, 주가는 밀접한 관계가 있다. 그러나 외환위기 이후 이러한 경제 원칙은 작동되지 않았다. 즉 금리가 오르면 주가가 하락하고 부동산가도 하락한다. 부동산가가 오르면 주가가 하락하며 주가가 오르면 그 반대가 된다. 그러나 한국의 금융 시장은 금리가 형편없이 하락했는데도 주가가 올라주지 않았으며 부동산 가격만 올랐다. 결국 정부는 금리의 조정이 작동되지 않으므로 부동산 가격을 잡기 위해 금리를 올리지 못하는 딜레마에 빠지게 되었다. 부동산 가격은 안 잡히고 주가만 폭락하면 기업들이 붕괴하는 큰 낭패를 볼 일이 자명했다. 환율 역시 수출의 증감에 작동할 뿐 국내 경기를 부양하지 못했다. 이유는 간단했다. 수출로 벌어 들였든 낮은 금리로 자금 동원이 가능하게 되었든 모든 돈은 한 군데로 몰리게 되었다. 결국 한국의 경제는 아주 간단명료한 이유에 의해서 중병을 앓고 있는 것이다. 부동산 가격을 잡기 위해 취한 조치는 소비의 위축을 더욱 더 가져 올 것이며 향후에도 이런 일은 반복될 것이다. 자유와 민주주의의 몰이해는 개별적 이익의 추구를 정당화시켰으며 개인주의의 바탕인 '나의 발전이 국가 발전의 시금석이 된다.'라는 원칙이 전혀 작동하지 않게 된 것이다.

게다가 지도 세력은 미래를 향한 비전을 제시하지 못하고 있다. 그 누구도 감히 무서워 욕망을 자제하지 않으면 미래가 없다는 준엄한 꾸짖음을 할 수 없다. 그들 역시 자신의 세력 유지에 급급해 있었으므로 전체는 개별적 욕망에 사로잡혀 그들이 어떤 길을 가고 있는지조차도 의식하지 못하고 있다. 가진 자들은 그저 지금 가진 것을 잃을까 전전긍긍하고 있으며 없는 자들은 나누어달라고 애원하고 있다. 배가 고플 때 빵을 나누어 먹는 것은 미담이 될지 몰라도 허기가 가셨을 때 합심하여 빵을 만들 생각을 하지 않으면 그나마 나누어 먹을 빵조차 없는 것이 현실이라는 것을 우리 모두는 자각해야 한다.

현대그룹의 신화를 창조한 고 정주영 회장(1915-2001)의 인생에 대하여 모르는 사람들은 거의 없을 것이다. 그는 한국의 경제가 고속 성장 할 때 거의 맨주먹으로 대기업을 일으킨 장본인이었다. 60년대 당시 한국에는 대기업이라 할 만한 기업들이 없었지만 그 후 대기업의 반열에 오른 기업들의 창업주들은 조상대대로 땅 마지기깨나 있는 지주의 자손으로 농업 자본이 일제 강점기 때 상업 자본으로 전환한 사람들이 대부분이었다. 아니면 본래 상인의 자손인 경우도 있었다. 단순 도·소매상에서 근대식 기업으로 업종 전환을 한 경우도 있었지만 현대는 군사 정권의 근대화 정책에 발맞추어 불도저식 건설로 기적을 일으킨 기업이었다. 후에도 자동차와 조선, 중공업 사업 등에 뛰어들어 소위 시대가 요구하는 굵직굵직한 사업을 성공시킴으로써 현대는 70년대 중반 일찌감치 한국 최고의 대기업으로 자리잡게 되었다. 익히 알려진 바와 같이 현대의 기업 문화는 건설이 모기업인 만큼 거칠고 명령일원화와 같이 수직체계가 확실한 문화였다. 다른 기업들과 마찬 가지로 장남인 정주영씨를 정점으로 그의 형제와 아들들이 계열 회사를 나누어 경영했다.

그의 이러한 기업가로써의 인생 행보는 군사정권이 붕괴되고 문민정권이 들어서던 92년 말 78세의 나이로 14대 대통령에 출마함으로써 다른 재벌 기업가들과 차별되기 시작한다. 그 때부터 그가 사망하기 까지 약 10년 동안은 기업가로써의 삶이라기보다는 자신의 묵은 염원을 실현하기위해 쏟아 부은 기간이었다. 대선에 고배를 마신 후 불편한 몸을 이끌고 통일 사업을 시작했다. 그의 대선 출마 목적이 군사정권 시절 정치인들에게 당한 굴욕에 대한 보상심리라고 보는 견해도 있으나 추측컨대 남북통일을 성취하기 위한 포석으로 보인다. 어쨌든 2000년까지 현대그룹의 명예회장 자리에 있으면서 소 떼를 몰고 남북을 오가며 숱한 이야기를 남겼다. 그는 금강산 관광을 가능하게 하였으며 이는 결과적으로 정치인들도 이루지 못한 남북 교류의 성과였다.

기업가로서 정주영은 금강산 개발이 경제적으로도 실익을 가져 올 것이라는 계산이었다. 전통적으로 명산으로 불리는 금강산의 개발로 국내외 관광객을 유치 할 경우 당장은 엄청난 투자가 필요하겠지만 장기적으로는 관광자원이 되어 현대에게도 통일 한국에게도 막대한 이득이 되리라고 예측했다. 일거양득 수였다. 그러나 이러한 계산은 장기적인 전망치와 관계없이 무너지기 시작했다. 자신의 명(命)이 얼마 남지 않은 것도 있었으나 그가 사업을 추진하는 과정에서 한국은 외환위기를 겪었고 국내의 기업들은 크게 변화하지 않으면 살아남을 수 없는 지경이 되었다. 기업의 구도는 크게 변모하였다. 모기업격인 현대건설이 도산 위기에 처했으며 - 앞서 언급한바와 같이 외환위기 당시 가장 큰 타격을 입은 업종은 건설과 의류업종이었다. - 경쟁사 들은 체질 변화를 위해 발버둥 치고 있었다. 게다가 정부의 위기 해결책으로 내놓은 빅딜(Big Deal; 기업간 사업부 맞교환하기) 전략에 의해 현대전자의 엘지 반도체 합병, 현대자동차의 기아자동차 인수 등으로 현대는 유동성 위기에 처할 수밖에 없었다. 금강산 관광 사업은 기대와 달리 계속 적자를 기록했다. 초기에는 그렇다 치더라도 장기적으로도 흑자 가능성이 보이지 않았다. 그렇다고 중도에 포기할 수 있는 성질의 사업이 아니었다. 그가 사망하기 직전에는 재산 문제로 아들들 간의 갈등마저 심화되었다. 결국 현대는 몰락의 위기에 처하게 되었다. 그의 사후 2년여 만에 그의 유지를 받들고자 했던 정몽헌 회장은 자살을 택했다. 물론 현대 그룹은 규모가 축소되었을 뿐 아직도 건재하다. 그의 사망 전 이러한 행보는 우리에게 어떤 교훈을 남겼을까?

인간의 욕망은 인간의 성취 욕구를 만들어 삶을 건강하게 만드는 측면이 있다. 실상 정주영 회장과 같은 자본주의 체제하에서 기업을 설립하고 큰 부자가 될 수 있는 사람은 흔치 않다. 커다란 목표의 달성을 위해 앞만 보고 달리는 인생에는 크고 작은 희생이 따른다. 타인들이 성취 후에 보는 평가는 긍정적인 것들이다. 그리고 본받으려 한다. 그러나 거기에는 선후에 대한 분석이 필요하다. 과연 그가 이룩한 목표를 정해 놓고 인생을 설계했는가, 아니면 인간 본연의 욕망을 키워가며 하루하루를 위기라 생각하고 최선을 다하다 보니 어느 날 그런 목표에 다다른 것인가 하는 문제를 따져볼 필요가 있는 것이다. 그는 "시련은 있어도 실패는 없다."라는 자전적 저서를 남겼다. 많은 독자들이 자의반 타의반으로 애독했다.

그러나 이런 종류의 서적은 저자의 사후 평가에 따라 명저가 되기도 하고 잊혀져 가는 책이 되기도 한다. 어떤 사람도 인생을 자신의 의지대로 짜 맞춘 것처럼 살 수는 없다. 그는 대부분의 이산가족이 그러했듯이 고향을 방문하고 싶어 했고 한국 국민들 모두가 염원하듯이 통일을 열망했다. 그러한 감정은 기업인이라기보다 지극히 자연인다운 생각이었다. 시간을 절약하기 위해 비빔밥으로 점심을 때우고 내일 일어날 일이 기대되어 꼭두새벽부터 일과를 시작했었던 부지런함은 기업의 역할과 영역을 벗어나서 활동을 시작했다. 그가 만약 현대그룹의 명예회장 자격이 아닌 순수한 자신의 재산으로 금강산 사업을 하려고 했다면 결과는 크게 달라졌을지도 모른다. 현대라는 기업과 아산재단이 합심하여 벌렸던 그 사업은 끝내 정부의 지원을 받지 않으면 지탱할 수 없게 되었고 남은 것은 그룹의 해체와 자식의 희생뿐이었다. 사업이란 타당성이 있어야 하고 타당성이 있다 하더라도 실패할 가능성은 항상 내재해 있다는 것쯤을 그가 몰랐을 리 없다. 그러나 얼마 남지 않은 인생의 시계를 바라보며 초조한 마음에 그의 예리한 사업적 직관은 일개인의 감성적 욕망아래 무너졌을 것이다.

실상 이런 유사한 사례들은 외환위기를 전후하여 외부환경의 변화 아래 실패하게 됨으로써 알려졌다. 쌍용과 삼성의 자동차 사업 진출과 실패는 대표적 사례들인 것이다. 쌍용은 창업주의 장남인 김석원 씨의 개인적 취향에 따라 자동차 사업에 진출했으나 잘 팔리면서도 쇠락의 길을 걸었다. 삼성역시 창업주인 이병철 씨의 유지에 따라 최대 상속자이자 삼성그룹의 최대주주인 이건희 회장의 무리한 진출로 실패를 경험하게 된다. 삼성 역시 충분한 자금을 마련하고 치밀한 계획을 세웠으나 외환 위기와 함께 한계사업으로 정리할 수밖에 없었던 것이다. 기업과 같은 조직집단이나 국가와 정부의 리더들은 개인의 감성과 조직이 가지는 본질적인 생리를 구분하지 않으면 안 된다. 현 시대는 개인적 야심에 의해 군사를 일으켜 이웃 나라를 정복하는 시대가 아니다. 제왕의 자식이 다쳤다고 목숨을 던져가며 싸워줄 국민이 존재하던 시대는 이미 갔다. 한 두 사람의 그릇된 판단은 엄청난 희생을 대가로 요하기 때문이다. 물론 이 시대는 그들이 자신의 감정에 이끌려 엉뚱한 판단을 내릴 수 없게 제도적 장치를 해놓고 있다. 그러나 기업의 지배나 소유구조가 대주주의 지분이 높았던 한국은 이런 제도의 작동이 제대로 되지 않았다. 지금까지도 그들의 그릇된 판단에 의한 손실 책임은 전혀 정리가 되지 않고 있다.

욕망이란 도덕적 정당성이 확보되어야 한다.

욕망이란 결코 냉철한 이성을 가질 때 생겨나는 합리적 판단의 결과가 아니다. 무엇인가를 이루고자하여 성취감의 획득하는 것과 배고플 때 먹을 것을 찾는 행위는 욕망의 범주에 안에서는 동일하다. 인간은 애써 기본적인 욕망과 고차원적 욕망이 따로 있는 것처럼 구분하지만 따지고 보면 넓은 의미에서 동일한 욕망의 범주 안에 들어가는 것이다. 만약 욕망이 구분되어야 한다면 차라리 도덕적으로 용납될 수 있는가 아닌가, 과연 타인에게 해로운가 이로운가 따위에 의해 구분되어야 함이 합당할 것이다. 그 이유는 소위 고차원적이라 불리는 인간의 욕망은 도덕적이지 못함에도 불구하고 곧잘 정당화되었기 때문이다. 흔히 욕망의 추구를 정당화하기 위해 '대를 위해 소를 희생해야.'한다고 주장한다. 그러나 대부분의 경우 거대한 욕망은 큰 희생을 요구해 왔다. 배가 고파서 빵을 훔치는 행위는 사회전체로 볼 때 그 해악이 지극히 미미한 수준이지만 자신의 욕망으로 대규모 사업을 추진하다 실패하면 많은 사람들을 고통으로 몰아세울 수 있다. 그러면 만약 성공했을 경우는 어떠한가. 거대한 욕망을 추구한 장본인에게 그 영광은 돌아간다.

도원결의(桃園結義)는 삼국지에 나오는 사내대장부 셋이 모여 큰 뜻을 세운다는 의미로 곧잘 인용된다. 지금도 몇 사람 모여 동업을 할 때 도원결의했다고 생각할 것이다. 그러나 도원결의는 유비가 주인이 되는 나라의 건설을 위해 힘깨나 쓰는 장수 두 명이 충성을 맹세한 것이다. 고려가 건국할 때 왕건 주위에는 충성스런 장수들이 있었으며 조선이 건국할 때도 이성계 주변에는 그의 역성혁명을 성공시키기 위해 의기투합한 장수들이 등장한다. 아마도 그들의 준비 과정에는 도원결의와 유사한 장면이 있었을 것이며 역사의 대업을 완수하리라는 자부심에 들떠 있었을 것이다. 그러나 그들 중 대부분은 공신의 세력을 견제하고 왕권을 강화하기 위해 몇 대가 가지 않아 귀양을 가거나 형장의 이슬로 사라졌다. 그들은 결코 역사의 주역이 아니었으며 조연이나 엑스트라들이었다. 그런 의미에서 대를 위해 소가 희생된 것이다. 도덕적 정당성이란 자신이 추구하는 욕망이 성취되었을 때 얻을 수 있는 것이 희생의 대가에 비해 커야 만이 확보될 수 있다. 그러나 인간의 능력으로 결과를 예측할 수 없으므로 정당하다고 시작한 일은 늘 상 결과와 일치하지 않고는 했다.

욕망의 추구는 일관성이 확보된 신념이 내재되어 있어야 한다.

물론 거대한 욕망을 세우고 쟁취한 사람은 많은 사람들에게 그 영광을 돌리겠다고 한다. 그리고 실제 그 커다란 뜻이 본래의 취지대로 실현되었을 경우 역사는 진화해 갔다고도 한다. 보다 많은 사람들이 역사의 무대 위에 참여하기 시작했고 보다 많은 혜택이 더욱 많은 사람들에게 분배된 것도 사실이다. 그러나 분명한 사실은 적지 않은 사람들이 그 '커다란 뜻'을 이루기 위해 희생되어야만 했다. 그리고 그들의 욕망은 승리자라는 이유로 정당성을 획득했으며 그 과정에는 일관된 신념이 자리 잡고 있었다. 한 사람의 일생이 일관된 목표를 가지고 매진하고 그것이 성취되었을 때 역사는 축복했다. 그러나 그러한 일관성은 대를 이어 이어질 때 정당성을 상실하곤 했다. 결국 하나를 성취하고 욕망의 끝이 보이지 않아 더욱 큰 것을 얻으려할 때 희생이라는 무리수는 커진 것이다. 단순하게 배가 고프거나 가난으로부터 탈출하기 위해 재산을 모으는 행위와 더 큰 재산을 얻기 위해 소유를 추구하는 것은 결코 같지 않다. 재산을 얻으면 명예를 얻고 싶고 재산과 명예를 대물림하려는 것을 인지상정이라고 하면서 아마도 인간사회의 갈등은 커져만 갈 것이다.

거기에는 나약한 인간을 유혹하는 몇 가지 변수가 존재한다. 한 가지는 질투심에서 시작되는 상대적 박탈감이요, 다른 한 가지는 없어서 불안한 생각이드는 안정에 대한 희구이다. 혹자는 욕구 이론을 들어 여러 가지를 나열하지만 실제로 현재 지구상에 생존하고 있는 사람들은 대부분 생리적 결핍으로부터 해방되었다. 그러므로 인간은 매우 단순하고도 공통된 이유로 욕망을 추구하고 있다. 그러나 그 결과는 허탈하기만 하다. 자신이 목표한 바가 타인의 부러움을 사고 안정이 확보되었다 할지라도 다시 새로운 불안감이 엄습해 오기 시작한다. 신념이 없기 때문이다. 신념이란 자신의 행위에 대하여 떳떳함이 확보되어 어떤 대상 앞에서도 정당함을 과시할 수 있을 때 획득된다. 그러나 신념이 결여되면 또 다른 불안함과 비교에 의한 시기심이 시작된다. 결국 자신의 욕망은 자신만이 다스릴 수 있는 대상이다.

욕망의 추구는 개방되어야 하며 객관적으로 수긍할 만한 것이어야 한다.

의학의 발달과 생활수준의 향상은 양적으로 인생의 길이를 연장했다. 그럼에도 불구하고 인생은 점점 더 짧게 느껴지고 있으며 인간의 욕망은 더 건강하고 긴 삶을 살고자 발버둥치고 있다. 그러한 욕망들은 이미 인간들 사이에서 당연한 것으로 받아들여지고 있다. 인간은 이미 하늘을 난다든지 밤하늘에 보이는 별들에 우주선을 보내며 호기심을 달랬다. 그러나 그러한 호기심보다 더 큰 욕망은 영원히 사는 것이었다. 죽음의 공포로부터 탈출하고 자신의 지속적인 욕구를 충족 할 수 있는 영원한 시간을 마련하고 싶어 했다. 과거 진시황의 불로초 찾기나 대부분의 종교들이 영생(永生)에 대하여 논하고 있는 것만 보더라도 영생이 얼마나 인간의 궁극적 욕망인가를 반증하고 있다. 이러한 공개된 욕망은 결국 인간이 그러한 욕망의 획득을 위해 어떤 비용을 지불할지 모를 일이다. 그러나 이런 욕망들보다 더욱 무서운 것은 인간의 내면에서 꿈틀대는 폐쇄된 욕망의 영역이다. 인간은 철저하게 자신의 욕망의 크기와 추구하는 바를 숨긴다. 경우에 따라선 자신에게 마저 구체적 욕망의 모습을 숨기려한다. 인간은 자신의 욕망이 공개될 경우 방해받거나 객관적 판단에 근거하여 비난받게 될 것을 두려워하기 때문이다. 그들은 철저히 숨기고 감추려한다. 적당히 포장하여 세상이 자신을 정당하다고 봐주길 바란다. 이 경우 욕망은 탐욕의 단계로 추락하기 시작한다.

인간이 주어진 삶을 통해 추구할 수 있는 성취나 성공여부는 인간 각자가 본능적으로 간직하고 있는 욕망을 통제하여 정당성이나 일관성, 개방성에 의해 객관적 합의를 이끌어낼 때 확보될 수 있다면 아직도 부족한 점이 있다. 정주영이 생전에 추구한 성취 영역은 가히 성공의 틀 안에서 논해졌으며 지금도 그럴 것이다. 그러나 그가 이룩한 업적은 수많은 사람들에게 일자리를 마련하고 국위를 선양했으며 기업의 운영을 통해 막대한 세금을 납부하여 국가의 재정에 이바지했다. 지금도 그가 설립한 아산재단에서는 공익을 위한 사업을 하고 있을 것이다. 나열하자면 끝이 없다. 굳이 정주영의 사례를 차치하고라도 역사는 유사한 크고 작은 거인들의 생을 기술한다. 그들이 이룩한 업적은 그들의 성취이자 성공한 인생이라고들 말한다. 그러면 공원묘지나 납골당에 안치된 수많은 주인공들이 생전에 일구어낸 것들은 어떠한 것들일까. 그들의 인생은 커다란 업적을 남기지 못했으니 실패한 인생을 살았다고 감히 말할 수 있을까. 사실 우리는 인생의 목표를 에베레스트 산 정상에 갖다 놓고 책상에 앉아 있는 모습이다. 그리고는 그 결과가 미진할 때 고통스러워하면서 자책하는 것이다.

한국에서 스포츠를 배우는 방법은 여러 가지가 있다. 그러나 그 가운데 가장 보편적인 방법은 사설 교육기관을 이용하는 것이다. 예컨대 테니스나 볼링, 골프, 스키 등의 생소한 스포츠들은 그 역사가 매우 짧은데도 불구하고 두터운 인구 층을 가지고 있다. 7·80년대 유행했었던 스포츠가 테니스와 볼링이었다면 8·90년대 급속하게 보급된 스포츠가 골프와 스키라고 보면 무난할 것이다. 물론 이런 변화는 스포츠를 즐기기 위해 소요되는 비용과 밀접한 관계가 있다. 즉 국민들 각자의 경제력에 따라 좌우된다. 테니스나 볼링이 개별 비용이 1-2만원이라면 스키나 골프는 여기에 10을 곱해도 부족하다. 당연히 어떤 스포츠를 즐기는가는 자신의 경제력, 혹은 사회적 지위와도 관계가 된다. 스키와 같은 계절 스포츠는 겨울 한철 몇 번 가면 되지만 골프 같은 경우 필드에 나갈 수 없는 동절기에도 연습장에서 연습을 해야 하므로 거의 일 년 내내 즐길 수 있다. 연간 소요비용도 엄청나다. 일부는 회원권을 소지하고 있으므로 골프를 위해 투자된 비용이 웬만한 사람의 전 재산과 맞먹는다. 그런데 여기에서 흥미로운 것은 우리만의 스포츠 문화가 있다는 것이다.

1) 처음 시작할 때 연습장에 가서 프로들에게 지도를 받는다. 그러다보니 자연 자세를 중시한다. 비근한 예로 미국인들은 동네 퍼블릭 골프 코스에 가서 아버지나 형과 같은 가족이나 친구들에게 코치를 받는 것이 일반적이다. 기본적 원리만 가르친다. 나머지는 자신이 스스로 익히는 것이다. 책이나 인터넷을 뒤지기도 한다. 자신의 체격조건에 맞는 자세를 개발하는 것이 바람직하다고 생각한다. 다른 스포츠도 마찬가지다. 예컨대 테니스는 서브요령만 가르치며 스트로크 자세는 가르치지 않는다. 우리의 경우 포핸드 스트로크 자세의 빈 스윙부터 가르치는 것과 대조적이다. 볼링의 경우 아예 지도를 받고 배우는 경우가 거의 없다. 기회가 있으면 한번 자세히 살펴보기 바란다. 프로 선수들도 자세가 제각기이며 자세가 좋다고 훌륭한 선수가 아닌 것을 알게 될 것이다. 그러나 우리나라의 경우 대부분의 사람들 자세는 동일하며 그렇지 못할 경우 낭패를 볼 수도 있다.

2) 세계적 브랜드의 골프 용품들을 소지한다. 지금은 생산지의 다변화와 온라인 판매업체간의 과열 경쟁으로 가격이 많이 떨어지긴 했으나 백만 원 내외를 주고 클럽 세트를 장만하는 것이 일반적이다. 한 때 해외여행을 하고 돌아올 때 사오는 사람들이 많아 세관에 골프클럽들이 쌓여 골머리를 앓은 적도 있었다. 아마도 낡은 골프클럽을 가지고 갔다가는 눈총을 받는다고 여기는 모양이다. 가방이나 의상까지 고가격들이다. 볼링장에 가면 아대를 끼고 자기 공으로 치는 사람을 흔히 볼 수 있다. 모두들 용품만큼은 프로 수준이다.

3) 점수가 낮으면 수모를 겪는다. 특별히 내기를 하지 않더라도 눈총을 받을 뿐 아니라 스스로 고통스러워한다. 특히 진행에 쫓기는 우리나라의 골프장 현실에서 미적거리다간 캐디에게 핀잔을 받고 다른 사람들도 다시는 껴주지 않을 각오를 해야 할지도 모른다.

4) 사업의 수단으로 활용한다. 경기도중 대화가 가능하다는 점에 착안하여 사업의 수단으로 활용한다. 청탁을 하기도 한다. 내가 상대보다 높은 점수를 낼 수 있을 때 상대는 나의 부탁을 쉽게 들어준다. 흥미로운 일이다.
5) 다른 스포츠는 포기하고 경시한다. 시간이 없는 것도 있지만 다른 운동은 포기하게 되어 있다. 일단 품격이 맞지 않는다고 생각하기도 한다. 40이 넘어 골프를 치지 못하면 대인관계에서 상당한 결점이 된다. 과거에 담배를 못 피우거나 술을 못할 경우와 유사한 현상이다.
6) 이 스포츠를 하지 않는 대부분의 사람들은 죄악시하는 스포츠다. 국무총리가 국경일 날 골프를 치다 사표를 쓴 적이 있다. 만약 그날 등산을 했다면 그 결과가 어떠하였을까. 그 이면에는 골프를 치지 않는 사람들과 치는 사람들 간의 이질감, 가진 자와 못 가진 자의 괴리감 등이 존재한다. 우리는 이를 윤리의식과 곧 잘 결부시키지만 사실은 시회 집단 간의 갈등을 조장 시키는 중요한 요인이 되고 있다.

몇 가지 적어 보았지만 우리는 스포츠조차도 인생의 목표가 되어야하고 일단 시작하면 모든 것이 완벽해야 한다. 자세도 우아하고 점수도 높고 운동을 할 때 의상부터 시작해서 용품, 심지어는 타고 가는 자동차까지 고급 승용차여야 한다는 강박관념에 사로잡힌다. 경우에 따라서는 사회에서 얻지 못한 지위를 이러한 완벽함을 통해 얻고 싶어 하는 심리가 작용하는 것이다. 물론 이런 심리가 좁은 땅에서 몇 개 안되는 골프장, 그나마 남성들이 주로 즐기는 스포츠였던 골프 종목에서 세계적인 여성 프로 골퍼들을 배출했고 그것도 가장 경쟁력이 있는 종목으로 떠오르게 했는지도 모른다. 그러나 애석하게도 한국의 대중과 엘리트 스포츠 수준과의 격차는 심각한 수준이다. 올림픽 정신이 무색할 지경이다. 최근에 웰빙 붐(wellbeing boom)으로 다소 나아지긴 했지만 일반인들 가운데 정기적으로 운동을 하는 사람들의 수는 그렇지 않은 사람에 비해 매우 적었으며 특히 여성들의 경우 정도는 더욱 심했다. 구미 지역의 거리에서 흔히 볼 수 있는 조깅 모습은 보기가 힘들다는 얘기다. 가난한 시절에도 건강식품을 먹는다거나 보약을 먹는 일에는 적극적이었지만 '체력이 국력'이라는 말과 한국의 현실과는 거리가 있다.

단순하게 스포츠를 나름대로 즐기려고 한다면 너무나도 순진한 생각이다. 프로선수가 아닌 이상 스포츠를 즐기는 것은 자신의 여가를 운동을 통해 스트레스도 풀고 건강을 위해 필요하기 때문이라는 것쯤은 상식적인 이야기이다. 그러나 취미도 프로급이 되어야하는 것이 현실이다. 스포츠를 예로 들었지만 다른 경우도 유사한 상황이 발생한다. 음악을 좋아하는 사람은 커다란 홀에서나 쓰는 값비싼 음향기계를 서너 평 조그만 방안에 설치를 하기도 하고 그것도 모자라 몇 가지씩이나 쌓아놓기도 한다. 영화를 좋아하는 사람은 공동주택에 벽 하나를 가득채운 고가 TV에 입체 음향 시설을 해놓고 이웃 때문에 제 출력의 반도 안 되게 볼륨을 올려 보지도 못해도 세계적인 명기를 사다 놓아야 직성이 풀린다. 취미 생활에서 조차 무언가 성취해야 한다는 강박관념에 시달리는 것이다. 결국 취미생활에서조차도 순수성은 철저하게 훼손된다. 만약 돈이 없어서 남들이 하는 취미생활을 하지 못한다면 그 역시 고통스럽기는 마찬가지이다. 있는 사람은 그 사람들 나름대로 강박관념으로 고통스럽고 없는 사람은 없어 못하니 고통스럽다. 공히 무언가 얻어내야 하고 최고가 되어야 한다는 강박관념은 또 다른 스트레스를 만들고 궁극적으로는 정신을 피폐하게 만들지도 모른다. 결국 우리는 성공을 해야 한다는 절박한 요구에 시달리는 것이다.

그러나 그러한 요구는 다른 누구도 아닌 자기 스스로 만든 것이다. 사람들은 곧잘 이러한 세태를 한탄한다. "미친 짓이다. 취미라는 것이 남에게 보이려고 하나. 자기가 좋으면 그만이지."라고 한다. 이렇게 얘기하는 사람의 마음 한 구석에는 자신이 하기 싫어서가 아니라 경제력이 받쳐주지 못해서라는 씁쓸함이 있다. 설사 자신이 그렇지 않다하더라도 객관적 판단은 그렇게 여겨진다. 마치 부동산 투기나 부정으로 축재한 사람들을 비난 하지만 실은 규모가 작아서 그렇지 자신도 이미 부동산을 통해 부 수입을 기대하거나 절친한 사이라는 이유로 규정에 어긋나는 일을 하고 있는 사람들이다. 결국 그런 사람들이 모여서 전체를 만드는 것이다. 부자에게 전 재산은 수조원에 달하고 초등학생에게 전 재산은 돼지 저금통이지만 둘은 액수의 차이야 어떻든 전 재산이라는 점에서는 같다. 재산가에게 투기는 수십·수백억의 차액을 기대할 수 있고 보통 사람에게 투기는 수천만 원의 시세차액을 노릴 수 있다. 그러나 투기라는 점에서는 다를 바 없다. 우리는 남들을 얘기할 때 부도덕함을 논하고 자신의 문제를 거론하면 액수를 논한다. 그러나 비윤리적이고 부도덕함에 크기가 어디 있겠는가. 다 같은 것이다. 그리고 남들이 크게 해도 문제가 없으니 내가 작게 하는 것은 문제가 없다고 하는 것은 억지이다.

인류는 이미 오래전 자신이 파놓은 욕망의 늪에 빠져 들어가기 시작했다. 끊임없이 소유하고 자신에게 주어진 신체적 능력 가운데 하고 싶은 것만 하면서 살기를 원하면서 이미 시작된 것이다. 들판을 뛰어다니며 사냥을 한다든가 하루 종일 뙤약볕에서 밭을 일구고 시간이 나면 책을 읽고 쓰는 일을 하도록 만들어진 신체를 부정하면서 인간의 신체는 균형을 잃기 시작했다. 하루 종일 빈둥거리거나 밤새 토끼눈이 되도록 인터넷 게임을 즐겨도 자유라는 이름으로 아무런 지탄의 대상이 되지 않기 시작했을 때 이미 만족이나 행복이라는 순수함에서 멀어져만 갔다. 이제는 다시 돌아와야 한다. 자유란 그런 점에서 편리한 것이다. 가는 것도 오는 것도 허용한다. 내가 속한 나의 환경이 나를 만들어 주지 않으면 나 혼자라도 떠나야 한다. 오래전에 이렇게 되리라는 것은 이미 예견되었는지도 모른다. 중화의 길은 인간스스로가 빠진 늪으로부터의 탈출을 도와줄지도 모른다. 무언가 나사가 빠진 것이 아니라 균형이 일그러진 인간 본연의 모습을 찾기 위해 나부터 중화해야 한다.

9. 중화의 길 - 만족과 수용으로 행복 찾기

개미와 베짱이, 토끼와 거북이는 동화 속에 등장하는 친근한 동물들이다. 그들은 부지런함과 게으름을 상징한다. 아무런 관계도 없는 두 쌍의 동물들은 까치와 까마귀의 상징처럼 선과 악으로 비유되었다. 그러나 흥미로운 것은 개미의 부지런함은 인류에게 별반 이로움이 되지 못한다는 사실이다. 라이온 킹은 동물들의 선한 제왕으로 그려지지만 다른 동물들을 살해하지 않으면 자신의 목숨을 연명할 수 없는 맹수인 것처럼 개미도 베짱이도 자신의 본능에 충실했을 뿐이다. 선천적으로 속도의 차이가 엄청난 만큼 단순한 경주의 승리라는 목표 아래 토끼의 완급 조절은 당연하다고 볼 수도 있다. 자신과 상대의 전력이 객관적으로 큰 차가 나는 것을 뻔히 알면서 최선을 다한 나머지 축구의 스코어가 농구 경기 스코어만큼 벌어지는 것이 과연 바람직한 것일까. 인간은 선과 악, 유죄와 무죄, 불륜과 로맨스의 구분에 너무 오랫동안 목메 왔다. 그들의 이면에는 선하지도 악하지도 않은 동기가 숨어 있으며 시각에 따라서는 반대로 해석될 수 있음을 간과해서는 안 된다. 항상 최선의 선택에는 희생이라는 비용이 따르며 최악의 결과에도 득이 없는 것은 아니다. 그럼에도 인간은 항상 완벽한 선을 따르려하며 그럴수록 희생의 비용은 커지곤 한다. 인생의 대차대조표에서 이익을 낼 수 있는 사람은 위인전에 나오는 명사들이 아니라 가장 평범하게 살다간 대다수의 사람들일 것이다.

동양적 사고의 핵심을 이루는 단어 가운데 중용(中庸)이라는 단어가 있다. 물론 중용은 유가의 네 가지 경전 중의 하나이기도 하다. 중용이란 본래 치우치지도 부족하지도 않음을 의미하는 도덕적 용어이다. 인간에게 절제하는 힘을 부여하는 이

성과 동물적 근성으로 치부되는 본능적 행위의 중간을 기르라는 덕목인 것이다. 그러나 이 중용은 곧잘 서양적 분류법에서 즐겨 사용하는 매트릭스의 중심을 의미하는 것으로 몰이해된다. 매트릭스는 서로 다른 극단적인 개념을 가지는 척도가 두 가지 이상 적용될 때 이해를 돕기 위해 사용되는 도구에 불과하다. 그러나 동양적 사고로 이를 해석하면 개성이 없는 중간자로 전락하게 된다. 예컨대 하나의 척도가 지능지수(I.Q.)이고 다른 하나의 척도가 학력(교육 기간)이라고 가정해 보자(그림 참조).

서양의 매트릭스 개념

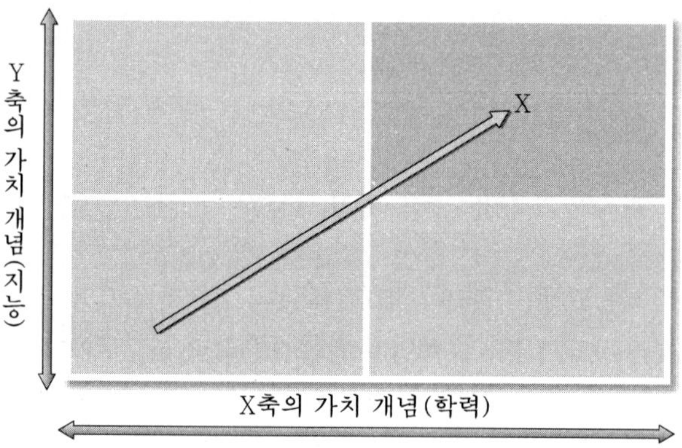

대상이 되는 표본은 매트릭스라는 평면 위에 산재할 것이다. 서양적 사고로 보면 지능지수가 높을수록, 학력이 높을수록 경쟁력이 있는 사람이 된다. 우호적으로 표현하면 매우 단순 명료한 예이며 적대적으로 표현하자면 당연하고 다소 유치한 예가 된다. 그러나 유사한 예는 얼마든지 들 수 있다. 페렌스와 그의 동료들(T.P. Ferrence et al.)은 인적자원의 포트폴리오 매트릭스에서 Y축에 능력을, X축에 업적을 표시하고 능력과 업적이 있는 직원을 '유능직원(star)'으로, 능력은 있으나 업적이 없는 직원을 '문제직원(problem employee)'으로, 업적은 있으나 능력이 부족한 직원을 '잠재직원(work horses)'으로, 둘 다 부족한 직원을 '결격직원(dead wood)'표시하고 있다. 1977년에 제안된 이 매트릭스는 훗날 잭 웰치(Jack Welch, 1935~) 에 의해 활용되었고 그의 명성만큼이나 그 이론 역시 공감을 얻어냈다. 특히 잭 웰치는 본래의 취지와 다르게 - 본래의 취지는 부족함을 교육이나 훈련을 통해 역량 강화를 하라는 것이었다.- 결격 직원은 물론이고 잠재직원들 마저도 조직의 역량 강화에 도움이 되지 않는 것으로 보고 감원 대상으로 삼았다. 물론 이 매트릭스에서는 스타 직원만이 살길임은 자명하다.

리더십 이론에서 중요한 이론적 축을 형성하는 오하이오 대학 연구의 스톡딜(R. Stogdill)과 플라이시먼(E. A. Fleishman)의 리더십 유형을 주제로 한 행위연구에서도 Y축에는 구조주도형(Initiating Structure Style)을, X축에는 배려형(Consideration Style)을 표시하고 두 가지를 갖춘 리더를 '민주형'으로 보고 가장 효과적인 리더로 꼽고 있다. 좀더 쉽게 표현 하자면 전혀 다른 수준이나 차원의 능력을 골고루 갖추어야 한다는 것이다. 치열한 경쟁 속에서 살아남기 위해 체력과 지능이 둘 다 우수해야 한다든가 언어와 수학이 명문 대학에 가기 위해 중요한 과목인데 두 과목을 다 잘해야 한다는 당연한 가정이 깔려 있다.

그러나 이것을 좀 다른 각도에서 가정해 보자. 예컨대 남성적이면 힘은 있으나 너무 거칠지만 여성적이면 섬세해서 좋지만 추진력이 약한 것이 문제라고 가정 한다면 매트릭스는 어떻게 구성되어야 하는가. 물론 정답은 섬세하고 추진력도 강한 것이 정답이 될 것이다. 그러나 추진력도 없고 거칠기만 하다면 결과는 참담하게 된다. 두 개의 축에서 섬세함과 추진력을 놓고 본다면 역시 두 가지를 다 갖추는 것이 가장 바람직하다고 하겠지만 섬세함의 반대되는 개념이 추진력이 약한 것이 아니고 거친 특성의 반대 개념이 추진력이 강한 것이 아니라는 것이다. 또 한 가지의 문제는 인간은 끊임없이 모든 것을 잘해야 한다고 요구되고 있지만 실제로 인간의 능력은 이를 따르지 못한다는 것이다. 모두 다 합격하라고 기원을 한다. 그러나 100명이 지원했는데 10명이 합격하기로 되어 있다면 나머지 90명에게 그 기원은 공염불이 되고 마는 것처럼 인간의 능력이 무한하지 않을진대 이런 식의 이론은 인간을 또 다른 욕망의 시험대로 이끌어 내는 구실을 할 것이다.

그러면 동양적 시각에서는 이런 문제를 어떻게 보는가. 동양적 사고에 의하면 알맞은 학력에 알맞은 지능지수가 바람직한 것이 된다. 물론 정답은 없다. 그러나 분명한 것은 서양적 사고에서 의미하는 바는 치우침을 의미하는 것이 아니라 수준을 의미하는 두 가지의 척도가 되므로 바람직한 가치는 분명해 진다. 당연히 동양적 시각으로 보면 치우치지 않는 것이 바람직하므로 평범을 지향하게 된다. 즉 사회적 규범은 동양적 사고에 의해 형성되어 있으므로 평범을 지향하지만 개별적 속내는 최고를 지향하는 매트릭스의 1사분면이나 2사분면을 지향하게 된다. 결국 겉과 속이 다른 사람들, 포장에 익숙한 사람들을 양산하게 되는 것이다. 이것은 동양적 사고와 서양적 사고가 결합될 수 없는 것이 원인인 것처럼 보이지만 실제로는 동일한 차원에서 정답을 찾으려는 데에서 무리가 따르는 것이라고 보아야 한다. 예컨대 사상의 네 분면에서 제각기 다른 특성을 가진 인간 유형이 등장한다. 여기에 우열은 없다. 다만 다른 사람들일 뿐이다. 물론 인간은 완벽하지 못하므로 치우쳐져 있을 뿐이며 그 치우침을 극복하기 위해서는 중화가 되기 위해 중심점으로 향해야 한다(그림 참조).

동양의 중화개념(사상)

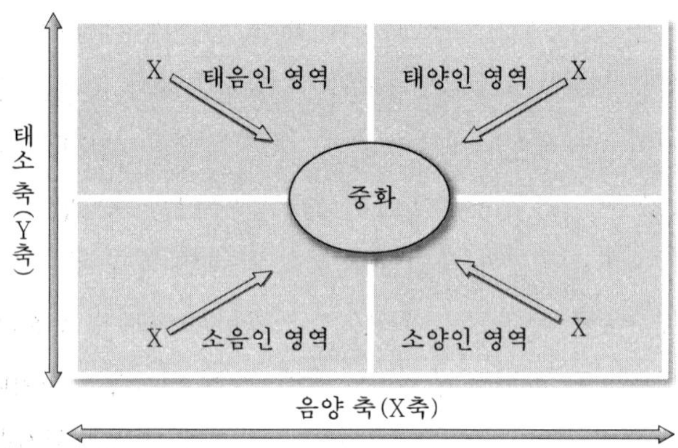

여기에서 서양적 사고는 이차원적이요, 동양적 사고는 삼차원적이라는 주장은 설득력을 갖는다. 평면적인 관점에서 매트릭스의 매력은 분명하게 서로 다른 가치 척도에서의 지향점을 명료하게 설명해준다. 그러나 평범이나 '보통'과 같은 회색 빛 가치를 설명해주지는 못한다. 예컨대 민주주의의 칭찬할만할 원칙이 다수결이라고 하자. 대통령을 뽑기 위해 A와 B 두 사람의 후보자를 다수결로 선출하려고 할 때 두 사람의 지지자는 양분 될 것이다. 여기서 A를 지지하는 사람들은 전체의 60%를 차지하는 데 평균적으로 A에게 70%, B에게 30% 정도를 각자의 마음속으로 지지

한다고 하자. 반면에 B를 지지하는 사람들은 나머지 40%를 차지하지만 각자의 마음속에는 평균적으로 A에게 10%, B에게 90%를 지지하는 마음이 있다고 하자. 다수결에 의한 선거의 결과는 당연히 A의 승리로 끝이 나겠지만 해당 국가 국민들이 지지하는 마음의 크기를 하나의 단위로 합산하면 A는 44%(60% × 70% + 40% × 10%)를, B는 54%(60% × 30% + 40 × 90%)의 크기가 지지하고 있다고 볼 수 있다. 그러나 결과는 A에게 돌아가는 불합리한 결과를 진실로 믿게 하는 것이다. 이런 경우를 제외하고도 유사한 문제점들은 얼마든지 있다.

대화에 의한 타협은 의견이 대립될 때 평정을 얻기 위한 가장 합리적 수단으로 인정받고 있다. 그러나 여기에도 함정이 있다. 예컨대 어떤 회사가 노사갈등으로 인해 장기 파업으로 막대한 손실을 입고 있다고 가정하자. 첨예하게 대립하던 양자는 노조의 20% 임금 인상과 해외 공장 설립 반대라는 두 가지 쟁점을 가지고 협상에 임하게 되었다. 사측은 형편이 어려우니 임금 인상은 5% 이상 불가하며 국제 시장에서 치열한 경쟁으로 생산가를 낮추기 위해 인건비가 싼 해외에 공장을 세워야 한다는 입장이었고 노조는 물가 상승으로 임금 인상은 불가피하며 해외에 공장을 세우게 될 경우 궁극적으로 국내 생산의 축소로 감원이 불가피할 것이 우려되었다. 결국 양자는 해외 공장 설립계획을 5년간 유보하는 대신 5% 인상안에 합의하였다. 서로 한발자국씩 양보한 것이다. 외관상으로는 양자가 아름다운 양보의 미덕을 발휘하여 성취한 귀결이라고 칭송하겠지만 사실 양자는 얻은 것이 아무 것도 없고 파업으로 인한 손실만 입게 된다. 그 이유는 대략 이러하다. 해외 공장 설립이 불가능해졌고 경쟁력 약화로 회사의 장래가 불투명해진만큼 양자에 이로울 것이 없고 노측 역시 임금인상에 실패한 꼴이 된다. 설령 해외 공장을 설립하기로 하고 20% 임금 인상을 한다고 해도 달라질 것은 없다. 아마도 임금인상과 공장설립을 위한 투자로 회사는 심각한 재정난에 빠지게 될 확률이 크다.

결국 협상 결과는 협상이전에 비해 낳아진 것이 없이 악화된 꼴이 되는 것이다. 차라리 사측의 주장대로 임금 인상을 하지 않고 중국 공장을 설립하거나 노측의 주장대로 임금을 인상하고 중국공장을 설립하지 않는다면 더 낳은 결과를 얻을 수도 있다는 딜레마에 빠지게 된다. 그러나 양자가 대립할 경우 자존심이 깎이거나 세가 밀리면 끝장이라는 식의 감성적 요소가 크게 작용해 전혀 다른 방향의 결론을 얻게 되는 것이다. 쉬운 예로 사업을 할 것인가 말 것인가를 고민하다 중도를 택한다는 것이 조그맣게 사업을 하다 흥하지도 망하지도 못하는 뜨뜻미지근한 결과를 얻게 되는 이치와 같다.

합리성에 바탕을 두고 의사결정을 할 때 이러한 딜레마는 흔하게 나타나는 현상이다. 중화가 되기 위한 중용이나 중도의 논리는 첫 번째 그림처럼 2차원적인 평면 위에 펼쳐 놓고 보면 회색빛으로 보이게 되므로 개성을 상실하기 때문이다. 그러나 두 번째 그림처럼 중용을 3차원적인 입체적 형상의 매트릭스로 바꾸어 놓고 위치해 보면 결과와 상황은 크게 달라진다. X와 Y축으로 놓고 보는 것이 2차원이라면 또 하나의 축인 Z축이 필요하게 된다. 이 경우 X축과 Y축의 척도가 무엇이든 관계없이 중용이라는 Z축이 탄생하게 된다. X와 Y척도가 서로 대립하는 개념의 가치든 단순하게 상이한 성격이든 두개의 값은 자신이 가지고 있는 고유의 성격을 희생하지 않고도 Z축에서 만나게 된다. 여기가 바로 중용점이다. 흔히 2차원적 사고에서 중용의 개념을 개성의 상실이나 회색빛의 지향 정도로 생각하게 되는 것은 결코 무리가 아니다.

2차원적 중용의 이해

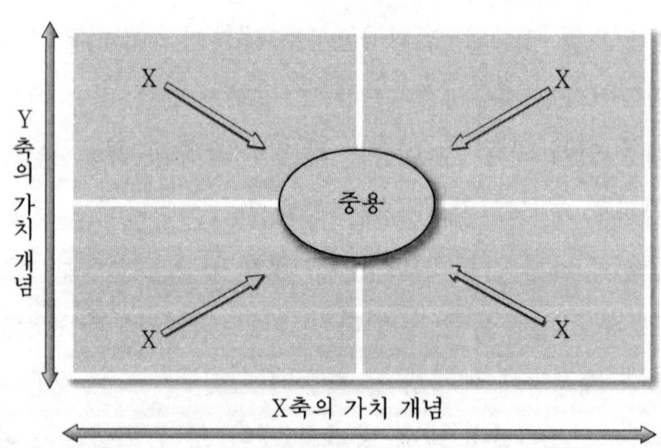

예컨대 내가 지향하는 행복의 가치가 가지는 요인 변수가 건강과 돈이라고 가정해보자. 생각하기 나름이겠지만 건강과 돈은 경우에 따라서 대립관계에 있을 수도 있고 보완 관계에 있을 수도 있다. 돈을 벌기위해 열심히 일을 했다. 그러다보니 과로로 건강을 해쳤다고 하자. 이 경우 건강과 돈은 대립의 관계이다. 대부분의 사람들은 이러한 문제를 해결하기 위해서 중용의 도를 지켜야 한다고 한다. 적당히 일을 해서 건강을 해치지 않으면 된다고 생각한다. 물론 인간의 욕망의 크기가 커질수록 욕구가 살아나 통제하지 못하게 된다. 그래서 건강을 해치게 된다는 것이다.

3차원적 중용의 이해

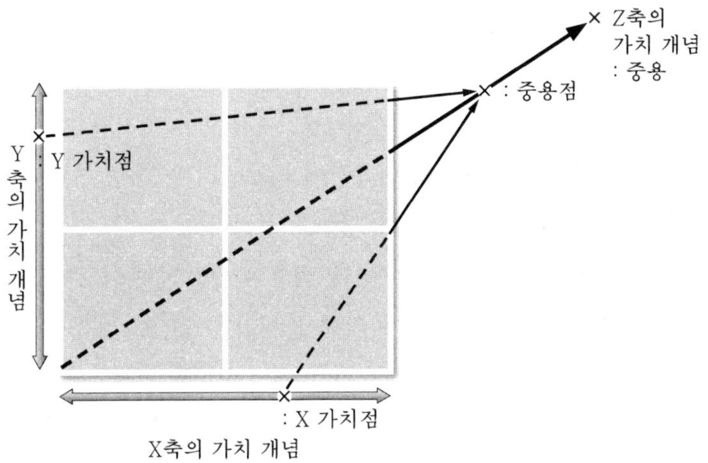

이러한 해석은 2차원적 해설이다. 결국 2차원적인 해설 하에서는 '보통'이나 '평범'이 지혜가 되고 중용의 지혜는 적당주의로 전락할 수도 있다. 이것을 3차원적으로 보면 상황은 달라진다. 상기 예에서 가정한 사람이 건강을 해쳤지만 돈이 있어서 치료를 받고 건강을 되찾았다고 하자. 이 경우 돈은 건강을 찾게 해준 일등공신이 된다. 3차원적 개념에서 보면 돈을 얻기 위해 건강을 희생해야할 이유가 없다. 돈을 벌면서 대립되는 가치를 가질 필요 없이 돈이 가지고 있는 해악을 헤아려 중용의 도를 지키면 되는 것이다. 건강의 경우도 마찬가지다. 내가 지향하는 것은 행복한 삶이지 건강 자체를 지향하는 것이 아니기 때문에 건강은 행복을 만들기 위한 수단에 불과하다. 구태여 건강과 돈의 함수 관계를 생각할 필요 없이 중용의 도를 지키면 되는 것이다. 지혜롭게 중용의 도를 지킨다면 건강과 돈 두 가지 요인 변수가 대립이 되든지 보완이 되든지 문제가 될 것이 없다. 결과적으로 동양적 차원에서 대립이란 별로 의미가 없다. 세상의 요인들은 얽히고설키지만 어차피 중용의 도에서 안착하기 때문이다.

여기에서 주의할 것은 요인변수의 수가 늘어난다고 해서 차원의 수가 들어나는 것은 아니라는 점이다. 서로 다른 차원의 변수가 비교의 대상이 되었을 때는 3차원의 축이 중용으로 이해하면 된다. 만약 요인의 수가 3개 이상으로 늘어난다면 중용의 축은 절대적 축으로써 작용한다. 좀더 구체적으로 설명하자면 모든 변수들은 수평의 관계에 있지만 중용과 다른 가치 변수들은 수직의 관계에 있기 때문이다. 부연하면 인간이 추구하는 행복을 구성하는 다양한 변수들은 중용의 범주 안에서 하위개념으로 존재한다.

그러므로 누구나 자신의 가치변수들을 가질 수 있으며 그러한 가치변수가 어떤 구성으로 조화를 이룰 때 한 개인이 만족감에 사로잡히게 되는 가를 가늠해보고자 하는 것이 본서에서 찾고자하는 중용의 길이요 중화라고 할 수 있다. 다른 용어로 설명하자면 우리가 흔히 이야기하는 수양의 범주 안에는 중용이 큰 구석을 차지하고 있다. 그리고 사상은 동양적 사고에 의해서 제안된 인간을 위한 학문이요 중용을 얻기 위한 중화의 방법을 제시하는 하나의 방법론이다. 행복이란 스스로 얻어질 수 있으며 만족한 생활은 인간의 정신과 육체가 균형을 이루어 건강하게 할 것이다. 사상은 중용의 올바른 의미를 인식하고 중화의 길을 가는데 길잡이 역할을 할 수 있는 하나의 방법론이다. 그러면 보다 구체적으로 사상의 유형별로 중화의 길을 가는 방법을 알아본다.

제1부 초에 살펴본 바와 같이 사상체질이론은 흔히들 이해하고 있는 것처럼 유형론 가운데 하나로 인식하기에는 너무나도 다른 체계 안에 있다. 특정한 유형의 성격이나 행위가 어떠하다는 것은 서구적 사고로 훈련된 현대인들이 흔히 겪을 가능성이 높은 오류 중의 하나이다. 사상유형은 인간이 인간이라는 생물로 형성되기 이전에 결정되는 선천적 구조의 특성이다. 학습의 차원에서 보면 사상유형은 학습하여야하는 이유를 설명하는 것이지 학습의 목표를 유형별로 설명하지는 않는다. 다만 학습내용에 관계없이 방법의 선택에 있어 방향을 설정하는 데는 중요한 역할을 한다. 즉 사상유형별로 중화의 방향을 제시하는 것은 어떤 유형이 중용 점에 도달하는데 유리하다든지 아닌지를 설명하는 것이 아니라 모두가 동등한 입장에서 대각선의 방향을 가는 것이 중용 점을 통과할 수 있음을 암시할 뿐이라는 것이다. 물

론 사상의 내면에는 동양적 사고의 바탕에 깔린 안빈낙도(安貧落島)적 철학의 실천을 요구하므로 인간이 인간답게 살아가면서 마음의 평정과 평화, 그리고 건강한 삶을 살아갈 것을 전제로 한다. 그리고 그 방법론은 방향의 제시에 있는 것이지 결코 비법의 제시가 아님을 밝혀둔다.

태음인의 길

일반적으로 널리 알려진 통설에 의하면 코가 복스러우면 재물이 모인다는 말이 있다. 세간에는 관상학적 통설이 적지 않게 퍼져있음을 실감하는 부분이다. 관상학이란 얼굴의 모양새에 따라 얼굴주인의 운명을 논하게 되므로 일면 위험한 구석이 적지 않다는 것이 필자의 소견이다. 예컨대 입술이 얇으면 인정머리가 없다거나 눈꼬리에 주름이 지면 바람을 잘 피운다는 식의 설명은 내용만으로도 선악이나 인간관계상 발생하는 호·불호가 분명한데다 결정론적 색채가 강해 객관적 시각에서 특성을 설명하기에 다소 위험성을 내포한다. 흥미로운 것은 코가 삼각모양보다 일자형으로 내려와 끝이 둥글고 복스러워 보이면 관상학적으로는 '복 코'라 하여 재물이 많다고 해석된다는 것이다. 이런 코는 사상유형으로 볼 때 태음인에 가까운데 태음인의 성정은 재물을 탐내고 쌓아두기를 좋아한다는 점에서 일맥상통하는 점이 없지 않다. 그러나 재물을 탐낸다고 그 재물이 내 것이 되는 것도 아니고 쌓아둔다고 그 자리에 있으리라는 법도 없는 것이니 분명 같은 해석이라고 보기는 어렵다.

태음인은 기본적으로 욕심이 많다. 특히 물적 욕심이 강해 무엇이나 자기 것으로 취하려든다. 게다가 주위의 시선을 고려할 필요가 없고 자신이 물적 욕망이 강한데 대하여 자부심까지 갖는다. 사상은 개별적 지능이나 지혜로움의 정도를 설명하지 않는다. 당연히 태음인들 가운데 지혜의 편차는 모든 사람을 대상으로 조사한 바와 같을 것이다. 지혜롭지 못한 태음인은 자신의 행동이 상대방에게 어떻게 비쳐질지 전혀 인식하지 못하며 그러려고 의도하지도 않는다. 게다가 거기에 우매함이 곁들여지면 평생 자린고비로 살다 엉뚱한 사람 좋은 일 시킬 수도 있다. 통계적으로 보고 된 바는 없지만 실제 재산의 규모는 비교적 다른 유형들에 비해 우월할지 모르지만 행복의 척도와는 거리가 멀다.

태음인은 자신이 옳다는 신념도 강해 주변인들이 자기 방식대로 따라주길 강요한다. 종종 신문에 황혼 이혼의 사유로 등장하는 "지나치게 아끼기 인생"의 주인공은 태음인일 가능성이 높다. 아내가 친정에 주는 것을 알아차리면 고통스러워하고 처가집이 멀면 교통비가 아까워 못 간다. 실용성이 떨어지는 행위는 일체 허용하지 않는다. 새 옷을 산다든지 비싼 음식을 먹는 것은 절대 용납하지 않는다. 항상 가진 돈이 있어야하고 남들이 나보다 더 많이 있는 것을 알면 가슴이 메어지기도 한다. 소음인들의 당여(黨與)기준이 이분법이라면 태음인은 삼분법이다. 나 자신과 가족, 그리고 그 테두리를 벗어난 제삼자, 이렇게 삼분법이라 보면 무방하다. 자신의 소유에 대한 욕구는 무한하며 가족들이라 할지라도 함부로 주지 못하고 가족들이 낭비하는 것을 보면 울화가 치밀 지경이다. 너무나 아까운 것이다. 모든 재화의 소비는 생산적이어야 하며 결과가 확실해야 한다. 그리고 그 절차는 완벽해야 한다. 하물며 남들에게 이유 없이 주는 것은 있을 수조차 없는 일이다. 그러나 자기 몸은 끔찍하게 아낀다. 태음인은 완성한 식욕을 자랑하지만 건강을 해친다거나 보상이 따른다면 기꺼이 굶을 수 있는 사람이다. 그런 점에서 태음인은 이기적인 마음을 달고 사는 셈이다.

태음인은 대체적으로 수치심을 느끼지 않지만 자신이 소유하고 있는 것은 남이 알면 빼앗길까 두려워 숨겨놓길 잘한다. 남으로 여기는 대상에는 배우자나 자녀들이 포함 될 수도 있다. 태음인은 망해도 자기 먹을 것 정도는 따로 챙겨 놓았을 가능성이 높다. 그런 이유로 태음인은 허세를 부리기보다 신세타령하길 좋아한다. 묻지도 않았는데 자신의 어려운 사정을 과장해 얘기하기도 한다. 만약 태음인이 허세를 부린다면 사기를 치거나 목적을 위해 어쩔 수 없이 연출하는 매우 예외적인 경우에 국한될 것이다. 태음인들은 의심도 많고 호기심도 많아 모든 것을 알아야 속이 후련하다. 자신이 태음인이라면 다음의 조언을 참고하기 마란다.

1) 태음인은 무엇보다 입장을 바꾸어 생각하는 습관을 가져야 한다(易地思之).

이기심은 자신의 입장에서 모든 걸 생각하고 정당화시킨다. 물론 누구나 그렇다고 할 수도 있고 아닐 수도 있다. 그러나 냉철하게 자신을 살펴보라. 자신이 잘 모르겠거든 술잔이라도 기울이며 주변 사람들에게 조언을 구하길 바란다. 물론 당신이 지혜로운 사람이라면 이미 스스로 역지사지의 노력을 시작했을지도 모른다. 역지사지를 단순하게 표현하자면 내가 그 사람의 입장에서 생각하는 습관을 기르는 것인데 확장하면 모두 나처럼 생각하지 않을 수 있다는 사실을 받아들이는 노력이 필요하다. 내가 그 사람이 되어도 이해하기 어려운 경우가 비일비재하기 때문이다. 우연히 친구네 집에 갔더니 친구가 필요 없어 버린다는 가구를 쓸 만 하다는 생각에 아까워 집으로 가져왔다고 하자. 아내가 내다버리라고 성화를 부릴 수 있다. 아내는 남이 쓰다 버린 물건을 쓰는 것이 자존심도 상하고 집안에 낡은 물건을 쌓아두는 것이 지저분하다고 여길 수 있을 것이다. 이 경우 태음인 남편은 아내의 입장이 되어 생각해도 아내의 행동을 받아들이기 힘들 것이다. 그러나 누구나 나처럼 생각하는 것이 아니고 내가 사소하다고 생각하는 것이 다른 사람에게는 가장 중요하다고 여겨질 수도 있다. 이러한 일이 반복되면 나의 주변은 나의 행동으로 인해 행복감을 잃게 될 것이며 몇 푼 아끼려다 훨씬 값진 것들을 상실하게 될 수도 있을 것이다.

2) 태음인은 하루에도 몇 번이고 가진 것을 아낌없이 버리는 것이 좋다.

태음인들은 이 말을 들으면 이같이 대답할 것이다 "나는 가진 것이 없다. 고로 버릴 것도 없다." 그러나 천만의 말씀이다. 당신은 자신이 생각하는 것보다 훨씬 더 많은 것을 가지고 있으며 그 것들을 잃지 않기 위해 인생의 상당 부분에 시간과 노력을 기울이고 있다. 태음인은 기본적으로 버리는 것을 싫어한다. 심지어 자신의 뱃속에 있는 지방 덩어리도 버리기가 아깝다고 할 것이다. 버리지 않고 차곡차곡 쌓다보면 당신의 창고는 채워질 것이고 그 물건 들 가운데 사용 가치가 부여될 때까지 간직하는데 소요되는 비용이 그 물건들의 가치를 상회하는 경우가 발생할 것이다. 아마도 몇 푼이라도 받고 팔수만 있다면 먼 거리도 마다하지 않고 달려갈 것이다. 그러나 더 많은 시간과 노력이 몇 푼을 상회할 수도 있다. 현대인들의 시간이나 노력의 대가는 일반적으로 생각하는 것보다 높은 가치를 가지고 있다.

태음인은 단 한번만이라도 무일푼의 주인공이 되어볼 필요가 있다. 자신의 지갑을 열고 있는 돈을 몽땅 걸인에게 털어 볼 필요가 있다. 물론 그게 얼마인지 셀 필요가 없다. 아마도 대부분의 태음인들은 자신의 지갑에 있는 돈의 액수를 정확히 알겠지만. 물론 이러한 행위는 비록 시간이 길지는 않아도 잠시 동안 소유의 멍에를 벗어 던지고 무소유의 계기가 마련된다는 점에서 의의가 있다. 이런 훈련은 생각하기에 따라서 "다시는 이런 짓은 하지 말아야겠다."든지 "이런 꼴을 당하지 않으려면 더욱 더 챙겨야지."라는 역효과가 있을 수도 있다. 그러나 자신의 판단이 옳지 못했다거나 운이 닿지 않아 응당 포기하여야 할 때 미련 없이 모든 것을 버릴 수 있는 용기를 키워 줄 것이다. 적어도 애써 자기 것을 챙겨 인심을 잃게 하지는 않을 것이다. 사람을 잃으면 운이 닿아도 다시 일어설 수 없기 때문이다. 그리고 무소유야말로 참된 자유를 가져다 주는 지름길이라는 것을 명심하라.

3) 태음인은 완전하지 않아도 만족할 줄 아는 학습이 필요하다.

완전함의 추구는 신뢰를 잃게 한다. 항상 자신의 기준에 미달하면 불만족하기 때문이다. 한마디로 남을 믿기 힘들어하는 성향이 강하다는 얘기다. 내가 남을 믿지 않는데 남이 나를 믿어줄 리가 없다. 결국 이러한 습관은 대인관계에 있어 신뢰를 잃게 하는 원인이 된다. 그러나 모순되게도 대부분의 태음인들은 자신이 상당한 신용을 구축하고 있다고 생각한다. 신용과 신뢰는 같지 않다. 신용이란 회계나 재무적 개념을 동반하는 용어로 흔히 금전적 거래에 쓰이는 용어이다. 돈을 거래하는데 제 날짜에 지불한다든지 자신이 한 약속을 잘 지켜 줄 때 신용이 좋다고들 한다. 그러나 신뢰는 보다 포괄적 의미를 갖는다. 상대가 아무리 약속을 잘 지키고 철두철미하다 할지라도 인간적이지 못하다거나 지나치게 원리원칙주의에 입각한 행동을 보이면 높은 신뢰를 얻지 못한다. 서로의 가치관이 다르다거나 일의 처리 방식이 다를 경우 내 입장에서는 아무런 문제가 없는데 반해 상대방에게는 신뢰를 깨뜨릴만한 원인이 되는 경우가 많다. 특히 문화의 차이가 날 경우 이런 현상은 두드러진다. 예컨대 남남북녀가 결혼했다고 가정해보자. 남쪽의 문화는 가족 집단성이 모든 문제를 포괄한다. 그러나 북쪽 문화는 가족이라 할지라도 금전적 거래가 명확한 편이다. 태음인인 아내 입장에서 시댁식구가 돈을 꾸어갔다면 당연히 이자를 포함해서 갚아야 한다. 그러나 남편의 입장에서 보면 가족의 성원이 돈을 꾸어 갔다면 설령 갚지 못해도 어쩔 수 없다고 여길 것이다. 이 경우 태음인 아내는 상당히 마음고생을 하게 된다. 아마도 부부간에 상당한 갈등이 생길 것이다. 태음인 아내는 시댁 식구들이 신용할 수 없는 대상으로 여기게 될 것이고 시댁 식구들은 같은 이유로 신뢰할 수 없게 될 것이다. 잘잘못을 가리기 이전에 태음인 입장에서는 자신의 사고 방식을 주변 사람들에게 강요한다든지 완벽을 추구하다보면 결과는 파경에 이를 수 밖에 없게 된다. 파경이란 내가 이루어 놓은 것들을 하루아침에 상실하는 것을 의미한다. 이혼, 절교, 파산, 자살....., 이러한 용어의 특징은 전부나 거의 다 잃는 것을 의미하는 용어들이다. 진정으로 자신이 소유하고 있는 것들이 소중하다면 조금은 부족하고 조금은 성에 차지 않더라도 만족할 줄 아는 습관을 가져야 한다.

4) 태음인에게는 계획보다 행동이 앞서는 훈련이 필요하다.

태음인은 길을 가다 물에 빠진 사람이 허우적거리는 것을 보아도 바로 입수하지 못한다. 의사 결정에 시간이 걸리는 것이다. 의사결정에 시간이 걸리는 유형은 소음인의 경우도 예외는 아니다. 소음인이 급작스런 행동에 불안한 나머지 심장이 뛰어 바로 행동으로 옮기지 못한다면 태음인은 치밀한 계획과 결과물이 도출되지 않아 행동으로 옮기지 못하는 것이다. 이런 이유로 굼뜨다는 소리를 자주 듣는다. 일반적 관념에서는 급하게 서두르는 행동은 필수적으로 후회가 동반된다고 본다. 틀리지 않은 얘기다. 그러나 태음인의 후회는 급한 결정이나 행동보다는 허황된 욕심으로 인해 야기되는 경우가 많다. 욕심이 앞서다보면 치밀함은 있으되 이성적 판단의 시각이 흐려질 것이다. 태음인은 자신의 욕심으로 인해 손실을 입게 되면 이것을 만회하기 위해 자학을 한다거나 주변사람들에게 희생을 요구하게 된다. 예컨대 집 없는 사람들을 위해 아파트를 건설하는데 보탬이 되고자 정부가 주택복권을 발행하여 팔았다고 하자. 복권을 사는 사람은 대의에 부응하여 성금낸다는 기분으로 복권을 사야 한다. 복권은 대박을 실현하는 도구가 아니라 기금이나 성금을 조성하는 하나의 방법일 뿐이다. 물론 현실은 그렇지 못하지만. 확률 상으로 볼 때 당첨이란 기대치가 얼마나 낮은지 알아야 한다. 일 년 동안 당첨에 눈이 멀어 일정 금액을 투자하여 샀는데 당첨은 고사하고 한 푼도 건지지 못한 사람이 있다면 그 사람의 금전출납부에는 연말 결산에 "불우이웃 돕기 성금: XX,XXX원"으로 기재하면 된다. 그러나 이를 만회하고자 더 많은 복권을 사는 사람은 만용이 될 것이요, 심한 절약을 한다면 과거에 집착해 현재를 희생하는 우를 범하게 될 것이다. 태음인은 이런 종류의 우를 범할 수 있는 높은 가능성을 지니고 있다. 만약 당신이 친구들과 친선 고스톱을 쳤다가 돈을 잃어 귀가를 막아 본 경험이 있다면 태음인의 기질이 다분하다고 볼 수 있다. 태음인은 급한 행동으로 실수를 하는 훈련이 필요하다. 만약 착오가 생겨 결과가 신통치 않다면 과거에 집착해서는 아니 된다. 과거의 집착과 후회 , 그리고 만회를 치밀하게 생각한다면 당신에게 부여된 인생 가운데 상당 부분을 불행하게 보내야 한다. 부(富)란 인생 안에 골고루 분배되지 않기 때문이다. 인내와 희생은 태음인이 경계해야할 대상이며 결코 칭찬할만한 덕목이 아니다.

소양인의 길

한국인의 기질을 정리해 보면 성미가 급하다는 부분이 포함되어 있다. 일반적으로 소양인은 급하다. 소양인은 인내력이 부족하고 생각과 행동, 그리고 결과가 동시에 일치되기를 소망하는 사람이다. 빌 게이츠(Bill Gates)는 다가오는 미래에서 살아남기 위해서는 생각의 속도로 변화해야 한다고 주장했는데 소양인에게는 자극이 될 만한 표현이 못된다. 그렇지 않아도 급한데 더 빨리 하라고 재촉하면 극단적 행동을 야기시킬 것이다. 이러한 성급함은 자신의 생각을 여과 없이 언어로 옮기게 되어 주위로부터 경솔하다는 평가를 받게 한다. 물론 솔직하다는 소리를 듣기도 한다. 또 한 가지 소양인의 문제점은 남의 말에 민감하다는 것이다. 남을 의식하다보면 체면이 앞서고 결국에는 실속을 잃는다. 잘 포장되기만 하면 알맹이에 관심이 없다. 크게 악의가 있는 것이 아닌데도 거짓말을 곧 잘하는 이유는 기죽기 싫어서다. 역설적으로 표현하면 소양인은 사기를 치지는 못해도 과장(속된말로 '뻥')이 심하다. 심할 경우 자신이 입고 있는 옷이 십 만원 주고 샀다고 얘기한 것도 잊어버리고 상대방이 자기 옷이 십 오만원이라고 하면 이 십 만원이라고 할 사람이다. 어쨌든 성급함도 체면치레도 수양이 되어야할 바람직하지 못한 특성임에는 틀림이 없다.

1) 소양인은 자존심을 버려야 한다.

소양인은 소음인과 함께 자존심이 돈보다 중요한 가치이다. 경험 학습에 의해 돈의 가치를 절감하기 전까지는 대부분의 소양인들은 자존심과 체면이 손상되면 참지 못한다. 소음인은 자존심이 상했을 때 속으로 삭히는 반면 소양인은 즉시 반응하게 됨으로써 또 한 번 체면이 손상되는 악순환을 겪게 된다. 이런 특성은 경제생활에 있어서 허세를 부리게 한다. 미래에 대한 대비책도 없이 큰 소리 친다. 자신의 능력에 항상 감동받으며 자랑을 늘어놓기도 한다. 이러한 약점은 주위 사람들로 하여금 아부와 칭찬을, 심하면 사기를 당하기 일쑤이다. 자신의 모습을 포장한다거나 과다한 칭송을 받으려면 그만한 대가를 치러야 하는데 결과적으로 돈을 좇다 부를 얻지 못하는 것과 자존심 지키려다 진실로 인정을 얻지 못하는 것과는 별 차이가 없다. 적당한 자존심은 자신의 가치를 높이는 것임에는 틀림없지만 지나친 자존심은 허세로 인해 패가망신할 수 있음에 유의해야 한다. 그리고 분명한 사실은 나의 가치 기준에서 자존심이 세워졌다고 객관적으로 당신이 인정받을 만 하지는 못하다는 것이다. 결국 자존심 지키기는 나의 문제이지 모두가 인정하는 가치 기준이 되지 못한다.

2) 소양인은 포장보다 알맹이를 찾는 실속을 찾아야 한다.

겉포장과 알맹이의 차이는 전자는 보이기 위함이요 후자는 쓰기 위함이라는데 있다. 겉포장은 알맹이를 얻기 위해 희생된다. 자기 자신이건 상대방이건 포장은 인간의 폐부를 가리고 싶은 욕망과도 같은 것이다. 한때 미국의 말리부 비치(Malibu Beach)는 누드상태라야 입장할 수 있다는 소문이 있었다. 물론 가본적은 없지만 전하는 말로는 아무도 남녀 간의 폐부를 보기 위해 시선을 멈추지 않는다는 것이었다. 처음 입장을 할 때는 부끄러운 생각이 들지만 얼마간의 시간이 지나면 아무런 느낌이 없어진다는 것이다. 한때 순수주의자들은 나체 상태가 가장 순수하다는 주장을 피력한 적이 있다. 인간도 물질도 포장되는 것이 일반화되었다. 포장의 수준이나 색채, 특성들에 따라 판매율에 영향을 미친다. 옷이 날개라고 옷차림의 수준에 따라 대접이 달라지기도 한다. 그러나 아무리 날개 달린 옷을 입고 명품으로 온 몸을 치장해도 사람이 변할 리 없다. 하나의 허구인 것이다. 실속 차리기가 과해도 인간답지 못하다는 핀잔을 듣게 되지만 포장이 실속의 가치를 증대하는 수준에서 실속을 기만하게 될 때 결과는 참담해진다. 본래의 기능을 상실하기 때문이다. 예컨대 A회사의 제품 중 동일 제품의 등급을 구분하기 위해 고급품의 포장은 고급으로 하고 중·저 등급의 포장은 허술하게 했다고 하자. 포장은 제품의 등급을 구분하기 위한 수단이 되므로 대부분의 소비자들은 포장의 차별을 당연시 생각하게 될 것이다. 그러나 여기에는 함정이 있다. 첫째. 고급품과 중등품의 알맹이 원가 차는 크지 않다. 그러나 고급품이 적게 팔릴 것을 예상하여 가격을 높게 책정한 것이다. 거기에 포장 값은 제품의 원가차보다 크게 투입하여 고급품의 판매를 모색하게 된다. 결국 고급품을 선호하는 소비자는 실속 면에서 얻는 것이 없다.

둘째는 A사의 경쟁자인 B사는 본래 A사 제품에 비해 높은 품질의 제품을 생산할 능력이 없다고 하자. 이 경우에도 B사는 A사의 중급 정도의 제품을 고급으로 둔갑시키기 위해 A사의 고급품 수준의 포장을 하여 A사의 고급품과 중급품의 중간 정도로 판매하게 될 것이다. 이 경우에도 소비자들은 상당수가 B사의 고급품을 구매하여 손실을 보게 된다. 세 번째는 주객이 전도되는 경우이다. 대개 화장품이나 음료수는 포장비가 내용물에 비해 훨씬 높은 비용이 투입된다. 캔 식혜의 가격은 500 - 700원 정도에 소매로 판매되지만 내용물의 원가는 10원 미만이다. 캔 값은 100원 이상 투입된다. 광고 같은 경우도 예외는 아니다. 비싼 모델료와 방송 비용 때문에 내용물 값을 훨씬 능가하는 비용이 가격 안에 포함되어 있다. 이미 소비자들은 구조적으로 엄청난 비용을 알맹이를 제외한 비용으로 지불하고 있다. 소양인들의 체면 의식과 자존심은 이러한 과외비용의 지출을 부채질한다. 대중의 인기를 끄는 스타들의 광고는 인간을 대상으로 포장할 경우 얼마나 큰 허구를 만들 수 있는지 잘 보여준다. 소양인이 참다운 행복을 누리기 위해서는 허구를 얻기 위한 비용을 억제하는 지혜가 필요하다.

3) 소양인은 항상 기록하는 습관이 필요하다.

소양인은 나이에 관계없이 잘 잊어버리고 잘 잃어버린다. 소위 말하는 깜빡, 깜빡 하는 현상이다. 보통 나이가 들면 사상 유형에 관계없이 기억력이 감퇴되고 순발력이 떨어지는 것은 어쩔 수 없다. 그러나 자신이 기억을 하지 못해서 실수가 연출되었을 때 학습이 이루어지므로 나름대로 실수의 빈도는 크게 증가하지 않는다. 그러나 소양인은 자신이 실수했었다는 사실조차 잊어버리게 됨으로써 학습효과가 떨어진다. 결국 자신의 실수를 인정하게 될 때 자존심이 상하게 되므로 우기게 되는 것이다. 최선의 방책은 기록을 남기는 것이다. 수첩을 들고 다니거나 소형 메모리 녹음기를 가지고 다니면서 말이나 사실을 기록해 둘 필요가 있다. 물론 처음에는 수

첩이나 녹음기를 잃어버리거나 적는 행위가 익숙하지 않아 그냥 넘어갈 수도 있다. 그러나 신뢰를 얻고 자신의 손실을 막기 위해서는 필요한 습관일 수밖에 없다. 적어도 기억력 향상 노력보다는 쉬울 것이기 때문이다.

4) 소양인은 행동에 앞서 한 번 더 생각해야 한다.

삶의 질을 높이는데 중요한 요소 가운데 하나는 느긋함이 포함된다. 교통과 통신의 발달로 세상이 빠르게 돌아간다고 내가 따라 다녀야할 필요는 없다. 문명의 이기는 인간에게 시간을 공급해 줌으로써 여가를 마련하게 하는 데 있었다. 여가란 느긋하게 쉴 수 있는 시간이다. 그러나 모순되게도 인간은 이러한 속도에 편승하여 더욱 급해졌고 여가는 더욱 줄어들었다. 한국인들은 대체로 성미가 급한 편이다. 그런 가운데에서도 소양인은 더욱 더 서두르는 경향이 있다. 서두름은 필요 이상으로 속도를 재촉한다는 의미이기도 하다. 보고 생각하고 판단하여 행동에 옮기는 데 걸리는 시간이 매우 빠른 것이다. 한편으로 보면 순발력이 탁월하다고도 볼 수 있는데 문제는 지나치다는데 있다. 전하는 말을 확인도 해보지 않고 화를 낸다든가 자료를 조사해보지도 않고 쉽게 결론을 내리는 일이 반복되면 실수가 잦아진다. 지금 당장 일이 순조롭게 진행되지 않는다고 조급할 것이 없어야 한다. 조급한 마음은 실수를 부르고 후회를 낳기 때문이다. 기회란 때가되면 오기 마련이고 다만 그 기회를 놓치지 않으면 되는 것이다. 우물에서 숭늉을 찾는 것처럼 미련한 일은 없다. 20세기 말 변화의 광속도론에 의해 일을 처리하기 위한 요건인 정확과 신속 가운데 신속 쪽에 무게가 실리고 있는 것은 사실이다. 그러나 신속함은 과정을 생략하는 것을 의미하지 않는다. 다만 과정의 처리가 빠르게 진행된다는 것이지 생략되거나 일의 순서가 바뀌어 생각도 해보기 전에 행동이 앞서는 것을 의미하지는 않는 것이다. 10분 먼저 가려다 50년 먼저 가는 우를 범하지 않도록 노력해야 한다.

소음인의 길

조그만 회사를 경영하는 사장이 여직원을 호되게 꾸짖었다. 평소에도 다혈질이었던 이 사장은 여직원이 전화를 잘 못 받아 망신을 당하자 딸 벌 되는 여직원을 책상 앞에 세워놓고 화를 내며 생각나는 대로 몰아 붙였다. 여직원은 평소처럼 생글 생글 웃으며 변명을 늘어놓았다. 사장은 더욱 화가 났다. "잘못했다고 손이 발이 되도록 빌어도 모자란 판에 웃어?" 사장은 그만 재떨이를 집어던지고 말았다. 그제서야 여직원은 닭 똥 같은 눈물을 뚝뚝 흘렸다. 사장은 측은한 생각이 들어 다소 화를 가라앉히고는 "나가 있어."라고 했다. 여직원은 밖에 나가서 이때의 기억을 두고두고 새길 것이다. 볼 것도 없이 사장은 소양인이나 태양인이었을 것이고 여직원은 소음인이었을 것이다. 다혈질적이고 성미가 급한 사장이 화를 냈을 때 여직원이 웃은 것은 당혹감을 감추기 위한 수단이었다. 자신을 지키려는 마지막 절규가 웃음으로 나타난 것이다. 사장이 알 턱이 없다. 다음은 소음인들에게 당부하고 싶은 말들을 정리해 보았다.

1) 소음인은 무엇보다 불안한 마음을 다스려야 한다.(변화 저항, 큰 것에 의지)

소음인의 적은 불안감이다. 불안하다보니 생각이 많고 생각이 많다보니 항상 행동이 느리다. 오늘 일을 걱정하고 나면 내일이 걱정이고 내일할 일 걱정이 끝나면 다음 주 일이 걱정인 것이다. 걱정이 쌓이다 보면 병이 되는 것은 자명한 일이다. 게다가나 걱정스러운 일을 다른 사람에게 털어 놓거나 불쾌하면 풀기라도 해야 하는데 마음이 약해서 차마 그렇게도 못한다. 결국 소음인에게 변화란 독이다. 매일 같은 일이 반복되어도 걱정인데 변화란 충격이 아닐 수 없다. 남들이 보기에는 불안한 마음을 감추려 태연한척 하지만 속에서는 애가 탄다. 한 조사에 의하면 소음인의 이직률은 낮은 편이라고 한다. 한 우물 파기를 좋아하는 것이다. 한 우물만을 파다보면 기회가 와도 잡기가 쉽지 않다. 태음인은 다른 기회가 왔을 때 지금 팠던 우물에 들어간 투자가 아깝고 앞뒤 재다 놓치게 되지만 소음인은 다른 우물 파다 물이 나오지 않을 것이 걱정이 되는 사람이다. 그러나 일단 다른 우물을 파기 시작하면 꾸준히 판다. 자신을 안정되게 하기 위한 수단으로 어떤 상징에 의지하고 싶어 한다. 자신의 주변인이 권력을 가진 사람이라든지 자기가 사는 동네가 부자 동네라든지 자기가 입는 옷의 브랜드가 유명 상표라든지 하는 것에서 안정감을 찾게 된다. 만약 한자리에서 이사도 하지 않고 오래 살면서 만족스럽고 행복하다면 아무런 문제도 없다. 그러나 문제가 그리 간단하지만은 않다. 소음인은 샘이 많기 때문에 남이 나보다 나은 생활을 한다고 여기면 참지 못한다. 겉으로는 태연한척 하지만 속은 피멍이 든다. 소음인은 불안한 마음을 버리고 변화를 사랑할 줄 알아야 한다. 누구에게 의지하기보다는 항상 떳떳해지기 위해 자신을 강하게 만들어야 평정을 얻고 중화의 길로 접어들 수 있다.

2) 소음인은 편 가르기에서 벗어나 모두를 포용해야 한다.

소음인의 특성 중에 하나인 당여(黨與)는 편가르기를 말한다. 아군과 적군을 나누는 것이다. 자기와 같은 성향을 가지거나 이해관계가 맞아떨어지면 울타리안의 우리 편으로 분류하고 나머지는 다른 편이 된다. 이분법이다. 우리 편에게는 지나치게 관대하며 반대로 적군에게는 냉엄하다. 당연히 판단기준에 편견이 실리게 된다. 코란이냐, 칼이냐를 선택하라는 사라센 정복군의 지엄한 질문과 같다. 이러한 성향은 가족과 같이 숙명적인 우리 편에게는 희생적이지만 나머지 사람들에게는 경계심을 늦추지 않는 것이다. 자신보다 자식들에게 희생적인 성향은 소음인에게 특히 강하게 나타난다. 친구나 친지와 같이 인위적 당여는 쉽게 받아들여지지 않지만 일단 우리 편이 되면 모든 것을 털어놓고 신뢰하게 된다. 그러나 자신의 기대에 어긋나면 그만큼 배신감도 크다. 아마도 인간관계에서 흑백논리의 선호도를 논하자면 소음인이 가장 강할 것이다. 결코 쉽지 않지만 소음인은 이 마음의 문을 열어야 한다. 우리 편이라 해도 틀릴 수 있으며 우리 편이 아니라 해도 맞을 수 있다는 가정을 습관화해야 한다. 불우했던 어린 시절을 자식에게 물려주지 않기 위해 기름진 음식을 먹이고 명품이 아니면 입히지 않았다. 나는 값싼 시장 구두를 10년 이상 마르고 닳도록 신을지언정 자식은 남부럽지 않게 길렀다. 부모의 마음을 헤아린 자식은 귀티나게 자랐다. 나중에 자식이 다 자라서 부모에게 이런 말을 던졌다면 어떨지를 미리 헤아릴 수 있어야 한다. "나는 부모님의 희생이 늘 부담이었어요. 명품 옷을 더럽히지 않으려 맘껏 뛰놀지도 못했고 기름진 음식 덕에 비만으로 시달렸지요." 이 말을 듣는 부모의 가슴은 메어질 것이다. 그러나 지나간 세월은 다시 돌아오지 않으며 자신의 만족을 위해 희생이란 이름으로 자녀를 빚지게 했다는 사실을 깨닫기란 결코 쉽지 않을 것이다. 희생은 부담을 주고 방임은 상실감을 낳기 때문이다.

중용의 미덕은 말은 쉬워도 깨닫기까지는 인생을 허비하게 될 수도 있을 만큼 쉽지 않다. 내 자식이 귀하면 남의 자식도 귀하고 내가 편을 가르면 세상은 편 가르기의 소용돌이 속에 신음하게 된다. 부나 지위의 세습도 따지고 보면 당여에서 비롯된다고 할 수 있다. 내가 속한 집단에 담장을 올리고 지속시키려는 것이다. 내가 속한 집단이 부와 명예를 얻었을 때는 안심이 되겠지만 그렇지 못할 때는 결국 노예로 전락한다. 참다운 삶이란 개방된 마음을 가지고 공존의 지혜를 쌓아 나가는데 있는 것은 자명한 일이다. 우리는 누구나 스스로 만족하고 행복해지고 싶어 한다. 우리 모두 로빈슨 크루소가 되어 혼자살 수 없고 유아독존으로 살아 갈 수도 없다. 자신의 마음을 열고 모두를 포용한다면 스스로의 만족은 더욱 가까이 다가올 것이다.

3) 소음인은 패자(敗者)의 아름다움을 배워야 한다.

세상에 이기는 것보다 지는 것을 좋아하는 사람은 없다. 그래서 인간은 타인을 지배하고 다른 부족을 침략하고 세계를 정복하려고 했는지도 모른다. 그러나 승부의 결과를 받아들이고 그 다음 보여주는 태도나 행동은 모두가 같지 않다. 인간 윤리를 가르치는 대다수 도서들을 보면 패자에 관심이 쏠려 있다. 이성을 잃는 것은 패자이지 승자가 아니기 때문이다. 그러나 승자도 패자도 결과에 따라 추하게도 아름답게도 보일 수 있다. 승리한 순간에는 자신은 다시 패배하리라는 생각이 떠오르지 않는다. 다만 새로운 도전과 승리를 기약할 것이다. 그러나 패자는 항상 패한 순간에 승리를 다짐하기 마련이다. 같은 이치로 어떤 사람도 평생 부자로 살리라는 보장은 없으며 가난하게만 살리라는 법 또한 없다. 부자는 더 큰 부자가 되고 싶어 하고 가난한 사람은 부자가 되고 싶어 안달을 한다. 결국 인간의 승리감은 완성을 의미하지만 부유한 삶은 완성을 의미하지 못하고 더 큰 욕망을 자극할 뿐이다. 결국 인간은 끝없는 욕망의 노예로 전락하게 되면서 추해지는 것이다. 패자도 승자도 아름다워지기 위해서는 승자는 패자를 배려하는 넉넉함을, 패자는 인정의 미덕을 보여줌으로써 아름다워질 수 있다. 소음인의 성향은 승리의 기쁨을 누리는 시간 속에서도 패할 것을 걱정하고 패자의 입장에서 패배를 인정하는데 인색하다는 데 있다. 승자도 패자도 사실을 어떻게 받아들이느냐에 따라 그들의 태도는 아름다워질 수 있음을 알아야 한다.

4) 소음인은 지혜로움 앞에서 겸허한 마음을 가져야 한다.

소음인은 기억력이 좋다. 조그맣고 사소한 일조차도 오랫동안 기억을 해내서 다른 사람들을 놀라게 하곤 한다. 특히 감정이 상했거나 감동의 정도가 큰일들은 절대로 잊어버리지 않는다. 흔히 주입식 교육은 상당 부분이 암기적인 방법으로 지식을 획득하는 것을 요구한다. 그러나 흔히 지혜(智慧)라고 하는 것은 정확히 언급하자면 지식(知識)도 아니요 - 지혜의 '智'와 지식의 '知'는 혼용되기도 한다. - 뇌 속에 암기된 자료가 많다고 해서 지혜롭다는 것은 더더욱 아니다. 암기식 교육의 해악에 대해서 그렇게 강조하면서도 아직도 교육현장에서는 암기가 강조되고 있는 것은 비극이 아닐 수 없다. 마치 어린 나이에 한글의 자모를 외어서 뜻도 모르면서 글자를 읽는다든지 정확한 의미도 모르면서 영어 단어를 외어 자신의 의사를 표현하는 아이들처럼 암기된 지식은 자신을 지혜로운 사람이라는 착각으로 몰아넣을 수 있다. "온고이지신(溫故而知新)"이란 옛사람의 말을 되새겨 더욱 새롭게 한다고 해석된다.

그러나 이 어구의 진정한 의미는 옛사람의 어구를 기억하는 데 있는 것이 아니라 새롭게 하는 것이 핵심이다. 많은 학자들이 남긴 말들이나 명사들의 이름을 나열하는 것만으로 그들의 지혜가 나와 우리의 것이 되는 것은 아니다. 소음인의 함정은 왕성한 기억력의 소유가 지혜로 여겨지는 데에서 시작 된다. 물론 인간의 삶에 있어서 기억력은 인간을 만물의 영장 수준의 지위로 끌어 올린 주요 요인일 정도로 일상에서 중요한 역할을 한다. 만약 기억력이 없다면 실수가 잦아지고 치매에 이르기도 한다. 노인병 가운데 심각한 병으로 부각되는 치매도 알고 보면 기억력의 퇴화에서 비롯되는 것이다. 그러나 지나치게 왕성한 기억력은 과거의 잔재를 청산하지 못하게 함으로써 궁극적으로는 불면의 밤으로 신경을 쇠약하게 한다. 특히 행복한 기억보다 불만스러운 일들을 기억하다보면 정신 건강이 붕괴된다. 마치 섭취한 음식물이 아무리 귀하고 비싼 것이라도 필요한 만큼만 흡수되고 배설이 되지 않으면 비만의 원인이 되듯이 필요한 만큼만 기억하고 지워버리지 못한다면 비극의 싹이 될 것이다. 참된 행복은 스스로 자신을 만족시키는 작업이다. 망각의 지혜는 소음인을 진정한 현자로 만드는 첩경이 될 것이다.

태양인의 길

사실 태양인들은 숫자 놀음에 별로 관심이 없다. 사상유형 가운데 가장 숫자적 부자가 되는데 관심이 없는 유형이 태양인들일 것이다. 좀 더 쉽게 표현하자면 돈으로 태양인을 유혹한다는 것은 어리석은 일이라는 얘기다. 금고에 있는 돈을 믿고 날뛰는 재산가의 코를 납작하기 위해서 재산을 빼앗을지언정 돈이 탐나 권력을 휘두르지는 않을 것이다. 태양인은 다른 사상유형들에 비해 물질적 가치에 강하기 때문에 자신이 버려야할 것이 없는 것처럼 착각할 수 있다. 그러나 버려야하는 것은 물질만이 대상이 되는 것이 아니다. 중용을 얻기 위한 태양인의 길은 태양인이 가지는 아집을 버리는 일이다. 태양인은 물질적 욕망을 채운다고 스스로 불행하게 여기지는 않을 것이다. 그러나 태양인을 상대해야하는 다수의 사람들은 태양인의 지나치게 왕성한 성정으로 고통을 받을지도 모른다.

1) 태양인은 절대적 가치를 강요하는 마음을 버려야 한다.

태양인은 완벽함을 추구한다. 태음인이 치밀함의 완벽함을, 소양인이 생각과 행동일치의 완벽함을, 소음인이 소유의 완벽함을 추구한다면 태양인은 신념의 완벽함을 추구할 것이다. 태양인은 자신이 가지고 있는 신념의 확고함을 다른 사람들에게 강요함으로써 완벽한 세상을 만들려 한다. 당연히 남의 말에는 안중에 없다. 설령 그 신념이 틀렸다는 것이 입증되더라도 결코 인정하려 들지 않는다. 신념을 버린다는 것은 결국 삶을 포기하는 것과 같기 때문이다. 결국 태양인에게 필요한 것은 태산과 같은 웅장함이나 소나무와 같은 불변성이 아니라 대나무가 가진 유연성이라 할 수 있다. 가치의 눈높이를 낮추고 주위를 배려하는 마음이야말로 태양인이 지녀야 할 슬기가 될 것이다.

2) 태양인은 순종하는 마음을 가져야 한다.

태양인의 기세는 복종을 거부한다. 자신의 신념이 허용하는 수직관계를 제외한 어떠한 대상도 복종할 이유를 정당화시키지 못하는 것이다. 효를 행한다든지 법이 정하는 절대적 권위를 제외한다면 따르기를 싫어한다. 항상 위를 치켜보기보다는 아래를 굽어보고자한다. 남의 말을 듣기 싫어하며 자신이 대화의 중심에 서고자하는 독선은 주위 사람을 피곤하게 한다. 설사 자신이 남을 따르는 입장이 되면 속이 끓어 스트레스가 쌓이기도 한다. 자신이 건강하고 장수를 누리고 싶다면 자신이 가진 아집의 벽을 허물어야 한다.

3) 태양인은 자기중심적 정당화 습관을 버려야 한다.

태양인이 절대성을 추구하는 성향은 자기중심적 정당화를 습관화하게 만든다. 쉽게 표현하자면 잘못을 시인하는데 인색하다는 것이다. 다른 유형의 사람들도 정도의 차이는 있어도 자존심도 있고 나름대로 자신을 방어하는 수단이 있다. 예컨대 소양인은 순간적 키 재기에서 밀리면 우기거나 거짓말을 해서라도 위기를 모면한다. 소음인은 자존심이 상하지 않기 위해 화려하게 외향을 포장하기도 한다. 태음인은 갑자기 거친 모습을 보이면서 호기를 부린다. 그러나 공히 자신의 내면에서는 사실을 부인하지 않는다. 때로는 후회를 하며 가까운 사람에게는 털어 놓기도 하지만 태양인은 자신 안에서조차 인정하지 않는다. 당연히 남에게 털어 놓을 리가 없다. 이러한 자기안의 세계는 쉽게 무너지지도 않지만 일단 무너져 버리면 그 후유증 또한 클 수밖에 없다. 이러한 자기중심적 정당화는 단순한 세계 안에서 살아가는 단순한 사람들에게는 매혹적으로 보일지도 모르나 다양성이 득세하는 미래에는 적을 늘려갈 뿐이다. 매사에 다양한 가능성이 적용될 수 있다는 유연함을 필요로 한다.

상기의 내용들은 사상 유형별로 자신이 어떻게 하면 중용 점에 도달하기 위해 중화의 길을 모색할 수 있는가를 일반적으로 이해할 수 있도록 쉬운 언어로 풀이해 본 것이다. 그러나 이러한 내용의 특성은 독자들로 하여금 윤리적 조언의 한계를 넘지 못할 수도 있다. 마치 초등학교의 교육과정이나 유아기에 어른들로부터 들었던 잔소리 정도로 느껴질 수도 있을 것이다. 그러나 기본적인 내용일수록 중요성의 무게가 크다는 것을 잊어서는 안 된다. 흔히 세파에 시달리다보니 어쩔 수 없다든가 순진하면 굶는다는 식의 인식은 자신의 무능함을 인정하는 것에 불과하다. 성공한 사람들의 공통점은 편법이나 지름길을 택하지 않고 묵묵하게 자신의 길을 간 사람들이다. 그들은 가장 큰 적인 자신과의 싸움 속에서 승리하기위해 부단히 노력한 사람들이며 그 결과 그들이 얻은 성취보다 겸양과 인간을 존중하는 마음이 밴 사람들이다. 만약 당신이 진정으로 존경하는 사람이 있다면 누구인가를 찾아보라. 그들은 높은 지위에 있거나 권위 있는 상을 탔거나 재산이 많은 부자들이 아닐 것이다. 단순히 부와 명예를 거머쥔 사람들의 공통점은 그들이 가진 것이 많다는 이유로 부러움의 대상이 될지는 몰라도 존경의 대상이 아님을 알 수 있다. 당신이 존경하는 사람이 당신의 부모나 형제와 같은 혈연이 아니라면 - 그들은 이해관계를 포함한 운명 공동체적 필연성과 인간의 지고한 가치인 무조건적 애정이 결합된 사람들이다. - 물질적 욕망에 의한 소유욕이나 명예욕으로부터 자유로운 사람들일 것이다. 당신이 존경해야 하는 이유는 그들이 순수하기 때문이요 자신과의 싸움에서 승리하기 위해 부단히 노력한 결과 어떤 유혹에서도 자신의 길을 걸어갈 수 있었던 사람들이기 때문일 것이다. 당신이 누구에겐가 존경받기 위해 수양의 길을 선택 한다면 그 또한 헛된 욕망의 틀을 벗어나지 못한 것이다. 존경이란 자신의 치우침을 중화시키기 위해 노력하다 보면 자연스럽게 얻어지는 예기치 못한 결과물일 뿐이다. 자신을 냉엄한 잣대로 판단하고 가장 쉽고 기초적인 문제부터 풀어가길 바란다.

제2부

사상으로 엿보는 미래 경영

1. 명리(命理)란?
2. 사주(四柱)와 명식(命式)읽기
3. 사상과 오행의 관계
4. 사상별 오행 특성
5. 자기 경영의 길

우리가 알고 있는 인류의 역사는 지구의 나이라든가 공룡의 화석, 최초의 인간 등 아득한 먼 옛날을 논하는 것에 비한다면 찰나에 불과함에도 불구하고 지금 이 시간에도 세상 한 구석에서 새로운 사실이 발견될 만큼 부족하고 부정확하기 짝이 없다. 21세기를 사는 우리 대중들은 불과 수십 년 전의 사진이나 동영상을 보고는 촌스럽고 세련되지 못한 모습을 보고 웃고는 한다. 실상 우리가 스스로의 문화라고 부르는 거창한 영역은 최근 100년 남짓한 기간 동안 서구의 문명이 적극적으로 유입되면서 가장 많이 변화했고 변화된 결과물이 지금살고 있는 이 세상의 모습이라고 할 수 있다. 동무가 생존했었던 기간이 100여 년 전이니 당시의 문화는 보다 깊숙이 접근할수록 현대인들에게는 생소하게 느껴질 것임에 틀림없다. 당시는 비록 문란해지기는 하였으나 엄연한 신분 사회였고 그로인해 서자(庶子)로 태어난 동무는 인생의 청년기를 방랑생활을 해야 했으며 제도권 안에서 자신의 영민함을 인정받지 못했다. 한석지(韓錫地, 1709-1791)선생을 사숙했으나 직접 사사받은 바 없다고 전해진다. 그러나 분명히 당시 지성의 가치 기준이 한학이었고 독학이든 제도권 안에서 배웠든 그의 학문 배경은 동양 문화의 근간이라 할 수 있는 역의 원리를 이해하고 실천하기 위해 노력한 흔적이 그의 인생 전반에서 나타난다. 이는 현 세대를 살고 있는 사람들이 과학이나 논리성, 합리성을 진리로 받아들이고 이를 행동으로 옮기려는 것과 다를 바가 없다.

실상 역의 원리는 우리 문화 속에 깊숙이 배어 있다. 비근한 예로 우리가 사용하는 언어 속에는 역에서 이야기하는 수(數)가 있다. 우리는 하루에도 수 없이 '별 수 없다.', '할 수 없다.','뾰족한 수가 없다.' 등의 언어를 반복하여 쓰고 있다. 여기에서 '수'는 역에서 이야기하는 세상사를 설명하는 상징적 수를 의미한다. 당연히 인간의 운명도 세상의 이치도 수로 설명되는 것은 당연한 것이다. 우리나라의 국기(國旗)는 태극기이다. 널리 알려진 바와 같이 태극은 역에서 언급하고 있는 삼극(三極; 太極, 無極, 皇極) 중의 하나이다. 물론 음양으로 구성된 태극 문향을 가운데 두고 네 개의 괘(卦), 건(乾) 감(坎) 리(離) 곤(坤)이 이를 에워싸고 있다. 길게 설명하지 않더라도 조선말에 박영효를 비롯한 통신사들이 일본에 가면서 선상에서 고안한 것이 태극기라 하니 당시 한국인들의 관념 속에 역이 차지하고 있는 정도를 짐작할 수 있다. 흥미로운 것은 박영효(1861-1939)가 북학파의 영향을 받아 갑신정변과 갑오개혁을 주도한 조선말의 대표적 개화파 인사였다는 것이다. 이는 당시 나라의 문호를 개방하고 서구 문물을 받아들이려는 개화 세력도, 반대파인 수구 세력도 이 나라의 지성이나 지도자들로서 공히 역의 원리를 가치의 근간으로 삼았다는 것을 시사하고 있는 부분이다. 비록 태극 문향을 새긴 천을 머리에 두르고 대한민국을 외쳐대는 붉은 악마 응원단들이 모두 태극의 진정한 의미를 알고 있을 가망성은 희박하겠지만 아직까지도 한국인들의 사고 속에는 깊이 배어있음을 부정할 수 없다.

한국의 서구화 과정은 조선의 패망과 대한제국의 성립, 그리고 일제 강점기를 거치면서 반세기 동안 고스란히 타의에 의해 진행되었다. 이는 일본이 메이지 유신을 통해 천황이 주도하는 서구식 개혁을 완수하게 되는 과정과 대조적인 부분으로 전혀 다른 결과를 낳게 한다. 일본은 왕조의 전통을 고스란히 간직한 채 도쿠가와 바쿠를 제물로 수구세력을 제거하면서 서구 물질문명을 받아들일 수 있었지만 한국은 왕조의 붕괴와 기존 지배 세력의 몰락으로 민족의 정통성을 간직한 서구화 세력이 외세의 침략으로 주도세력이 될 수 없었다. 일제 강점기 동안 서구화에 앞장선 사람들은 식민정권에 협조하거나 동화된 사람들이 대부분이었다. 그들은 서구식으로 교육받았고 정치적으로나 경제적으로 왕성한 실력을 갖추고 있음으로 인해 해방 후에도 사회의 주도 세력으로 자리 잡을 수 있었다. 결국 한국인들의 인식 속에는 민족의 전통이라든가 가치관이 마치 멸망한 왕조의 잔재처럼 투영되었고 해방 후에도 한국적이라든가 동양적 가치는 사람들의 인식 속에서 무언의 학대를 당할 수밖에 없었다. 배운 자만이 힘을 가질 수 있는 마당에 교육이란 서구화의 정도와 일맥상통하는 만큼 전통 운운하는 것은 결코 득이 되지 못했다.

지금은 남여 공통으로 선택하고 있지만 해방 후 여중생이나 여고생들이 필수적으로 선택해야했던 과목 가운데 가정이란 과목이 있다. 그 당시 가정 교과서에는 양식을 먹는 방법과 순서에 대하여 소개된 적이 있다. 내용은 프랑스 절대왕정 시대 때 호화스런 귀족들이나 차릴 격식을 소개하고 있었고 그 내용은 그대로 시험문제로 출제되었다. 역사 교과서에서 미국은 우리의 영원한 우방으로 평화의 사도요 자유를 사랑하는 위대한 국가로 인식 시켰으며 암암리에 구미식 사고방식은 절대적 우위로 자리 잡기 시작했다. 당시 12월 한 달은 내내 라디오에서 캐롤이 흘러 나왔으며 크리스마스 전날 밤 야간 통행금지를 해제시키고 젊은이들은 아무런 이유도 없이 거리를 헤매었던 것이 연례행사였다. 대학생들은 포크와 나이프를 쓰는 양식당에서 데이트를 해야 제격이었다. 초기 FM 방송에서는 가요를 방송하지 않았다. 주로 고전 음악을 방송하다 차차 서양 대중음악의 비율을 늘려갔고 FM 방송이 대중화되면서 비로소 가요가 방송을 타게 되었다. 먹고살만해지자 우리 것 찾기 운동을 통해 언어생활이나 의복, 먹 거리 등에 대한 인식이 많이 달라지긴 했지만 아직도 동일한 의미인데도 불구하고 한국어로 쓸 경우 천박하게 느껴지고 영어나 한자어일 경우 고상하게 느껴진다든가 명품 족들이나 일부 부유층들은 유럽이나 미국에서 건너온 수입품의 가치에 탐닉해 있다. 분명히 이 나라 수천 년 역사 가운데 최근 일세기간의 서구화는 신사대적 사고로 우리 생활 속 곳곳에 주류로든 잔재로든 남아 있는 것이다. 이런 상황에서 명리를 논한다는 것은 적지 않은 위험을 감수해야 한다는 우려가 앞선다.

사상이 명리나 명식(命式), 흔히들 이야기하는 사주와 깊은 관련성이 있다고 하면 어리둥절해 하거나 실망스럽게 생각하는 사람이 적지 않을 것이다. 적어도 사상이 과학적 근거로 접근한 하나의 이론이기 위해서는 가장 비과학적이라고 여기는 명리학과는 거리를 두어야 할지도 모른다. 그리고 한편으로는 사상의 확대와 인정을 얻기 위한 걸림돌이라고 여겨 이를 연구하는 집단들 스스로 사상과 명리와의 관계를 애써 부정하려들지도 모른다. 그러나 중요한 것은 진실이다. 동무가 그의 저서에서 언급하고 있지 않았다 하더라도 역을 모르고 그의 저서를 논한다는 것은 거의 불가능한 일이다. 동의수세보원은 짧은 분량임에도 불구하고 역이나 유교적 사상이 누 차례 언급되고 있으며 사상의 태생이나 활용, 목적 등은 역의 사상과 불가분의 관계에 놓여 있다는 것을 쉽게 발견할 수 있다.

본서에서는 사상에 대한 심도 있는 이해와 일반인들에게 알려진 명리에 대한 몰이해를 조금이나마 바로잡고자 사상의 틀 안에서 명리를 해석해 보았다. 물론 지나친 기대는 금물이다. 본서에서는 명리를 구성하는 오행 중심으로 서술하였을 뿐 명리의 깊이에는 접근하지 못하였다는 점을 미리 밝혀둔다. 그 이유는 필자가 알고 있는 짧고 얕은 지식으로는 명리의 1부 능선에도 미치지 못할 뿐 아니라 본서의 중심은 사상에 있기 때문이다.

1. 명리(命理)란?

명리를 글자그대로 해석하자면 인간에게 주어진 운명의 이치이다. 흔히 사주팔자라고도 한다. 인간이 태어난 시간인 연월일시의 간지를 우측에서 좌측으로 읽으면 네 개의 기둥과 여덟 개의 글자가 표기되는 데 이를 사주팔자(四柱八字)라 부르는 것이다. 물론 표기는 음력으로 한다. 60간지는 10개의 천간(天干)과 12개의 지지(地支)로 구성되어 있다. 천간과 지지는 짝수이므로 곱하면 총 60개의 갑자가 탄생한다. 연월일시는 각각 60갑자 중에 하나이므로 인간의 사주는 60개를 4제곱하면 총 1,296만개의 경우의 수가 탄생한다. 그러나 동일한 시간에 태어났다 할지라도 남성과 여성을 구별하므로 경우의 수는 다시 2를 곱해야 한다. 즉 총수는 2,592만개 이다. 그러므로 현재 지구상에서 살고 있는 사람들은 물론 이제까지 생존했던 인류는 2,592만개 중 하나의 사주로 태어나게 되어있다. 이것이 현재 과학적으로 설명할 수 있는 사주에 관한 것 전부이다. 과학적으로 설명하면 나라는 사람은 2,596만 개의 유형 가운데 하나라는 설명으로 모든 것이 끝나는 것이다. 항간에는 통계적 결과에 따른 것이라고 애써 서양 과학과 연관을 시켜 설명하는 이도 있고 과학적 근거를 입증할 방법이 없다고 미신이라고도 단정하기도 한다. 그러나 이는 사주에 대한 적극적 연구가 없이 조급한 결론을 내린 결과에 불과하다.

사실 우리가 사는 세계가 얼마나 작은 것인지, 그리고 그 세계가 속한 우주라는 공간이 얼마나 거대한 것인지 상상조차 할 수 없음에도 서구적 사고에 젖은 현 세대의 사람들은 우주라는 공간을 자신의 머릿속에 집어넣으려 한다. 그러나 그 것은 착각이다. 바둑시합의 내용이 유사할 수는 있어도 동일한 시합 내용은 없는 것과도 같다. 한꺼번에 인간의 머릿속에 품을 수 없는 복잡한 변수가 추가 되어야하기 때문이다. 인간이 숫자로 가늠할 수 있는 경우의 수는 그렇게 많지 않다. 기본적으로 사주에 의해 해석되는 명리란 역의 원리, 즉 천지만물의 변화는 시공의 차원에 의해 움직인다. 명리는 시간과 공간 가운데 시간적 차원을 설명한다. 공간적 차원은 별개의 것이다. 명리는 공간적 차원의 학문 가운데 하나인 풍수와는 구별된다. 설사 오행의 원리가 같이 작용한다고 하지만 흘러가는 시간은 인간의 의지에 의해 통제될 수 없고 장소의 이동은 인간의 의지에 의해 얼마든지 자유롭게 가능한 것처럼 전혀 다른 차원인 것이다. 그렇다면 이 사주가 의미하는 것은 구체적으로 무엇인가? 이 질문에 간단히 대답하면 "우리에게 속한 무수한 사실을 설명한다."라고 할 수 있다. 본서에서는 그 가운데 일부를 소개해 본다. 다음은 사주의 예시이다. 예시를 보면서 설명을 이해하기 바란다.

1985년 8월 10일 오전1 0시생 여자

	생시	생일	생월	생년
천간(天干)	癸	辛	甲	乙
지지(地支)	巳	巳	申	丑

* 상기의 명식은 인터넷상의 서비스를 이용하거나 만세력을 찾아보면 알 수 있다.
단, 만세력에서는 생시의 천간(時干)을 별도로 계산해서 알아내야 한다.

첫째는 관계이다. 물론 관계는 가족 관계를 중심으로 설명한다. 예시에서는 내가 태어난 날이 신사 일이므로 일간인 신(辛)이 나 자신을 의미하는 것이다. 나를 둘러싸고 있는 것은 일지가 가장 가깝고 월간과 월지, 시간과 시지이다. 일지는 배우자요, 월간과 월지는 부모, 시간과 시지는 자식이다. 물론 연간과 연지는 조상을 뜻한다.

둘째는 인생 주기이다. 우측부터 연주(年柱)는 조상이다. 그러므로 초년을 의미한다. 조상 덕에 태어났고 탄생 시에 조부모의 영향이 가장 크기 때문이다. 월주(月柱)는 부모를 의미하므로 장년을 의미한다. 일주(日柱)는 중년이며 시주(時柱)는 노년을 의미한다. 인간이 태어나서 자라며 왕성하게 활동을 하고 은퇴하여 휴식을 취하는 흐름을 말하는 것이다. 태어났을 때와 자랄 때는 조상과 부모덕에 자신의 환경과 운명이 좌우되지만 자기 스스로 운명을 헤쳐 나가야 하므로 자신의 의지가 중요하고 말년에는 자식에게 의존한다는 이야기다. 물론 이러한 인생 주기는 현대로 오면서 수명이 길어지고 시대의 흐름에 따라 부모에게 의존하는 기간이나 활동하는 기간, 자식에게 의존하는 기간이 짧거나 없어질 수도 있으므로 신축성 있게 해석 하면 된다.

상기에서 설명하는 두 가지는 가장 기본적인 설명이다. 그러면 이 두 가지이외에 사주는 어떤 뜻을 담고 있는가. 무수한 의미를 담고 있다. 명리학을 하는 사람들의 입장에서 보면 사주는 그 사람의 인생 모든 것을 설명한다고 한다. 그래서 사주는 '명리'가 되는 것이다. 우선 사주는 격(格)을 의미한다. 사주 전체에 오행이 어떻게 위치해 있는가에 따라서 그 사람의 전체적 품격을 상징한다. 오행이 골고루 분포되어 있고 편중되지 않으며 상호 충돌하거나 극의 관계가 아니라 상생의 관계로 물 흐르듯이 흐르는 사주는 높은 품격의 사람이라는 것이다. 거기에 일간과 월지의 관계에 따라 결정되는 격은 그의 성격과 적성뿐 아니라 성공의 방향 등을 예시함으로 해서 전체적인 수준을 설명한다. 그러나 이러한 조건이 인생을 완성하는 것은 아니다. 시간의 흐름에 따라 길할 것이냐 흉할 것이냐를 별도로 설명해 준다. 10년의 주기로 대운(大運)을, 일 년을 주기로 년 운(年運)을, 한 달을 주기로 월운(月運)을 하루를 얘기하는 일진 등이 있다. 뿐만 아니라 그 사람의 성격, 특성, 가지게 될 직업, 행과 불행, 주변인과의 관계 등 인간이 각자의 운명에 대하여 알고 싶은 것을 설명해 준다는 것이다.

그러나 필자의 시각에서 보면 이러한 막연한 기대는 금물이라고 말하고 싶다. 우선 사주를 보고 그 사람의 운명을 파악하는 것은 또 다른 불완전한 인간의 능력과 밀접한 관계가 있다. 역이라는 학문의 깊이는 영민함과 노력, 그리고 막대한 시간이 투자되어야 할 만큼 깊다. 현 시대에 제도권에서 밀려난 학문에 과연 얼마나 우수한 인재가 이것을 연구할지는 회의적이다. 게다가 해석의 오류는 적지 않은 부작용을 동반한다. 안 될 사람이 된다고 하는 것보다 될 사람이 안 된다고 하는 것은 절망감을 안겨줘 잘하면 이룰 수 있는 것도 작은 것을 얻거나 아예 실패하게 만들지도 모른다.

또 한 가지의 문제점은 미래를 안다는 것에 대한 부작용이다. 유난히 신장에 관심이 많은 최근 자녀의 성장을 예측하는 기계가 병의원에 공급되어 인기를 끌고 있다. 아이들이 얼마만큼 자란다는 것을 미리 알게 해주는 것이다. 어차피 다 자라면 알 것을 미리 안다고 달라질 것은 없다. 그러나 그 결과는 오차의 범위의 높낮이에 관계없이 득보다는 실이 많은 것 같다. 실망한 아이들은 심리적으로 상처를 입거나 위축되어 정신 건강에 부정적인 영향을 끼치게 된다. 자신의 운명을 아는 것도 마찬가지이다. 노력을 하면 훨씬 건강하게 살 수 있는 사람도 자포자기하기 십상이다. 물론 가망성이 없는 사람에게 무조건 노력을 하면 된다는 것도 문제겠지만 미리 절망감을 안겨 주는 것은 크나 큰 죄악이 아닐 수 없다.

사실상 역에서 설명하는 것들은 지극히 제한된 일들이다. 길흉의 구분 정도이다. 구체적인 사실을 말하는 것이 아니다. 그래서 명리학의 기본적 목적이 "미래를 알고 지혜롭게 피흉(彼凶)을 하는 것"이라고 한다. 이 후세의 사람들이 여러 사람들의 명식을 보면서 실제로 인간사에 나타나는 일들을 기록하여 나름대로의 법칙을 예측하는 데 사용했다. 그러나 길한 일인지 흉한 일인지는 당사자의 판단에 달린 경우가 많다. 예컨대 과거에는 역마살(役馬煞: 한 군데 살지 못하고 여러 군데 돌아다녀야할 운명)이라는 것을 바람직하지 않게 여겼다. 그러나 지금은 꼭 그렇지만은 않다. 비행사나 무역에 종사하는 사람은 전 세계를 다니는 팔자겠지만 불운하다고 얘기할 수는 없을 것이다. 여자가 홍염살(紅艷煞: 남들이 자신을 보고 즐거워하게 되어 광대의 운명을 타고난 운명)이나 도화살(桃花煞: 남녀를 불문하고 성욕이 강하여 주색을 밝히는 성향을 가지고 태어난 운명)이 끼면 광대가 되거나 기생의 운명을 타고 났다고 여겼다. 심한 경우 사대부 집에선 멸문지화(滅門之禍)를 당할까 두려워하였다. 이러한 '살'에 대한 해석은 분분하지만 지금에 와서는 요즘 말로 일종의 '끼'와 같은 것으로 가볍게 해석할 수도 있다. 이런 끼의 발동은 대중에게 사랑받는 화려한 인생의 상징인 연예인이 될 가능성을 시사하고 있으며 그렇게 되지 못해 안달하는 세상이 되어 버렸다. 이 같이 지금도 세상은 끊임없이 변하고 있으므로 시대의 변화에 따라 해석이 달라져야하는 것은 마땅한 것이다. 그러나 아무도 완전하게 시대의 변화를 예측하지는 못한다.

우리는 급한 마음에 명리사나 역술인을 찾아 가지만 돌아 올 때는 허탈감이 든다. 길하면 몰라도 흉한 운명일 경우 알아도 피할 방법이 없기 때문이다. 대부분의 역술인들이나 명리사들은 흉해도 우회적으로 설명해 절망감이 없도록 설명한다. 혹자는 부적 따위를 써주며 비싼 값에 판매하여 자신의 부에 보탬이 되게 하기도 한다. 그러나 다 부질없는 일이다. 말이 운명을 바꾸는 것이 아니라 운명은 그대로이며 내가 마음을 어떻게 가지느냐가 중요한 문제이기 때문이다. 차라리 나의 운명을 어렴풋이나마 예측할 수만 있다면 바람직한 방향으로 어떻게 활용할 수 있는가가 중요한 관건이 될 것이다.

누구나 자신은 운이 좋기를 바랄 것이고 특히나 지금 갓 태어난 아이는 활기차고 희망이 가득한 최상의 운명으로 태어났기를 바랄 것이다. 그러나 사실은 거리가 멀다. 이 세상에 존재하는 대부분의 사람들 가운데 높은 격에 있는 사람들은 지극히 드물다. 통계적으로 설명할 수는 없어도 그 그림은 마치 피라미드 모양이 될 것이다. 아주 적은 수의 사람들이 상위에 위치하며 하층으로 내려 갈수록 그 범위가 늘어나고 그 수 또한 많아진다. 누구나 귀한 사람이 되고 싶어 하지만 매우 적은 수의 사람들만이 명석한 두뇌와 품격을 지니고 살 수 있도록 되어 있는 것이 명리가 말하는 '격'이 된다. 이러한 결정론적 증거는 많은 사람들에게 실망과 절망감을 안겨 줄 것이다. 그러나 그 것은 세상의 모든 사람들이 높은 지능지수를 가지고 태어날 수 없는 것과 같은 이치이다. 다만 다른 점이 있다면 타고난 두뇌나 감성의 능력을 말해 주는 것 이상을 설명해 준다는 점이 다를 뿐이다. 흔히 분수를 안다는 것은 자신의 격에 맞게 만족하며 세상을 살아가라는 것을 암시할 뿐이다. 격이 높고 운이 좋다고 해서 행복할 수 있는 것이 아닐 뿐 아니라 높으면 높을수록 교만하지 말고 베풀 줄 알아야하는 것이 역의 참된 목적이요 정신이다.

조선시대 예학의 대가였던 사계 김장생(四溪 金長生, 1548-1631)은 이이의 문인이자 송시열(1607-1689)과 송준길(1606-1672)의 스승이기도 하였다. 그의 학문은 온 나라에서 인정이 되었고 조정에는 그의 제자들이 막강한 세력을 잡고 있었으나 번번이 벼슬을 마다하고 낙향하여 후학을 양성하고 학문에 정진하였다. 그의 아들 김집(金集, 1574-1656) 역시 벼슬을 마다하고 관복을 입었다 벗기를 반복하다 말년에서야 대사헌과 이조판서에 이른다. 물론 지금 조선의 대 유학자들의 인생 역정을 정확히 판단하기란 쉽지 않겠지만 사계 부자가 역에 이른 수준이 어떠했을까는 가히 짐작하고도 남는다. 그들은 나서고 물러서기가 정확했다. 때가 온 것을 짐작했고 때가 아니면 학문에 힘을 썼으며 결코 아무 때나 나서지 않았다. 어떤 사람도 평생 운이 좋을 수는 없다. 좋을 때가 있으면 나쁠 때가 있다. 나쁠 때는 조용히 물러서 훗날을 위해 학문에 정진하는 것이다. 일이 뜻대로 되지 않는다고 자포자기하면 대운이 와서 큰일이 맡겨져도 능력이 받쳐주지 못해 발할 수 있는 빛이 반감된다. 사계 부자는 누명을 쓰기도 하고 모함을 받기도 하였으나 당시로써는 대단히 건강하게 84, 83세 까지 천수를 누렸고 그 이름 또한 후세에 길이 남겼다.

지금도 우리 주위에는 세상을 삼킬 듯이 한 때를 풍미하다 하루아침에 몰락하는 사람들을 본다. 흔히 욕심이 과하였다든가 그릇된 일을 하였다 하지만 실상은 역을 모르고 하늘에 거스르는 일을 하며 산 것이다. 인간이 출세를 하면 모든 것이 자신의 노력이나 능력으로 얻어졌다고 생각하는데 이것을 교만이라 한다. 성공이란 하늘의 뜻이요 우주의 섭리에 의해 운이 온 것뿐이므로 지극히 겸허해야 한다. 온전히 내 능력이나 노력에 의한 것이 아니니 많이 가지게 되면 응당히 내 놓아야하는 것이 역의 원리이다. 아마도 내가 좋을 때 베풀어 놓으면 내가 운이 다하여 어려울 때 과거의 은혜를 갚으려는 사람이 열사람 가운데 한 사람은 나타날 것이다. 그리고 그 사람은 사막의 오아시스처럼 어려울 때 당신을 절망감에서 구원해 줄지도 모른다.

신분사회에서 교육은 누구에게나 주어진 기회가 아니었다. 역사 시대 이래로 차츰 그 범위가 넓어지긴 했지만 누구에게나 혜택이 주어진 것은 전체로 볼 때 매우 짧은 기간이라고 할 수 있는 1세기가 채 안 된다. 역의 사상이 널리 퍼져 있었던 한족(漢族)이나 한족(韓族) 문화권에서 보면 일반 백성들에게는 글자를 배울 수 있는 기회가 주어지지 않았으며 그 것은 일부 계층의 특권이기도 했다. 한글이 누구나 배울 수 있게 하기 위해 고안되었다는 것은 단순히 문자의 고안 능력이나 학습 난이도 면에서의 탁월성뿐만이 아니라 문화를 향유할 수 있는 계급을 수평화하고 확장 했다는 점에서 획기적인 일이었다. 어쨌든 역을 알고 활용할 수 있었던 소수의 특수층은 가문을 유지하는 수단으로 역을 활용했던 것이 분명하다. 혼인은 얼굴도 볼 것 없이 사주단자를 주고받는 일로 시작했으며 조상의 묘지를 정하는 일이나 집을 짓는 일에는 지관을 동원했고 집안의 대소사는 어른들의 지시를 따르도록 하였다. 역에 대한 학문의 깊이는 경륜과 비례했기 때문이다.

역이 주역(周易)이라고 알려진 바와 같이 은주(殷·周)의 문화에서 역이 등장하는 것을 보면 역의 역사는 5,000년 이상일 것으로 보인다. 역의 활용은 공맹사상에도 그대로 드러난다. 그러나 역은 일부 계층에서만 활용이 되었고 일반 백성들은 알 길이 없었다. 지배 계급은 일반 백성들이 역을 배우는 것을 막았다. 심지어는 미신이라 몰아부친 것도 그들의 작품이었다. 항상 그렇듯이 역사에는 특정계급이 자신들의 가세를 지키고 세습을 하는 일이 인생의 중요한 목표과제로 지속되어 왔다. 원칙적으로 맡겨진 신분의 틀을 벗어날 길이 없는 보통 백성들은 답답한 마음에 점을 치기 시작하였다. 그 것 가운데 대표적인 것을 꼽자면 당나라 시대에 고안된 당사주(唐四柱)나 조선시대 이지함(1517-1578)에 의해 고안된 토정비결(土亭秘訣)을 들 수 있다. 두 가지의 공통점은 지금으로 말하자면 방대한 데이터베이스를 구축하여 그 가운데에서 자신의 사주에 대한 해석을 찾아 읽도록 한 것이다. 쉽게 표현하면 맞춤복이 아니라 기성복인 셈이다. 당사주는 문자의 해독이 어려운 일반인들이 읽기 편하도록 그림을 활용하고 있으며 생시(生時)가 없이 판독이 가능하도록 하였다. 주된 내용은 신살(神殺) 중심의 해석에 의존하였다. 지금도 당사주의 영향은 우리 문화에 뿌리 깊게 자리 잡고 있다. 삼재(三災)가 들었느니 특정 띠와는 혼인해서는 안 된다느니 하는 것들은 당사주에서 나온 말들이다. 정통 역학적으로 볼 때 그리 깊게 신뢰할 내용이 아닌데도 불구하고 일부에게 의사 결정에 결정적 역할을 하는 것은 애석한일이 아닐 수 없다. 토정비결 역시 시(時) 없이 생년월일만 알면 볼 수 있도록 하였고 일년 신수와 월별 운세를 볼 수 있게 하였는데 매우 상징적인 표현이 많아 구체적 사항을 알기에는 어려운 특성을 가지고 있다. 그럼에도 불구하고 대중에게 꾸준한 관심거리가 되어왔다. 그러나 당사주도 토정비결도 만든 이는 당시 학문의 깊이가 있는 귀족들이었고 대중성을 표방했다는 점에서 한계가 있는 방법들이었지만 일반에게도 역에 접근시켰다는 점에서 나름대로의 의의를 찾을 수 있다.

역을 깊이 있게 연구하는 사람들은 역의 연구가 맥이 끊겼다고 탄식한다. 지리상의 발견 이후 동양의 우위가 서양의 실용문화에 의한 무력의 강화에 의해 무너졌기 때문이다. 비록 그 역사는 매우 짧지만 꾸준히 활용은 되면서도 연구의 진전이 없었다는 것이다. 마치 기초의학자들이 없이 의사들만 있다는 것은 자동차를 개발하는 연구소 없이 정비공들만 있는 격이다. 역을 하는 사람들은 천시되거나 비 제도권의 그늘로 밀려났다. 사람들은 그들을 꾸준히 찾아가면서도 주위의 눈치를 보았다. 결국 명리사나 역술인들은 생계의 수단으로 삼는 경우가 허다했다. 100년 이전만 해도 선택받은 귀족들만이 누릴 수 있는 존경받는 학문이었던 것이 이렇게 변한 것이다. 역의 깊이는 평생을 공부해도 부족하며 아직도 연구할 것이 많다고들 한다. 인간이 알지 못하는 것은 학습이 부족하기 때문이지 역 자체가 틀린 것이 아니라고도 한다. 분명한 것은 역의 활용 목적은 나 자신을 끊임없이 수양하고 만족하는 길을 찾는 것이다. 어쨌든 명리란 수천 년간 연구되었고 지금도 진행되고 있다.

서양의 물질문명은 21세기에 와서 한계를 보여주고 있다. 인간이 가난과 결핍으로부터 자유로워지면 행복감과 만족이 늘 상 함께하리라고 예측한 것이 화근이었다. 인류 역사 속의 인간은 한 가지를 얻으면 다른 한 곳에서 잃기를 반복할 뿐이었다. 향후에도 인간은 새로운 욕망을 채우기 위해 앞으로 뛰어갈 것이다. 그러나 결코 인간은 만족하지 못하며 일순간의 행복감을 얻기 위해 수십 년을 투자하는 일을 반복할 것이다. 그렇게 인생을 보내고 마감하며 사후에는 그들의 이세들이 그들의 고통에 의해 획득된 결과로 지속적인 행복을 누릴 수 있으리라는 희망에 조용히 눈을 감을 것이다. 인류의 역사 속에서 인간의 추구함이 보이는 딜레마는 지금과 같은 첨단 과학 시대가 아니더라도 이미 예측된 일이었다. 수백, 수천 년 전에도 이런 생각은 식자들의 생각 속에 자리 잡고 있었다. 다만 대부분의 백성들은 먹고 사는 데 쫓기어 입에 풀칠하기 바빴겠지만 아주 적은 수이긴 해도 선택된 계층의 귀족들은 인간이 인간으로 태어나 생명을 유지하기 위한 최소한의 노력으로부터 자유롭게 유유자적하며 살아가는 것이 얼마나 고통스러운 일인가를 나름대로 깨달았을 것이다. 지금은 그 계층에 속한 사람들이 늘어났을 뿐이며 자신이 선택받았다는 책임감이나 죄스러움조차 인식하지 못하며 자신의 운명을 탓하고 있다는 것이 다를 뿐이다. 결국 우리는 이제 선인들이 그들의 체험으로 깨달은 명리를 올바르게 이해하고 인식하여 물질적인 욕망으로부터 해방되고 마음의 평정을 얻어야 할 것이다.

2. 사주(四柱)와 명식(命式)읽기

전통 역학에서 이야기하는 사주에 대한 해석은 온전히 오행을 기반으로 한 사주의 명식을 어떻게 해석하는가가 가장 중요하다고 간주한다. 누구나 이 명식을 읽는 방법을 익히고 싶어 한다. 무엇보다 아무도 모르는 미래를 언급한다는 것은 호기심을 충족시켜줄 뿐 아니라 미리 대비한다면 무엇인가 더욱 커다란 것을 얻을 수 있으리라는 기대감을 가지게 하기 때문이다. 그러나 이 명식을 정확히 판독을 하기 위해선 상당한 노력과 시간이 투자되어야 한다. 물론 그러한 능력을 갖추게 되리라는 보장도 없다. 본서의 주제가 사상인데 사상과 역을 학습 난이도 면에서 비교하자면 한글을 익히는 것과 한자를 익히는 것의 차이 정도라고 생각하면 된다. 사상은 한글처럼 누구나 쉽게 익혀 활용할 수 있는데 반해 명리는 그 누구나라는 것이 결코 쉽지 않다. 한자처럼 평생을 다 바쳐 익혀도 부족한 것이 명리이다. 물론 사상의 경우도 단순하게 유형별 특성을 익히는 것은 어렵지 않지만 끊임없이 사례에 적용시켜 무수한 인간사와 연관 시키는 데는 엄청난 노력을 필요로 한다. 그러나 다행스럽게도 사상의 경우는 그 배경 학문인 방대한 역의 이치를 전부 깨닫지 못한다 하더라도 치명적인 착오를 범할 가능성은 적다. 반면에 명리는 시작부터 역의 원리를 깨닫지 못하고 접근할 경우 치명적인 착오로 인해 나와 주변인의 인생을 그릇되게 판독하여 망칠 수도 있음에 유의해야 한다.

무엇보다 명리에 접근을 할 때 욕망 충족의 대상으로 삼아서는 아니 된다. 특히 다른 이에게 피해를 주는 것은 절대로 금물이다. 예컨대 나의 대운이 도래하여 적극적으로 사업에 몰두한 결과 성공을 한다거나 선택의 기로에서 자신에게 불리한 장소나 방향을 피해 선택에 참고를 했다면 그야말로 명리를 올바로 활용하는 길이다. 반면에 다른 사람들의 기회를 자신의 운을 이용하여 빼앗는 것은 명리를 악용하는 것이 된다. 예컨대 다른 사람이 성업 중인 가게의 옆에 동일한 업종으로 밀고 들어가 장사를 한다든지 도박을 하여 특별한 노력 없이 운을 이용해 다른 사람의 재산을 빼앗는다면 명리를 이용해 이익을 구하는 것이니 해서는 안 될 일이다. 물론 법적으로는 하자가 없다고 하더라도 우리는 이런 경우 "경우가 없다."든지 도덕성에 대해서 논하게 된다.

어쨌든 독자들은 오행을 활용하여 어떻게 하면 기가 막히게 나의 운명을 점칠 수 있을 것인가에 관심이 집중될 것이다. 우선 오행이란 목(木), 화(火), 토(土), 금(金), 수(水)를 말한다. 각각의 오행이 가지는 성격과 상징은 다음과 같다.

목: 나무(관목, 교목), 풀 동쪽, 봄
화: 불, 빛, 열 남쪽, 여름
토: 흙, 땅, 모래, 사막, 늪 간방(間方), 계절과 계절 사이
금: 돌, 금속, 단단한 것 서쪽, 가을
수: 물, 바다, 강, 호수, 습기 북쪽, 겨울

여기에서 주목할 것은 오행은 우주에 존재하는 모든 물질을 상징한다는 점이다. 예컨대 우리가 사는 지구가 생성될 때 지구는 커다란 바위(=금)가 불덩어리(=화)였을 것이다. 그 뜨거운 기운이 바윗덩어리를 가열하니 수증기(=수)가 생겨 구름을 이루었다. 이 구름은 비를 만들고 연일 계속되는 비는 바다를 이루고 생명체를 탄생시키는 기원이 되었다. 지금도 다른 행성에 가서 물이 있는가를 확인하는 것은 생명체의 존재를 확인하는 첫걸음이다. 뜨거운 바윗덩어리는 금속으로 변화하기도 하고 풀과 나무(=목)들이 자랄 수 있는 토양(=토)이 되었다. 생명체는 끊임없이 물을 필요로 하므로 물은 생명체가 살아가는 가장 기본이 된다. 인류가 우주를 탐

사하기 시작한 이래 지구상에서 발견된 원소 이외의 물질이 발견되지 않았다. 수십만 광년이 떨어진 항성이나 행성들의 구성 물질들을 이야기할 때에도 기존에 지구에서 발견된 원소들을 나열하는 것이다. 물론 아직 발견되지 않은 물질들이 있을지는 몰라도 큰 틀을 벗어나지는 않을 것이다. 이는 현대의 천문학에서 정설로 받아들여지고 있는 우주의 균일론과도 맥락을 같이한다. 혹자는 어찌 우주가 이 다섯 가지로만 구성되었는가 의아해 할지도 모른다. 그러나 오행은 상징성과 대표성이라는 점에 유의해야 한다. 즉 천지만물의 물질을 간결하게 다섯 가지로 나누고 그 안에 잡다한 유사개념을 포함시켰다고 생각하면 된다.

오행의 각자 특성은 상생(相生)과 상극(相剋)의 관계를 이야기한다. 상생과 상극의 원리는 다음과 같다.

상생: 목 →화 →토 →금 →수 →목

풀이하면 목은 화를 생하고(목생화: 나무를 태우면 불이 된다.)
화는 토를 생하고(화생토: 물질에 불을 가해 연소시키면 흙이 된다.)
토는 금을 생하고(토생금: 흙은 굳어 결국 바위나 광물질이 된다.)
금은 수를 생하고(금생수: 바위나 광물이 차가워지면 수분이 맺힌다.)
수는 목을 생한다.(수생목: 풀이나 나무에 물을 주면 잘 자란다.)

상극: 목 →토 →수 →화 →금 →목

풀이하면 목은 토를 극하고(목극토: 풀과 나무는 흙 속의 양분을 빨아 먹는다.)
토는 수를 극하고(토극수: 물이 흙 속으로 흡수되어 사라진다.)
수는 화를 극하고(수극화: 물은 불의 기운을 식혀 무력하게 한다.)
화는 금를 극하고(화극금: 불은 금속이나 바위를 녹인다.)
금은 목을 극한다.(금극목: 바위나 금속은 풀과 나무가 자라지 못하게 방해한다.)

* 상기 괄호 안의 설명은 이해를 돕기 위해 쉽게 설명한 것이다.

그러면 이러한 오행은 우리가 활동하는 데 어떠한 영향을 미치는 것일까. 앞서 설명한 사주는 그 사람이 태어난 시간의 오행 구성을 이야기 한다. 즉 십간과 십이지는 오행 가운데 하나인 것이다. 그러면 오행은 오직 다섯 글자인데 십간과 십이지를 합하면 무려 수물 두 글자인 이유는 무엇인가. 그 이유는 각 간지의 글자들은 오행뿐 아니라 오행 가운데 하나인 글자의 종류에 대한 구체적인 성격을 분류하기 때문이다. 간략하게 설명하면 다음과 같다. 보다 구체적인 성격 특성은 다음 단원인 '사상과 오행의 관계'에서 다룬다.

십간(十干)

총 열 글자로 오행별로 음과 양 각각 두 글자씩이다.

甲(양): 목 가운데 나무, 주로 곧게 하늘로 뻗은 아름드리나무를 의미한다. 그러므로 목의 성격은 항상 남과 키 재기를 즐기고 남에게 지는 것을 싫어한다. 오로지 앞으로 전진 할 줄만 알았지 좌우를 살피지 않고 과거로 회귀할 줄 모른다.

乙(음): 목 가운데 풀, 덩굴 식물류, 같은 나무라도 끈질김의 표상이다. 흔히 덩굴 식물은 성장 욕심은 있으되 앞만 보고 가는 것이 아니라 널리 퍼지는 것을 선호하므로 끈적끈적하게 포기할 줄 모르는 특성을 갖는다.

丙(양): 화 가운데 빛을 의미한다. 남을 비쳐 주지만 한꺼번에 발하고 저녁때는 사라지는 태양과 같은 것이다. 한번 발광하면 그 위력이 대단하나 시간이 지나면 쉬 사그라진다.

丁(음): 화 가운데 불이다. 남을 비쳐주기보다 스스로 탄다. 장작불보다는 호롱불에 가깝다. 은근히 타지만 시간이 길고 끈기가 있다. 매우 낭만적이기도하다.

戊(양): 토 가운데 산이다. 우뚝 솟아 오른 큰 산처럼 무뚝뚝하며 쉽게 변하지 않는다. 당연히 고집이 세고 말없이 과묵하다.

己(음): 토 가운데 벌판이다. 평지에 넓게 퍼진 흙이 기토(己土)인 것이다. 토의 성향은 있으나 평탄하며 굴곡이 없다. 무난하며 정중동(靜中動)한다.

庚(양): 금 가운데 돌이나 바위이다. 거칠고 단단하며 주위와 쉽게 부딪친다. 고집이 세고 안하무인이지만 인정도 많다.

辛(음): 금 가운데 보석과 같이 작지만 귀한 것이다. 고집이 세지만 품위가 있고 남을 헤아리는 마음이 강하다. 체면치레를 한다.

壬(양): 수 가운데 큰물이다. 강이나 바다, 큰 호수 정도로 생각하면 된다. 평소에는 말없이 과묵하지만 한번 성이 나면 거친 파도와 같이 걷잡을 수 없다.

癸(음): 수 가운데 작은 물이다 작은 연못이나 옹달샘, 졸졸 흐르는 시냇물 따위를 연상하면 된다. 가볍고 다소 소란함이 있으나 불을 끌 수 있는 유일한 수단이 된다.

십이지(十二支)

총 열두 글자로 오행별로 토가 음과 양 각 두 글자씩 네 자, 나머지는 음과 양 각각 두 글자씩이다. 익히 알려진 대로 동물들을 상징하기도 하고 월을 상징하기도 한다. 일 년은 열두 달로 되어 있기 때문이다. 그리고 열두 개의 각 지(支)는 간(干)의 결합으로 보게 되므로 간의 본연적 성격을 참고하면 된다. 예컨대 자(子)는 임과 계의 혼합인데 자가 관여하는 달을 한 달로 보고 임(壬)이 10일, 계(癸)가 20 일의 혼합이다. 여기에서 임과 계를 자(子)의 '지장간'이라 한다.

子(음): 오행은 수, 壬(10)+癸(20), 쥐, 십일 월, 모든 것의 근원이라 하여 아들 자(子)를 씀. 물의 개념으로는 작은 물.

丑(음): 오행은 토, 癸(9)+辛(3)+己(18), 소, 십이월, 음력 12월의 흙을 의미하므로 차고 습한 땅을 의미. 불을 끄기에 가장 유리함.

寅(양): 오행은 목, 戊(7)+丙(7)+甲(16), 범, 일월, 나무 가운데 홀로 서있는 커다란 나무. 구체적인 시작으로 강한 에너지를 의미.

卯(음): 오행은 목, 甲(10)+乙(20), 토끼, 이월, 나무 가운데 파릇파릇 새싹이 돋아나는 봄철의 나무와 숲의 집합체.

辰(양): 오행은 토, 乙(9)+癸(3)+戊(18), 용, 삼월, 늦봄에 나무가 자라기 좋은 촉촉한 양토

巳(양): 오행은 화, 戊(7)+庚(7)+丙(16), 뱀, 사월, 불구덩이, 더운 열기 등을 의미. 마른 흙 속(戊)에 돌(庚)을 달구어 놓아 더운 기운(丙)이 올라오는 불가마를 연상하면 무방함.

午(음): 오행은 화, 丙(10)+己(9)+丁(11), 말, 오월, 가장 강력한 화력을 의미로 더운 기운이 대기에 가득한데 땅 위에 불을 지피는 형상을 상상하면 됨.

未(음): 오행은 토, 丁(9)+乙(3)+己(18), 양, 유월, 열기로 메마른 평원 위에 풀 몇 포기 나온 모습. 건토라고 하며 특성이 화에 가까움.

申(양): 오행은 금, 己(7)+戊(3)+壬(3)+庚(17), 원숭이, 칠월, 초가을에 평지든 산이든 바위들로 땅위를 뒤덮은 암반지대. 차가운 기운이 든다.

酉(음): 오행은 금, 庚(10)+申(20), 닭, 팔월, 큰 바위와 돌멩이, 광물질 등이 한데 뒤엉킨 상태. 전체를 순수한 금의 상태로 보면 됨.

戌(양): 오행은 토, 辛(9)+丁(3)+戊(18), 개, 구월, 돌이 섞인 마른 흙이 있는 펼쳐진 언덕. 열기가 아직은 조금 남아있어 미가 건토이고 진과 축이 습토라면 중토 정도로 보면 됨.

亥(양): 오행은 수, 戊(7)+甲(7)+壬(16), 돼지, 나무가 있는 산이 있는데 그 앞에 커다란 호수가 있는 형상, 자(子)가 작은 물이라면 해(亥)는 큰물을 의미함.

십간과 십이지의 합충(合沖) 변화

간지의 22글자는 순수하게 한 글자만으로 있을 때는 상기의 성격을 가지고 있다고 생각하면 된다. 그러나 주변의 글자들과 어울려 서로 합하여 하나의 글자로 나타나기도 하고 서로 충돌하기도 한다. 기본적인 합은 간합(干合)과 육합(六合),삼합(三合) 등이 있고 충에는 천간사충(天干四沖)과 지지육충(地支六沖)이 있다. 그들은 다음과 같다.

干合: 10간의 글자 가운데 두 글자가 합해 오행 가운데 하나의 성향을 갖게 되는 것.

갑기합토(甲己合土): 갑 + 기 = 토　　을경합금(乙庚合金): 을 + 경 = 금
병신합수(丙辛合水): 병 + 신 = 수　　정임합목(丁壬合木): 정 + 임 = 목

무계합화(戊癸合火): 무 + 계 = 화

六合: 12지의 글자 가운데 두 글자가 합해 오행 가운데 하나의 성향을 갖게 되는 것.

자축합토(子丑合土): 자 + 축 = 토

묘술합화(卯戌合火): 묘 + 술 = 화

사신합수(巳申合水): 사 + 신 = 수

인해합목(寅亥合木): 인 + 해 = 목

진유합금(辰酉合金): 진 + 유 = 금

오미합화(午未合火): 오 + 미 = 화

* 오미합화는 오가 화이고 미는 토이나 미토 역시 화의 성질이 강해(정이 30%) 구태여 합에 의한 변화로 보지 않기도 한다.

三合: 12지의 글자 가운데 세 글자가 합해 오행 가운데 하나의 성향을 갖게 되는 것.

해묘미합목(亥卯未合木): 해 + 묘 + 미 = 목

인오술합화(寅午戌合火): 인 + 오 + 술 = 화

사유축합금(巳酉丑合金): 사 + 유 + 축 = 금

신자진합수(申子辰合水): 신 + 자 + 진 = 수

진술축미합토(辰戌丑未合土): 진술은 충이요 축미 역시 충이나 토의 네 글자가 전부 있으면 충 없이 그대로 토의 성격을 가짐.

* 삼합 가운데 두 글자만 있으면 반합 이라고 함. 예컨대 해묘미 세 개가 모여 있으면 목이 되는데 해와 묘, 묘와 미, 해와 미만 있으면 반합이 된다. 합의 작용은 삼합이 가장 강하며 그 다음이 육·간합, 반합의 순서로 생각하면 된다.

기타: 계절의 변화에 따라 방향을 설정하는 십이지 가운데 세 글자씩의 묶음인 방합(方合)과 지장간 안의 글자로 인해 부분적인 합이 이루어지는 암합(暗合) 등이 있다. 방합과 암합의 작용에 대해서는 학자들 간의 주장이 분분하다. 특히 방합의 경우 가장 강한 합의 작용으로 보는 이도 있고 합으로 볼 필요가 없다는 이도 있다.

1) 방합

亥子丑 → 북방(수): 겨울, 간합에서는 자축합토

寅卯辰 → 동방(목): 봄

巳午未 → 남방(화): 여름, 오미합화 간합과 중복

申酉戌 → 서방(금): 가을

辰戌丑未 → 중방(간방: 토): 계절과 계절 사이, 삼합과 중복

2) 암합

암합에는 간지 암합과 지지간의 암합이 있다.

① 간지 암합

정해 암합: 정 + 해(무갑임) = 정임합목

무자 암합: 무 + 자(임계) = 무계합화

신사 암합: 신 + 사(무경병) = 신병합수

임오 암합: 임 + 오(병기정) = 임정합목

② 지지 암합

자술 암합: 자(임계) + 술(신정무) = 임정합목

축인 암합: 축(계신기) + 인(무병갑) = 병신합수, 신병합수, 기갑합토

묘신 암합: 묘(갑을) + 신(기무임경) = 갑기합토, 을경합금

오해 암합: 오(병기정) + 해(무갑임) = 기갑합토, 정임합목

인미 암합: 인(무경갑) + 미(정을기) = 을경합금, 갑기합토

*암합의 경우 삼합과 중복될 경우 암합을 무시한다는 것이 중론임.
엄격하게 적용하려면 각 글자가 관장하는 날짜의 수가 맞아야 함.

천간사충(天干四沖)

10간 가운데 두 글자가 서로 충돌하여 무의 경지에 이루게 되는 것이다. 일반적으로 천간의 충 현상은 상호간의 충돌이라기보다 한쪽이 상대 쪽을 극(剋)하는 일방적 현상으로 보는 것이 우세하다.

갑경충(甲庚沖): 갑과 경이 만나면 충돌한다는 의미, 그러나 금(=경)극목(=갑)의 형국이므로 금이 일방적으로 목을 극한다고 봄.

임병충(壬丙沖): 같은 이치로 임이 병을 일방적으로 극함.

을신충(乙辛沖): 신이 을을 극함.

정계충(丁癸沖): 계가 정을 극함.

지지육충(地支六沖)

12지 가운데 두 글자가 서로 충돌하여 무의 경지에 이루게 되는 것이다. 이 경우 천간사충과 달리 상호간에 피해를 보게 된다.

자오충(子午沖): 충 가운데 가장 충격이 크다. 시달림의 상징

묘유충(卯酉沖): 유금의 승리로 충돌이 적은 편이나 주위에 화가 있으면 확대됨.

인신충(寅申沖): 인과 신의 지장간 자수가 네 개이므로 복잡한 충 작용임. 건강상 문제로 확대되기 쉽다.

사해충(巳亥沖): 막상막하의 충돌현상으로 정신적 고통을 동반함.

진술충(辰戌沖): 토끼리의 충돌로 그 작용이 적은 편임.

축미충(丑未沖): 진술충과 유사하다.

상기에서 보았듯이 합충 현상은 사주를 읽기 위해 매우 중요한 사항이다. 눈치 빠른 독자라면 합과 충에는 다음과 같은 법칙이 있다는 것을 알 수 있을 것이다. 각 오행별로 합이 되는 경우는 음양이 다른 경우이고 충이 되는 경우는 음양이 같다는 것이다. 예컨대 갑기합토에서 갑은 양목(陽木)인데 기는 음토(陰土)이다. 반면에 자오충에서 자는 음수(陰水)인데 오역시 음화(陰火)라는 것이다. 결국 음양은 본래의 특성이 갑과 기처럼 목과 토로써 목극토(木剋土)의 관계이지만 조화롭게 합을 이룬다. 반면에 같은 양이거나 음의 경우 충을 한다는 것을 알 수 있다. 그리고 오행의 순서가 수·목·화·토·금이라고 가정할 때 그 순서대로 수생목, 목생화, 화생토, 토생금 등으로 상생이 되지만 하나씩 건너뛰면 수극화, 목극토, 화극금, 등으로 상극의 관계임을 알 수 있다. 이러한 원리는 사주명식을 읽는데 가장 초보적 기준이 되는 십성(十星; 혹은 십신(十神))을 이해하는 데 필수적인 사항이 된다.

앞서 살펴본 10간(天干)과 12지(地支)는 기본적으로 인간을 둘러싸고 있는 자연환경적 요소를 설명한다. 그러면 이러한 천간과 지지가 구성하고 있는 사주의 여덟 글자는 무엇을 의미하는가. 인간이 태어나는 시점에 주변의 환경을 설명하고 있다.

인간은 태어날 때 첫 숨을 들이 쉬며 천지의 기운을 받는다. 이 기운을 받기 전에는 선천성이 좌우하지만 이 기운을 받아들이면서 후천적 기운이 그 사람의 운명에 영향을 미치게 된다. 숨을 들이 쉬고 뱉으면서 큰 소리로 외친다. 내가 태어났노라고. 우리는 이 외치는 소리를 첫 울음이라고 한다. 반대로 인간이 죽을 때는 마지막 숨을 내 뱉으며 이승과 하직한다. 내가 가진 기운을 이 세상에 마지막으로 내 놓는 것이다. 즉 사주는 자신이 태어났을 때의 기운이 후천적 나 자신을 의미하는 데 시간이 변화함에 따라 내가 가진 기운과 주변의 환경이 어떻게 조화를 이루느냐에 따라 길할 것이냐 흉할 것이냐를 설명해 주는 자료가 되는 셈이다. 이것을 올바로 해석하기 위해 필요한 것이 바로 명리학이다.

우선 사주를 올바르게 판독하기 위해서는 용신(用神)을 잡아야 한다고들 한다. 용신이란 나를 지켜주는 신이다. 용신은 오행 가운데 하나로 결정되므로 나머지의 오행들 역시 신이라고 할 수 있다. 즉 한 사람의 운명을 결정짓는 것은 다섯 개의 신(神)인데 이 다섯 가지의 신은 오행 가운데 하나가 되는 것이다. 즉 목, 화, 토, 금, 수 가운데 하나는 용신이고 이외에도 희신(喜神), 한신(閑神), 구신(仇神), 기신(忌神) 등이 있다. 주의할 점은 신이 귀신 '신'자이니 우리가 흔히 이해하고 있는 죽은 사람의 영혼이라든가 그리스 신화에서 등장하는 신이라는 의미가 아님에 유의한다. 단지 오행 중의 하나로 자연적 기운 정도로 생각하면 무탈할 것이다. 그러면 다섯 가지의 신의 역할이 무엇인가를 알아본다.

용신(用神): 오행 가운데 나의 사주를 중화시키는데 결정적 역할을 하는 것으로 건 강과 운세를 길하게 하는데 중요한 신이다. 일명 체 희신(體 喜神)이라고도 한다. 체희신이란 나 자신을 의미한다.

희신(喜神): 오행 가운데 용신을 생(生)하거나 일간의 용신을 말한다. 용신과 함께 길하게 작용한다. 일명 격 희신(格 喜神)이라고도 한다. 격희신이란 사회용신이라고도 하며 체희신을 도와 나의 사회활동을 돕는 신이다.

한신(閑神): 글자 그대로 커다란 작용이 없는 오행 중에 하나이다. 사주에 길하게도 흉하게도 작용하지 않는다. 다만 용・희신과의 합(合)과 충(沖)에 의해 길할 수도 흉할 수도 있다.

구신(仇神): 희신의 정반대되는 개념으로 기신을 돕거나 용희신을 극한다. 역시 흉하게 작용한다.

기신(忌神): 용신의 정반대되는 것으로 용희신을 극(剋)하거나 충하는 오행 가운데 하나이다. 흉하게 작용한다.

그러면 오행 가운데 어떤 것이 나의 용・희신이 되고 어떤 것이 구・기신이 되는가를 알아보아야 한다. 그것을 풀기 위해서는 십성(十星, 혹은 십신(十神))을 알아야 한다. 그것은 사주의 네 기둥과 팔자 하나하나의 성격을 나타내 주는 것이다. 십성은 다음과 같다.

비겁(比劫, 혹은 肩劫)

비겁은 일명 아(我)라고도 한다. 자기 자신을 일컫는다. 관계를 이야기할 때는 형제와 친구, 동업자 등을 일컫는다. 사주상으로는 일간인 것이다. 일간의 오행이 양이면 비견, 음이면 겁재라고 한다. 예컨대 내가 태어난 날이 갑술일이면 일간이 갑이 되는데 갑은 양목(陽木)이므로 비견이라고 하면 된다. 반대로 을미일(乙未日)이면 일간이 을, 즉 음목(陰木)이므로 겁재가 되는 것이다. 일간의 음양여부는 나머지 일곱 글자의 음양을 결정하므로 매우 중요하다. 비겁이 비견이냐 겁제냐, 즉 음이냐 양이냐에 따라 구분하기보다는 비겁의 오행이 무엇이냐에 따라 심리적 특성을 구분한다. 그리고 그 특성은 앞서 밝힌 십간의 개별적 성격을 참조하면 된다. 다음의 구분은 향후에 다룰 격국에서 참조할 내용이다.

비견(比肩): 내향적 주체성

장점: 강한 주체성과 통솔력, 내성적이면서 겸손, 느긋함, 성실성, 사리분별의 공정성, 언행일치

단점: 유연성의 부족, 표현력의 부족, 자기 생각에 맹목적

겁재(劫財): 외향적 주체성

장점: 적극성, 진취성, 낙관적이면서도 성실, 정직, 넓은 활동 영역

단점: 맹목적, 근시안적 시각, 무모함, 쉽게 포기

식상(食傷)

식상은 식신과 상관을 말한다. 수목화토금의 순서로 보았을 때 비겁의 다음에 위치하며 비겁이 생하여 주는 오행을 말한다. 예컨대 일주가 경술이라고 하면 나 자신은 경이므로 양금이다. 즉 나 자신은 비견이 된다. 나 자신이 생하여주는 다음오행은 수(水)이므로 수가 식상이 되는 것이다. 음양이 나 자신과 같으면 식신이고 다르면 상관이다. 그러므로 월주가 임(壬)이라면 임은 양수이고 자(子)는 음수이므로 임은 비견과 음양이 같아 식신이요, 자는 음양이 다르므로 상관이 된다. 남자에게 있어서 식상은 능력이요 여자에게 있어서는 자식이라고 한다. 아마도 자식을 낳고 기르는 역할이 전적으로 여자에게 있었던 시절에는 여자의 능력이 자식이라는 등식이 성립되었던 것으로 보인다. 그러나 현대적 해석은 크게 다를 것이다.

식신(食神): 내향적 감정

직역하면 먹을 것을 갖다 주는 신이다. 먹을 것을 가져다주는 것은 직업이 있어야 하고 능력을 발휘해야할 것이다. 좀더 구체적으로 설명하면 식신은 자신을 이기고 끊임없이 파고드는 힘이기도 하다.

장점: 효성, 예절, 정직, 이해력, 응용력, 판단력, 예리함

단점: 사회성, 어울림의 결여

상관(傷官): 외향적 감정

직역하면 관에게 상처를 입히는 기운이다. 거침없이 자신을 표출하다보면 상대방으로부터 거만하다는 말을 들을 것이다. 굴곡이 없고 직선적이지만 정은 많다.

장점: 사교성, 공격적, 거침없음, 민첩성, 독창성, 리더십

단점: 경솔, 산만, 꾸준함 결여

재(財)

재는 물질적인 재산과 돈, 화폐 등의 가치를 폭넓게 의미한다. 사주 가운데 재는 수목화토금의 순서로 보았을 때 식상 다음의 오행이다. 예컨대 식상이 목이면 화가, 식상이 토라면 금이 된다. 재에는 편재와 정재가 있다. 역시 비견을 중심으로 비견이 양이어서 비겁이 되면 재에 해당하는 오행이 양일 경우 편재가 되고 음이면 정재가 된다. 즉 비견과 음양이 같으면 편재가 되고 다르면 정재가 되는 것이다. 관계상으로는 남자의 경우 아내가 재가 되고 여자의 경우 친정아버지나 시아버지가 되었다. 그러나 이 역시 과거지사일 뿐인 것 같다. 여자가 남자의 소유물로 여겨졌을 때 남자의 입장에서 재산목록 일위요, 아내의 입장에서 재물은 시집 올 때 혼수를 해주는 친정아버지나 유산을 남겨줄 시아버지였겠지만 현대에는 별 의미가 없을 것으로 보인다. 어쨌든 돈이 세인들의 일등 관심으로 떠오르는 세상이니 독자들 역시 가장 관심이 많을 것으로 보인다. 재, 관, 인수에 공히 붙는 정(正)과 편(偏)의 기본적 차이점은 공식적이냐, 비공식 적이냐의 차이점으로 이해하면 된다.

정재(正財): 외향적 감각

정재는 재산 가운데 공식적으로나 정기적으로 얻어지는 재산을 의미한다. 유산이나 봉급 등이 여기에 해당된다. 남자의 경우 재는 아내를 말하는데 정실부인이 정재이다.

장점: 계산이 빠르고 명료, 명확

단점: 과다한 물욕

편재(偏財): 내향적 감각

편재는 재산 가운데 비공식적으로나 비정기적으로 얻어지는 재산을 의미한다. 사업으로 얻어지는 이익, 프리랜서의 수입, 복권, 주식과 같이 예측이 어려운 재산 등이 여기에 해당된다. 정재가 정실부인이니 첩이 편재라고 해석될 것이다. 그러나 지금은 첩을 두는 세상이 아니니 첩처럼 귀여워하고 예뻐하는 부인이 편재라고 보아도 된다.

장점: 표현의 탁월성, 주관적

단점: 계산의 불명확, 즉흥적, 충동적

관(官)

관은 직업이나 명예, 나의 체면을 유지 시켜줄 수 있는 기운이다. 사주 가운데 관은 수목화토금의 순서로 보았을 때 재 다음의 오행이다. 예컨대 재가 수라면 목이, 식상이 화라면 토가 된다. 관에도 편관과 정관이 있다. 역시 비견을 중심으로 비견이 양이어서 비겁이 되면 관에 해당하는 오행이 양일 경우 편관이 되고 음이면 정관이 된다. 즉 비견과 음양이 같으면 편관이 되고 다르면 정관이 되는 것이다. 재의 경우와 같다. 관계상으로는 남자의 경우 자식이 관이 되고 여자의 경우 남편이 관이 된다. 전통적 사고에서 보면 남자의 입장에서 자식이란 가문의 명예를 이어 나가는 수단이었고 여자의 입장에서 남편의 지위가 자신의 지위요 체면이 되었기 때문인 듯하다. 이는 남편의 벼슬이 부인을 정경부인 칭호를 받게 해주었던 시절이었던 것 같다. 그러나 모두가 자식 교육에 올 인하는 세상인 것을 보면 아직도 자식이 가문의 영광을 가져다 주리라는 기대를 가지고 있는 것 같다. 관의 경우도 정관과 편관으로 나누어 본다. 개념은 재의 경우와 유사하다.

정관(正官): 외향적 사고

직역하면 정식으로 임명된 관직이니 명예를 중시 여기고 원리원칙을 따르고자 한다. 법이나 규칙을 중히 여기고 예외가 없다. 행동이 예의 바르고 감정에 치우치지 않는다. 항상 논리와 객관성, 합리성을 우선으로 한다. 관계상으로는 남자의 경우 정실 소생의 자식, 여자의 경우 법적인 남편이라고 해석된다.

장점: 합리적 사고, 봉사 정신, 대의명분 중시

단점: 세심한 배려의 부족, 유연성의 부족

편관(偏官): 내면적 사고

역시 직역하면 비 제도권에서 얻어진 감투이다. 암흑가의 황제라든가 조직 폭력배로서 권력을 가지고 있다면 편관적 성격이라고 한다. 전통적인 명리에서는 편관은 제어할 만한 힘이 있지 못하면 바람직하지 않은 사주로 보았다. 그러나 자신을 이기고 큰일을 달성하려는 힘이 강하고 자기희생적이기 때문에 나름대로 큰 힘을 발휘할 수 있다. 관계상으로는 남자의 경우 첩의 소생을, 여자의 경우 내연의 남편이나 남편 이외에 마음 속에 둔 남자 정도로 보면 된다.

장점: 자기희생 정신, 봉사 정신, 비타산적, 적극적

단점: 독선적, 타협 불가, 고집(아집)

인수(印受)

인수는 자신의 뿌리를 말하는 것으로 자신을 생해주는 것을 의미한다. 자신을 생해주는 것은 학문을 한다든가 우리가 살아가면서 결정적 순간에 문서나 서류와 관련된 일이 일어나는데 이 경우 인수의 작용이 두드러진다. 인수는 근본적으로 순수성을 가지고 있으며 전체의 인생 흐름을 원활하게 해주는 기운이 된다. 사주 가운데 인수는 수목화토금의 순서로 보았을 때 관 다음의 오행이다. 비겁으로부터 보았을 때 마지막 오행이 된다. 예컨대 관이 수면 목이, 관이 토라면 금이 된다. 인수 역시 편인과 정인이 있다. 역시 비견을 중심으로 비견이 양이어서 비견이 되면 인수에 해당하는 오행이 양일 경우 편인이 되고 음이면 정인 된다. 즉 비견과 음양이 같으면 편인이 되고 다르면 정인이 되는 것이다. 이상으로 정리해보면 식상을 제외하고는 나머지가 같은 이치임을 알 수 있다. 관계상으로는 남자 여자 공히 어머니를 의미한다. 그러므로 인수는 생명의 근원이요 나 자신이 존재하는 근본임을 알 수 있다. 이 경우도 정인은 자신을 낳아준 친어머니를, 편인은 계모를 의미하게 된다.

정인(正印): 외향적 직관형

정인의 기본적 소양은 순수하게 전체를 받아들이는 것이다. 이는 능동적이라기보다 수동적이므로 적극성이 결여되었다고 할 수 있다. 마치 강보에 싸인 어린 아이가 어머니의 젖을 아무 비판 의식 없이 받아들이는 것과 같은 양태이다. 순수함과 순진함이 배어 있다. 굶는 한이 있어도 품위를 잃지 않으며 얼굴에는 귀티가 흐른다. 글자 그대로 양반의 모습이다.

장점: 순수, 성량, 민첩함

단점: 수동적, 폐쇄적, 소극적

편인(偏印): 내향적 직관형

편인은 인성이 가진 수동적 마음에 부정적 사고가 더해진 것이다. 항상 의심을 하며 비판적이다. 이런 성향은 자칫하면 자신을 외톨이로 만들 수도 있다. 가치관이 독특하며 괴팍하다는 평가를 받기도 한다. 그러다 보니 비현실적인 목표를 추구할 수도 있다.

장점: 단순함, 직관력의 탁월, 예술성

단점: 폐쇄성, 방관자적, 현실 도피적

이상으로 십성의 특성들을 살펴보았다. 그러면 이러한 십성이 우리의 사주에는 어떻게 대입되고 해석 되어야 하는가를 예시한 임의의 사주 명식을 보면서 간략하게 살펴본다.

1968년 10월 11일생(음력/평 68년 8월 20일생) 오전 05시생 남자

	생시	생일	생월	생년
천간(天干)	丙	甲	壬	戊
지지(地支)	寅	寅	戌	申

* 상기의 명식은 인터넷상의 서비스를 이용하거나 만세력을 찾아보면 알 수 있다.
  단, 만세력에서는 생시의 천간(時干)을 별도로 계산해서 알아내야 한다.

우선 일간이 갑(甲)이다. 나 자신이 갑인 것이다. 갑은 양목(陽木) 이므로 나는 비견에 속하고 수목화토금의 순서에 따라 화가 식상(양화는 식신, 음화는 상관), 토가 재(양토는 편재, 음토는 정재), 금이 관(양금은 편관, 음금은 정관), 수가 인수(양수는 편인, 음수는 정인)가 된다. 그러므로 연간의 무는 양토이므로 편재, 연지의 신은 편관, 월간의 임은 편인, 월지의 술은 정재, 일지의 인은 비견, 시간의 병은 식신, 시지의 인은 일지와 같으므로 비견이 된다. 이것을 도해하면 다음과 같다.

	생시	생일	생월	생년
천간 (天干)	丙	甲	壬	戊
	식신	비견	편인	편재
지지 (地支)	寅	寅	戌	申
	비견	비견	정재	편관

* 상기의 명식과 함께 대운수까지 제공되는 인터넷 서비스가 있으므로 쉽게 얻을 수 있다.

상기의 그림으로 우리는 이 사주의 주인공 주위를 둘러싸고 있는 십성들이 어떤 구조로 되어 있는가를 알 수 있다. 이 사주 명식 속에는 해당되는 사람의 거의 모든 것이 해석이 가능하기 때문에 원칙적으로 공개되어서는 아니 된다. 그 사람의 프라이버시가 그대로 드러나기 때문이다. 자신의 운명을 알기 위해 생년월일시를 알려 주는 것은 산부인과에 가서 진료를 위해 옷을 벗는 여성과 같은 심정이 되어야 한다. 그러나 아직 이런 것이 법적으로는 제재가 되지 않을 뿐 아니라 그렇게 인식하는 사람조차 없는 것은 흥미로운 일이다. 독자 여러분들은 차후 자신의 사주를 아무에게나 알려주는 일이 없기를 권고 한다. 상기 예시된 사주는 실존 인물이 아니며 설사 이 사주를 가지고 있는 사람이 있다하더라도 - 물론 있을 것이다. - 필자는 전혀 모르는 사람임을 밝혀둔다.

1단계: 전체적 사주 읽기

먼저 사주를 보면 전체적인 흐름과 오행이 다 있는가를 보아야 한다. 상기인의 사주에는 목이 세 개, 화와 수, 금이 각각 하나 토가 두 개이다. 사주에 모든 오행이 있다. 편중된 오행에 비해서 골고루 있는 것이 좋다. 그 다음으로 각 오행별로 합이나 충이 없는가를 보아야 한다. 상기의 사주에는 합충이 없다. 합이 있으면 합의 결과에 따라 얻어진 오행으로 보아야 하고 충이 될 경우 세력이 약화되어 역할이 없어진다. 예컨대 월지와 일지가 진과 유라면 합작용으로 진이 토로써 역할이 약해지고 금의 역할이 강해지며 축과 미라면 서로 충하여 토의 세력이 약화되는 것이다. 다만 상기 사주의 일지와 월지가 인과 술인데 대운 등에 오가 가세하면 인오술합하여 화의 기운으로 사주의 형국이 변화될 수 있다. 그러나 인이 일지와 시지에 나란히 있어 합작용이 약화될 수 있다. 합과 충이 동시에 일어날 경우 합이 우선이므로 충 작용은 무시해도 된다.

그 다음으로는 상생으로 연결되는 가와 막혀 있는 가를 보아야 한다. 상기 사주에서는 연주, 월주와 일주, 시주를 나누어 볼 때 우측의 연·월주는 대각선으로 금과 수는 상생관계요, 토와 금이 상생관계이다. 좌측의 일·시주는 세 개의 목과 한 개의 화인데 목은 화를 생한다. 다만 생하는 기운이 너무 강한 것이 흠이다. 좌측과 우측도 임수와 목이 생의 관계이므로 이 사주는 전체적으로 평탄한 사주로 보인다. 그러나 여기에서 유념해 둘 것은 십성의 설명에서 암시하고 있다시피 비견과 음양이 같은 것이 얼마나 있는가이다. 즉 일간이 양이면 식상을 제외하고는 음이어야 정재, 정관, 정인이 되고 같으면 편재, 편관, 편인이 된다. 음양의 조화는 항상 길한 것이고 반대의 경우 흉하다고 본다. 그러므로 사주에는 식신이나 정재, 정관, 정인의 세력이 강한 것이 좋다. 즉 상기의 사주의 경우 비견의 세력이 강하고 편관이 두개 편인이 한 개인 반면, 정재와 식신이 각각 한 개인 것이 흠이 된다. 이런 경우 자기 자신이 지나치게 강하여 사회성이 떨어질 수 가 있으며 자기 고집이 강할수록 운이 흉해질 수가 있다. 물론 그렇게 태어났다고 꼭 그렇게 살라는 법은 없다. 시운(時運), 즉 대세운(大歲運)이 받쳐주면 된다.

마지막으로 전체적으로 사주가 균형을 이루었는가를 보아야 한다. 사주의 균형이란 사주의 냉온, 건습 등을 말한다. 이를 사주 읽기에서는 조후(調候: 기후를 조절함)라고 한다. 인간의 기후환경과도 같다. 기후가 지나치게 건조하거나 습하면 몸의 균형이 깨져 쉽게 병이 걸리는 것처럼 사주 또한 균형을 이루는 것이 좋다. 상기의 사주는 전체적으로 볼 때 그리 덥지는 않으나 건조한 편에 속한다. 세 개의 목이 화를 생하고 있어 덥고 건조하며 이를 식혀줄만한 습토인 진과 축이 없다. 또 하나의 식혀줄만한 오행인 수는 임수가 있으나 토에 둘러 싸였고 금이 대각선에서 가까스로 생하고 있다. 이런 고로 조후로만 본다면 수나 습토의 역할이 필요한 사주이다.

2단계: 용신 찾기

물론 일 단계에서 본 조후에 의해 용신을 찾을 수도 있다. 이를 조후용신이라 한다. 건습이 한쪽으로 지나칠 경우 종하여 치우치거나 용신을 이용해 균형을 이룰 수도 있다. 그러나 상기 사주는 치우침의 크기가 크지 않고 오행이 골고루 분포 되어 있으므로 내격으로 보고 격을 찾는 것이 무방하다. 격이란 사주를 이해할 수 있는 방법 가운데 하나로 쉽게 용신을 얻을 수 있다. 일단 월지를 보자. 이 사람의 월지는 정재인 술이다. 이런 경우 이사람 사주의 격은 정재격이 되는 것이다. 정재격은 본래 성격이 순수하고 인정이 많다. 자존심이 강하면서도 성실하고 추리력이나 상상력이 발달된 특성을 갖는다. 또한 정재는 길한 것이므로 용신의 힘으로 정재를 둘러 싼 세력들의 성격을 파악하여 정재가 상하지 않도록 보호해야하며 동시에 길한 기운이 돌도록 균형을 이루게 해야 한다. 본 사주는 자신의 격인 정재를 중심으로 보면 쉽게 용신을 찾을 수 있다. 술토(戌土)가 정재인데 술토를 생할 수 있는 세력이 주위에 없다. 편인인 임수는 정재인 술토가 극하므로 흉하고 편관인 신금은 술토가 생하므로 힘을 약화시킨다. 게다가 일간과 일지, 시지는 목의 기운이 왕성한데 이들은 술토를 극하는 존재들이다. 그나마 시간(時干)인 병화 주위에 목이 있어 병화를 생하나 너무 멀어 힘이 미약하다. 결국 이런 형국에서는 화가 절대적으로 필요하다. 화는 정재인 술토를 생해 주는 동시에 목의 힘을 약화시키기 때문이다. 세력이 너무 강할 경우 부딪쳐 싸우기보다는 생하게 하여 설기시키는 것이 바람직하기 때문이다. 이 사주에서는 화가 절대적으로 용신이 된다. 그 다음으로는 목의 세력을 싸워 이길 수 있는 금이 길하다. 금은 토의 힘을 약화 시키지만 그 보다는 목을 극하여 약화시키기 때문에 희신이 된다. 이런 이치로 당연히 목은 기신이 되고 목을 생해주는 수가 구신이 되며 토는 한신이 된다.

3단계: 대운 찾기

대운이란 10년간의 운세를 의미한다. 시운은 10년을 주기로 바뀌는 데 그 아래 일 년마다 바뀌는 세운과 월운, 일진 등이 있다. 대운은 큰일을 결정하는 것이다. 예컨대 결혼을 한다든지 오래 다닐 직장에 취직을 한다든지 등 일생을 좌우할 사건은 대운의 범위 안에 있다. 같은 이치로 그 영향력이 작을수록 세운 월운 등의 영향이라고 보면 된다. 그러나 가장 전체적으로 영향이 큰 것은 역시 전체 사주의 흐름이요 그 다음이 대운이라고 보아야 하는 데 일단 사주는 태어나면 변화할 수 없으나 대운은 시간이 감에 따라 변화하므로 희망의 대상이 된다. 대운은 월주를 중심으로 계산한다. 예컨대 상기에 소개된 남자의 경우 월주가 임술이므로 우측에서 좌측으로 읽어 나가면 된다. 주의 할 것은 남자의 경우 연간이 양일 경우 순행이요 음일 경우 역행이다. 여자의 경우는 정 반대로 연간이 음이면 순행이요 양이면 역행이다. 상기의 사주는 남자인데 연간이 무(戊:양토)이므로 순행이다. 순행이란 월주부터 10년 주기로 순서대로 쓰는 것이다. 이 경우 월주가 임술이니 그 다음 오행인 계해, 갑자, 을축,.....의 순으로 쓰면 된다. 만약 역행이라면 그전 오행부터 쓴다. 신유, 경신, 기묘, 무인,.... 등이 될 것이다. 물론 대운수는 사람마다 절입기가 다르다. 대운수란 몇 살부터 계산하는가를 말해주는 숫자인데 계산으로 얻어질 수 있으나 본서에서는 어느 만세력에나 생년월일 우측에 나와 있으므로 설명을 생략한다. 그러면 상기인의 대운수를 적어본다. 상기인의 대운수는 9이다. 그러므로 9-18세는 계해의 기운이 19-28세는 갑자의 영향을 받는다. 2004년 현재의 기준으로 보았을 때 사주의 주인공은 37세이므로 을축 대운의 말기에 있다.

89	79	69	59	49	39	29	19	9
辛	庚	己	戊	丁	丙	乙	甲	癸
未	午	巳	辰	卯	寅	丑	子	亥

사주의 주인공은 대운의 흐름으로 볼 때 초년 운이 좋지 않았다. 도표에는 없으나 0-8세까지 임수 대운 이었다. 어릴 적에는 대체로 부모의 절대적 영향에서 살게 되나 5세 이전까지는 임수 대운이므로 건강이 좋지 않거나 크고 작은 흉사가 있었을 것이다. 그러나 5세 이후에는 별 탈 없이 지냈을 것이다. 9세에서 13세 정도까지는 무계합화하여 주위에서 건강하고 총명하다는 평가를 받고 부모로부터 기대를 받았을 수도 있다. 그러나 14세 이후 수와 목이 가득하니 병화가 대운에 들어오는 39세 이전, 즉 지금까지 평탄치 않았을 것이다. 지금 대운이 축토인데 토는 건토와 중

토, 습토를 구분한다. 토는 습토의 경우 그 특성이 수에 가깝다고 보며 미토나 술토는 화와 가깝다고 본다. 아마도 답답한 마음에 이미 명리사를 수차례 방문했을 가능성이 높다. 특히 해수(亥水)로 바뀌는 15세 이후부터 지금까지는 대학에 들어가고 직장을 얻어야 하며 혼인하게 되는 나이다. 59세까지 목화가 번갈아 있으나 정임합목하여 용신 대운이 70대 후반에나 등장한다. 중・노년의 대세는 토가 되는 것이다. 결국 대운으로 보아서도 그리 좋은 사주가 아니다. 일반적으로 초년 운보다는 말년 운이 좋아야 한다고 하나 현대의 인생주기로 보아서는 장・중년이 매우 중요하다고 보아야하기 때문이다. 이 같이 대운은 전체적인 인생의 길흉화복 흐름을 설명해 준다. 흔히 직장에 취직을 한다거나 입시 시험 등을 치르려 할 때 합불 여부를 궁금해 하는데 운이 따라주지 않을 경우 자신의 수준보다 낮추는 것이 성사에 유리하다.

4단계: 전체 흐름 정리

신살 등을 통해 보다 구체적인 사실을 알 수 있겠으나 본서에서는 간략하게 다룬다. 우선 그 사람의 성격부터 파악해 본다. 그 사람의 성격과 깊은 관계가 있는 것은 격과 일간이다. 일단 사주의 주인공 자신의 성격은 정재격이므로 성격이 순수하고 인정이 많다. 자존심이 강하면서도 성실하고 추리력이나 상상력이 발달된 특성을 갖는다. 그 다음으로 추측할 수 있는 것은 일간의 성향이다. 갑목은 직선적이며 남에게 지는 것을 참지 못한다. 성질이 급하고 싫고 좋음이 분명하다. 일을 처리함에 거침이 없고 남을 의식하지 않는다. 한편으로는 자존심이 강해 나와 나의 주변 사람들이 무시당하는 것을 절대 참지 못한다.

그 다음 단계로는 일간을 둘러싸고 있는 세력을 본다. 일간의 주변은 일간인 목의 기운이 왕성하여 이러한 자기 특성이 더욱 강해질 공산이 크다. 특히 아버지 자리에 편인인 임수가 자리하고 있는데 아버지의 영향은 이런 나 자신을 더욱 강하게 만들어 나를 망치게 한다. 즉 도움이 되지 않는 아버지가 되는 것이다. 그러나 어머니 자리에는 정재가 자리 잡고 있으므로 실질적인 도움을 주며 나 자신을 순화 시키는 희생적인 어머니가 있다는 것을 알 수 있다. 일반적으로 비견은 친구나 형제를 의미한다. 사주의 주인공은 항상 주변에 나를 강하게 해주는 친구들이 있고 그들과의 관계를 통해 중화가 이루어지지는 못한다. 만약 이 사람이 아내를 맞는다면 내가 목의 기운이 지나치게 강해 문제가 되므로 수가 강한 사람을 아내로 맞이하는 것은 최악의 선택이 될 것이다. 당연히 용신인 화나 희신인 금의 기운이 강한 사람이 아내가 되어야 한다. 사주 전체가 그렇거나 최소한 일간이 화가 바람직하다. 여기에서 화의 역할은 목의 기운을 생하기 위해 빼주는 것이므로 병화나 정화 공히 좋다.

다른 임의의 사주를 하나 더 살펴본다. 사실 사주 읽기란 명의가 되기 위해서는 많은 환자들을 치료해 보아야 하고 베테랑 파일럿이 되기 위해서는 운항거리가 길어야 하듯이 여러 사람의 사주를 읽어 보아야 한다. 그러나 본서는 사주의 기본적 개념을 알리고자 하는 것인 만큼 독자여러분들의 이해를 구한다. 사주를 이해하기 위해서는 아마도 훨씬 더 많은 사람들의 사주를 읽어보고 과거의 흐름을 통해 학습해 보는 노력이 필요할 것이다.

실상 한 가지의 사주만을 소개하고자 했으나 페미니즘이 절대적 가치로 인정받고 있는 시대인 만큼 여성의 사주를 추가적으로 다루어 본다.

1984년 09월 01일생(음력/평 84년 8월 6일생) 오전 05시생 여자

	생시	생일	생월	생년
천간(天干)	癸	戊	壬	甲
지지(地支)	丑	戌	申	子

* 상기의 명식은 인터넷상의 서비스를 이용하거나 만세력을 찾아보면 알 수 있다.
단, 만세력에서는 생시의 천간(時干)을 별도로 계산해서 알아내야 한다.

우선 일간이 무(戊)이다. 나 자신이 무인 것이다. 무는 양토(陽土) 이므로 나는 비견에 속하고 수목화토금의 순서에 따라 금이 식상(양금은 식신, 음금은 상관), 수가 재(양수는 편재, 음수는 정재), 목이 관(양목은 편관, 음목은 정관), 화가 인수(양화는 편인, 음화는 정인)가 된다. 그러므로 연간의 갑은 양목이므로 편관, 연지

의 자는 편재, 월간의 임은 편재, 월지의 술은 식신, 일지의 술은 겁재, 시간의 계는 정재, 시지의 축은 일간과 같으므로 비견이 된다. 이것을 도표로 표시하면 다음과 같다.

	생시	생일	생월	생년
천간(天干)	癸	戊	壬	甲
	정재	비견	편재	편관
지지(地支)	丑	戌	申	子
	비견	겁재	식신	편재

* 상기의 명식과 함께 대운수까지 제공되는 인터넷 서비스가 있으므로 쉽게 얻을 수 있다.

상기 예시된 사주역시 실존 인물이 아니며 필자는 전혀 모르는 사람임을 역시 밝혀둔다.

1단계: 전체적 사주 읽기

상기인의 사주에는 수와 토가 세 개, 금과 목이 각각 하나이다. 사주에는 화가 없으므로 관이 없는 사주이다. 그 다음으로 각 오행별로 합이나 충이 없는가를 보자. 두 개의 합이 있다. 일간과 시간이 무계합하여 화가 되었다. 즉 관이 합으로 태어났다. 그리고 지장간을 보면 일지의 술이 신 · 정 · 무 의 구조이므로 정이 있다. 또 하나의 합은 월지와 연지의 시자가 반합하여 수가 되었다. 충은 없다. 그리하여 실제로는 화가 두 개, 토가 두 개, 수가 두 개, 수와 목이 각각 한 개인 사주가 되었다.

그 다음으로는 상생으로 연결되는 가와 막혀 있는 가를 보자. 상기 사주에서는 연주, 월주와 일주, 시주를 나누어 볼 때 우측의 연월주는 대각선으로 수가 두개 있는 데 신금과 상생관계요 목은 수와 상생관계이다. 일시주는 합에 의해 두 개의 화와 축술 두개의 토이므로 상생관계이다. 게다가 토의 기운은 우측의 신금과 상생관계인데 금은 금생수, 수생목하여 사주 전체가 잘 통한다는 것을 알 수 있다. 이런 경우 생생불식(生生不息)이라 하여 거침이 없다고 한다. 대개 생생불식 사주는 인생에 기복이 없고 건강하며 영특하다고 본다. 아쉬운 점이 있다면 합이 두개 있다는 것인데 전통 역학에서는 합이 너무 많으면 인간관계가 복잡하다거나 여성의 경우 남자관계가 복잡하다고 하여 바람직하지 않게 여겼다. 물론 현대적 해석은 다를 수도 있을 것이다.

마지막으로 전체적으로 사주가 균형을 이루었는가를 보자. 상기의 사주는 전체적으로 균형을 이루었다. 좌측의 일·시주는 화생토하여 덥고 건조하나 우측의 연·월주는 금생수, 수생목하여 차갑고 습한 기운이 있다. 게다가 사주의 주인공은 음력 8월 초순에 태어나 이제 무더운 여름이 가고 선선한 바람이 불 때 태어났다. 이런 이유로 전체적인 사주는 매우 균형이 잡힌 사주라 할 수 있다. 이런 사주는 조후를 필요로 하지 않으며 종격일 가능성도 없다. 사주의 주인공은 시운만 따라 준다면 대길할 운이다.

2단계: 용신 찾기

일 단계에서 밝힌바와 같이 조후 용신이나 종격이 아니므로 바로 내격으로 보고 격을 찾는 것이 무방하다. 이 사람의 월지는 식신인 신(申)이고 전형적인 식신격이다. 식신격은 성격이 외향적 감정이 풍부하여 항상 직선적이고 숨김이 없다. 게다가 사주가 순수하여 사기를 치거나 속임수를 부리는 것은 상상도 못할 일이다. 밝힌바와 같이 식신격은 효성, 예절이 바르고 정직하며 이해력, 응용력, 판단력 등이 발달한 사람이다. 학업 성적도 우수하고 시험을 보면 떨어지지 않을 만큼 실력도 있을 것이다. 단점이라면 사회성이 결여 되었다는 점이다. 남들과 어울리기는 하나 고집이 세고 융통성이 없다는 말을 듣기 쉽다. 특히 사주의 주인공은 여성인데 일간이 무토이니 상냥하고 아양을 떠는 행위를 기대하기란 쉽지 않을 것이다. 본래 식신은 재를 좋아 한다. 명예(=관)보다는 돈이나 물질적 가치에 흥미를 가질 것이다. 다행히 사방이 임수와 자수로 편재들이다. 멀기는 하나 정재인 계수가 있다. 이런 사주의 경우 일반적인 내격 사주가 그러하듯이 식신을 생해주는 오행을 찾는 것이 수월하다. 그러나 월지의 신금은 식신인 동시에 연지의 자수와 합하여 수가 되었다. 그리하여 좌측의 일·시주는 화와 토가 동등한 세력으로 상생관계이며 우측의 연·월주는 수와 목의 세력들이다. 여기서 수는 월지의 격을 살려주는 오행이므로 수를 용신으로, 용신을 해하는 토를 극하는 목을 희신으로 삼으면 된다. 당연히 용신을 극하는 토는 기신이 되고 토를 생하는 화는 구신이 된다. 여기서 금은 기신인 토를 설기시키기도 하지만 용신을 생하여 주기 때문에 한신이 된다. 만약 용신인 수의 세력이 강하지 못하면 금이 희신이 되지만 수의 세력이 강하므로 생하면 그 세력이 지나치게 되므로 한신이라 보는 것이 낫다. 그러나 한신인 금과 희신인 목의 영향력은 크게 다르지 않다고 보아도 된다. 상기 사주는 전체적으로 길한 사주이다. 이같이 세력의 균형이 이루어진 사주는 용·희신과 구·기신의 작용이 완전히 극단적이지 못하다는 사실을 염두에 둘 필요가 있다.

3단계: 대운 찾기

88	78	68	58	48	38	28	18	8
癸	甲	乙	丙	丁	戊	己	庚	辛
亥	子	丑	寅	卯	辰	巳	午	未

상기 여성의 사주는 일간이 양토인 무이므로 역행이 된다. 대 운수는 8이다.

사주의 주인공은 대운의 흐름으로 볼 때 초년 운이 썩 좋지 않았다. 도표에는 없으나 0-7세까지 인신 대운이었다. 태어나기는 유복한 가정에서 태어났으나 자신의 영민함만큼 학업으로 크게 인정받지 못했을 것이다. 통상 일간과 월지가 상생관계에 있으면 대단히 영민하다. 그런데 사주의 주인공은 일간이 무토요 월지가 신금이다. 토생금하여 머리가 획획 돌아가는 사람이다. 물론 언변에도 능하다. 그러나 13-17세까지 미토 운이어서 남들이 보기에는 욕심이 과하다 생각이 들 정도로 자신의 지위에 만족하지 못했을 것이다. 그러나 18세에 금이 대운에 나타나고 대학을 졸업하고 사회에 나가서는 23세 이후부터 43세까지 화와 토가 주 세력을 이룬다. 사주의 흐름으로 보아 남들만 못하게 살지는 않겠으나 본인의 만족감이 같지는 못할 것이다. 그러나 43세에 드는 진토는 신자진 수 삼합하고 48세에 들어오는 정화는 정임 합목하여 대발한다. 그 이후로도 목이 계속 들어 승승장구 할 것이다. 특히 목은 관이어서 돈과 명예를 한꺼번에 얻을 수 있게 한다. 이런 사주는 본래 사주가 무난한데다 중·노년에 대발하여 순탄하면서도 윤택한 삶을 가질 수 있어 바람직한 사주로 본다. 그러나 앞서 밝힌 대로 한 가지 흠이라면 합이 많고 지장간에 관이 없고 편관이 멀리 있어 배우자 선택에 어려움이 있다. 즉 전통적인 여성적 삶보다는 성취 지향적 삶을 꾸려나가는 것이 바람직하다.

4단계: 전체 흐름 정리

일단 사주의 주인공은 식신격이므로 외향적 감정이 풍부하여 항상 직선적이고 사주가 순수하다. 효성, 예절이 바르고 정직하며 이해력, 응용력, 판단력 등이 발달한 사람이다. 자존심이 강하면서도 성실하고 추리력이나 상상력이 발달된 특성을 갖는다. 일간인 무토의 성향은 과묵하며 고집이 세고 고독을 즐긴다. 자신의 신념을 신뢰하고 타인에게도 그 신념을 요구할 수 있다. 그리고 과묵하다보니 남들로부터 교만하다는 오해를 사기도 한다.

일간의 주변은 일간인 토의 기운이 왕성하나 다행히 비견과 겁재가 섞여서 앞서 살핀 남성의 사주보다는 순화되어 있다. 역시 토는 기신이므로 주변 사람들이나 형제가 큰 도움이 안 된다. 이 사람은 아버지 자리에 편재가 있는데 수는 용신이다. 그러므로 다소의 기복은 있으나 부친이 재정적 뒷받침을 충실히 할 것이고 어머니 자리에는 식신이 있다. 어머니가 자식 역할인 금이고 한신이니 어머니와는 형제처럼 가깝게 지낼 것이다. 즉 사주의 주인공은 가정적으로 무난한 편이다. 다만 앞서 밝힌 대로 남편이 화인데 남편이 배우자 자리에 있다. 술 안에 지장간으로 정이 자리 잡고 있는 것이다. 다행히 정은 정관이다. 그러므로 남편이 나에게 큰 도움은 되지 못하더라도 큰 해를 끼치지는 않는다. 이 같이 이 사주의 주인공은 자신의 중년 이후 운수가 대통하고 기본적 사주가 좋아 혼인 이후에도 자기 주도적인 삶을 꾸려나갈 것이다. 그리고 자식은 한신인데 자식 자리에 지장간으로 있다.

축의 지장간인 계, 신, 기 가운데 신이 있다. 자식이 많지 않으며 이 사람의 인생에 크게 영향을 끼치지는 못할 것이다. 배우자를 선택할 때는 크게 문제될 것이 없다. 이 사람은 사주가 크게 한 쪽으로 치우치지 않으므로 중화를 위해 한쪽으로 치우친 배우자를 필요로 하지 않는다. 그러나 혼인 적령기에 대운이 좋지 못하므로 아주 일찍 서두르거나 늦게 하는 것이 좋다. 혼인 적령기에 대운이 받쳐주지 못하면 나보다 못한 사람과 혼인하기 쉽다. 대운이 없으면 세운이나 궁을 세심하게 살피는 것이 바람직하다.

상기에서 남녀 두 사람의 명식을 보고 나름대로 분석해 보았다. 물론 상황에 따라 훨씬 세밀한 결과가 나올 수 있다. 적성이나 혼인시의 궁(宮)을 알아내는 법, 신살에 대한 해석, 바람직한 색상이나 지역 등등... 그러나 본서는 명리를 해석하는 데 목적을 두고 있지 않다. 시중에 나와 있는 역이나 명리학 서적들을 보더라도 한 사람이 여러 권에 걸쳐 자신의 지식을 담고 있는 것을 쉽게 발견할 수 있다. 이는 얼마나 많은 사항이 고려되어야함을 짐작케 한다. 결코 하루아침에 얻을 수 있는 지식이 아닌 것이다. 다만 "명리나 명식이 이런 것이구나."라는 대강을 짐작케 하기 위해 정리해 보았다. 그러면 이러한 오행사주와 본서에서 다루는 사상과는 어떠한 관계가 있는가를 계속 논해 본다.

3. 사상과 오행의 관계

앞서 분석해 보았듯이 사주와 명식을 통해 그 사람의 특성과 운명을 예측하는 일은 결코 수월한 일이 아니라는 것을 알 수 있다. 그리고 설사 열심히 학습하여 명식을 해석한다고 할지라도 거기에는 적지 않은 위험성이 내포되어 있다. 특히 자신이나 주변 사람들의 명식을 읽을 때는 편견이 개입될 가능성이 높은 것이다. 마치 아무리 명의라도 자기 자식을 수술할 수 없고 아무리 공정한 심판이라 할지라도 국제 경기에서 소속 국가의 경기에 심판을 맡을 수 없는 이치와 같다. 아마도 자신이나 자신의 가족을 해석 할 때는 흉한 것도 길하게 보기가 쉽고 이미 지난날들에 대한 기억이 있기 때문에 이미 얻어진 결과를 바탕으로 미래를 해석할 수도 있다. 두 번째로는 선무당이 사람 잡는 문제이다. 흔히 내공의 정도라고들 한다. 초보 운전자가 큰 사고를 내듯이 조금만 알면 함부로 인간의 고귀한 운명을 판단하고 결정 짓는다. 지극히 위험한 발상이다. 지금도 얄팍한 지식을 가지고 운명을 감정한다는 사람들은 허다하다. 필자의 생각으로는 충분히 내공을 쌓고 스스로가 수양의 깊이가 있어야 감히 타인의 운명에 대하여 왈가왈부할 수 있지 않을까 한다. 그러면 오행의 원리에 따라 설명된 사주명식에서 손쉽게 한 사람의 특성을 가장 적절하게 설명할 수 있는 방법을 생각해 본다.

사주의 여덟 글자를 분석하기가 어려운 이유는 사주명식이 여러 글자의 조합이기 때문이다. 글자간의 합과 충 역할 세력, 의미의 충돌 등이 일반인들이 학습하거나 활용하기에 난이도와 어려움이 따르는 것이다. 그러나 나 자신을 의미하는 일간은 비록 미래와 운명 따위를 설명하지는 않지만 성격이나 특성은 나름대로 설명해준다. 다음의 그림은 10개의 일간이 의미하는 바를 도해한 것이다.

하단의 그림에서 보면 일간은 다섯 가지의 오행으로 되어 있는데 각 오행에 음과 양이 구분되어 열 글자로 되어 있는 것을 알 수 있다. 만약 일간이 나타내는 성격과 자신의 성격을 비교해 보라. 몇 가지의 경우를 제외하고는 대체로 합치함을 알 수 있다. 여기에서 예외가 생길 수 있는 경우는 종격인 경우나 신약하여 자신의 성격을 적극적으로 반영하지 못하는 경우 등을 들 수 있다. 그러나 종격이라 할지라도 종(從)해야 하는 대상이 일간과 같은 경우는 오히려 더 강하게 표출될 수 있다. 그리고 신약한 경우라 할지라도 자신의 성격 자체가 주변의 강한 세력에 동화되는 것이 아니라 방해를 받는 경우이므로 변화 이전의 모습은 그대로 이다. 그러므로 일간이란 누구나 용이하게 판단할 수 있는 자신의 모습으로 보아도 무방한 것이다. 그러면 십간의 특성들을 다시 상세하게 정리해 본다.

오행의 기본원리(日干 기준)

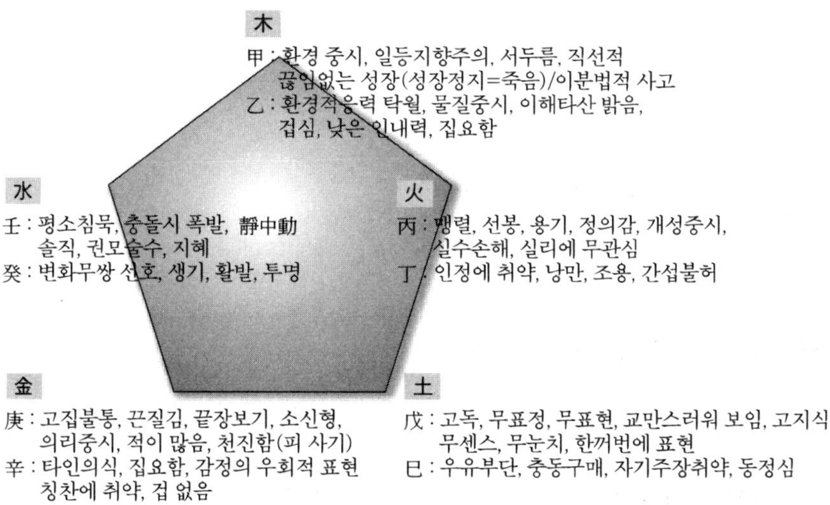

甲(양) : 목 가운데 나무, 곧게 뻗은 아름드리나무
환경을 중시하여 자신이 사는 장소, 집, 외모 등을 중시한다.
최고가 아니면 죽음이다. 항상 비교한다. 승부욕이 강하다. 부지런하다.
하루아침에 성공을 지향한다. 성급하므로 지구력이 약하다.
어제는 없다. 앞만 보고 달린다. 미래지향적이다.
불의를 보거나 불편부당함을 당하면 그 자리에서 대꾸 한다.
빈둥거리는 것을 싫어한다. 생산성에 관계없이 움직여야 한다.

乙(음) : 목 가운데 풀, 덩굴 식물류
사막에 던져져도 살아남는다. 강한 생존력의 표상이다.
자신이 목표했으면 포기할 줄 모른다. 조용히 덤빈다. 강한 지구력
계산적이어서 얻을 수 없으면 갑자기 포기한다.
영양가 없는 일에는 무관심, 이해타산에 밝다. 물질적 욕심이 강하다.
겁이 많아 불의를 보더라도 일단은 침묵한다.

丙(양): 화 가운데 빛, 열기 등을 의미
한번 시작하면 맹렬하게 추진하고 언제 그랬냐는 듯이 평정을 찾는다.
앞에 나서길 좋아하고 실리보다는 의리를 중시한다.
용기는 있으나 꾸준함은 부족하다.
독특하고 자기 개성에 강하다.
화가 나면 말릴 방도가 없으나 뒤끝이 없다.

丁(음) : 화 가운데 활활 타는 불이다. 장작불, 호롱불 등을 의미
요란하지 않지만 은근히 강하다. 은근과 끈기가 있다.
자기희생적이다.
분위기에 취약하고 형이상학적 가치를 추구한다.
타인의 간섭이나 지시를 싫어한다.

戊(양) : 토 가운데 산이다. 우뚝 솟아 오른 큰 산을 의미
말수가 적고 무뚝뚝하다. 말을 아끼는 편이어서 대화 중 듣는다.
활동적이지 못하며 제자리에 머물길 좋아한다.
약삭빠르지 못하고 고지식하여 액면 그대로 믿는다.
표현을 아끼다보니 건방지거나 고집이 세다는 느낌을 준다.

己(음) : 토 가운데 벌판이다. 평지에 넓게 퍼진 평야를 의미
우유부단하여 심지가 가늘다는 평가를 받는다.
선택의 기로에서 머뭇거린다.
인정에 취약해 퍼주길 좋아한다.
남들이 하면 자신도 모르게 나도 따라하고 있다.
반응이 느리다. 쉽게 슬퍼하지도 쉽게 기뻐하지도 않는다.

庚(양) : 금 가운데 돌이나 바위이다. 자갈, 바위, 돌멩이 등을 의미
옹고집 불통으로 틀렸다는 것을 알아도 끝까지 우긴다.
안하무인으로 남들과 좌충우돌하기 쉽다.
외강내유하여 인정은 많다.
의리를 중시하지만 사회성의 취약으로 적들도 많다.
강하면서도 치밀하지 못해 사기도 잘 당한다.

辛(음) : 금 가운데 보석, 값나가는 금속을 의미
주변 환경이나 타인의 시선을 의식한다.
집요하고 고집도 있지만 인정에는 취약하다. 설득 당한다.
자기감정에 취약하지만 표현은 우회적이다.
경금보다 외견상 약해 보이지만 꾸준함에서는 한수 위다.

壬(양) : 수 가운데 큰물이다. 강이나 바다, 큰 호수 등을 의미
조용하면서도 지혜가 있다. 권모술수에 능하다.

무게 있게 행동한다. 대인관계에 있어 말수가 적어 오히려 적이 없다.
남들이 의식하지 못하지만 실제로는 고집이 세다.
한번 폭발하면 자기 통제가 불가할 뿐 아니라 아무도 말리지 못한다.

癸(음) : 수 가운데 작은 물이다. 작은 연못이나 옹달샘, 시냇물 등을 의미
변화를 즐기며 항상 활기에 차있다.
순수함을 지향한다. 때 묻지 않으려 한다.
행동에 무게가 없고 경솔한 면이 있다.
대세에 이끌리거나 변덕이 심하지만 자기 의사 표현이 분명하다.

상기 기술된 십간의 성격과 특성들은 구태여 사주에 드러난 다른 오행들과의 연관을 짓지 않더라도 십간의 글자들끼리 합과 충(혹은 극)의 작용이 있다는 것에 대하여 이미 언급한바 있다. 십이지의 글자들 간에는 충(沖)이라 하지만 십간에서는 극(剋)이라 한다. 충과 극의 차이는 충은 서로간의 싸움으로 양 쪽이 피해를 입게 되다 보니 양자가 그 세력을 상실하는 것이지만 극의 경우는 일방적으로 강한 쪽이 약한 쪽에 피해를 입히는 현상을 의미한다. 물론 이 경우 피해를 입힌 쪽도 에너지를 상실하여 세력이 약화되지만 피해를 입은 쪽은 그 세력이 소멸된다고 이해하면 된다. 다음의 그림을 보면 필자가 십간의 모형을 오각형으로 도해한 이유를 알게 될 것이다.

하단의 그림을 보면 목을 중심으로 오행은 시계 방향으로 생의 관계에 있다. 즉 목생화, 화생토, 토생금, 금생수, 수생목으로 상생의 관계가 되는 것이다. 그런데 한 개씩 건너뛰면 상극의 관계가 된다. 즉 목의 다음다음 글자는 토인데 목과 토는 목이 토를 극하는 관계가 된다. 같은 이치로 화는 금을, 토는 수를, 금은 목을, 수는 화를 극한다. 그런데 흥미롭게도 이러한 상극 현상은 극을 행하는 오행의 양간(陽干)은 극을 당하는 오행의 음간(陰干)과는 반드시 합의 관계가 된다. 양목인 갑은 음토인 기와 합의 관계가 되는 것이다. 물론 음목인 을과 양토인 무는 합의 관계가 아니라 본연의 모습인 극의 관계이다. 당연히 양목과 양토, 음목과 음토는 극의 관계이다. 같은 이치로 양화인 병과 음금인 신, 양토인 무와 음수인 계, 양금인 경과

음목인 을, 양수인 임과 음화인 정 등은 모두 합의 관계이다. 단 주의할 점은 갑기합토와 을경합금은 기의 토와 경의 금 성향이 간직되는데 반해 무계합화, 병신합수, 정임합목은 제삼의 성질을 갖게 된다는 것이다.

오행의 기본원리(日干 기준)

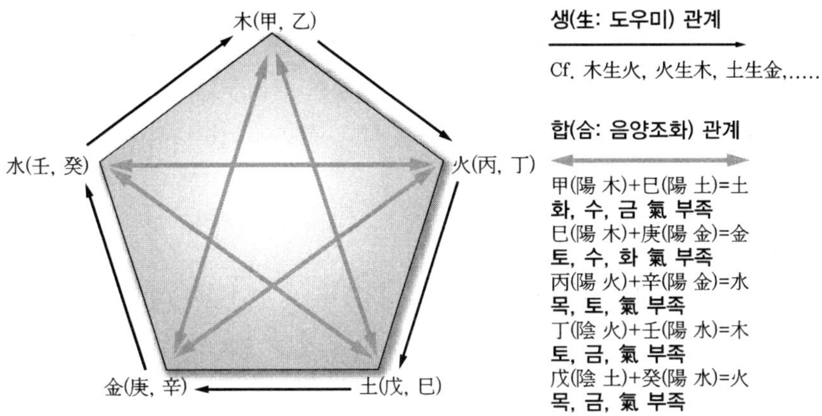

그러면 이러한 합은 완전함을 의미하는가. 흔히 합이라 하면 인간사에 있어서는 남녀가 결합한다든가 사업을 위한 동업, 서로 다른 입장에서의 타협이나 협상 등을 의미한다. 인간은 늘상 혼자 살 수 없으므로 합에 의해 서로의 부족함을 보완하고 자신의 치우침을 상대를 받아들이고 이해하며 수양함으로써 시너지를 창출하는 것이다. 여기에서 시너지를 얻기 위해서 두 가지의 조건이 필요하다. 한 가지는 성과에 관한 문제이고 다른 하나는 감성에 대한 부분이 된다. 감성과 성과는 동일한 것이라 간주되기 쉽지만 결코 그렇지 않다. 예컨대 서로 손발이 척척 맞아 성과가 좋다고 하지만 실제로 협동의 의미란 감정적 충돌이 없이 두 사람의 능력이 서로 역할이 달라 보완 관계에 있으므로 좋은 결과를 얻는데 도움이 되는가하는 두 가지의 조건이 충족되는가를 동시에 만족해야 하는 것이다. 즉 두 사람의 마음이 맞아 불화나 갈등이 없이 작업을 수행하므로 화기애애한 분위기가 연출되지만 실제 결과는 좋지 않을 수도 있고 반대로 고양이와 개처럼 허구한 날 시끄럽게 다투지만 공동목표가 분명해 일을 할 때만큼은 각자의 능력이 발휘될 수도 있다는 것이다. 그러면 상기에서 보여준 합에 의미를 중심으로 합이 일어나는 데 있어 보완해야 될 것이 무엇인가를 오행을 중심으로 살펴본다.

甲己合土

양목과 음토의 결합이 토로 결론지어졌다. 목의 직선적이고 강렬한 기운이 넓은 평야에 묻혀 토의 기운이 만연했다고 볼 수 있다. 그러나 여기에는 오행상 화, 수, 금의 기운이 없다. 특히 조후개념으로 볼 때 갑목과 기토는 건조하고 더운 기운인데 적절하게 습한 기운인 습토나 수, 차가운 기운인 금의 기운이 부족하다. 항상 활력에 차지만 때로는 느리고 냉정을 찾을 수 있는 부분이 결여되어있다.

乙庚合金

음목과 양금의 결합이 금으로 귀결되었다. 덩굴 식물이 바위를 만나니 힘을 못 쓰고 금의 기운이 유지된다는 것이다. 이 경우 오행상 화,수,토의 기운이 결여되어 있다. 전체적 분위기는 차갑고 무겁다. 그러므로 더운 기운인 화가 필요하다. 분위기를 상승시켜 줄 열정이 필요하다.

丙辛合水

양화와 음금의 결합이 제 삼의 기운인 수로 귀결되었다. 더운 기운이 금속을 녹여 물이 생긴 격이다. 기본적으로 오행상 목과 토가 결여 되어 있다. 물은 있으나 더운 물이 생긴 것이다. 적극성과 중심을 잡아주는 목과 토의 기운이 필요한데 가장 바람직한 것은 건토의 성향이 필요하다. 외부환경이 목일 경우 수는 목을 생하나 토는 극하는 대상이 되기 때문이다.

丁壬合木

음화와 양수가 결합하여 목을 이루었다. 타는 불은 큰 물 앞에서 기세를 상실하여 큰물이 나무를 키운 격이 된다. 화는 덥고 물은 차가우니 건습과 냉온의 문제는 없으나 나무가 뿌리를 내릴 수 있는 토와 탄탄한 기운인 금을 보충할 필요성이 있다.

戊癸合火

양토와 음수가 결합하여 화가 되었다. 큰 산에서 시냇물이 흐르니 에너지를 창출할 것이다. 여기에서 화는 활기찬 기운이다. 현대적으로 보면 전기와 같은 에너지 원천으로 생각하면 된다. 화는 덥고 물은 차가우니 건습과 냉온의 문제는 없으나 뻗어나는 생존력인 목의 기운과 차갑지만 중심을 잡아주는 금의 기운은 보충할 필요성이 있다.

상기에 서술된 내용들은 일간을 중심으로 두 사람이 결합할 때 완벽한 시너지를 창출하기 위해 필요한 조건들을 나열해 본 것이다. 반대로 두 개의 일간이 충을 이룰 수도 있다. 흔히 일간의 충은 극이라 표현하는데 일방적 작용에 의한 것이라 밝힌바 있다. 물론 극이나 충은 인간관계에 있어 사전에 피하는 것이 상책이다. 사상이론의 경우 서로 다른 두 개의 체질은 서로 다르긴 하나 조화를 이루어 상대를 이해하고 받아들임으로써 자신의 심신을 수양하는 데 활용되었으나 십간의 경우는 다를 경우 피하고 합을 이룰 경우 부족한 오행을 보완해 나가면 된다. 그러면 십간의 오행과 사상은 구체적으로 어떤 의미를 담고 있는 것일까. 눈치 빠른 독자라면 사상이나 명리가 같은 뿌리를 가지고 있으며 같은 이치로 설명되어야하는데 사상도 인간의 특성을 설명하고 상기 설명한 십간도 일간의 경우 해당 사람의 성향을 설명하는데 그 작용은 같지 않다는 점에 대하여 의문을 가질 것이다. 그런 의미에서 사상과 명리의 관계를 알아본다.

사상과 명리에서 의미하는 오행들의 명식을 논하기 전에 인간의 탄생에 대한 개념을 명확히 할 필요가 있다. 그 것은 선천성과 후천성에 관한 문제이다. 역의 원리에서 수는 선천수와 후천수가 있는데 이는 체용의 원리와 더불어 선천적 성향과 후천적 성향의 변화를 의미한다. 그러나 여기에 대한 설명은 결코 간략한 문제가 아니므로 본서에서는 체와 용에 관한 문제만 후반에서 다루고 여기에서는 일단 동양적 사고에서 말하는 선·후천성에 대하여서만 언급하도록 한다.

현대 사회에서는 일반적으로 서구적 사고에 의해 선천과 후천의 경계를 두 가지로 인식한다. 한 가지는 인간의 생명은 정자와 난자가 결합함과 동시에 탄생된다고 보는 로만 가톨릭의 주장이며 다른 한 가지는 수태 후 태아가 자궁에서 자란 후 빠져나와 대기의 공기를 흡입해야 탄생으로 보는 과학적 시각이다. 물론 로만 가톨릭의 주장대로라면 낙태는 생명을 죽이는 것이 되므로 죄악시 된다. 그러나 대부분 지구상의 법들은 과학적 근거를 바탕으로 낙태가 합법화 되었다. 한국도 그런 나라 중에 하나이다. 그러나 이것은 약간의 시각 상 차이일 뿐이지 선·후천성의 경계를 생명이 탄생하는 것을 경계로 인정한다는 점에서 크게 다를 바가 없다. 이러한 시각에서는 인간을 비롯한 대부분의 생명체들은 인위적으로 만들어질 수 있다. 체외이든 체내이든 수정만 이루어지면 생명체가 된다. 인공수정의 일반화는 인간이 만들어낸 대표적인 생명 공학적 업적이 될 수밖에 없다. 더 나아가서는 유전의 원리를 이용하여 가장 적합한 암컷의 난자와 수컷의 정자를 교배시켜 이세를 만들 수 있다는 데 아무도 의심하지 않는다. 실제로 인간을 제외한 지구상의 대부분 동·식물들은 인간의 선택에 의해 번성하기도 하고 멸종당하기도 하였다. 언급한 바와 같이 벼는 곡식 가운데 별로 생존력이 강하지 않은데도 불구하고 지구상을 뒤덮고 있으며 소는 먹이 사슬에서 작지 않은 몸집의 초식 동물로써 자손 번식에 유리한 조건을 가지고 있지 못함에도 불구하고 전 세계의 풀밭을 누비며 번성하고 있다. 이제 인간은 인간 스스로의 품질을 향상시키기 위해 자연적 유전자를 왜곡시키려는 시도를 하기에 이르렀다.

동양적 사고의 선천성과 후천성은 인간이 인정하는 생명의 개념과는 전혀 다른데 있다. 동양적 차원에서 볼 때 인간의 생명이란 매우 운명적인 자연과 우주의 섭리에 의해 만들어지는 것이다. 인간이 어떻게 해서 태어나는가라는 질문 대신에 나는 어떻게 이 세상에 태어났는가를 물어야 한다. 여기에서 우리는 왜라는 질문을 수 없이 던져야 하는데 그 마지막은 우주의 끝과도 같이 무한하게 된다. 인간의 의지와 무관하게 한 사람이 생명체로 태어나는 데는 이미 예정되어 있는 하늘의 이치, 혹은 우주의 섭리가 내재되어 있다는 것이다. 이것이 동양적 사고에서 말하는 선천성이다. 사상은 선천적 사유의 범주이다. 인간이 태어나기 이전에 인간의 의지와 무관하게 예정된, 인간의 참모습인 불균형 된 모습이요 특성이 바로 사상이다. 인간이 이 세상에 태어나서 숨을 들이쉴 때 그 사람의 사주는 결정된다. 같은 시간에 태어나는 수없이 많은 사람들이 동일한 사주명식을 갖는 것은 지극히 당연하다. 그러므로 인간의 사주명식은 사상과는 달리 후천적 사유에 속한다. 그리고 선천적 사유인 인간의 체(體)를 형성하고 태어났을 때의 외부 환경인 사주의 기운에 의해 용(用)이 형성된다. 즉 사상은 체요 사주는 용이 되는 것이다.

생물학적 해석으로 보면 분명하게 인간의 의지는 운명을 개척하는 중심에 있다고 믿기 때문에 무수한 질문들을 던질 필요가 없다. 왜 이 여자와 남자가 혼인을 하여 관계를 맺고 수정이 되어 생명체가 태어났느냐라는 질문에 대한 답이라는 식의 설명은 인간이 원해서 했다고 하면 그만이다. 모든 질문의 답은 나의 의지라는 것이다. 그러니 거기에 왜는 없다. 내가 원해서, 혹은 우리가 원해서 했다는 것이다. 그러나 그 것은 세상사가 내 맘대로 되지 않는다는 것을 알아차린 보통사람들에게는 해답이 되지 못한다. 예컨대 인공 수정에 의해 생명이 태어나게 한다고 하자. 우리는 인간의 경우 2억 마리 가까이 되는 정충 가운데 한 마리가 난자에 결합되어 수정이 되고 수정란은 자궁의 벽에 착상되어 10개월 정도 자란 후 자궁 밖으로 나오게 되어 있다는 사실을 알고 있다. 그러면 2억 마리 가까이 되는 정충 가운데 어떤 것을 선택할 까 역시 인간의 의지에 의해 선택해야할 수 있어야 만이 인간의 의지에 의해 태어나는 생명이 될 것이다. 물론 인간은 볍씨를 고르듯이 가장 우수한 정충을 택하려고 하겠지만 그 것을 선택할 능력은 아직 인간에게 없다. 설사 그 것을 고를 수 있는 방법이 개발 된다할지라도 생태계 입장에서 볼 때 최적의 선택이라는 기준을 정한다는 것은 불가능한 일이다. 이 부분에서 파동(波動)을 연구하는 학자들은 강하게 주장한다. 인간은 생명체가 태어나기 위해 자연이 선택하는 기준을 모른다는 것이다. 우리는 손쉽게 연약하게 태어나 스포츠 스타가 된 사람도 보고 반대로 4킬로그램이 넘을 정도로 떡두꺼비처럼 태어나서도 병마에 시달리는 경우를 흔히 본다. 그들이 성장하는 배경이 달라서 그렇다고 할는지도 모르지만 거기에는 우리가 알지 못하는 무엇인가의 원인이 내재해 있다는 것을 느낄 것이다. 하단의 그림은 동양적 사고에서 본 선천적 사유에 의한 사상과 후천적 사유에 의한 오행의 사주 명식을 도해한 것이다.

인간중심적 관점에서 본 사상과 오행의 기본 원리 (사상 요인변수 + 日干)

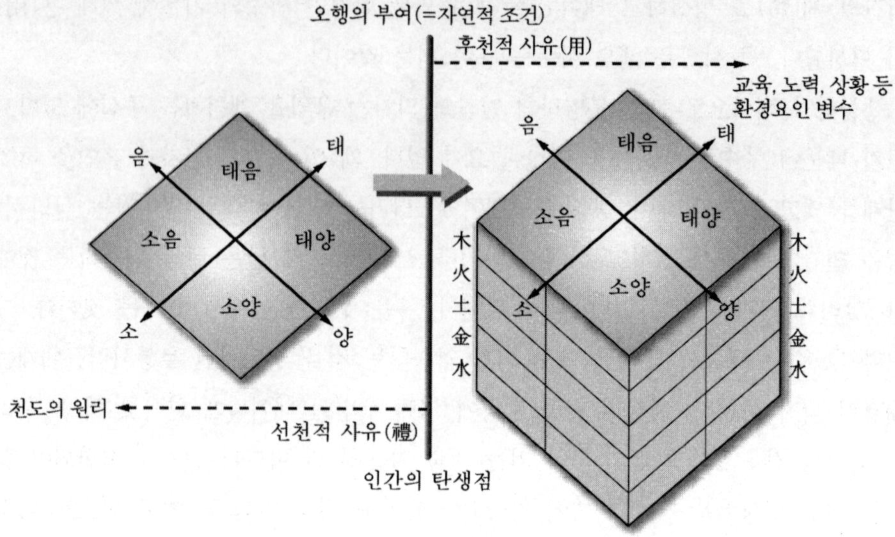

인간의 탄생 점을 중심으로 보았을 때 좌측은 선천적 사유에 의해 형성되는 것이요, 우측은 후천적 사유에 의해 형성되는 것이다. 여기에서 선천과 후천의 경중이나 우열을 헤아려서는 아니 된다. 그 것은 이분법적인 사고에서 기인하기 때문이다. 개별적으로 차이가 있을 것이며 따져 볼 가치가 없다. 다만 전체적 흐름에서 양자는 영향을 미친다는 것이다. 좌측의 선천적 사유의 끝에는 역의 원리가 있다. 앞서 제기한 무수한 '왜'에 대한 대답이 바로 거기에 있는 것이다. 그리고 상기에 도해된 그림에서 의미하는 탄생점이란 서구적 사고에 의해 잉태나 분만을 의미하는 것이다. 역의 개념에서 탄생은 음양의 결합이다. 음양이 결합되었을 때 존재가 있다. 우리가 알지 못하지만 음양의 결합 이전에는 음과 양이 독립된 상태에서 출발할 것이다. 음과 양은 각자의 선택에 의해 사상의 모습으로 발현된다. 물론 음양이 합해져 하나의 존재를 이루지만 내적으로는 음이 음의 성향을 간직한 채 그대로 있으면 태음이요, 음이 양의 성향으로 변화하면 소양이요, 양이 양의 성향을 그대로 간직하고자하면 태양이요, 양이 음의 성향으로 변화하면 소음인 것이다. 여기에서 음양의 결합은 체(體)를 이루는 것이요, 음양의 성향이 각자의 결합에 의해 변화하는 과정은 용(用)이다. 즉 체와 용의 작용은 사상을 낳는 것이다. 그러므로 체용의 원리에 의해 사상이 형성되어 있는데 이는 인간을 불완전하게 함으로써 완벽함의 추구는 후천적 사유의 몫으로 남기게 된다.

인간의 후천적 사유에 가장 커다란 영향을 미치는 것은 인간이 세상에 자신의 육신을 드러내 놓고 숨을 들이킴으로써 받아들이는 대기의 오행 기운이다. 그것이 명리이다. 인간이 태어날 때 오행의 기운을 하나의 수식으로 표시한 것이 명식인 것이다. 이 명식에는 온갖 것들이 들어 있다. 인간이 태어나서 겪게 될 온갖 길흉사가 있다. 이상의 내용을 종합하면 사상이란 태어나는 시점보다 훨씬 앞서 알 수 없는 사유 - 우리는 이 사유를 운명이라고 한다. - 에 의해 결정되고 인간이 태어나서는 오행의 기운에 의해 후천적 사유가 결정된다. 인간이 태어나는 시점을 마음대로 바꿀 수 있는 세상이 되었다. 그러나 이는 내가 태어나 명품 옷을 입고 기름진 음식을 먹는다거나 보약을 먹고 운동을 하여 건강해지려는 노력을 하는 것처럼 인간의 의지에 의해 제멋대로 바뀔 수 있는 것이 아니다. 마치 인공 수정에 의해 개체를 인간 멋대로 선별했다고 해서 최적의 선택이 아닌 것과 같다. 아무리 좋은 명식을 가지고 태어났다고 해도 그 사람의 미래가 보장될 수 없는 까닭이다. 그래서 소위 내공이 높은 분들은 인위적인 탄생, 즉 수술을 통해 탄생 시점을 조절하는 일을 쌍수 들고 말린다.

4. 사상별 오행 특성

서구식 사고의 근본은 운명은 스스로 개척할 수 있다고 교육시켜 왔다. 노력을 하면 모든 것을 얻을 수 있다는 것이다. 인간이 심리적 안정을 찾고 행복을 누리기 위해 하면 될 수 있다는 신념을 가지고 하루하루를 살아간다는 것은 보통 사람들의 정신 건강에 이로울 것임에 틀림이 없다. 한 다스의 아이들을 나에게 보내준다고 해도 각각을 자신이 의도한대로 직업을 가지게 하고 각자의 분야에서 인정받을 수 있는 사람으로 만들 수 있다는 어느 교육학자의 발언은 서구적 사고에서 노력이 완벽한 만병통치약이라고 믿고 있는 그들의 신념을 반증하는 것이었다. 그러나 그 것이 얼마나 공허한 발상임을 우리 각자는 잘 안다. 설사 우리가 그러한 사고가 허상임을 안다고 해도 아무도 그 진실을 입에 담지 못한다. 우리 모두의 희망을 앗아가기 때문이다. 그리고 별다른 대안이 없기 때문이다. 그러나 동양적 사고에서 바라보는 운명의 진실은 결코 그저 가만히 감이 떨어질 날을 기다리며 감나무 밑에 누워있는 우리가 되어야 한다는 것을 의미하지는 않는다. 자신의 활동이나 노력은 순수하게 자신의 소중한 의미를 담고 있음에 틀림없다. 자신의 변화는 자신의 의지에 의해 연출된다는 것은 자명하다. 뿐만 아니라 인간 사회에서 규정하는 온갖 계급적 의미를 소거하면 자신의 격안에서 만족하고 성취감을 느끼며 행복을 찾을 수 있다. 다만 자신의 격을 벗어나기 위해 몸부림치다보면 욕망의 노예가 되어 멸망의 나락으로 떨어질 수 있음을 경계하는 것이다. 주어진 삶이란 자신에게 선천적으로 주어진 사상(四象) 이전의 사유들과 후천적으로 주어진 명리의 환경이다. 인간이 교육받아야하고 스스로 수양해야하는 이유는 인간은 동일한 선・후천적 조건하에서 자신 어떻게 개척해가야 하는 의무를 가지기 때문이다. 물론 그러한 과정은 고스란히 자신의 몫이다. 그리고 그러한 개척의 과정을 설계하기 위해선 그 원리를 알아야 한다. 본서에서는 전체의 구조로 보면 일부분이 되겠지만 선천적 사유인 사상과 후천적 사유인 본인의 성격 특성의 결합에 의해 나타나는 사상별 오행 특성을 정리해 본다. 여기에서는 일반적 접근이 용이하도록 일간을 중심으로 설명하는 것이므로 구체적인 명식의 해석에 의해 다양화될 수 있는 예외적 사례들을 다룰 수는 없다. 다만 선천적 사유인 사상과 후천적 사유 가운데 하나인 일간에 대한 연결성을 이해하고 그 결과를 자신의 수양을 위해 참조하는 데 목적이 있음을 밝힌다.

태음인

태음인의 전체 사주 명식은 금이 세력을 형성하는 것이 일반적이다. 금이 세력을 형성한다는 것은 단순하게 금이 수적으로 많다거나 금이 자신에게 용·희신인 경우만을 의미하지 않는다. 금이 실제로 이 사람에게 해가되는 기·구신이건 한신이건 명식 안에서 우월한 세력을 형성한 경우를 의미한다. 필자가 모 기업의 협조로 얻은 통계에 의하면 80% 이상(표본 수 500명)이 이러한 성향을 가졌다. 반드시라고는 할 수가 없으나 태음인은 일간이 수일 경우 신강(身强)해진다. 세력을 이루는 금에 의해 생해지기 때문이다. 금일경우도 마찬가지이다. 반대로 일간이 화나 토, 목일 경우는 상대적으로 신약(身弱)해진다. 화의 경우 큰 세력인 금을 극하기 위해 신약해지며 토일 경우는 작은 힘으로 큰 세력인 토를 생하기 위해 탈진할 것이며 목일 경우는 금의 세력이 극할 것이므로 매우 취약한 자아가 될 것이다.

木

태음인이 갑이 일간일 경우 대체로 일간의 힘이 사주 명식에서 세력을 이루는 금에 의해 취약해 진다. 다행히 금의 힘을 약화시킬 수나 화의 세력이 균형을 이룰 경우 신약, 신강에 관계없이 태음인이 지니는 특성이 나타난다. 심성이 약하더라도 미래지향적이며 위기관리 능력이 탁월하다. 항상 준비된 삶을 산다. 외부 환경에 의해 커다란 변화가 오더라도 극복한다. 대체로 태음인들은 말수가 적으나 목이 일간일 경우 말이 많다. 이익을 추구하는 심성은 변함이 없다. 차곡차곡 쌓아 놓는 일을 게을리 하지 않는다.

갑목(甲木): 밀어 붙이는 힘이 탁월하다. 추진력이 좋고 목표 지향적이며 물불을 가리지 않고 무엇이든 획득하려 한다. 실패할 경우 좌절에 빠지는 시간에 유의해야 한다. 그 기간이 길지는 않으나 극단적으로 흘러 나중에 크게 후회할 일이 발생할 수도 있다. 대체로 성미가 급하고 부지런하다. 자신이 게을러진다는 사실을 참지 못한다.

을목(乙木): 주면 받아야하고 받으면 줘야 한다. 거래적이다. 이해타산에 밝고 이기적이지만 겁은 많다. 위협하면 다 내놓는다. 한 번 목표하면 절대로 포기하지 않으며 좌절하지 않고 끝까지 집요하게 추구한다. 흔히 끈적끈적하다는 평가를 받는다. 겉으로는 부드러워 보여도 속은 욕심도 크고 위기관리에 탁월하다. 외유내강(外柔內剛)이다.

火

태음인이 화가 일간일 경우 일간의 힘이 사주 명식에서 세력을 이루는 금을 극해야 하므로 매우 강해지거나 매우 약해진다. 주위에 화를 돕는 목이 있거나 화와 금을 이어주는 토가 있으면 비교적 무난한 성격이 될 수도 있다. 대체로 스스로 강하지 못하면 그렇게 되기 위해 노력하는 모습으로 나타난다. 그러나 일단 무너지면 일시에 좌절감이 들기도 한다. 태음인들 가운데에서는 비교적 카리스마적 성향이 약한 편에 속한다.

병화(丙火): 공격적이며 남에게 자신의 가치를 관철시키려는 경향이 있다. 때때로 고집을 부리다 실리를 잃기도 한다. 크게 손해 보기도 하고 큰 이익도 얻으므로 기복이 심하다. 태음인치고는 수치스러움을 참지 못해 실리를 잃기도 한다. 흔히 주위에서는 아집이 세다고들 한다.

정화(丁火): 독립적 성향이 강하다. 남들이 간섭하는 것을 싫어하며 남의 이야기에 귀 기울이지도 않는다. 인정에 끌리면 베풀기도 좋아하지만 손해를 보지 않는 범위에서 실행한다. 가족들에게는 헌신적이지만 조건적인 편이다. 예컨대 투자한 만큼 성과가 있어야 한다는 본전 의식이 강하다.

土

태음인이 토가 일간일 경우 일간 혼자 사주 명식에서 세력을 이루는 금을 생해야 하므로 자신은 매우 약해진다. 주위에 토를 돕는 화가 있거나 금의 힘을 약화 시키는 수가 있으면 무난한 성격이 될 수도 있다. 이렇게 사주가 흘러준다 해도 일간인 토의 세력이 강해지는 것은 아니다. 스스로 강해지려고 노력하지만 강한 자에게는 약한 면모를 보여준다. 반대로 약한 자에게는 태음인의 성정으로 인해 자신의 의지와 무관하게 강하게 비쳐지니 스스로 이미지 관리에 힘써야 한다.

무토(戊土): 무토의 성정은 지나친 과묵으로 인해 거만해 보인다는 것이다. 게다가 태음인의 외모는 근엄해 보이는 것이 특징이다. 근엄함과 거만은 사회생활에서 마이너스 요인이다. 게다가 행동도 느리고 고직지식한 면도 있다. 원리원칙을 앞세우며 내적으로는 자신의 욕심을 놓지 못한다. 남과 타협하거나 협상하기 보다는 혼자 속으로 결정하고 조용히 그리고 천천히 실천에 옮긴다.

기토(己土): 기토의 성정은 내성적이며 자기주장이 취약하다. 우유부단하다는 평가를 받는다. 인정은 있으나 자제하여 행동으로 옮기며 자신의 지나친 욕심으로 손실을 입으면 깊은 상처를 입고 자학하기도 한다. 대체로 치밀한 편이어서 행동에 옮기기 전에 생각이 많다.

金

태음인이 금이 일간일 경우 사주 전체에서 자신을 포함한 금의 수가 많으며 그 세력 또한 강하다고 할 수 있다. 금이 기신(자신에게 해를 주는 기운)일 경우는 자아의식이 지나치게 강해 남들에게 안하무인이란 소리를 듣거나 사주가 맑지 못하여 순탄하지 못하다. 금이 용신 · 희신(자신을 돕거나 지켜 주는 기운)일 경우 일간을 포함한 금의 세력과 함께 큰 세력을 이루게 되므로 매사에 긍정적이고 자신감이 충천해 여유가 있다. 무사태평하다는 소리를 듣는다(용신 · 희신 · 구신 · 기신은 5장 자기경영의 길 참조).

경금(庚金): 본래 경금은 고집불통으로 통한다. 한번 이렇다고 하면 그만이다. 유연함을 찾아볼 수 없다. 따라서 여간해서는 환경이나 교육으로 고치기 어렵다. 누가 뭐라고 하면 생긴 대로 살겠다는 사람의 전형이다. 특히 태음인의 집착과 우둔함이 가미되면 말릴 수가 없다. 다만 태음인일 경우 겁심이 있기 때문에 폭력 앞에서는 굴복하지만 마음이 변한 것은 아니다. 당연히 대인관계가 원만하기 어렵다. 자신의 가치관을 남에게 강요하지도 않는 것이 태음인인 동시에 경금 일간인 사람들의 특색이다.

신금(辛金): 경금 일간과 유사하나 다소 다른 점은 공치사를 좋아하고 남에게 자신을 내세우길 좋아한다. 개인적 차이는 있으나 대인관계의 원활함 정도는 항상 관심의 대상이다. 모임이나 동아리 등의 활동에는 적극적이다. 한번 실패하면 와신상담(臥薪嘗膽)하여 얻으려고 하는 끈기도 있다.

水

태음인이 수가 일간일 경우 사주 전체에서 강한 세력을 이루는 금이 자신을 생하는 모양이 된다. 먹여주는 것도 도가 지나치면 배탈이 나듯이 금의 세력이 지나치게 강하면 오히려 힘이 약화될 수 있다. 그럴 경우 금의 기운을 빼주는 목이 일간 주위에 지장간으로라도 있으면 좋다. 금이나 수는 기본적 오행 특성이 차갑고 습한 것을 의미한다. 자신의 가치를 조용히 추구하며 냉담한 경향이 있다. 겉으로 크게 드러나지는 않으나 내심으로는 늘 상 승부욕이 강해 리드 당하기보다는 리드하기를 좋아한다.

임수(壬水): 임수가 일간일 경우 외형상 자신의 본성을 드러내지 않는 경향으로 인해 성격만으로 태음인이라 판단하기 어려운 사람들이 많다. 평소 조용하며 대화 도중에도 경청하는 등 침착한 면이 있다. 그러나 내부 고집의 크기로 말하자면 우직하기로 대표적인 경금이나 다혈질적인 병화 일간도 꺾지 못한다고 한다. 설령 그가 양보한 것처럼 보여도 돌아서면 임수 일간의 뜻대로 간다는 것이다. 온화한 가운데에서도 태음인답게 물질적 가치를 추구하며 승부욕도 강하지만 패자에게 상처를 주지는 않는다. 겉보기와 다르게 분석적 사고가 발달된 사람들이 많다. 행동은 느린 편이다.

계수(癸水): 계수 일간은 같은 수이면서도 임수 일간과는 달리 자신의 성격을 밖으로 드러낸다. 행동이 날래지는 않아도 급한 편이다. 무엇이든 화끈하게 끝을 봐야 직성이 풀린다. 깔끔하고 청결해 대부분의 태음인들과는 달리 정리정돈을 잘한다. 승부근성이 강하지만 지면 얼굴에 고통이 드러난다. 태음인의 욕심 역시 그대로 밖으로 드러내게 되므로 적을 만들 수 있다.

소양인

소양인의 전체 사주 명식은 목이 세력을 형성하는 것이 일반적이다. 태음인의 경우와 마찬가지로 목이 실제로 이 사람에게 해가 되든지 득이 되든지 명식안에서 우월한 세력을 형성한 경우를 의미한다. 소양인의 경우 일간이 화일 경우 신강(身强)해진다. 세력을 이루는 목에 의해 생해지기 때문이다. 목일 경우도 마찬가지이다. 반대로 일간이 금이나 수, 토일 경우는 상대적으로 신약(身弱)해진다. 금의 경우 큰 세력인 목을 극하기 위해 신약해지며 수일 경우는 작은 힘으로 큰 세력인 목을 생하기 위해 탈진할 것이며 토일 경우는 목의 세력이 극할 것이므로 매우 취약한 자아가 될 것이다.

木

소양인이 목이 일간일 경우 사주 전체에서 자신을 포함한 목의 수가 많은 만큼 그 세력 또한 강하다. 목의 성정은 왕성한 활동력과 순발력, 단순한 성격 특성을 포함한다. 사상에서 의미하는 소양인의 기본적 성정과 일치한다고 할 수 있다. 목이 기신일 경우 분주하기는 하나 성과가 없다든지 지나치게 단순해 남에게 이용당해 손실이 크다. 목이 용·희신일 경우는 일간을 포함한 목의 세력과 함께 큰 세력을 이루게 되므로 아집이 있지만 나름대로 목표가 정해지면 꾸준하게 추진하고 이익보다는 의로운 일에 앞서게 되므로 주위로부터 좋은 평판을 받을 수 있다.

갑목(甲木): 소양인의 일간이 갑목이면 소양인의 성향을 밖으로 돌출하는 경향이 가장 강한 경우이다. 즉 가장 소양인다운 모습이 보이게 된다. 그래서 매사에 직선적이고 요란하다. 말이나 행동에 거리낌이 없고 표현이 거칠고 강하다. 입장이 분명하다. 성미도 급해 우물에서 숭늉 찾기라는 표현이 어울린다. 한 가지 가치에 대한 신념을 얻으면 그 생각이 바뀔 때 까지는 예외가 없지만 한 번 바뀌면 과거란 없다. 고지식한면도 없지 않다.

을목(乙木): 소양인의 일간이 을목인 경우 을이 음목이라 해도 여전히 목의 기운이 강하다. 대체로 양목인 갑목과 큰 차이는 없으나 명식의 오행 구조에 따라 평소에는 조용조용하다거나 현실 타협적인 모습을 보일 수 있다. 을목의 성향은 강한 끈기와 생존력을 내포하기 때문이다.

火

소양인이 화가 일간일 경우 일간의 힘이 사주 명식에서 세력을 이루는 목이 일시에 일간을 생해 지므로 자신의 힘이 강하게 투출된다. 그러나 상생의 원리는 필요한 만큼을 얻어야 한다. 지나치면 성급함이 극에 달하여 물불을 가리지 않고 자만심에 도취될 수도 있다. 성취하고자하는 바람직한 마음도 도가 지나치면 욕망으로 나타나 명예나 지위에 매달려 인간의 도리를 상실할 수도 있다는 점을 새겨둘 필요가 있다.

병화(丙火): 병화의 성정은 외부의 자극에 의해 흥분하면 자기 통제가 불가능할 정도의 수준이 된다는 것이다. 특히 성정이 급하여 서두르는 경향이 있어 일을 그르치기도 한다. 물론 뒤끝은 없다. 금전적 욕구보다는 항상 체면이나 지위에 관심을 가지게 한다. 금전적 가치가 지배하는 사회에서는 도도해 보일 수도 있다. 의리에 밝다.

정화(丁火): 정화는 병화와 같은 오행이나 적지 않은 차이가 있다. 소양인이라 할지라도 정화일간은 소양인이라 생각이 들지 않게 행동하는 사람이 적지 않다. 기본적으로 완벽을 추구하여 꼼꼼하므로 소음인이라는 생각이 들게 하기도 한다. 자신과 가치가 같지 않으면 무시하는 경향이 있고 자기중심적이다. 소양인답지 않게 로맨틱한 면을 보이기도 한다.

土

소양인이 토가 일간일 경우 일간의 힘으로 거대한 목의 세력에 맞서 살아남아야 할 처지에 놓이는 격이다. 결국 취약해진 자아는 실패의 경험을 맛보게 되므로 소극적이며 우유부단해진다. 다행히 자신을 생하고 목의 기운을 약화시키는 화가 주위에 있으면 이러한 성향이 완화될 수도 있다. 물론 종격일 경우 자신의 세력은 취약하나 다시 대운에서 토의 세력이 도와주지 않는 이상 무난할 수도 있다.

무토(戊土): 무토는 고집과 침묵의 상징이다. 무토가 소양인의 성정과 결합되면 외형상으로는 으스대며 자신을 포장하는 습성으로 드러난다. 그러나 내면적으로는 취약하고 여리다. 쉽게 자신의 주장을 꺾지만 그런 사실을 밖으로 드러내지 않으려 애쓰는 모습이다.

기토(己土): 무토와 기토의 차이는 겉으로 드러난 모습에서는 차이가 나지만 내면적 차이는 크지 않다. 인정이 많아 베풀기를 좋아하고 논리적이기 보다는 감성적이다. 눈물이 많은 사람이다. 소양인임에도 내성적인 면이 강해 음인으로 오인되기도 한다. 결정적인 순간에 자신의 주장을 굽히기도 한다. 의견을 물어보면 "모르겠어요."라는 답이 많다. 음인들은 시간을 두고 결론을 도출하나 소양인 기토 일간은 시간이 지나도 여전히 모른다고 한다. 답답하다는 느낌을 준다.

金

소양인이 금이 일간일 경우 일간의 힘으로 거대한 목의 세력과 싸워야하는 처지에 놓이게 되는 격이다. 결국 자아를 지키기 위해 자신의 모습은 거칠게 변하게 된다. 소양인의 특성인 안에서 밖으로의 에너지 발산이 극에 달하게 되는 것이다. 물론 자신을 생하고 목의 기운을 약화시키는 토가 주위에서 도와주는 역할을 하면 이러한 성향이 다소 완화될 수도 있다. 특히 대운에서 토나 금이 들어오면 성정이 순해지고 지혜로움도 살아나는 경우가 있다. 공히 공치사(=아부)에 약한 것이 흠이다.

경금(庚金): 글자 그대로 경금의 성정과 소양인이 만났으니 안하무인(眼下無人) 격이다. 눈에 보이는 것이 없고 자신이 옳다는 주장을 굽힐 줄 몰라 적이 많다. 자기 과시욕이 극에 달하여 외형상 태양인의 성정을 능가한다. 이런 경우 태양인과의 구분은 외모를 통해 가능하다. 특히 눈빛이 날카롭지는 않다.

신금(辛金): 경금의 경우와 큰 차이는 없으나 그나마 남의 말을 잘 듣는 편이다. 특히 배우자와 사이가 좋을 경우 배우자, 가족, 친한 친구의 말에 쉽게 흥분도 하고 잘 따르는 경향이 있다. 상대가 눈에 보이지 않으면 흥분하다가도 막상 그가 앞에 있으면 마음이 약해지기도 한다. 속임수나 사기 등에 유난히 약하다. 학습이 큰 도움이 되지 않는다.

水

소양인이 수가 일간일 경우 일간의 힘으로 거대한 목의 세력을 생해야하는 막중한 처지에 놓이게 된다. 결국 자신의 힘은 고갈되고 나약한 에너지만이 남게 되는 것이다. 결국 자신의 주장이 약해지고 심한 경우 양인임에도 불구하고 내성적인 면을 보이기도 한다. 그러나 내면적으로는 시기심이 발동하여 성격만 보면 소음인으로 오인 받기가 쉽다. 이 경우 외모나 체형 등을 통해 구별이 가능하다.

임수(壬水): 소양인의 성정과 임수 일간의 성정은 반대에 가깝다. 결국 명식의 구성이 주 성격을 좌우한다. 명식이 잘 흘러 주면 임수의 특성인 뛰어난 예지력으로 인해 똑똑하다는 소리를 들을 수도 있다. 반대의 경우 내성적이며 답답하고 고집이 센 사람으로 비치게 된다.

계수(癸水): 포장은 요란하고 실속이 없는 사람으로 비쳐진다. 내면적으로는 나약하기 그지없다. 항상 외관은 깔끔하나 자존심을 내세우기 위해 언행에 과장이 많고 뒤끝이 희미하다.

소음인

소음인의 전체 사주 명식은 수가 세력을 형성하는 것이 일반적이다. 본래 오행 가운데 수는 차가움의 상징인데 금의 세력이 더해질 경우 극도로 차가워지므로 소음인들은 몸이 차갑다고들 한다. 소음인 경우 일간이 목일 경우 신강(身强)해진다. 세력을 이루는 수에 의해 생해지기 때문이다. 수일 경우도 마찬가지이다. 그러나 목과 수는 조후에서 차이를 보이므로 외부로 드러난 모습은 크게 다르다. 목인 경우 목은 더우나 수는 차므로 중화되어 소음인다운 모습이 상쇄되지만 수인 경우 소음인적 성격이 강해져 강한 자아의식인 고집으로 나타난다. 일간이 화나 금, 토일 경우는 상대적으로 신약(身弱)해진다. 화의 경우 큰 세력인 수를 극하기 위해 신약해지고 금일 경우는 작은 힘으로 큰 세력인 수를 생하기 위해 탈진할 것이며 토일 경우는 수의 세력을 극하기 위해 약화되어 취약한 자아가 될 것이다.

木

소음인이 목이 일간일 경우 사주의 주된 세력인 수의 세력이 일간인 목을 생하는 모습이 된다. 언급한대로 목과 수는 건(乾)과 습(濕)이 결합되는 것이다. 이 경우 일간을 제외한 주변 글자 중에 목이 있으면 목의 성향은 강하게 변한다. 수와 목의 기본적 성향은 서로 반대임에도 불구하고 목의 성향이 강하게 되니 소음인의 상징 오행인 수의 성향이 외부로 드러나는 격이 되는 것이다. 결국 주변인에게 자신의 가치 지향성인 최고를 강요하게 된다. 또한 소음인의 성향인 시기 질투심은 강한 승부욕으로 나타나기도 한다. 수가 목을 생하는 형국은 마치 온실에서 자란 화초나 과잉보호로 성장한 아이처럼 오히려 자신의 힘이 약화되거나 불안정한 심성이 될 수 있는 것이다.

갑목(甲木): 소음인의 일간이 갑목이나 을목일 경우 공히 소음인적인 성향이 노출되지 않는다. 즉 자신의 성향이 밖으로 드러나는 것이다. 특히 갑목의 경우 무엇이든 최고의 가치를 드러내어 최고급이나 일류 지향적인 성향을 보인다. 엘리트 의식도 강하다. 소양인 역시 이런 성향이 있으므로 소양인처럼 보이기도 한다. 체면의식도 강해 형식이나 절차를 찾고 명분을 세우기도 한다. 소음인답지 않게 활동적인 모습을 보인다.

을목(乙木): 을목의 경우는 갑목과 유사하나 거래적인 측면에서 강한 편이다. 잊지 않고 보복을 한다든가 빚을 지면 반드시 갚는 것이다. 자존심 또한 매우 강한데 겉으로 강조하지 않는 편이다. 내면적으로는 섬세하고 꼼꼼하여 차근차근 자신의 목표를 향해 행동에 옮긴다. 흔히 겉과 속이 다르다고들 한다.

火

소음인이 화가 일간일 경우 사주 명식에서 세력을 이루는 수가 적이 되어 나를 공격하는 형국이 되므로 일간 혼자 상대하려니 자신은 매우 약해진다. 주위에 화를 돕는 목이 있으면 목은 수가 생해야 하고 그 목은 일간을 살려주니 흐르는 사주가 되어 무난한 성격이 될 수도 있다. 그러나 이런 경우는 흔치 않으므로 대체로 소음인의 불안전성이 심해지고 매우 자기중심적이 되거나 피해 의식이 강해 마음의 빗장을 닫고 극도의 내성적 성격이 될 수 있다.

병화(丙火): 병화의 성정은 불이라기보다는 빛에 가깝다. 태양 빛이나 달빛은 물로 다스리는 대상이 되지 못한다. 합의 원리에서 병과 신이 결합하여 수가 되는 것은 금속에 불을 대면 금속은 끝내 녹겠지만 빛을 비치면 물이 맺힌다는 것이다. 만약 넓은 호수에 해가 비친다면 물이 증발하겠는가. 아니다. 그저 넓게 비추는 것이다. 그래서 임수와 병화는 상극이 아니라고 한다. 병화의 경우 수의 성향이 계수인가 임수인가에 따라 크게 다르다. 계수의 경우 극도의 불안감이나 자신감의 결여, 우울증 등으로 나타나겠지만 임수의 경우 오히려 무난한 성정을 가져 넉넉한 마음을 가질 수도 있다.

정화(丁火): 정화의 경우 병화와는 다른 결과가 나타난다. 정화는 크던 작던 불이다. 정화와 물은 큰물이든 옹달샘이든 상극이다. 목의 도움이 없다면 지극히 자기 방어적이며 포장과 허영에 들떠 불안한 자신을 숨기려 할 것이다. 그런 방법을 택하지 못하면 자심감이 결여되고 극도의 불안감으로 시달리게 되어 근심걱정에 사로잡히게 된다. 결국 소음인의 성정이 그대로 표출된다.

土

소음인이 토가 일간일 경우 일간의 힘으로 거대한 수의 세력에 맞서 극하려고 하는 형국이니 자신의 힘은 살아남지 못한다. 결국 취약해진 자아는 위축되어 조그만 외압에 의해서도 쉽게 굴복하게 된다. 당연히 알려진 그대로의 소음인 성정답게 행동한다. 소음인 특유의 아집도 별로 없다. 다행히 자신을 생하고 수의 기운을 약화시키는 화가 주위에 있으면 다행이다. 그러나 수의 힘을 약화 시키는 목이 투출하면 목은 자신을 극하므로 최악의 상태가 된다. 종격일 경우 자신의 의지력은 더욱 약화되어야 하므로 이 경우에도 소극적인 소음인의 특징이 더욱 강해지게 된다.

무토(戊土): 무토가 소음인의 성정과 결합하면 소음인의 내성적 성격과 무토의 침묵이 결합하니 입에 지퍼를 달고 있는 격이 된다. 고요 그 자체이다. 무토임에도 쉽게 포기하는 성향이 강해 끈기가 약하다는 평가를 듣는다. 고집은 있으나 오래가지 못한다.

기토(己土): 이 경우 무토와 큰 차이가 없다. 본래 지지(地支)와 달리 십간에는 토가 두개 있는데 무(戊)와 기(己) 두개의 성격상 차이는 크지 않다. 특히 소음인의 성향과 명식의 구조를 볼 때 더욱 그러하다. 남에게 보이기 위해 작위적 가치관을 가진다거나 공치사와 자기자랑하기를 좋아하지만 소양인과 달리 드러내 놓고 떠들지 않는다. 특히 자신의 안정을 얻기 위해 강자에게는 쉽게 복종하는 경향이 있어 혼자 하는 일에는 익숙하지 못하다.

金

소음인이 금이 일간일 경우 일간의 힘으로 거대한 수의 세력을 생하려는 형국이 된다. 결국 큰 세력에 복종하는 종격이 되어야 오히려 무난한 성품을 갖게 된다. 대단히 의존적이며 지구력이 취약하고 소극적이다. 자신의 당여에 지나치게 집착한다. 이 경우 수의 힘을 약화시키는 목이 있어도 도움이 되지 않는다. 일간인 금은 목과 싸우려들게 되기 때문이다.

경금(庚金): 경금의 성정은 고집과 추진력이다. 그러나 수의 세력은 이를 약화시키므로 추진력이 약해진다. 결국 불안한 마음에 가까운 사람들과 상의한다. 용두사미(龍頭蛇尾)격인 경우가 많다. 고집은 있지만 쉽게 포기한다. 소극적이라는 평가를 받지만 남이 하면 같이하는 데에 익숙하다.

신금(辛金): 소음인이 신금이 일간이면 정에 약한 사람을 의미한다. 눈물이 많고 인정에 취약하다. 손아래사람에 대한 희생정신이 강하다. 자신은 굶더라도 자식은 배불리 먹이는 한국의 어머니 상을 연상하면 된다. 남에게 베푸는 일에 환희를 느끼는 타입이다.

水

소음인이 수가 일간일 경우 전체가 수의 세력으로 구성되는 경우를 의미한다. 결국 명식의 구조에 따라 차이는 있겠지만 종격이 될 가능성이 많다. 사주명식이 차갑고 대운이 수나 금일 경우 대발하는 대신에 아닌 경우 건습이 중화되기가 어려워 건강상 어려움을 겪는다. 대체적으로 냉정하여 완벽을 추구한다. 사주에 금이 있으면 종격이 될 가능성이 더욱 크며 이 경우 금은 인수이다. 그러므로 원리 원칙적이며 단호한 성정의 소유자가 될 가능성이 매우 높다.

임수(壬水): 소음인의 성정과 임수, 계수의 성정은 거의 일치한다고 보아도 무방하다. 임수의 경우 원리원칙을 중시하며 외면상 상냥하나 내면적으로는 냉정한 사람이다. 명분 없이 설득이 쉽지 않다. 소음인이지만 나름대로 무게도 있으며 가까운 사람에게도 말수가 적다. 생각은 길지만 한번 결정하면 꾸준하다.

계수(癸水): 임수 일간과 비슷한 성정이나 다소 차이가 있다면 원인에 관계없이 모든 것이 완전해야 한다고 생각하는 완벽주의자다. 마무리든 과정이든 문제가 있으면 쉽게 상처 받는다. 항상 외모와 차림새가 깔끔하고 청결한 것을 선호한다. 주위를 쓸고 닦는다든지 정리정돈이 완벽한 사람은 소음인 계수일간일 가능성이 높다. 주위 사람들을 피곤하게 만든다.

태양인

태양인의 전체 사주 명식은 화가 세력을 형성하는 것을 의미한다. 오행 가운데 화는 뜨거움의 상징이다. 일간주위에 목이 있으면 활활 타서 재가 되는 형국이다. 이 경우 자신의 힘만으로는 불가하므로 수의 도움이 없으면 태양인 가운데 신약한 면을 보여 오히려 부드러운 성품을 보인다. 수는 전체 사주 명식을 식히는 역할도 하기 때문이다. 이런 중화에 의한 무난함을 얻으려면 지지에 습토인 축토나 진토가 있으면 좋다. 습토는 화를 식히는 데 매우 효과적이다. 불을 끄는 데도 좋지만 화가 생하므로 강해져 힘을 빼 준다. 태양인의 성정이 최고로 강해지는 것은 역시 일간이 토이거나 화인 경우이다. 이 경우 종격이건 그렇지 않건 전체 명식이 펄펄 끓는 형상이 된다. 금일 경우는 전체 화의 기운이 자신을 극하므로 나약한 자신이 된다. 태양인 가운데 비교적 유순하고 유연한 자세를 보이는 사람이 될 가능성이 높다. 이 경우에는 일간 주위에 토가 있으면 안성맞춤이다. 금은 화의 힘을 약화시키고 일간인 금의 힘을 강화시키기 때문이다. 결국 사주 명식이 잘 흘러주므로 성정도 차분하고 무난하게 될 뿐만 아니라 지혜로움에도 도움이 된다.

이상 태양인에 대한 설명은 명리에 의한 해석들이었다. 사실 한국의 경우 태양인의 인구분포는 2-3% 이내이고 실 사례가 적어 구체적 해설은 본서에서 생략한다. 현재까지 연구된 바로는 미국과 같은 다민족 국가나 다른 몇 곳에서 인구분포가 우리나라와 다른 것으로 보고되고 있다. 보다 심층 연구를 통해 향후에 사례를 정리하면 흥미로운 결과를 얻을 수 있을 것이다.

5. 자기 경영의 길

수신제가치국평천하(修身齊家治國平天下)라는 어구는 세상의 모든 일을 성취하고 무엇인가 얻으려면 그 중심에는 자신의 수양이 있어야 한다는 것을 의미한다. 결국 모든 일은 자신으로부터 비롯된다는 것이다. 그러나 보통 사람들의 눈에는 그렇게 비치지 않을 것이다. 온갖 종류의 외부 환경 변수들은 나의 의욕과 노력을 방해한다고 여겨질 것이다. 내가 아무리 조심스럽게 운전해도 달려드는 차를 막을 길이 없고 가진 것이 없으면 밥을 사먹을 수 없는데 무슨 소리냐고 할 것이다. 그러면서 우리는 소싯적 배운 것들을 조금씩 어기기 시작한다. 그리고 앞서 언급한 "노력만 하면 무엇이든지 얻을 수 있다."는 서구적 진리에 조소를 던질 것이다. 시간이 흘러갈수록 이런 행동들이 정당화될 수 있는 사건들은 반복된다. 노력을 한다고 되는 것이 아니라는 사실은 이미 경험을 통해서 터득했기 때문에 노력과 운명의 함수 관계를 자기중심적으로 새겨진 자신만의 잣대로 측정할 것이다. 그러나 우리는 여전히 노력하지 않을 수 없다. 내가 가지고 싶은 모든 것들을 얻을 수는 없어도 그 가운데 일부는 얻을 수 있다는 것 또한 경험해 보았기 때문이다. 그러나 우리는 여기서 짚고 넘어가야할 것이 있다. 그것은 그 노력이 무엇을 위한 것이냐는 것이다. 이제 우리는 인생 속에 퍼부었던 수없이 많은 노력들이 무엇을 목표로 했던 것인지를 따져볼 필요가 있다.

냉정하게 따져보면 우리의 목표는 성취라는 미명하에 무엇인가를 소유하기 위해 추진되었던 것이 아닌가를 따져봐야 한다. 인간은 태어나면서부터 무엇인가를 가지려는 욕구를 가진다. 어머니의 젖을 먹으면서 어머니의 사랑을 독차지 하려고 한다. 장난감을 가지고 싶어 하고 자신만의 공간을 가지고 싶어 하고 좋은 옷과 맛있는 음식, 그리고 친구의 사랑을 독차지하고 싶어 한다. 좋은 성적을 얻어 칭찬을 받고 싶어 하고 존경받을 만한 직장과 이성 친구를 얻고 싶어 한다. 우리는 가지고 싶어 하는 모든 것들이 나의 소유 안에 자리 잡기를 바라지만 현실과 달라 괴로워한다. 가지고 싶은 것들은 늘어만 나는데 나의 목표 수준과 실제로 내가 가지고 있는 것, 혹은 가지게 될 가망성이 있는 것들의 크기는 점점 멀어만 간다. 욕망의 크기는 기하급수적으로 늘어나는데 내가 가지기 위해 쏟아 부을 수 있는 노력의 크기는 산술급수적으로 늘어날 뿐이다. 결국 우리는 좌절을 하게 되고 편법을 동원한다. 원칙이란 목표를 달성하기 위해 도움이 되지 않는다고 생각한다. 때로는 인간으로써 지켜야하는 최소한의 도리마저 망각하기도 한다. 욕망의 크기와 획득의 크기 사이에 존재하는 커다란 불균형은 인간을 불행하게 만드는 것이다.

이러한 불균형을 해소할 수 있는 방법은 두 가지가 있다. 한 가지는 욕망의 크기를 절제나 억제를 통해 작게 하는 것이요, 또 한 가지는 기발한 방법을 동원하여 나만이 그 욕망의 크기를 채우는 것이다. 물론 대부분의 사람들은 후자를 택한다. 욕망의 억제란 항상 고통을 수반하기 때문이다. 마치 맛있는 음식을 앞에 놓고 늘어나는 체중으로 인하여 거부해야 하는 상황과 같다. 과잉 섭취로 인하여 온 몸에 비계가 쌓여 굶어야 하는 처지에 놓이게 된 것이다. 물론 평소에 필요한 만큼만 섭취했다면 이런 지경에 이르지는 않았을 것이다. 필요한 만큼만 섭취하는 것이 곧 절제이다. 욕망이라고 해서 다를 것이 없다. 어느 날 갑자기 욕망을 절제하려니 엄청난 고통이 수반된다. 많이 가지면 많이 가진 만큼 좋을 것 같지만 실제로는 그렇지 못하다는 사실을 모른다. 의학이나 과학이라는 절대적인 가치가 이성에 호소하여 객관화되지 않는 한 욕망의 절제란 늘 상 흥미롭지 못한 수도자의 제한된 행위로 여겨질 것이다. 지금도 시중에는 어떻게 하면 짧은 시간에 많은 것을 가질 수 있는가를 강의한다든지 책에 써 놓는다든지 인터넷 사이트에 올리는 일은 계속되고 있으며 꾸준히 대중의 인기를 끌고 있다. 만약 그런 것들이 스모 선수들의 초기 훈련처럼 어떻게 하면 짧은 시간에 체중을 불리고 살이 쪄 체지방의 비율을 올리는 비법과 같다고 생각한다면 그렇게 대중의 사랑과 관심을 갖지는 못할 것이다. 애석하게도 더 많이 가지려는 것과 체중을 늘리려는 행위는 동일하다. 그럼에도 불구하고 사람들은 기발한 방법으로 하루아침에 가진 것을 늘리는 일에 몰두하고 있다.

물론 본서의 초점은 욕망의 절제다. 어떻게 하면 욕망을 절제할 수 있는가 보다는 왜 욕망을 절제하여야 하는가를 보다 밀도 있게 서술해 갔다. 욕망의 절제는 사고의 전환과 자기희생을 요구한다. 어느 누구도 자신의 욕망을 절제하여야 한다는 말에 동의하지 못한다. 아무런 이유도 없이 가진 것을 내 놓으라든지 가지려 하지 말라고 한다면 따를 사람이 없다. 그래서 생각하는 존재인 인간은 이유를 알아야 한다. 그리고 그 이유가 아무리 합당하고 논리정연하다고 할지라도 사람들은 그렇지 않다고 반박하는데 최선을 다 할 것이다. 인간의 내면에서 용솟음치는 욕망은 본능적으로 발버둥 칠 것이다. 인생이 길어져서 자신의 욕망을 추구하다 모든 것을 잃고 참된 삶이 무엇인지를 경험해 보았다면 그것은 큰 행운이다. 그러나 대부분의 사람들은 욕망을 추구하는데 있어 진행형이다. 자신이 세운 목표를 추구하는 과정에서 마지막 고지를 앞두고 좌절의 쓴 맛을 보았다 할지라도 깨달음의 경지로 전환되기 보다는 똑 같은 일을 반복함으로써 소중한 시간을 낭비한다. 결국 깨달음은 자신의 안에 있는 것이다. 내가 발견한 나의 참된 모습 속에서 보면 욕망의 추구가 얼마나 나를 괴롭히고 척박하게 하는가를 깨닫게 되기까지는 엄청난 수업료를 지불해야 한다.

망해보고 좌절해보고 끝내 남들이 시기할 만큼의 성공을 거두어 보고서야 공허함 속에서 자신의 참된 모습을 찾는다. 산위에 올라서면 더 높은 산이 있거나 비슷한 산들이 주변에 있다. 그리고 그 아래를 보면 나의 자리에 올라서기 위해 지친 몸을 달래는 사람들의 무리가 보일 것이다. 그렇게 값비싼 초조함이나 서두름, 자신과 주위를 희생하는 따위의 고통을 지불하지 않고도 여기에 오를 수 있었다는 것을 깨닫게 된다. 그리고 어차피 나의 능력이나 주어진 시간 속에서 내 주위의 모든 산들을 오를 수 없으며 내가 오른 정상의 좁은 땅에서 할 수 있는 것은 기대와는 달리 매우 제한되어 있다는 것을 깨닫게 될 것이다. 그리고 내가 생각한 이 정상은 더 높은 산에서 바라보면 보잘 것 없을 수도 있다는 것을 알게 될 것이다. 수없이 많은 선각자들은 이런 평범한 진실을 발견하고는 끊임없이 설명했다. 몇 안 되긴 하지만 소수의 사람들은 그 뜻을 따랐다. 그러나 대부분 그나마 자신과의 싸움에서 패배하고는 오히려 후회해야만 했다.

모든 사람이 정상에 오를 수 있는 것이 아니다. 다만 누가 오를지 모르는 만큼 모두가 도달하기 위해 기대에 차 엎치락뒤치락 경쟁할 뿐이다. 자신의 능력이 받쳐주든 그렇지 않든 그 것을 얻기 위해 인생에 주어진 시간과 노력을 투자하고 있다. 그러나 그 자리는 순서가 오면 누구에게나 응당 주어지는 것이 아니다. 그 자리를 획득할 수 있는 사람들의 수는 산지에 비해 정상의 면적이 작은 만큼이나 적은 수이다. 그리고 이미 정해져 있다, 누가 그 자리의 임자가 될 것이라는 것은. 그리고 그 정상의 높이와 크기에 약간의 차이는 있지만 정상의 주인공들은 정해져 있는 것이다. 물론 인간의 생각에 의해 만들어진 가치는 천편일률적이다 보니 누구나 그 자리를 차지하고 싶어 한다. 보다 높고 넓어서 그 자리에서 여유를 부리며 나 이외의 다른 더 높은 곳을 볼 필요도 없이 아래를 굽어 볼 수 있는 오직 하나의 자리를 가지고 싶어 한다. 그 자리의 주인공이 누구라는 것이 이미 정해져 있다고 떠들어대면 그 누구도 희망을 가질 수 없는 것이 아니냐고 할 것이다. 그러나 냉철하게 생각해 보면 그런 기준들은 인간 스스로가 만든 조형물이다. 높고 낮은 것도 넓이의 차이도 온전히 인간의 잣대에 의해 새겨진 것이다. 인간의 능력으로 우주의 광대함과 자연의 오묘함을 품을 수 없는 것처럼 원래 그런 것은 존재하지 않거나 있더라도 너무 하잘 것 없어 무시할만한 것인지도 모른다. 결국 가진 것과 가지지 못한 것의 차이나 가진 것의 크기 차이는 인간 스스로가 만든 것이요, 얻고 얻지 못하는 것은 내 마음 속에 달려 있다는 것이다. 그런고로 어떤 이는 삼시 세끼를 겨우 먹고 남들 다가는 여름휴가를 못가도 불만이 없는 것이고 어떤 이는 온갖 산해진미에 세상유람을 다니면서도 세상을 한탄한다.

본래 역의 원리에서 암시하는 것은 길흉(吉凶)이다. 그러나 길한 일과 흉한 일의 구분은 인간의 몫이다. 여기에 인간의 욕망이 가세하면 그야말로 길흉의 구분은 모호해진다. 가령 1억 복권이 당첨된 사람은 처음에는 공돈이 생겨 기뻐하지만 이내 10억 당첨된 사람이 자신의 의식에 잡힌다. 그리고 자신의 숫자 선택을 후회 한다. 하나만 다른 숫자를 선택했으면 10억에 당첨되었을 텐데. 그러나 그 사람은 자신이 현재 당첨된 숫자 중에 하나만 다른 선택을 했어도 1억이란 행운은 없다. 상식적으로 들릴지 모르지만 우리 모두는 이러한 딜레마에 있다. 아들이 똑똑하여 일류 대학에 입학하였다. 그러나 그 아이에게 건 기대가 최고 명문대였다면 별 차이도 없는 유사 명문대에 들어간 것도 성에 차지 않아한다. 조금만 더 운이 좋다거나 조금만 더 열심히 했으면 이라는 아쉬움을 삼킬 것이다. 물론 신통치 않던 아이가 명문대에 입학했다면 반대의 생각을 가지겠지만 시간이 지나가면 유사한 욕망이 꿈틀거린다. 그러나 분명한 사실은 지금 잘 되었다고 생각하는 일이 죽는 날까지 잘된 일인지, 아니면 지금 잘 못되었다고 생각하는 일이 영원한 불행의 씨앗인지는 아무도 모른다.

한동안 부동산 경기가 침체되어 시 공무원이었던 S씨는 시유지를 개발하여 분양했던 상가를 사라고 종용받았다. 한 때 체신 공무원들에게 보험 상품을 판매하라는 것과 유사한 압력이었다. 실제 모집 성적이 좋지 못한 공무원들은 인사상의 불이익을 감수해야 했다. 사실 물건 값어치로 치면 거의 헐값에 가까웠으며 분양 대금의 대부분을 시 보증으로 융자를 알선해 주었기 때문에 보장은 없지만 미래에 부동산 경기가 회복되었을 경우 막대한 차익을 기대할 수 있었다. 공무원들에게는 공식적으로 부동산 투자에 나설 수 있는 기회였다. 그러나 소심한 S 씨는 분양받지 않았다. 어려운 살림에 융자금을 갚는 것도 어려웠고 나중에 값이 더 떨어질 경우 빚더미에 쌓일 것이 두려웠기 때문이다. 다행히 희망자가 많아 문책은 피할 수 있었다. 결국 몇 년 후 건물이 지어지고 입주가 시작될 즈음 부동산 경기는 붐이었다. 동료들은 이 일로 하루아침에 수억씩 거머쥐게 되었다. S씨는 내심 적지 않게 후회되었지만 아내를 생각해 내색도 못하고 있었다. 그러던 중 검찰 주도하의 감사에서 공무원들이 분양 받은 것이 특혜로 간주되어 당시 관련 공무원들은 권고사직 하게 되었다. 그의 동료들은 돈을 몇 푼 쥐기는 했지만 실업자로 전락하게 된 것이다.

분명히 보통 사람들의 생각으로는 S씨에게 주어진 분양권은 길한 일이었다. 그러나 결국 그 분양권은 흉한 일로 변하게 되었다. 글자그대로 새옹지마(塞翁之馬)인 것이다. 인간은 미래를 예측하는 데 한계가 있기 때문에 길흉을 점치지 못한다. 그러나 다른 한편으로는 미래를 안다고 해도 그 일의 길흉 여부를 정확히 알지 못한다. 다만 멋대로 자신의 의지대로 해석할 뿐이다. 그런 관점에서 역이 제시하는 길흉이란 오로지 인간의 판단에 의한 것이 아니라는 것이다. 어머니가 쓰디쓴 약을 주면 아이는 병으로 인한 고통보다 더 서럽게 울고 보챈다. 아이 입장에서 쓴 약을 먹는다는 것은 분명히 흉사이다. 고통스럽기 때문이다. 그러나 그 약이 자신의 목숨을 구하게 될지에 대한 확신이 없기 때문에 불만스럽다. 인생이 그렇다. 우리는 실제로 무엇이 흉하고 길한지 모른다. 자기 멋대로 판단하고 세상을 원망한다. 반대로 흉한 일인지도 모르고 또 다른 욕심을 마음 속에 키운다. 그래서 수양이 필요하다. 수양이란 있는 그대로를 받아들이는 것이다. 나에게 주어진 나의 삶에 순응하는 것이다.

기업 조직에게 환경의 변화와 불확실성은 인간사에서와 마찬 가지로 영원히 풀지 못한 과제이다. 초기 결정론자들은 이러한 변화는 주어진 것이요 수동적으로 받아들여져야 한다고 주장했다. 오로지 환경의 선택을 받기 위해 조직군 안에 속한 조직이나 조직 속에 속한 구성원들은 상호 경쟁한다고 하였다. 마치 시험을 치루는 수험생처럼 시험이란 환경이 자신의 의지와 무관하게 주어지지만 시험의 목적인 소수의 선택이라는 명분하에 선택받기 위해 노력하고 경쟁한다는 것이다. 물론 이 후의 임의론자 들은 인간의 역량이나 능력에 의존하는 전략이나 자원론을 들고 나와 반발한다. 얼른보면 결정론의 핵심 개념은 운명을 받아들이는 역의 사상과 동양적 관점의 수양을 떠오르게 할 것이다. 그러나 있는 그대로를 받아들이는 것은 수동적이라거나 소극적 자세만을 의미하지는 않는다. 우주의 원리를 좇는 인간은 우주가 품고 있는 무수한 구조물 가운데 하나이며 그 안에 우주와 같은 구조의 또 다른 우주가 있다. 즉 우주 안에 있는 모든 구조물의 구조는 대동소이(大同小異)한 것이다. 인간이 이러한 섭리를 부정하는 것은 자신을 부정하는 일이다. 환경의 변화도 상황의 변화도 천지의 변화도 역의 원리 안에 있다. 역이란 모든 변화의 일반적 원리를 설명한다. 결국 나의 변화는 전체의 변화인 것이요, 전체의 변화는 나의 변화이다. 내가 거스르는 것은 그 변화를 따르지 못하는데 있다. 순리에 의해 나아가는 변화에 자신을 얹지 못하며 정해진 변화를 부정하면서 불균형이 시작된다. 질병과 갈등, 고통, 불만, 불행, 스트레스, 등 등 인간이 겪는 온갖 고통의 원천은 이 불균형에서 시작한다.

인간 스스로가 가장 모르는 것이 인간이요 가장 손쉽게 알 수 있는 것도 인간이다. 인간이 스스로를 알지 못하는 것은 자신의 모습을 본적이 없으며 자신의 목소리조차 들어본 적이 없어서만은 아니다. 인간은 거울 속에서 자신의 모습을 보고 그 것이 자신이라 생각하고 녹음된 자신의 목소리를 자신의 실제 목소리라고 믿게 되면서 자신에 대하여 오해하기 시작한다. 그리고 자신은 자신을 너무나 잘 안다는 오만 속에 빠진다. 소경이 코끼리의 다리를 만지고 코끼리를 논하듯이 인간은 자신에 대한 오만에 빠지는 것이다. 자신을 알면 우주를 아는 것이다. 자신이 겪어야할 미래는 물론 자신이 지닌 욕망의 그릇이 얼마만큼 큰지 모른다. 죽을병에 걸려 인생을 후회하고 깨닫는 사람들을 수없이 본다. 그들은 거의 같은 내용의 말을 내 놓는다. 인생의 무상함과 회한, 자신의 욕망이 저지른 부끄러운 시간들에 대하여 이야기 한다. 그래도 이런 사람들은 나은 것일 수도 있다. 적어도 죽는 날까지 자신이 가진 것에 대한 미련을 떨치지 못하고 제 곁에 묻어달라는 사람들보다는 나을 것이다. 그러나 인생을 후회하며 성찰하는 사람들도 그들에게 죽음의 날이 연기된다면 그들이 지금 고백하는 후회를 행동에 옮기리라는 보장은 없다. 그들 가운데 일정 비율의 사람들은 자신의 과거 생활로 회귀할 것이다. 그리고는 혹시 한 번 더 연기될지도 모른다는 과욕을 부릴지도 모른다.

역의 원리는 인간의 불균형과 미련함, 그리고 철없음을 경계하여 마련해 놓은 거대한 천기이다. 그래서 계급의식이 팽배했던 과거 시절 역은 소수인 들에게 만 제한적으로 학습이 허용되었다. 핵무기처럼 선한 일에 사용되면 약이 되지만 그렇지 않을 경우 독이 된다고 여겨졌다. 그러나 오늘날 지식의 독점을 정당화할 논리는 어디에도 없다. 그 원천이 어디에 있든 관계없이 누구나 자신의 관심과 노력만으로 지식을 얻을 수 있는 세상이 되었다. 그러나 모순되게도 사람들은 제한되던 시절에는 얻고자 갈구했지만 지금은 어떤 제한이 없는 데도 불구하고 찾으려 하지 않는다. 설령 찾는다 해도 전문화 사회라는 이름으로 자기 스스로 학습하려고 하지 않는다. 몇 푼의 화폐로 결과만을 얻으려 한다. 혹은 비과학적이라는 이유로 남의 눈치를 보거나 애써 무시하려들기도 한다. 마치 장발 단속을 할 때는 머리를 길게 기르고 싶어 하더니 자유롭다하니 단발이 유행하는 격이다. 그러나 역은 응당 자기 스스로 학습해야하는 영역이다. 인간은 본래 이기적이어서 타인에게로부터 약간의 도움을 얻을 수 있을지는 모르지만 아무도 나의 갈 길을 자신만큼 애정을 가지고 인도하지는 못한다. 결국 헤쳐 나가야 할 사람은 나 자신인 것이다. 나 스스로 자신을 판단할 때 곳곳에 편견의 함정이 도사리고 있기는 하지만 최선의 관심과 사랑이 동반될 수 있다. 물론 궁극적 수양의 목표는 나를 위한 것이다. 그리고 역에 대한 학습은 백 가지를 그릇되게 아는 것 보다는 한 가지를 제대로 알고 아흔 아홉 가지를 모르는 것이 훨씬 나은 결과를 가져온다는 사실을 간과해서는 안 된다. 행여 정확하게 모르는 부분을 자신에게 유리하게 해석한다든지 함부로 남의 운명을 깎아내리는 것은 절대 금물이다. 해석은 자유이다. 그러나 그릇된 생각은 해석과 미래의 현실이 일치하지 않게 하고 불신을 낳는다. 그리고 역을 이용한다든지 악용해서도 안 된다. 역의 궁극적 목표는 자신을 수양하고 남을 구제하는 것이다. 온전히 인간들에게 알지 못하는 영역에 대하여 설명해 줌으로써 불안을 떨쳐버리고 대비하라는 의도에서 활용되어야 한다. 행여 재물을 더 얻는다든지 자신의 욕망을 채우기 위해 세상 사람들에게 고통을 알려 주려고 한다면 그만큼의 비용을 지불해야 한다.

각설하고 다시 나 자신을 올바로 경영하기 위한 방법을 제시해 본다. 앞서 학습한 내용은 크게 도움이 될 것이다.

다섯 가지 오행신(五行神)

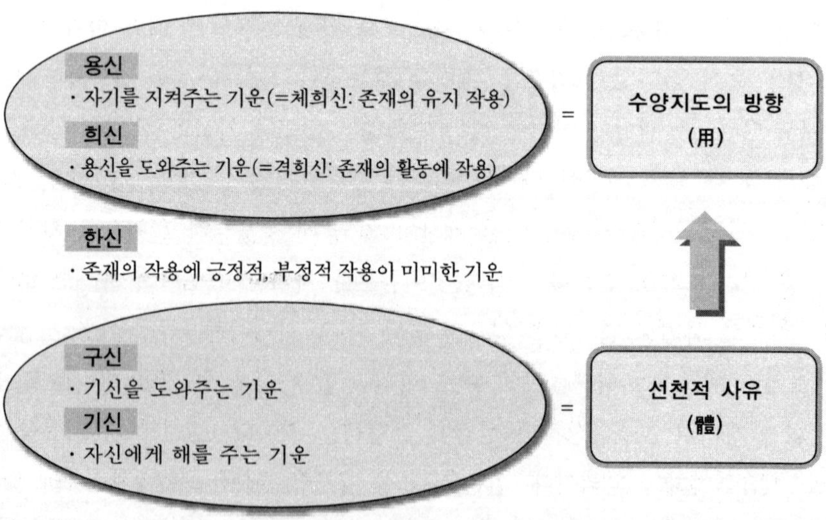

상단의 그림은 나 자신에게 영향을 주는 다섯 개의 신을 도해하고 있다. 이 가운데 용신(用神)은 체희신(體喜神)으로서 나 자신이 존재할 수 있도록 도움을 주는 기운을 발한다. 예컨대 나의 용신이 목이라면 목이라는 오행은 이 세상에서 나라는 존재를 유지 시킬 수 있는 데 결정적 역할을 하는 것이다. 즉 내가 존재하는 공간에 시간의 흐름에 따라 목의 기운이 포함된 해나 월, 날이 오면 기운을 얻는다는 얘기가 된다. 물론 나의 대운에 그 기운이 충만하다면 나는 더욱 기운이 충천하여 내가 의도하고 바라는 쪽으로 성취를 얻을 수 있다. 같은 이치로 희신은 격희신(格喜神)으로서 나의 기운이 충천하도록 도와주는 기운이다. 그러므로 내가 의도한대로 활동하는데 도움을 준다. 항상 그렇지는 않으나 용신이 되는 오행을 생한다거나 용신을 해치는 오행을 극하여 물리치거나 힘을 약화시키는 오행이 될 것이다. 즉 용신이 목이라면 희신은 목을 생하여주는 수나 목을 해치는 금을 극할 수 있는 화가 될 것이다. 여기에서 수는 목을 생하는 동시에 목을 해치는 금의 기운을 빼주므로 희신이 될 가능성이 높다.

한신의 역할은 해도 득도되지 않는 것이다. 역설적으로 표현하면 자신이 하기에 따라 도움이 되기도 더욱 더 그르치게 할 수도 있음을 의미한다. 즉 공(空)의 상태이다. 민간에 널리 퍼진 손 없는 날이란 바로 이 공의 상태를 말하는 것이다. 1에서 10까지의 숫자는 각각 방향을 의미한다. 1과 2는 동에, 3과 4는 남에, 5와 6은 서에, 7과 8은 북을 의미한다.(흔히 남(南)의 숫자와 서(西)의 숫자를 혼동해서 알고 있는 사람들이 많다.) 우리말에서 손이란 손실을 의미함과 동시에 신체의 일부인 손을 의미한다. 손은 기운이나 작용이 된다. 즉 해당되는 방향에 무엇인가 기운이 성해 있으니 그 방향으로 이동하면 손실을 입을 수 있다는 것이다. 9는 모든 방향에 기운이 퍼진 것으로(남동, 북서와 같은 간방을 의미하기도 한다.) 기운이 분산되어 기운이 미약하다고 본다. 10은 0과 같은 것으로 공(空)이므로 아무런 기운도 없다. 물론 사람들은 9,10일을 손이 없다고 선호하지만 실제는 손이 있는 날만 피하면 되니 이사할 수 있는 날은 손이 없어야 하는 20%가 아니라 해당 방향과 무관한 80%이다. 손이 있는 날은 이사 비용이 비싼 것은 사실 이러한 이치가 참이라 해도 어처구니없는 일인 것이다. 정통 역학에서 볼 때 손의 작용은 다른 변수들과 비교할 때 미미하며 입증된바 또한 없다. 어쨌든 오행과 사상을 비교했을 때 오행은 다섯

이요 사상은 넷이니 이 두 가지는 숫자상 하나의 차이가 있는데 한신은 바로 그 차이인 하나를 의미한다. 일반적으로 오행의 토는 사상이나 사방, 사계를 구성하는데 나타나지 않는데 중앙이나 두 가지 성향의 결합, 혹은 공을 의미하는 것이니 한신의 작용과 상통하는바가 있다.

기신과 구신의 작용은 용신과 희신의 정반대로 생각하면 된다. 기신은 나의 존재를 위협하는 기운이며 구신은 기신의 작용을 돕거나 나의 활동에 해를 입히는 기운을 의미한다. 그러면 이러한 다섯 가지 기운과 사상은 어떤 관계가 있을까. 앞 서 언급한바와 같이 사상은 선천적 사유이며 오행의 작용은 인간의 탄생 시 흡수하는 천지의 기운을 의미 한다. 그러나 오행도 사상도 공히 인간의 존재 형성에 영향을 미치며 그 작용 또한 공통된 특성을 갖는다. 즉 사상은 중화의 경지에서 볼 때 분명히 치우침으로 인한 불완전성을 만들고 오행은 한신을 제외하고는 네 가지의 기운이 나를 중심으로 극단적인 성격의 기운을 전달하게 되는 것이다. 흔히 인생이 나를 지켜주고 도와주는 용신과 희신 만으로 구성되었다면 바람직하리라는 착각을 하게 되지만 용·희신과 기·구신의 작용은 새의 좌우 날개와도 같아서 인생에 균형을 이루게 하는 기운이다. 예컨대 평생 기름진 음식만 먹고 명품을 입고 살 팔자가 좋은 것 같아도 세상의 일부분만을 보게 되고 자신의 능력만으로 모든 것을 획득한양 교만함에 빠지기 쉬울 것이고 인생이 고되고 힘들고 빈곤하게 되면 인간사회를 증오하면서 추하게 살게 되는 것이다. 인생은 어둡던 시절도 밝은 시절도 필요로 한다. 즉 인간은 낙원을 꿈꾸지만 낙원이란 이상향일 뿐이지 실제 낙원에서 행복할 수 있기에는 인간 스스로가 너무나도 불완전하다. 낙원이 있다 해도 낙원에서 행복하게 살기 위해선 현재의 인간 사회와 마찬가지로 인간의 불완전함을 극복해야함은 물론이다.

그러면 우리가 가지고 있는 사상 특성은 치우침의 그림이라 했는데 오행의 관점에서 보면 어떻게 해설할 수 있을까를 도해해 보았다.

오행신(五行神)과 사상유형

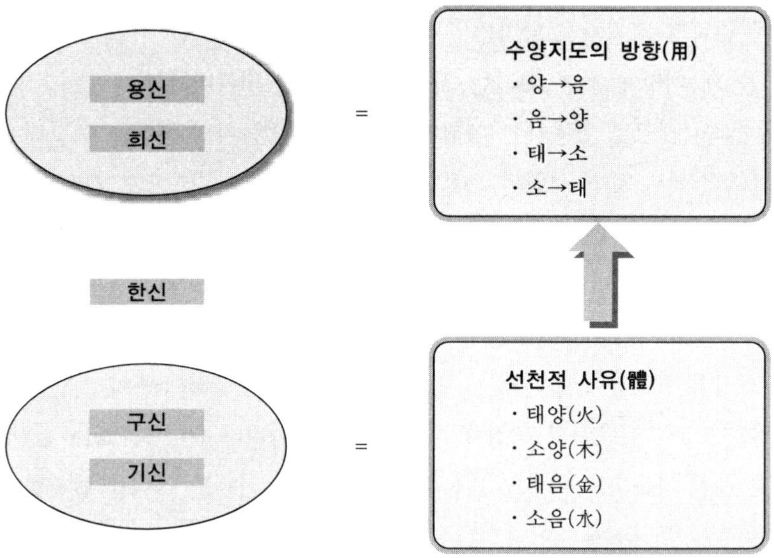

상단의 그림은 좌측에는 다섯 개의 오행신을, 우측에는 사상이 의미하는 선천성과 선천적 사유가 운명적으로 안고 있는 불완전성을 극복하기 위한 수양의 방향을 도해하고 있다. 이 가운데 좌측의 구신과 기신은 나의 입장에서 보면 피하고 싶은 기운이다. 그러나 이 피하고 싶은 기운은 내가 선천적으로 타고난 사상 가운데 하나와 같다. 사상 가운데 하나는 인간에게 부여된다. 인간은 사상 가운데 하나의 유형을 가지고 세상 밖으로 나오기 때문이다. 그리고 그 타고난 사상 유형은 정도의 차이가 있을 뿐 인간의 치우침을 의미하며 자신의 사상은 인간의 희로애락을 형성하는 변수 가운데 적지 않은 부분을 설명해 준다. 즉 사상은 인간의 불완전성을 설명하는 도구 가운데 하나인 것이다. 사상을 비롯한 여러 가지의 불완전을 구성하는 특성을 가진 인간이 이 세상에 태어나면 나에게 이롭거나 해로운 기운들이 나의 주위에 있게 되는데 인간은 이러한 기운을 한꺼번에 흡입하여 자신의 것으로 만든다. 만약 인간이 이러한 기운을 선별할 능력이 있다면 다행이겠지만 인간의 선택과는 무관하게 주어지는 것이다. 그러므로 오행의 기운과 사상은 태어난 시점을 기준으로 볼 때 나에게 주어진 동등한 기운들이다. 결국 오행 가운데 나를 위협하는 구·

기신들은 사상 특성처럼 나의 불완전성과 결합할 때 나를 더욱 위태롭게 한다. 결국 인간은 두 가지의 숙제를 안고 있다. 하나는 선천적 사유에 의해 주어진 사상을 극복하여 중화의 경지에 도달하는 것과 또 다른 하나는 나를 위협하는 구·기신의 기운이 올 때 어떻게 하면 그러한 기운을 지혜롭게 떨쳐버리고 용·희신의 기운이 도래할 때 적극적으로 활동하여 성취에 도달할 수 있는가의 문제를 해결해야 한다.

인간의 입장에서 보면 선천적 사유인 사상은 주어지는 것이므로 자신의 의지대로 선택할 방도가 없어 개선할 여지가 없어 보이지만 인간의 지혜로움은 극복할 수 있는 방안을 제시한다. 반면에 후천적으로 얻어지는 오행의 기운은 인간의 내면에 자리 잡고 있어 자기 스스로의 통제에 의해 다스려야하는 개념인 사상과는 달리 나 자신의 의지와 관계없이 흘러가는 시간적인 개념이다. 즉 비바람이 치면 피하는 것이 상책이지 맞서 싸운다고 해결될 수 있는 것이 아니다. 자신이 입은 상처가 깊어 헤어나지 못할 경우 용·희신의 기운이 와서 기회가 잡혀도 역량을 발휘할 수 없는 지경에 이를 수도 있는 것이다. 결국 자신의 선천적 사유인 사상은 구·기신의 기운처럼 고통을 주더라도 수양을 통해 벗어난다면 오행의 용·희신과 진배없이 자신을 건강하게 유지할 수 있게 된다.

사상의 차원에서 수양이란 자신이 가진 사상유형에 의해 다스려지게 된다. 예컨대 내가 태음인이라면 태의 요인과 음의 요인이 강해 중앙으로부터 치우친 것이 된다. 가장 바람직한 방향은 대각선이다. 즉 태는 소로, 음은 양의 방향으로 변화해 가야 한다. 그것이 수양의 길(修養之道)이다. 상단의 그림에서 보면 선천적 사유인 사상을 '체(體)'라고 표기해 놓고 수양지도의 방향을 '용(用)' 이라 표기하고 있다. 여기에서 체용의 원리를 간략하게 논해 본다. 태음이라는 사상은 나에게 선천적으로 주어진 것이므로 체(體)라 할 수 있다. 체란 나 자신이라는 존재 자체를 의미한다. 예컨대 사과라는 시든 과일이 있다고 하자. 여기서 사과는 체이다. 그러나 사과가 맛이 없어 사과잼을 만들거나 사과를 갈아 사과 쥬스를 만들었다고 하자. 그러면 사과잼이나 사과 주스는 용(用)에 의해 변화된 것이다. 시들어 먹기에 맛이 덜한 본래의 사과는 체요, 사람이 먹기에 적합하게 잼이나 주스를 만든 것은 용이다. 인간의 경우 선천적 사유인 사상은 체이다. 그러나 인간의 불완전성을 극복하기 위해 수양을 하여야 한다면 용이 되는 것이다. 그러므로 태음인의 수양지도의 방향은 태를 소로, 음을 양의 방향으로 진행해 가야 한다.

그러나 체용의 원리는 한 번에 끝나는 것이 아니다. 사람이 먹기 좋게 용하여 사과를 잼으로 만들었다고 하자. 그 사과 잼은 인간의 소화기를 통해 인체에 흡수 될 것이다. 그리고 흡수된 것은 일부는 에너지나 기타 작용을 할 것이고 필요 없는 것은 다시 배설 될 것이다. 체용은 지속적이며 상대적 개념을 갖는다. 그러면 인간의 선천적 사유인 사상(=체)을 용하여 수양 지도의 방향으로 이끌고자 한다고 하자. 그러면 사상을 중화시키기 위해 인간은 두 가지의 작업을 해야 한다. 그 중 하나가 태소를 변화시키는 것이고 다른 하나는 음양을 변화시키는 것이다. 그러한 활동을 도해한 것이 다음의 그림이다.

오행신(五行神)에 의한 수양지도의 방향

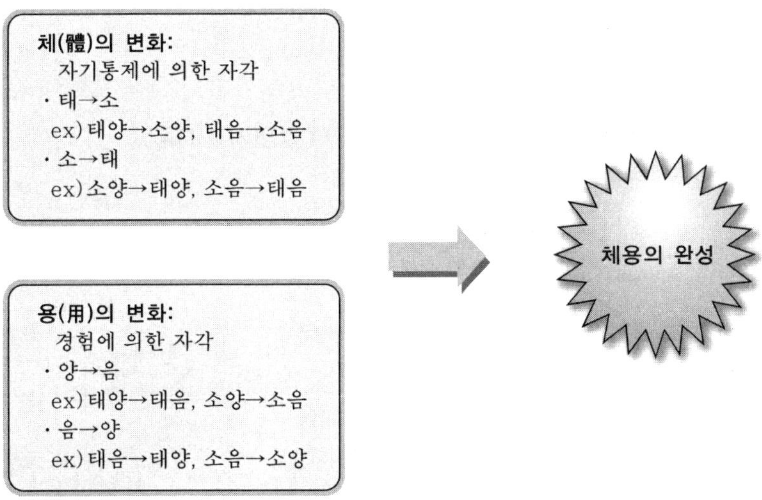

상단의 그림에서 보면 태소의 변화를 체의 변화라 했고 음양의 변화를 용으로 설명하고 있다. 1장 초에서 언급했듯이 음양이란 방향성이고 태소란 진화의 성향을 의미한다. 그러나 이러한 설명은 인간이라는 개체가 가지고 있는 음양과 태소의 성격을 손쉽게 이해시키기 위한 단편적 개념이라 할 수 있다. 여기에서 설명하고자 하는 음양과 태소의 정체성은 인간 스스로가 자신을 수양하기 위한데 필요한 개념 설명임을 밝혀둔다. 즉 체용의 원리에 의하면 태소는 체요 음양은 용이 된다. 체와 용은 물건의 안과 밖이요 개체를 구성하는 양자(=음과 양)와도 같은 것이다. 인간은 태소이든 음양이든 둘 중 하나 만을 가질 수 없다. 그 이유는 태소가 체를 구성하고 음양이 용을 구성하기 때문이다. 보다 구체적으로 설명하면 태소란 선천적으로 주어진 이미 진화된 과정이며 자신의 부단한 통제로만 얻어질 수 있는 영역이다. 반면에 음양의 변화는 경험에 의한 자각으로 획득될 수 있는 변화이다. 즉 태소란 다듬어지지 않은 보석처럼 본래 자신이 이 세상에 가지고 나온 것이다. 그러므로 태소는 나만이 자각을 통하여 발견할 수 있는 영역인 체인 반면에 음양이란 방향성이므로 이 세상에 태어나서 환경과 접하고 경험하면서 자의든 타의든 자각하게 되는 영역이므로 용이 된다. 물론 체와 용 양자는 완성을 위해 불가분의 관계가 있으며 체와 용의 완성을 통해 수양이 완성되는 것이다. 그러면 보다 쉽게 이해하기 위해 한국에서 가장 인구 분포가 높은 태음인을 예를 들어 다음의 그림과 함께 설명해 본다.

오행신(五行神)에 의한 수양지도의 방향(예 : 太陰人)

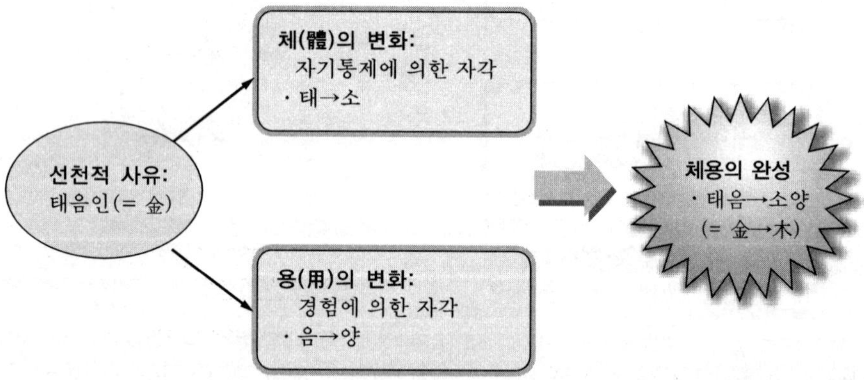

상단의 그림에서 보면 태음인이 지향해야 할 수양지도의 방향은 체의 경우 태에서 소로, 용의 경우 음에서 양으로 변화해 가야 한다. 그러면 여기에서 태음인의 사상 특성을 설문지에 게재된 내용을 중심으로 다시 정리해 본다.

음의 성정

1. 기억력이 탁월하여 중요한 일은 잊지 않는다.

   끊임없이 밖에서 안으로 주워 담는 것이다. 이러한 성향은 태음인에게 있어 탐욕스러운 마음으로 변한다.

2. 중요한 일을 결정하기 위해 잠을 설친 적이 많다.

   남아 있는 것이 많고 남기려는 성향이 강해 마음속에 찌꺼기나 응어리가 산재해 있다. 게다가 겁이 많으니 모든 것이 완벽해야하고 미래에 대한 근심으로 충만하다.

3. 한번 산 물건을 오래 쓰다 보니 내 주위에는 오래된 물건이 많다.

   과거의 물건이나 사실에 대한 미련이 강하다. 한번 습관이 된 일에는 관성이 생겨 쉽게 포기하지 않는다.

4. 남을 사귈 때 먼저 나의 생각을 말하기 보다는 상대방을 먼저 알려고 한다.

   의심이 많다. 내 안의 것을 공개하는 일은 상대가 악용할 것이 두려워 불안해 한다.

5. 사업을 한다면 일정 금액을 남겨 놓고 나머지를 투자할 것이다.

   항상 도망갈 여지를 남겨 놓는다. 결코 올-인 하는 일이 쉽지 않다. 이득을 얻었을 경우 올-인하지 않은 것을 후회하며 손해를 보면 복구 의욕이 강해 다 날리는 우직함이 있다.

6. 여러 가지 일에 도전하기보다는 안정되게 한 직장에서 꾸준히 발전하는 것이 좋다.

   자신의 능력이 만천하에 노출되는 일을 두려워한다. 시장에 노출되기를 꺼리는 변화에 대한 집단의 저항은 대표적인 예이다. 결국 한번 습관화된 일이나 위치에서 눌러 앉으려 한다. 이는 과거에 대한 집착과도 일맥상통한다.

태의 성정

1. 추진력이 강해 틀렸다는 것을 알면서도 밀어 붙일 때가 종종 있다.

   목표 의식이 강해 목표를 달성하는 일에 급급하다보니 자신이 지향하는 길에 대한 애착이 강하다. 도중에 잘 못 왔다는 것을 알아도 끝까지 가야 직성이 풀린다.

2. 나의 생각이 옳다고 생각하면 남들이 나를 어떻게 생각하는 것은 중요하지 않다.

   태의 성정은 남을 의식하지 않는 것이다. 수치심이 없다. 남들이 수근 대고 나를 욕해도 개의치 않고 오로지 자신을 고집한다. 이는 이기적 심성을 구성하기도 한다.

3. 대화를 할 때 나의 의도대로 결론을 도출하려는 경향이 있다.

   항상 준비를 한다. 미리 마음속에 결론을 짓고 대화에 임한다. 그러다보니 상대방의 말을 듣기보다는 미리 내린 결론에 짜 맞추려 한다.

4. 부정한 행위를 근절하려면 그 처벌이 가혹해야 된다고 생각한다.

   자신이 정해 놓은 가치에 따라 정의가 구현되어야 된다고 생각한다. 그리고 완벽해지기 위해서는 극단적 방법이 바람직하다고 생각한다. 특히 태음인의 경우 자신의 과오에 대해서 스스로 가혹한 벌을 주기도 한다.

5. 집단이나 조직에서 책임자 지위에 있다면 독선적인 경향을 가지게 될 것 같다.

   자신이 하위에 있을 경우는 묵묵하게 규율에 충성하지만 자신이 상위에 있을 경우는 규칙을 강화하고 그 적용을 엄격하게 하며 조직을 자기중심적으로 운영한다.

6. 큰일을 성취하기 위해서 희생은 감수해야 한다.

   비용에 대한 지불이 필요하다고 생각한다. 특히 목표 의식이 강하므로 목표 달성을 위해 물불을 가리지 않으니 작은 희생에 대하여 연연하지 않는 것이 옳다고 여긴다.

상기의 내용은 태음인의 특성인 동시에 태음인이 극복해야할 부분들을 해설해 놓은 것이다. 그러면 태음인의 자기 경영법에 대한 해답은 명료해진다. 그 것들을 나열하면 다음과 같다.

음의 성정

1. 기억력이 탁월하여 중요한 일은 잊지 않는다.

   끊임없이 밖에서 안으로 주워 담는 것이다. 이러한 성향은 태음인에게 있어 탐욕스러운 마음으로 변한다.

   →태음인과 소음인의 공통점이자 특성인 안으로 끌어들여 저장하려는 성향은 공히 극복해야할 부분이다. 이런 성향이 과하면 무엇이든 새로운 것을 받아들이지 않고 자신의 경험이나 지식에 의존하려하고 변화에 대하여 강하게 저항한다. 물론 이동하는 것도 꺼려하게 되니 발전이 적다. 과감하게 일탈행위를 습관화함으로써 극복해야 한다. 준비 없이 멀리 여행을 간다든지 새로운 지식이나 방식에 도전해야 한다. 새로운 유행을 찾아보고 가진 재물을 탕진해 보기도 하는 학습이 필요하다. 지나간 일은 과감하게 털어내야 하며 집착이나 미련은 경계하는 것이 좋다. 기억력이 좋으면 학습에 유리한 것 같아도 실상 배운 대로 행동하는데 취약해진다.

2. 중요한 일을 결정하기 위해 잠을 설친 적이 많다.

   남아있는 것이 많고 남기려는 성향이 강해 마음속에 찌꺼기나 응어리가 산재해 있다. 게다가 겁이 많으니 모든 것이 완벽해야하고 미래에 대한 근심으로 충만하다.

   →기억력이 좋은 사람들의 노후 병증은 불면증이다. 싸인 기억이 나이와 비례하여 근심이 더해지니 잠을 설치게 되는 것이다. 망각은 또 다른 음인의 지향해야 할 방향이다. 망각의 방법에는 두 가지가 있다. 한 가지는 자신을 더욱 분주

하게 만들어 과거를 돌아볼 겨를이 없게 만드는 것이고 또 다른 한 가지는 과거를 지우는 자기만의 방법을 개발하는 것이다. 물론 이 두 가지는 병행할 수도 있다. 바람직하지만 어려운 것이 후자이므로 초기에는 자신을 분주하게 만들어 망각을 습관화하는 것도 하나의 방법이 될 수 있다.

3. 한번 산 물건을 오래 쓰다 보니 내 주위에는 오래된 물건이 많다.
과거의 물건이나 사실에 대한 미련이 강하다. 한번 습관이 된 일에는 관성이 생겨 쉽게 포기하지 않는다.
→흔히 양인과 음인 부부는 한 사람은 버리고 한 사람은 쌓아두려 해 다투는 경우를 본다. 두 사람 공히 나름대로 항변을 한다. 양자는 장단점이 있지만 어차피 지나치면 문제가 된다. 절약이 미덕이 되는 사회에서는 "오래쓰기 운동"이 미덕이 되겠지만 태음인에게 있어 이런 식의 사고는 자신의 결점을 개선하는데 도움이 되지 못한다. 즉 행하는 사람에게 독려는 독이 될 뿐이라는 것이다. 지나침으로 인한 누추함을 극복하려면 과감하게 버리는 습관을 길러야 한다. 그것이 어렵거든 한번만이라도 생각 없이 버려보라. 그러면 홀가분함의 즐거움을 쉽게 깨닫게 될 수도 있다.

4. 남을 사귈 때 먼저 나의 생각을 말하기 보다는 상대방을 먼저 알려고 한다.
의심이 많다. 내 안의 것을 공개하는 일은 상대가 악용할 것이 두려워 불안해 한다.
→의심은 나만의 울타리 안에 자신을 가둔다. 마치 밀폐된 나만의 방안에서 안정을 찾는 뱃속의 아이처럼 불안에 빠진다. 자신의 정보가 공개되면 내가 가진 것을 잃는다고 생각한다. 많은 사람들이 자신이 가진 것을 빼앗길까 두려워 길거리로 나가 외쳐대는 것은 비슷한 이치에서 이다. 그러나 사실은 나의 것을 밖으로 내 놓아 보인다고 잃는 것은 아니다. 물질적 차원에서는 그럴지도 모르지만 인간관계에서는 물질보다 중요한 것이 신뢰라든가, 정이나 사랑 따위의 화폐로 환산될 수 없다는 것쯤은 삼척동자도 알 일이다. 내가 누군지 모르고 어찌 상대방이 나를 믿고 사랑하며 정이 쌓일 수가 있겠는가. 항상 개방적이어

야 한다. 내가 아는 나를 알리고 객관적 평가에 노출시킴으로써 자기 발전을 시도해야 한다. 대인 관계에서도 질보다는 양을 확장하기 위한 전략을 짜보는 것이 극복의 첫 걸음이다.

5. 사업을 한다면 일정 금액을 남겨 놓고 나머지를 투자할 것이다.

항상 도망갈 여지를 남겨 놓는다. 결코 올-인 하는 일은 쉽지 않다. 이득을 보았을 경우 올-인하지 않은 것을 후회하며 손해를 보면 복구 의욕이 강해 다 날리는 우직함이 있다.

→욕심은 더 많은 것을 소유하게 할 것 같지만 실제로는 잃게 하는 주된 원인임을 보여주는 경우이다. 치밀한 계획 하에 안전하게 일부를 투자하여 시작하지만 실패의 경우도 성공의 경우도 본인의 의도와는 다른 결과에 봉착하게 된다. 성공을 하면 더 많은 것을 얻으려 들다 잃고 실패하게 되면 잃은 것을 만회하려 들다 자신을 잃는다. 결국은 안전하려는 욕구와 더 많이 가지려는 욕구가 결합하면 모든 것을 잃게 된다는 것이다. 안전하려는 것이야 어떻게 하겠냐 만은 욕구의 절제가 필요하다. 먼저 마음을 비우고 자신의 뜻 때로 나가야 큰 일을 이룰 수 있다. 설령 전부를 잃는다 하여도 후회하지 않을 수 있다면 차제에라도 기회는 올 것이다.

6. 여러 가지 일에 도전하기보다는 안정되게 한 직장에서 꾸준히 발전하는 것이 좋다.

자신의 능력이 만천하에 노출되는 일을 두려워한다. 시장에 노출되기를 꺼리는 변화에 대한 집단의 저항은 대표적인 예이다. 결국 한번 습관화된 일이나 위치에서 눌러 앉으려 한다. 이는 과거에 대한 집착과도 일맥상통한다.

→움직이지 않고 눌러 앉는 것이다. 오늘이 어제 같았듯이 내일도 오늘 같기를 바란다. 한 우물을 파야 한다고 생각한다. 변화를 거부하고 자신을 둘러싸고 있는 것들은 그대로이되 다만 차곡차곡 쌓아 더 많은 것을 가지고 싶어 한다. 세태가 갈수록 빠르게 변화하고 있다는 점을 감안 한다면 이러한 사고방식은 치명적일 수 있다. 내가 앉아있고 싶어도 외부의 힘이 나를 내버려두지 않을 것

이다. 가급적이면 젊었을 때 변화의 학습이 필요하다. 척박한 지역을 여행한다든지 잦은 이사를 경험하는 것은 소극적이지만 방법이 된다. 성격이 다른 직장을 여러 번 옮기거나 여러 학문을 접해보는 것 따위는 변화에 대하여 타성에 젖거나 관성이 생기는 것을 완화할 것이다.

태의 성정

1. 추진력이 강해 틀렸다는 것을 알면서도 밀어 붙일 때가 종종 있다.

목표 의식이 강해 목표를 달성하는 일에 급급하다보니 자신이 지향하는 길에 대한 애착이 강하다. 도중에 잘 못 왔다는 것을 알아도 끝까지 가야 직성이 풀린다.

→추진력이란 긍정적인 개념으로 해석된다. 반대가 되는 소극적이고 쉽게 포기하는 것은 바람직하지 않다고 여겨지는 것이 통념이다. 그러나 추진력의 미학은 주변 환경이나 객관적 시각을 무시하지 않아야 빛이 난다. 태음인의 문제점은 남들이 발견하지 못하더라도 스스로 과오를 인정하면서도 무시하려는 데 있다. 남도 그렇고 나도 그렇다고 하면 포기하기도 하지만 물질적 이해관계가 얽혀 있는 경우 앞에서 지불한 비용이 아까운 생각에 매우 적은 확률인데도 앞을 보고 달리는 것이다. 통상 치밀함이나 자신이 정해 놓은 규칙이 한꺼번에 무너진다. 주변의 조언보다 중요한 것은 초심으로 돌아가는 일이다. 자신이 일을 도모하기 전에 세워 놓았던 치밀한 계획들을 되돌아본다면 피해를 줄일 수 있을 것이다.

2. 나의 생각이 옳다고 생각하면 남들이 나를 어떻게 생각하는 것은 중요하지 않다.

태의 성정은 남을 의식하지 않는 것이다. 수치심이 없다. 남들이 수근 대고 나를 욕해도 개의치 않고 오로지 자신을 고집한다. 이는 이기적 심성을 구성하기도 한다.

→자신의 가치관에 대한 신념이 지나치게 강하다. 한 번 뜻을 세우면 꾸준한 만큼 변화도 쉽지 않기 때문이다. 게다가 자신의 가치관에 대해 항상 떳떳하다.

태의 기본적 성향은 불변이기 때문에 누가 뭐라 해도 나의 가치는 그 위에 존재한다고 생각한다. 이러한 우월감은 자신의 의도와 달리 갈등을 초래한다. 그러므로 항상 역지사지하는 상대방의 가치에 귀 기울여야 함은 물론 항상 나의 가치관이 틀릴 수도 있음을 염두에 두어야 한다.

3. 대화를 할 때 나의 의도대로 결론을 도출하려는 경향이 있다.
항상 준비를 한다. 미리 마음속에 결론을 짓고 대화에 임한다. 그러다보니 상대방의 말을 듣기보다는 미리 내린 결론에 짜 맞추려 한다.
→준비를 하고 결론에 짜 맞추려는 사람과의 대화에서 특징은 토론이나 협상이 불가능하다는 것이다. 토론과 협상의 공통점은 결론을 도출하려는 것이지 나의 결론을 통보하거나 강요하는 것이 아니다. 결국 태음인의 이러한 습관은 대화의 일방통행을 요구한다. 항상 대화하자고 하지만 자신의 뜻을 전달하려는 데 목적이 있으며 온갖 논리로 상대와 맞서 싸워 이기려고 한다. 결국 토론은 논쟁이나 싸움으로 변한다. 자신의 생각과 남의 생각은 같지 않다는 것을 염두에 두어야 한다. 내가 준비하듯이 남들도 치밀하게 준비할 수 있다. 계획대로 모든 일이 되는 것은 더더욱 아니다. 유연함이야말로 궁극적으로는 상승작용을 만든다는 사실을 알아야 한다. 물론 준비되지 않았을 경우 순발력이 느려 처음에는 잃는 것이 많을 수도 있겠지만 순발력 학습은 유연함에서 시작된다는 점을 인식하고 일단 부딪쳐 본다는 자세가 필요하다.

4. 부정한 행위를 근절하려면 그 처벌이 가혹해야 된다고 생각한다.
자신이 정해 놓은 가치에 따라 정의가 구현되어야 된다고 생각한다. 그리고 완벽해지기 위해서는 극단적 방법이 바람직하다고 생각한다. 특히 태음인의 경우 자신의 과오에 대해서 스스로 가혹한 벌을 주기도 한다.
→극단적인 방법은 가치에 대한 신념이 강하다는 것과 신속하게 처리될 수 있다는 점, 그리고 획일성을 만드는데 유리하다. 결국 다양성은 무시되고 하나의 목표를 향해 모두가 쳐다보는 것이 바람직하다고 여기는 것이다. 그러나 강하면 부러진다. 물론 다양성과 획일성 가운데에도 중용이 필요하다. 흔히 위기에서는

획일성이, 평상시에는 다양성이 바람직하다고 한다. 그러나 평상시에 획일성을 강조하다 보면 강압으로 발전하여 주위의 반감을 사게 된다. 가혹한 규칙은 위기에는 수긍하지만 평시에는 수긍하기 힘들기 때문이다. 상황에 따라 운영의 묘를 살린다면 나름대로의 이점을 살릴 수 있다.

5. 집단이나 조직에서 책임자 지위에 있다면 독선적인 경향을 가지게 될 것 같다. 자신이 하위에 있을 경우는 묵묵하게 규율에 충성하지만 자신이 상위에 있을 경우는 규칙을 강화하고 그 적용을 엄격하게 하며 조직을 자기중심적으로 운영한다.

→독선은 획일성과 강압적 특성과 일맥상통한다. 항상 목표를 세우고 그 방향으로 가되 방해요소가 있으면 예외 없이 제거하려한다. 결국 하나의 가치를 위해 희생은 감수되어야 한다고 여기는 것이다. 설사 자신이 그 규칙을 만들지 않았다 하더라도 규율을 지키지 않는 사람들에 대해 반감을 가진다. 그러나 독선은 누구에게도 환영받는 언어가 되지 못한다. 목표나 전체를 위한 하나의 희생은 얼른보면 바람직한 것처럼 보이지만 궁극적으로는 목표를 달성하거나 조직이 와해되었을 때 상처를 남긴다. 뿐만 아니라 자신의 가치에 협상과 타협을 거부하게 함으로써 자신의 가치에 완벽한 충실을 추구한다. 한상 남의 말에 귀 기울여야 할 것이며 지신의 진실한 모습을 드러내야 한다. 진실한 대화가 필요한 것이다.

6. 큰일을 성취하기 위해서 희생은 감수해야 한다.
비용에 대한 지불이 필요하다고 생각한다. 특히 목표 의식이 강하므로 목표 달성을 위해 물불을 가리지 않으니 작은 희생에 대하여 연연하지 않는 것이 옳다고 여긴다.

→세상에 공짜는 없으며 공평한 것은 노력한 만큼 대가가 주어지는 것이라고 여긴다. 물론 세상사는 입력과 출력이 반드시 일치하지는 않는다. 엄격하게 얘기하자면 본래 희생이란 대가 보상이 약속되지 않은 것이다. 다만 자신의 선택에 의해 결과와 무관하게 그렇게 하는 것이 좋아서해야 한다. 결과에 대한 기대감

은 후회를 낳기도 한다. 게다가 세상사는 별다른 희생을 치루지 않고도 성취하게 되기도 하는 것이다. 게다가 그 희생이 돌이킬 수 없는, 대가에 의해 보상받을 수 없는 경우에는 큰 상처를 남긴다. 자식에 대한 부모의 희생이나 어떤 지위에 오르기 위해 범법행위를 마다하지 않는다든가 타인을 볼모로 자신의 욕구를 늘이고자 한다면 돌이킬 수 없는 과오로 남는다.

유사한 방법으로 이번에는 소양인이 지향해야 할 수양지도의 방향을 설문지에 게재된 내용을 중심으로 다시 정리해 본다. 이 경우 태음인과 정반대로 체의 경우 소에서 태로, 용의 경우 양에서 음으로 변화해 가야 한다. 특성들은 나열하면 다음과 같다.

양의 성정

1. 세세한 일은 마음속에 오래 담아두지 않는다.
   양의 특성은 무엇을 속에 담아두지 못하는 것이다. 끊임없이 밖으로 내보낸다. 머릿속에 있는 지식도, 기억도, 소유물도 밖으로 내놔야 후련하다.

2. 복잡한 일이 생기면 밤새 고민하기 보다는 일단 자고 본다.
   의도적으로라도 속에 많은 것을 쌓아 놓으려고 마음먹으면 쉽게 피로해진다. 학습에 의해 그런 상황이 오면 본능적으로 회피하려들게 되는데 대표적인 행동이 잠이다. 잠에 들면 모든 것을 잊을 수 있기 때문이다. 물론 음인들은 자고 싶어도 결론이 나야 잠이 온다.

3. 한군데에서 하는 일보다는 활동적인 일이 내 적성에 맞는다.
   거처보다는 돌아다니길 좋아한다. 이런 특성은 꾸준함이 결여되어 이직률이 높아지는 원인이 되기도 한다. 긍정적인 시각에서 보면 변화를 즐기고 변화 대처 능력이 좋지만 비판적인 시각에서 보면 끈기와 꾸준함, 인내력이 부족하여 일을 벌려 놓기는 하는데 수습이 취약한 면을 보여준다.

4. 목돈이 생기거나 좋은 일이 생기면 주위 사람들에게 한턱 쓰고 싶다.

자신에게 남기는 것 보다는 풀어놔야 직성이 풀린다. 음인들에게 돈을 보는 목적이 보유하는 것이라면 양인에게 있어서는 쓰기 위한 것이기 때문이다. 물론 저장해서 오래되 썩히는 것보다는 두루두루 나누어주는 것도 좋지만 숫자에 취약해 분수에 맞지 않을 때 문제가 된다.

5. 기억력이 부족하여 깜빡깜빡 잊어버리길 잘 한다.

어린아이들에게서는 지능이 낮다고 생각하거나 어른들은 건망증으로 생각하기 쉬우나 본래 밖으로 내보내는 것이 양인의 성정이다 보니 잊어버리길 잘하고 그 결과로 소지품을 잃어버리게 된다. 보통 스트레스의 원인은 과거의 기억이 앙금으로 남기 때문인데 쉽게 잊어버리는 심성은 절대적 스트레스를 완화한다는 데 긍정적인 면이 있다.

6. 나도 모르게 비밀을 털어놓거나 모든 얘기를 다해야 속이 시원하다.

사실을 털어 놓는 것도 역시 같은 맥락이다. 비밀을 간직한다는 것은 양인에게 결코 쉬운 일이 아니다. 문제는 자신도 모르게 알리게 된다는 것인데 자신이 알렸다는 사실조차 까맣게 잊어버리기도 한다.

소의 성정

1. 가전제품, 자동차, 옷 등과 같은 물건을 살 때는 가급적 가장 비싸거나 유명상표 제품으로 선택한다.

일반적으로 명품을 선호하는 첫 번째 이유는 심리적 열등감을 소유물로 보상받으려는 심리에 기인한다고 한다. 그러나 사상론적 관점에서 보면 숫자적 비교에서 우위를 차지하거나 유명제품을 구매함으로써 일체감을 느껴 불안한 심정을 해소하려는 욕구에서 온다고 볼 수 있다.

2. (男)영화를 보다 눈물이 나온 적이 있다.
2. (女)슬퍼서 울다가도 재미있는 일로 금방 웃은 적이 있다.

감정의 기복이 심한 것이다. 탁월한 연기자는 금방 웃었다 울 수 있어야 한다고 한다. 물론 타고난 '끼'는 노력의 결실로 얻어지기도 하지만 본인의 의도와 무관하게 남성의 경우 영화를 보다 운다든가 여성의 경우 울다가 웃는 정 도라면 남다른 특성이라 할 수 있다. 남성의 경우 영화를 보면서 운다는 일은 통제 대상이요, 여성의 경우도 울다 웃는 것은 주변 상황에 따라 다소 차이가 있겠지만 자제 대상이 될 수 있기 때문이다.

3. 자존심이 상한다는 것은 정말 고통스러운 일이다.

남들을 의식하기 때문에 일어나는 현상이다. 누구나 무시당해서 좋을 리 없지만 그 정도가 심하다. 대다수에게 가장 중요한 가치로 여겨지는 재산의 손실보다 자존심은 목숨과 바꿀만한 것이라고 여긴다.

4. 나는 중요한 일을 결정할 때 남들이 어떻게 생각할까 염두에 둔다.

자신의 순수한 득실보다 남들의 평가에 마음이 쓰인다. 불안감 때문이다. 체면을 중시 여기며 중요한 일에 자신의 능력을 보여 남들에게 인정받기를 원한다.

5. 대화를 나눌 때 자존심 때문에 사실보다 과장하거나 상대보다 우월하게 바꾸어 이야기하는 경우가 종종 있다.

거짓말의 정의는 진실의 왜곡이다. 그러나 조금 부풀려서 자신의 체면이 서게 하는 것이다. 상대방뿐 아니라 주변 사람들에게 자신의 우월함을 돌출시키기 위해 나를 주어로 이야기 하며 내가 남보다 낫다는 이야기를 잊지 않는다.

6. 가까운 사람이 무엇을 샀다거나 제안하는 일에 쉽게 따라하는 편이다.

흔히 귀가 얇다고들 한다. 남의 말을 잘 듣는 것은 명리학적으로는 신약(身弱)하기 때문이라고 한다. 그러나 사상에서 의미하는 바는 다소 다른 맥락을 갖는다. 한 가지는 존재의 불안감 때문에 남들만 못하면 처진다는 생각이 들고 또 다른 한 가지는 무시당할지도 모른다는 생각이 앞서기 때문이다. 무시당하는 것이 싫든 경쟁개념에서 처지는 것이 싫든 공히 불안감에서 연유한다.

상기의 내용은 소양인의 특성인 동시에 소양인이 특성과 극복해야할 부분들을 해설해 놓은 것이다. 그러면 소양인의 자기 경영법에 대한 해답을 나열해 본다.

양의 성정

1. 세세한일은 마음속에 오래 담아두지 않는다.

양의 특성은 무엇을 속에 담아두지 못하는 것이다. 끊임없이 밖으로 내보낸다. 머릿속에 있는 지식도, 기억도, 가지고 있는 소유물도 밖으로 내놔야 후련하다.

→음인들의 시각에서 보면 분명히 마음속에 담아두고 오래 기억하게 되어 응어리로 굳어져 괴로워 본 경험으로 훌훌 털어 잊는 일은 부러움의 대상일 수 있다. 그러나 기억이란 지식의 축적이나 추억의 간직과 같은 나름대로의 장점이 있는 것이다. 쉽지는 않겠지만 즐겁고 은혜로운 일은 간직하고 괴롭고 나쁜 기억은 쉬 잊어버리는 것이 바람직할 것이다.

2. 복잡한 일이 생기면 밤새 고민하기 보다는 일단 자고 본다.

의도적으로라도 속에 많은 것을 쌓아 놓으려고 마음먹으면 쉽게 피로해진다. 학습에 의해 그런 상황이 오면 본능적으로 회피하려들게 되는데 대표적인 행동이 잠이다. 잠에 들면 모든 것을 잊을 수 있기 때문이다. 물론 음인들은 자고 싶어도 결론이 나야 잠이 온다.

→ 소양인 남편과 소음인 아내가 있었다. 두 사람이 다툴 일이 생겼는데 남편은 귀찮다고 내일 얘기하자며 자더라는 것이다, 아내는 화가 치밀었다. 분한 마음에 밤을 꼬박 샜다. 결국 다음날 아내는 끝까지 얘기를 하지고 했으나 남편은 기억나는 일이 없다며 출근해 버렸다. 이런 경우 아내는 이 일을 평생 기억하게 된다. 물론남편은 까맣게 잊을 것이다. 아내는 싸울 때마다 그 때 일을 거론할 것이다. 자기 경영이란 상대방의 배려에서 온다. 자신의 문제가 아닌 상대방의 치우침을 배려하다 보면 자기 경영은 절로 얻어지는 것이다.

3. 한군데에서 하는 일보다는 활동적인 일이 내 적성에 맞는다.

거처보다는 돌아다니길 좋아한다. 이런 특성은 꾸준함이 결여되어 이직률이 높아지는 원인이 되기도 한다. 긍정적인 시각에서 보면 변화를 즐기고 변화 대처 능력이 좋지만 비판적인 시각에서 보면 끈기와 꾸준함, 인내력이 부족하여 일을 벌려 놓기는 하는데 수습이 취약한 면을 보여준다.

→감정에 충실한 사람은 자신의 기분을 남들에게 쉽게 전달한다고 한다. 인생의 경험은 집단생활 속에서 자신의 본성을 감추고 남들을 배려하는 일을 끊임없이 강요하지만 개인적으로 정도의 차이는 있다. 양(陽)의 특성은 남들에 대한 배려가 부족하다는 평가를 받지 않는 범위에서 자신의 위치를 옮겨감으로써 자신의 감정을 표현한다. 결국 밥이 거의 다 익을 즈음 뚜껑을 연다든지 자리를 뜨는 우를 범하게 되는 것이다. 말만 앞서고 행동이 따라주질 않는다고 나무라지만 말보다 행동이 앞서는 것도 문제이긴 마찬 가지다. 결국 행동 지상주의는 가정을 위태롭게 만들 수 있다. 가리지 않고 남의 일을 참견하다보니 정작 자신이 돌봐야 할 사람들이 뒷전이 되는 것이다. 그러므로 행동에 앞서 늘상 생각하는 습관을 길러야 한다. 아울러 자신의 행동 후에 성찰하는 습관을 기른다면 금상첨화가 될 것이다.

4. 목돈이 생기거나 좋은 일이 생기면 주위 사람들에게 한턱 쓰고 싶다.

자신에게 남기는 것 보다는 풀어놔야 직성이 풀린다. 음인들에게 돈을 보는 목적이 보유하는 것이라면 양인에게 있어서는 쓰기 위한 것이기 때문이다. 물론 저장해서 오래되 썩히는 것보다는 두루두루 나누어 주는 것도 좋지만 숫자에 취약해 분수에 맞지 않을 때 문제가 된다.

→인간은 본래 완벽하지 못하다는 속성을 가지고 있다. 만약 완벽하다면 신이라고 한다. 완벽은 인간이 가지지 못한 것이므로 신이 창조되었는지도 모른다. 재화의 기능은 순환에 있으며 수요가 필요한 적재적소에 공급됨으로써 완벽함이 달성될 것이다. 그러나 지나친 공급은 기대감을 낳고 결국 인심을 얻기보다는 '쉬운 사람'으로 인식될 수 있다. 게다가 자신의 존재를 알리려하는 것이 목적인만큼 효과성에 대하여 한번 쯤 생각해볼 필요가 있다. 사랑하는 마음이야 같겠지만 알량한 인심이 아이의 자립심을 해치는 경우를 잊어서는 안 된다. 감정을 다스리고 항상 내가 아닌 상대방의 입장에서 생각해 본다면 기분에 이끌리

어 잃게 되는 유·무형 자산의 손실을 줄일 수 있다.

5. 기억력이 부족하여 깜빡 깜빡 잊어버리길 잘한다.

어린아이들에게서는 지능이 낮다고 생각하거나 어른들은 건망증으로 생각하기 쉬우나 본래 밖으로 내보내는 것이 양인의 성정이다 보니 잊어버리길 잘하고 그 결과로 소지품을 잃어버리게 된다. 보통 스트레스의 원인은 과거의 기억이 앙금으로 남기 때문인데 쉽게 잊어버리는 심성은 절대적 스트레스를 완화한다는데 긍정적인 면이 있다.

→적는 습관은 기억력 부족으로 잃게 되는 신뢰감을 줄일 수 있다. 물론 메모해 두고 치밀하게 계획하는 것은 음인들의 특성이다. 기억력이 탁월한데도 적는 것이다. 보다 치밀해지기 위해. 그리고 음인들은 습관화 되는데도 탁월하다. 규칙적 행위에 능하기 때문이다. 그러나 정작 적는 습관이 필요한 양인들은 익숙해지는데 시간이 걸린다. 일반적 사회 규범은 적는 습관에 대하여 아낌없는 찬사를 보내고 있다. 이는 모두에게 바람직한 일이겠지만 특히 양인들에게는 선택이 아닌 필수임을 밝혀둔다.

6. 나도 모르게 비밀을 털어 놓거나 모든 얘기를 다해야 속이 시원하다.

사실을 털어 놓는 것도 역시 같은 맥락이다. 비밀을 간직한다는 것은 양인에게 결코 쉬운 일이 아니다. 문제는 자신도 모르게 알리게 된다는 것인데 자신이 알렸다는 사실조차 까맣게 잊어버리기도 한다.

→자신의 속내를 털어 놓는 것은 보통 미덕으로 받아들인다. 그러나 항상 그렇지는 않다. 자신의 저장 고통에서 벗어나기 위해 간직해야할 것조차 털어버린다면 문제를 야기 시킬 수도 있다. 인간이 알고자 하는 욕망과 권리는 소중한 것이지만 여과되지 않은 사실의 인지는 고통을 동반하기 때문이다. 특히 자기 행위에 대한 망각은 희미함으로 인해 신뢰를 상실할 수 있다. 자신이 간직해야할 사실에 대한 분별과 고통이 수반되더라도 간직해야함은 공존의 차원에서 양보해야 할 미덕인 것이다. "Think twice", 양인들에게 필요한 덕목인 것이다.

소의 성정

1. 가전제품, 자동차, 옷 등과 같은 물건을 살 때는 가급적 가장 비싸거나 유명상표 제품으로 선택한다.

일반적으로 명품을 선호하는 첫 번째 이유는 심리적 열등감을 소유물로 보상받으려는 심리에 기인한다고 한다. 그러나 사상론적 관점에서 보면 이러한 행동은 숫자적 비교에서 우위를 차지하거나 유명제품을 구매함으로써 일체감을 느껴 불안한 심정을 해소하려는 욕구에서 온다고 본다.

→소의 특성 가운데 두드러진 특성이다. 경제적 관점에서 보면 경제적 가치란 절대 가격과 무관하게 가격과 가치의 비례 정도를 의미한다. 어떤 행위가 낫다고 볼 수 없는 것이다. 그러나 소인의 이런 행동은 자신의 욕망이 우선이므로 구매시 합리적 가치의 산출은 무시된다. 남들이 사니까 산다든지 절대적 자기 원칙에 따라 그대로 행동으로 옮겨지는 것이다. 그러나 문제는 비싼 물건이나 유명 상표(소위 명품)를 구매함으로써 얻으려는 기대치와는 다르게 자신의 행동은 비판의 대상이 될 수 있다는 것이다. 물론 비판하는 사람들은 여러 가지 논리적 이유를 들지만 시기심에서 연유하는 것이 사실이다. 이런 이유로 소인들은 자신의 행동을 합리화시키지만 실상 소유물로 자신의 부족함을 채우는 것도 남을 시기하는 것도 합리화될 수는 없다는 것이다. 물론 경제적이라거나 합리적이라는 것, 논리가 우선하는 것으로 모든 개인의 생활이나 사고방식을 채울 수는 없지만 분명한 것은 정도가 과할 경우 자신을 황폐하게 만든다는 것이다. 자신이 얻으려는 기대치도 얻지 못한 채 실제로는 자신이 가장 싫어하는 무시의 단계에 이를 수 있다. "분수에 맞게 산다는 것", 어떤 구체적 기준을 제시할 수는 없으나 자제의 미는 자신의 몰락을 미연에 방지할 수 있는 길이다.

2. (男)영화를 보다 눈물이 나온 적이 있다.

2. (女)슬퍼서 울다가도 재미있는 일로 금방 웃은 적이 있다.

감정의 기복이 심한 것이다. 탁월한 연기자는 금방 웃었다 울 수 있어야 한다고 한다. 물론 타고난 '끼'는 노력의 결실로 얻어지기도 하지만 본인의 의도와 무관하게 남성의 경우 영화를 보다 운다든가 여성의 경우 울다가 웃는 정도라면 남다른 특성이라 할 수 있다.

→사회 통념상 남성의 경우 영화를 보면서운다는 일은 통제 대상이요, 여성의 경우도 울다 웃는 것은 주변 상황에 따라 다소 차이가 있겠지만 자제 대상이 될 수 있다. 감정이 이같이 쉽게 변화하는 것은 불안감에서 연유한다. 불안감은 조급함과도 이어져서 일을 그르치는 원인을 제공하는 경우가 많다. 보통 사람이 감정의 기복이 심하면 순수하다고 인식될 수도 있겠지만 지도자의 위치에 있거나 자신의 감정을 숨길 수 있어야하는 사람은 감정을 다스리는 훈련을 터득해야 한다. 마인드 컨트롤이나 명상, 기 수련 등과 같이 마음을 다스리는 훈련은 조급함으로부터 자유로워지고 마음 한구석에 자리 잡고 있는 불안감을 덜 수 있다.

3. 자존심이 상한다는 것은 정말 고통스러운 일이다.

남들을 의식하기 때문에 일어나는 현상이다. 누구나 무시당해서 좋을 리 없지만 그 정도가 심하다. 대다수에게 가장 중요한 가치로 여겨지는 재산의 손실보다 자존심은 목숨과 바꿀만한 것이라고 여긴다.

→잃은 것을 되찾기 위해서는 잃은 것보다 더 많은 비용이 지불되어야하는 것은 세상의 이치다. 그래서 인간은 평생 손해를 보고 산다고 한다. 내가 실수로 인해 손해를 보았다는 사실을 인식했을 때 모르면 그만이지만 이미 그 손실은 더 큰 손해를 기약한다. 여기에서 태음인에게 있어서 손실은 형이하학적인 것이다. 즉 물질적 손실에 대한 고통을 크게 받아들인다. 그러나 소음인이나 소양인은 자신의 존재가 무시되는 것이 가장 큰 손실이 된다. 물론 자존심이 상하면 분한 마음으로 고통스러워 할 것이다. 소양인은 즉각적으로 반응을 하고 소음인은 가슴 속 깊이 새겨두고 훗날을 기약할 것이다. 그러나 따지고 보면 자존심이 상하는 것은 자신의 마음속에 있다. 상대방이나 주위의 시선이 의도하고 자존심을 상하게 하지 않더라도 마음의 상처는 스스로의 판단에 의해 이루어질 수 있다는 것이다. 그러므로 더 큰 손실이란 훗날의 보복이 되거나 둘러대거나 필요이상의 호기를 부림으로써 잃게 되는 더 큰 체면의 손상인 것이다. 자존심이 상했다는 것을 상대방이 알게 될 때 무능함이나 무력함을 스스로 인정하는

것이 되는 경우가 허다하다. 보통 실리적으로 마음을 다스리라는 치유책으로 위로하지만 진정으로 중요한 것은 자신감을 키우는 일이다.

4. 나는 중요한 일을 결정 할 때 남들이 어떻게 생각할까 염두에 둔다.

자신의 순수한 득실보다 남들의 평가에 마음이 쓰인다. 불안감 때문이다. 체면을 중시여기며 중요한 일에 자신의 능력이 알려져 남들에게 인정받기를 원한다.

→명분과 실리 가운데 명분에 큰 비중을 두는 것이다. 그러나 대의명분을 중시여기는 유형은 태양인이 으뜸이다. 즉 대의보다는 체면이나 겉치레에 가까운 명분이다. 예컨대 집안 잔치를 한다거나 의식을 치룰 때 일생에 한번 뿐이라며 그야말로 일생에 한번 입을 옷과 선물에 수년간 모은 재물을 탕진한다. 우리는 이를 가치관의 차이라고 치부하지만 실제 그 가치는 남을 의식하는 그 사람의 마음속에 있는 것이요 남들은 별로 상관없는 것들인 경우도 허다하며 남들은 별로 깊은 생각 없이 평가할 뿐이다. 그러나 이러한 별 뜻 없이 느낌으로 내뱉는 말들이 비수가 되어 꽂힌다. 경우에 따라서는 평생에 한으로 남기도 한다. 물론 원인은 나 자신의 생각에서 비롯되었지만 대부분 외부로부터 찾는다. 자신의 신세나 자신의 뜻을 꺾은 사람들을 탓하기도 한다. 흥미로운 것은 절대 그렇게 평가한 사람들을 탓하지는 않는다는 것이다. 이 경우 명분을 떨쳐버리고 실리를 좇으라 하면 별로 효과가 없다. 원인이 자신에 있는 것을 모르기 때문이다. 그래서 수양이 필요하다. 그야말로 "내 탓이요"를 하루에도 몇 번씩 되뇌여야 한다. 혹자는 내 탓이라 생각하라 했더니 자신의 신세를 한탄하더라는 것이다. 자신의 욕망은 분수를 넘어서 취약한 자신을 그럴싸한 포장지로 감싸려고 하는데 있다. 궁극적으로 포장지는 한 순간 주변의 시각을 피해나가게 해줄 수 있을지는 몰라도 벗겨지기 마련이다. 포장지가 벗겨지면 다른 포장지를 찾겠지만 자신의 참 모습은 변하지 않는다.

5. 대화를 나눌 때 자존심 때문에 사실보다 과장하거나 상대보다 우월하게 바꾸어 이야기하는 경우가 종종 있다.

거짓말의 정의는 진실의 왜곡이다. 그러나 조금 부풀려서 자신의 체면이 서게 하는 것이다. 상대방뿐 아니라 주변 사람들에게 자신의 우월함을 돌출시키기 위해 나를 주어로 이야기 하며 내가 남보다 낫다는 이야기를 잊지 않는다.

→자신의 열등감은 진실을 왜곡하는 일을 서슴지 않게 한다. 예컨대 상대의 제안에 내심 기뻐하면서도 흥분을 감춘다든지 거절을 당할 것 같으면 미리 자신이 거절한다. 물론 우리는 이런 역학관계를 잘 알게 된다. 서로의 자존심을 위해 거짓말을 하기도 한다. 이런 인간관계에서 깊이란 있을 수가 없다. 종종 진실어린 말조차 거짓으로 폄하될 수도 있다. 그러면서 순수성에서 멀어지는 것이다. 심한 경우 대화도중 필요도 없는 말을 연속적으로 내뱉는 사람도 있다. 자신이 지독히 바쁘다는 말을 계속한다든지 자신의 무용담을 늘어놓기도 한다. 모두들 쩔쩔 매는데 자신이 해결해 놓았다는 얘기가 주류를 이룬다. 어쩌면 행여 손상될 자존심을 지키기 위해 끊임없이 자신에게 최면을 걸고 있는지도 모른다. 우선 자신을 발가벗겨야 한다. 과연 내가 잘할 수 있는 것이 무엇이고 잘할 수 없는 것이 무엇인가. 그리고 겸손은 잘 할 수 있는 것 만하면 된다. 필자의 경험으로는 성공한 사람들에게 배울 수 있는 한 가지를 꼽으라면 경양과 겸손이었다. 그들은 한 결 같이 성공의 대가로 사람들이 부러워할 때 교만하지 않았다. 이 정도 쯤이야라고 하며 자신의 탁월함이나 우월함을 과시하지 않았다. 진심어린 눈으로 환경이나 운, 주변인에게 영광을 돌렸다. 그들의 비결은 겸양이었던 것이다. 겸손하다고 성공하리라는 보장은 없다. 그러나 겸손할 수만 있다면 적어도 누구도 그 사람을 부담스러워 하지 않을 것이며 힘들 때 찾아가 위로 받을 수 있는 사람이 될 수 있으니 이것이 바로 성공이 아니고 무엇이겠는가.

6. 가까운 사람이 무엇을 샀다거나 제안하는 일에 쉽게 따라하는 편이다.

흔히 귀가 얇다고들 한다. 남의 말을 잘 듣는 것은 명리학적으로는 신약(身弱)하기 때문이라고 한다. 그러나 사상에서 의미하는 바는 다소 다른 맥락을 갖는다. 한 가지는 존재의 불안감 때문에 남들만 못하면 처진다는 생각이 들고 또 다른 한 가지는 무시당할지도 모른다는 생각이 앞서기 때문이다. 무시당하는 것이 싫든 경쟁개념에서 처지는 것이 싫든 공히 불안감에서 연유한다.

→친구 따라 강남 가는 사람들의 특징은 자아의식이 취약하다는데 있다. 자신에

대한 강력한 믿음이 없으면 나만의 것을 창출하는 것이 두려워진다. 남들을 따라 하면 중간은 될 것이기 때문에 위험을 줄이자는 생각에서 쉽게 따라간다. 이러한 행동은 위험 수준을 낮출 수 있다는 관점에서 환영받기도 한다. 그러나 나만의 신념이 사라질 때 얻을 수 있는 가치의 범위는 매우 제한적인 것이다. 이런 문제는 개인의 경우보다 동일한 사람이 많아 집단의식이 팽배할 때 더욱 심각해진다. 대체적으로 이런 사회에서는 새로운 것을 받아들이기 싫어 변화를 거부하고 집단적 이기주의가 성한다. 포용력이 취약하여 개선이나 발전보다는 유지에 연연하게 되기도 한다. 이런 폐쇄적 사회에서는 전체의 가치를 위해 개인의 희망이 묵살되기 십상이다. 모방이란 창조를 위한 전단계라고도 하지만 실제로 학습의 방법은 같지 않다. 어떤 이는 창조를 위해 모방부터 배우지만 어떤 이는 창조를 위해 모방을 거부 한다. 전자의 경우 창조에 실패할 경우 모방에 의한 숙달로 중간은 하지만 모방에 안주하게 되면 창조가 없다. 그만큼 창조의 가능성은 희박해 지는 것이다. 후자의 경우 모방이 없으므로 춥고 배고프지만 오로지 창조하려고만 하므로 창조의 가능성은 높아진다. 개인의 입장으로 돌아와 볼 때 어떤 길이 나의 만족과 행복을 위해 바람직할 것인가는 고스란히 개인의 몫이다. 그러나 분명한 사실은 소수의 지식 계층이 다수의 일반계층을 지배하는 미래의 사회에서는 모방이란 일반 계층에서 머물게 되는 가장 큰 이유라는 점을 염두에 둘 필요가 있다.

이상으로 태음인과 소양인의 자기 주도적 경영 방법을 나열해 보았다. 소음인이나 태양인의 경우 성정 개념으로 보면 태소음양의 인자를 공유하므로 별도 나열은 생략한다. 그러나 진정한 자기 경영이란 온전히 자신의 몫이다. 필자의 입장에서 할 수 있는 방향을 제시할 수 있을 뿐이다. 진정한 자기완성은 자신에 의해 이룩되어야 가치를 발하기 때문이다. 현재 자신의 모습은 하얀 도화지 위에 제 멋대로 그려진 그림과도 같은 것이다. 이미 사회의 규범이나 주변의 환경에 의해 스케치가 되고 자의 반 타의 반에 의해 칠해진 한 장의 그림이 바로 나 자신의 모습인 것이다. 먼저 자신의 모습을 보라. 거울에 비쳐지거나 카메라에 찍혀 인화지 위에 새겨진 모습도 녹음된 음성도 실상 기계에 왜곡되어 실상 자체는 아니듯이 사상이나 오행

명식도 왜곡이 전혀 없다고 할 수는 없다. 그러나 객관적 틀 위에 그려진 자신의 모습을 냉철하게 보아야 한다. 그리고 틀린 색상을 지우거나 덧칠을 하여 고쳐 나가야 한다. 더 좋은 것이 있다면 이제까지 쌓은 모든 것들을 과감히 버리고 새로 그리면 더욱 좋다. 버려야 할 것이 많을수록 당신은 새로워질 수 있다. 그리고 그만큼 더 완전해질 수 있다. 하얀 백지위에 스케치를 하고 자신이 원하는 색상으로 그려나갈 때 행복은 나의 안에서부터 찾아 올 것이다.

맺는 글

숨 가쁘게 쓰다 보니 부족하기 그지없다는 생각이 드는 것은 모든 필자들의 공통 소감이자 변명인 것 같다. 그걸 알면서도 같은 말을 반복한다. 마치 권자를 물러나는 권력자나 최고학부를 졸업하는 졸업생처럼 인간은 결과를 뻔히 알면서도 동일한 실수를 저지른다. 혹자는 그러니 인간이요 그래야만 인간적이라고 위안하기도 한다. 사실 우주라는 무한한 공간 속에서 무한한 우주의 나이로 보면 인간이란 존재는 찰나동안 존재하는 티끌만한 생명체에 불과하다. 무한대라는 사실을 인정하는 것 이외에는 내 놓을 것이 없는 하잘것없는 동물인 것이다. 여전히 육체의 보전을 위해 먹고 마시며 자손 번식을 위해 부여된 본능을 억제하지 못하는 속물적 근성을 그대로 가지고 있다. 게다가 자기 스스로 만든 욕망의 굴레를 허우적거리며 불만스러워 하다 수명을 다할 때쯤 되어서야 후회하며 다시 태어나면 이렇게 살지는 않겠노라 후회하는, 어쩌면 언제 죽을지도 모르게 그저 그렇게 살다 느닷없이 죽어가는 미물들의 입장에서 보면 도대체 이해할 수 없는 존재인 것 같다.

우리는 스스로이든 다른 이의 지적에 의해서이든 자기의 참 모습을 모른다. 수없이 많은 사람들은 – 지금 우리가 알고 있는 사람들은 인류 전체의 역사에서 보면 지극히 일부분 일는지도 모른다. 우리가 알고 있는 사람들은 문자라는 전달 도구가 생기고 나서부터야 기억되기 시작했기 때문이다. – 인간 스스로가 자각해야 한다고 주장해 왔다. 그리고 자신의 참 모습을 찾아 올바른 길을 가라고 입에 침이 마르고 목숨을 잃어 가면서까지 깨닫지 못한 사람들을 위해 주장해 왔다.

그러나 평범한 한마디도 알아차리지 못하는 우매한 우리 중생들은 예나 지금이나 일상에 매달리고 있다. 당장의 안식을 위해 목매다는 것이다. 이런 얘기는 누구나가 깨달은 사람들의 수준에 도달해야 한다는 강박 관념을 가지게 할지 모르지만 결코 그렇지만은 않다. 인간은 자기가 태어난 대로의 행복을 누릴 권리를 가지고 있으며 그뿐 아니라 누구나가 충분히 그럴 능력이 있다. 우리의 조상들이었던 동양의 선인들은 – 새삼스레 동·서양을 구분한다는 것은 세계화 시대에 역행할지 모르지만 필자의 능력으로 좀더 쉽게 이해할 수 있었던 범주는 동양이었다. – 명쾌하게 역의 방향과 방법을 제시해 놓았다. 그리고 후세의 사람들은 이를 적절히 이용해 살아왔다. 역은 윤리요 도덕이고 학문이었다.

그리고 상당 기간 가치와 규범을 만들고 문화를 형성했다. 그러나 지금 21세기의 초엽에 서서 바라볼 때 과연 우리의 문화의 중심은 고사하고 언저리나 바닥에 깔려 새로운 문화를 형성하는 데 기여하고 있는지 의구심이 든다. 결국 우리 모두는 거울 앞에 희미하게 비춰지는 자신의 모습만큼이나 정체성이 흐려져 있는 것이다. 외부에 떳떳하기 위해 이런 것을 찾아야 하고 우리 것이니 사랑해야 하며 우월함을 입증하여 경쟁에서 이기자고 한다면 아무런 의미가 없다. 결국 그러다 보면 또 한 번 속물로 돌아가는 것이다. 현실과 타협하여 체(體)는 없고 용(用)만 가지고 이익을 추구하는 불균형한 인간들을 양산하는 것이다. 중요한 것은 나 자신이다. 사실 너무 많은 이야기를 하다보면 참 나를 발견하여야 하고 그 것을 발견하는 데 약간의 노력만 가지면된다고 설득하려고 깊게 들어가는 것을 경계하고 훗날을 위해 아꼈다.

우리 모두는 하늘 높이 떠 봐야 한다. 땅 아래에서 하늘을 쳐다보는 것이 아니라 두 개의 눈을 하늘 위로 띠우고 그 아래를 한 번에 볼 수 있는 시야를 가져야 한다. 그리고 드넓은 우주의 한 가운데 존재하는 왜소하기 짝이 없는 내가 우주와 동일한데도 불구하고 나는 그 우주를 구성하고 있는 구성 요소임을 발견해야 한다. 그 넓은 시야에서 발견조차 어려운 나는 실상 생명을 유지하고 있지만 나에게 주어진 그 시간 동안 얼마나 가치 있게 살아야 하는가를 성찰해 볼 필요가 있다. 우리는 본능이 원하는 대로 좀더 많은 것을 얻거나 내가 가지고 있는 것을 잃지 않기 위해 값진 시간을 허비하고 있다. 하루하루를 즐겁고 만족스럽게 살아가기도 아까운 시간들을 거침없이 날리고 있다.

사상이나 오행이란 우주의 이치를 깨닫기 위한 단순한 도구이다. 좀더 고상하게 말하자면 지식이 될 수도 있다. 그러나 그것이 무엇인가, 이해하기가 쉬운가, 어려운가를 정의하는 것이 중요한 것이 아니라 우리는 그 것을 활용하여 나를 찾을 수만 있다면 거울에 비쳐진 나의 모습이 아닌 인간, 즉 나의 참 모습을 발견하고 비록 제한되었지만 진실되게 주어진 이생을 꾸려가는 데 좋은 수단이 될 수 있기를 바랄 뿐이다.

丁亥年 八月

夏園齋에서

金滿寅 書

참고문헌

〈동양고전 및 국내문헌〉

김만인(2001). "四象類型과 리더십: 變革的 및 去來的 리더십을 중심으로," 한국외국어대학교 박사학위 논문, 미간행, 서울.

김만인(2004). 『참부자의 행복 찾기』, 청목출판사, 서울.

김상현(1998). 『命』 권1-2 편저, 갑을당, 서울

김석 · 김승희(2000). "사상체질의 모든 것", geocities.yahoo.com.

김석진(1999). 『대산 주역강의』 권 1-3. 한길사, 서울.

김선호(1996). "四象體質分流 檢査紙(QSCC)의 標準化 硏究", 경희대학교 한의학과 박사학위 논문, 미간행, 서울.

김수범(1998). "四象醫學의 哲學的 背景", www.pain-med.com.

김혁제(1995). 『周易』. 原著 未詳, 명문당, 서울.

나상억(2001). 『지식경영』. 노나카 이쿠지로 原著, 21세기 북스, 서울.

박인상(1997). 『동의사상요사』. 東武 李濟馬 原著, 조합공동체 소나무, 서울.

박주현(1999). 『사주학』입문편/연구편. 동학사, 서울.

박주현(1999). 『용신분석』. 동학사, 서울.

박주현(1999). 『합충변화』. 동학사, 서울.

박헌준 · 유민봉(1996). 『성공경영을 위한 애니어그램 리더십』. 마이클 J. 골드버그 原著, 김영사, 서울.

송일병 外 (1998), 東武 李濟馬 原著, 『사상의학』, 집문당, 서울.

유민봉(2003). 『나를 찾아가는 자기 경영』. 미래경영 개발연구원, 서울

윤길영(1973).『사상 체질학 원론』. 東武 李濟馬 原著, 명보출판사, 서울.

이동민(2001).『탈무드』. 編輯部 著, 인디북, 서울.

이민수(1996). 東武 李濟馬 原著, 『동의수세보원』. 을유문화사, 서울.

이석영(1996). 四柱捷徑, 한국역학교육학원 발행.

이제마(1904). 『東醫守世保元』. 율동계, 함흥.

이제마(1909). 『格致藁』. 율동계, 함흥.

장기근(1973). 『論語』. 孔子 原著, 명문당, 서울.

정주영(1991), 『시련은 있어도 실패는 없다』. 제삼기획, 서울

조남신 · 김만인(1999). "四象理論과 리더십 類型의 關係에 관한 硏究", 한국 인사 · 조직학회

춘계 학술대회 발표 논문집, 서울.

주혜병(2002). 『애니어그램의 지혜』. 돈 리처드 리소 · 러스 허드슨 原著, 한길사, 서울

홍순영 · 이을호(1989). 『사상학원론』. 東武 李濟馬 原著, 행림출판사, 서울.

조선일보 보도자료.

네이버 백과 www.naver.com.

〈국외 문헌〉

Avolio, B. J. and Bass, B. M. (1987). "Transformational leadership, charisma and beyond," In J. G. Hunt, H. R.. Baliga, H .P. Dachler, and C.A. Schriesheim(eds.), *Emerging Leadership Vistas*. Lexington, MA: Heath.

Bledsoe, J. L. (1976). "Your Four Communication Style," Training, 18-21.

Bass, B. M. (1985). *Leadership and Performance Beyond Expectations*, New York: Free Press.

Bass, B. M. (1990). Bass and Stogdill's Handbook of Leadership: Theory. *Research and Managerial Applications*, 3rd edn. New York: Free Press.

Ference, T. P., Stoner, J. A. F., and Warren, E. K.(1977) "Managing the Career Plateau," *Academy of Management Review*, October, 602-612.

Jeon, Kyung-won(2000). "Group brainstorming activity according to Sasang constitutional medicine,"*Journal of Sasang Constitutional Medicine*, 12-1: 48-62.

Kim, Marn-In(2000). "Sasang theory and leadership styles," *Journal of Sasang Constitutional Medicine*, 12-1: 63-83.

Koh, Byung-hee(2000). "A study on the Sasang constitutional distribution among the people in the United States America," The 4th International Congress of Sasang Constitutional Medicine, The Society of Sasang Constitutional Medicine, Korean Oriental Medicine Academy, New York.

Lee, Sung-hwan & Kim, Ki-hyon(2000). "An Inquiry into th I Ching and Its Relationship to the Sasang Medicine,"*Journal of Sasang Constitutional Medicine*, 12-1: 24-36.

Luft, J.(1961). "The Johari Window," *Human Relations Training News*, Vol. 5-1:6-7.

Manz, C. C. and Sims, H. P.(1991). "Super leadership: Beyond the myth of heroic leadership," Organizational Dynamics, 19: 18-35.

Miles, R. and Snow, C. (1984). "Designing strategic human resources systems,"*Organizational Dynamics*, (Summer): 36-52.

Kim, C. B.(1993). *A Confucian Theory of Leadership*. Gragham Maughan Publishing

Co., Utah.

Nonaka, I.(1994). "A Dynamic Theory of Organizational Knowledge Creation," *Organization Science*, 5: 14-37.

Sims, H. P. and Manz, C. C.(1984). "Observing leader behavior: toward reciprocal determinism in leadership theory," *Journal of Applied Psychology*, 69: 222-32.

Song. Il-byung(2000). "The confucian view of the human being of Lee Je-ma and his spirits to apply Sasang Constitutional Medicine," *Journal of Sasang Constitutional Medicine*, 12-1: 1-9.

Stogdill, R. M.(1974). *Handbook of Leadership: a Survey of Research.* New York: Free Press.

Taggart W. and Robey, D. (1981). "Minds and Managers: On the Dual Nature of Human Information Processing and Management," *Academy of Management Review*, 187-95.

Van de Van, A. H. and Ferry, D. L. (1980). *Measuring and Assessing Organizations*, New York: Wiley-Interscience.

Vecchio, R. P.(1983). "Assessing the validity of Fiedler's contingency model of leadership effectiveness," *Psychological Bulletin*, 93: 404-8.

Weber, M.(1968). *Economy and Society* (1925), 3vols, edited by G. Roth and C. Wittich. New York: Bedminster.

Yoon, Sang-won & Kal, Won-mo(2000). "An Empirical correlation study between Sasang constitutions and job characteristic, *Journal of Sasang Constitutional Medicine*, 12-1: 37-47.